1

富兰克林在波士顿米尔克街的出生地，位于老南教堂对面。

德博拉 · 富兰克林，
本杰明 · 威尔逊画，1759年。

2

3

威廉 · 富兰克林，
马瑟 · 布朗画，1790年。

4

莎拉·“萨莉”·富兰克林·贝奇，约翰·霍普纳画，1793年。

5

让–安托万·乌东为富兰克林制作的著名雕像。

6

弗朗西斯·福尔杰·富兰克林，4岁时死于天花，1736年。

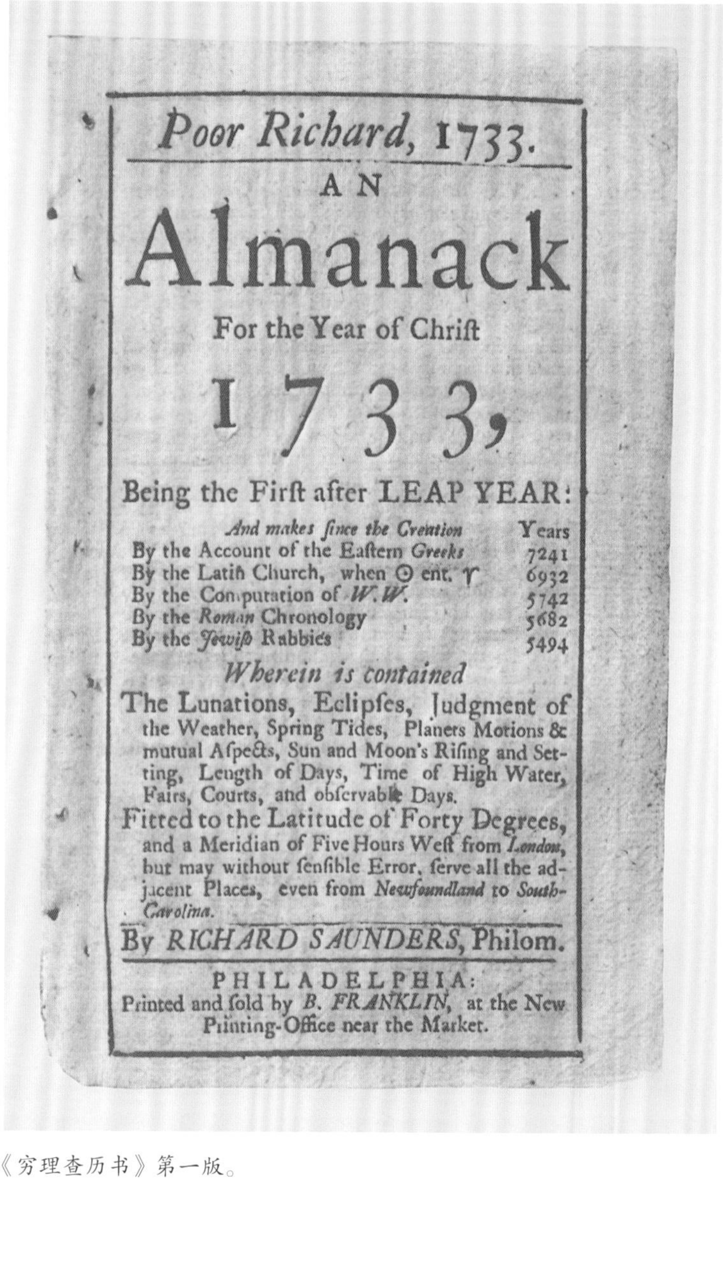

Poor Richard, 1733.

AN

Almanack

For the Year of Chriſt

1 7 3 3,

Being the Firſt after LEAP YEAR:

And makes ſince the Creation	Years
By the Account of the Eaſtern *Greeks*	7241
By the Latin Church, when ☉ ent. ♈	6932
By the Computation of *W. W.*	5742
By the *Roman* Chronology	5682
By the *Jewiſh* Rabbies	5494

Wherein is contained

The Lunations, Eclipſes, Judgment of the Weather, Spring Tides, Planets Motions & mutual Aſpects, Sun and Moon's Riſing and Setting, Length of Days, Time of High Water, Fairs, Courts, and obſervable Days.

Fitted to the Latitude of Forty Degrees, and a Meridian of Five Hours Weſt from *London*, but may without ſenſible Error, ſerve all the adjacent Places, even from *Newfoundland* to *South-Carolina*.

By *RICHARD SAUNDERS*, Philom.

PHILADELPHIA:
Printed and ſold by *B. FRANKLIN*, at the New Printing-Office near the Market.

7

《穷理查历书》第一版。

本杰明 · 富兰克林从苍天处取得闪电，本杰明 · 韦斯特画，1817 年。

富兰克林设计的火炉的图纸，1744年。

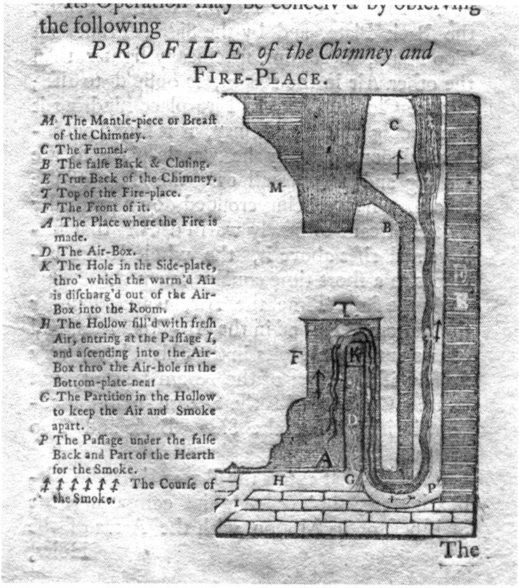

9

10

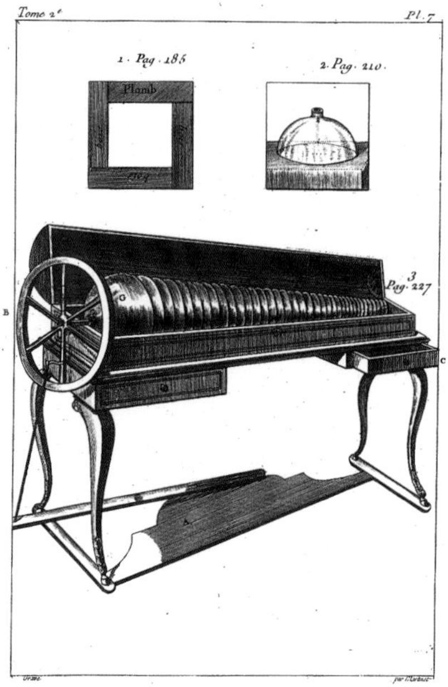

玻璃口琴，富兰克林的发明。

11

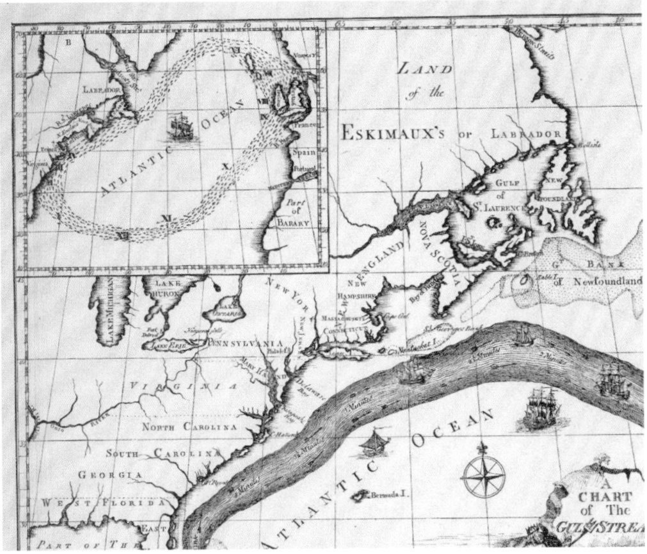

根据富兰克林笔记绘制的墨西哥湾图。

12

富兰克林的莱顿瓶。

13

富兰克林收集群电的机器。

富兰克林的第一幅肖像，一位单纯的绅士，罗伯特·费克画，1748年。

富兰克林的敌人，托马斯·佩恩，宾夕法尼亚的领主。

15

宾夕法尼亚议会大厦。

16

17

富兰克林位于伦敦克雷文大街的住所。

18

富兰克林的朋友威廉·斯特拉恩，约书亚·雷诺兹画。

19

美国第一幅政治性漫画，富兰克林画。

富兰克林在伦敦，正在阅读牛顿的著作，戴维·马丁画，1766年。

20

查尔斯·威尔逊·皮尔看到富兰克林在亲吻一个女孩后画了这幅草图，可能是克雷文大街的波莉·史蒂文森。

22

21

1774年，富兰克林在伦敦受到羞辱，沉默地站着。

23

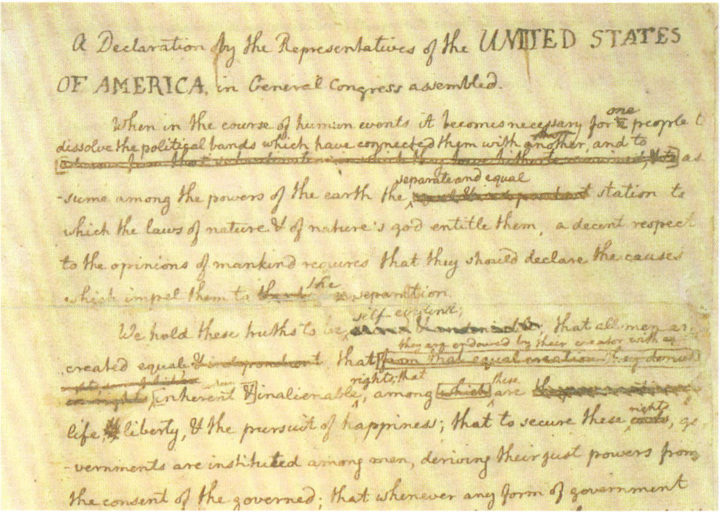
A Declaration by the Representatives of the UNITED STATES OF AMERICA, in General Congress assembled.

When in the course of human events it becomes necessary for one people to dissolve the political bands which have connected them with another, and to assume among the powers of the earth the separate and equal station to which the laws of nature & of nature's god entitle them, a decent respect to the opinions of mankind requires that they should declare the causes which impel them to the separation.

We hold these truths to be self-evident; that all men are created equal; that they are endowed by their creator with inherent & inalienable rights; that among these are life, liberty, & the pursuit of happiness; that to secure these rights, governments are instituted among men, deriving their just powers from the consent of the governed; that whenever any form of government

杰斐逊执笔的《独立宣言》草案，由富兰克林和亚当斯编辑。富兰克林用重重的反斜线符号将“神圣、无可辩驳的”改为“不言而喻的”。

24

代表们在讨论《独立宣言》，富兰克林站在中间。

25

西福德·迪普勒西斯为富兰克林画的著名肖像，1778 年。

26

根据肖像制作的雕像，约 1778 年，罗莎莉·菲耶尔创作，她是富兰克林的一位朋友，住在巴黎。她写道："我盼望着亲吻富兰克林。"不久之后，她在法国大革命中被送上断头台。

27

富兰克林与巴黎的女士们。

28

帕西景观。

29

富兰克林戴着他著名的皮帽子。

爱尔维修夫人的雕像。

30

31

美国的代表们与英国人在巴黎和谈。此为1783年本杰明·韦斯特的一幅未完成的画作。画中人物为坦普尔·富兰克林、亨利·劳伦斯、本杰明·富兰克林、约翰·亚当斯、约翰·杰伊。

32

美国国会大厦的一幅壁画，富兰克林在制宪大会期间坐在桑树下，与亚历山大·汉密尔顿、詹姆斯·威尔逊、詹姆斯·麦迪逊在一起。

BENJAMIN FRANKLIN
An American Life

富兰克林传

WALTER ISAACSON
［美］沃尔特·艾萨克森◎著
孙豫宁◎译

中信出版集团 | 北京

图书在版编目（CIP）数据

富兰克林传 /（美）艾萨克森著；孙豫宁译．—北京：中信出版社，2015.4（2025.12 重印）
书名原文：Benjamin Franklin: An American Life
ISBN 978-7-5086-4295-6
I. 富… II. ①艾… ②孙… III. 富兰克林，B.（1706~1790）－传记 IV. K837.127=4
中国版本图书馆 CIP 数据核字（2015）第 027619 号

富兰克林传

著　　者：[美] 沃尔特 · 艾萨克森
译　　者：孙豫宁
策划推广：中信出版社（China CITIC Press）
出版发行：中信出版集团股份有限公司
（北京市朝阳区东三环北路 27 号嘉铭中心　邮编　100020）
（CITIC Publishing Group）
承 印 者：河北鹏润印刷有限公司

开　　本：880mm×1032mm　1/32　　插　　页：16
印　　张：19　　字　　数：470 千字
版　　次：2015 年 4 月第 1 版　　印　　次：2025年12月第42次印刷
京权图字：01-2013-2006
书　　号：ISNB 978-7-5086-4295-6 / K · 442
定　　价：59.00 元

媒体推荐

艾萨克森此书极可能取代多伦所著，成为最具权威性的单卷本富兰克林传记。

——戈登·S·伍德，《纽约书评》

鉴于本杰明·富兰克林的天性及所取得的成就，为其做传好似将众多充满活力、有趣的人物的一生都收纳于一本传记之中，难度可见一斑。此书对无以伦比的富兰克林进行了全新审视，因此实乃上乘佳作。富兰克林至今仍是我们每个美国人永远无法全方面解析的伟人之一。沃尔特·艾萨克森以满腔的热忱、上佳的才智以及对政治、新闻、高层外交中复杂人际关系的准确洞悉，写就此书。此书亦是我期盼已久的好书，令我手不释卷、欲罢不能。

——戴维·麦卡洛，普利策奖得主

此书将富兰克林卓越的一生完整地展示在广大读者面前……《富兰克林传》考据详实、文笔简洁、论证可信，很多信息都令人耳目一新……对富兰克林在结束美国独立战争的巴黎和谈中所起作用的描述，无疑是令人印象最为深刻的章节，展示了艾萨克森对复杂历史事件的完美把握……堪称当代权威富兰克林传记的首选之作。

——约瑟夫·J·埃利斯，普利策奖、美国图书奖得主，《纽约时报书评》

富兰克林曾说过："让所有人都知道你，但别让人了解你。"所有富兰克林传记的作者都对此言有所感触，但均不及艾萨克森如此深刻。通过对富兰克林与朋友、敌人、妻儿、政治家、外交官等有幸与其有所交往之人的关系的描述，艾萨克森得出了自己对富兰克林的认识与评价。最终向我们展示了一幅关于富兰克林这一伟人及其社会关系脉络的完整画卷。"

——埃德蒙德·S·摩根，
著名历史学家

非凡的一生、详实的描述、通俗易懂……是对本杰明·富兰克林研究不可或缺的、有趣的补充。

——约翰·弗里曼，
《亚特兰大宪法日报》

艾萨克森的佳作既对富兰克林的生平进行了引人入胜的描述，又对其本人及其对美国当时乃至后世的深远影响进行了准确的评价。毕竟富兰克林为美国的创立做出了卓越的贡献，其也是美国国父中最具现代特征的一个，集美利坚民族特质中各种品德和矛盾于一身。

——小阿瑟·施莱辛格，
两次普利策奖得主、著名历史学家和政治评论家、肯尼迪白宫特别助理

此佳作乃艾萨克森精心著就，其对富兰克林青年时期及如何出人头地相关经历的处理极富洞见和想象力。同时，其对富兰克林退休后经历中的若干方面的处理令人称道，尤其是富兰克林本人宗教和奴隶制观点的演变及其与家人间令人困扰又有些麻木的关系……此书是目前最具可读性的富兰克林全传。

——约翰·弗林，
《华盛顿邮报》

沃尔特·艾萨克森为我们重现了一个经典的富兰克林形象。在这一开创性佳作中，富兰克林伫立于美国独立这一历史舞台的中央，这也是他应得的荣耀。读者将会情不自禁地迷上这位生动且与众不同的人物。在创立美国的国父中，富兰克林是最致力于提高普通民众福祉的一位，无论是在实践中还是理论上皆是如此。

——多丽丝·卡恩斯·古德温，普利策奖得主

一本相当不错的新书……富兰克林在美国独立战争期间及之后的外交活动曾取得了巨大成就。第一，促使美国与法国建立同盟，帮助美国取得战争的胜利；第二，签署了一项和平协定，巩固了美国的胜利果实。艾萨克森对此的描述无疑是所有富兰克林传记中最为全面的。

——H·W·布兰兹，得克萨斯大学奥斯汀分校历史学教授《洛杉矶时报书评》

清晰易懂，事实准确，同时也可能是自200多年前的《富兰克林自传》以来最具娱乐性的一部富兰克林传记。

——泰德·德莱特，《星期六晚邮报》

此书无愧于书中的主人公富兰克林，且言语平实、通俗易懂，颇有富兰克林的文风。此书内容详实，但又以轻松的口吻娓娓道来，内容丰富、可读性极强。

——特蕾西·李·西蒙斯，《国家评论》

《富兰克林传》一书所塑造的富兰克林形象，幽默、务实、富有自知之明，仿佛就生活在你我身边，或至少是我们想要成为的那种人……实乃佳作。

——马尔科姆·琼斯，《新闻周刊》

《富兰克林传》乃一流的流行传记作品，考据详实、笔调轻松、通俗易懂、文笔亲切、观点睿智，堪与戴维·麦卡洛的代表作比肩。字里行间充满了对富兰克林这一可爱伟人的热爱之情。

——鲍勃·弗罗斯特，
《圣何塞信使报》

妙极之作……对富兰克林的种种卓越成就进行了令人如痴如醉的描述……此书将富兰克林的生平浓缩其中。如您对美国建国前后的历史感兴趣，此书绝不可错过。

——鲍勃·范·布罗克林，
《俄勒冈周日报》

通过绘声绘色、通俗易懂的描述，艾萨克森清晰地展示了富兰克林的科学成就、作为一名社会改革者的非凡事业、作为外交家和政治家的艰辛付出，以及错综复杂的爱情生活。

——罗宾·布莱克本，
英国历史学家、社会学家
《国家》

令人为之一振……对富兰克林生平的描述角度新颖，又浑然一体……艾萨克森的叙述活泼生动、考据详实。从科学、哲学到富兰克林巴黎岁月的纸醉金迷，再到其标志性的心照不宣的幽默，起承转合自然流畅。

——戴维·高见，
《西雅图时报》

此书考据详实、笔法自然、通俗易懂、附录详细，对富兰克林及其所处时代的把握极富洞见，又不乏惊人之语。若想了解美国精神的形成过程，阅读此书大有裨益。

——查理·芒特，
《福布斯》

富兰克林伫立于舞台中央，他的可亲、务实、狡黠恍若就在眼前。

——帕特里克·比奇，
《奥斯汀美国政治家报》

沃尔特·艾萨克森深谙善于讲故事是富兰克林的本质特征，因此在其极富可读性的新作中，他以富兰克林身上所具有的、一名伟大外交家所必需的杜撰和善于辞令为切入点，对富兰克林进行塑造。此书并非意在对富兰克林的形象进行颠覆，而是试图将其鲜为人知的一面——美国最早的公共关系大师，展示给世人……此书是对本杰明·富兰克林研究必不可少而又十分有趣的补充。

——约翰·弗里曼，《克利夫兰实话报》

艾萨克森以一种有趣、同情而又公正的视角，对国父中最有风度的一位（富兰克林）的思想和生活进行了解读与审视……您不妨静下心来仔细品读，重新认识美利坚民族的特征与本质。

——多尔曼·T·辛德勒，《丹佛邮报》

引人入胜……艾萨克森是一位极富才华的作家，给我们讲述了一个精彩故事。此书考据详实，但没有陷入学术的窠臼。无论描述外交谈判还是科学实验，语言清晰明了、不乏幽默，即使富兰克林在世也不免拍手称好。此书细节丰富、极富洞见，无论是学者还是一般读者，都将对其大为赞赏。

——特里·W·哈特尔，《基督教科学箴言报》

本杰明·富兰克林是其所处时代中最为杰出的人士。沃尔特·艾萨克森在书中极好地展示了这一点，这同时也是对富兰克林最杰出的描写与评价。此书行文之间充满了热忱，叙事紧密围绕主题开展，所选的逸闻趣事也饱含深意。正如穷理查所言：只有伟人才配得上伟大的传记。此书及书中所描写的对象完美地验证了这一点。

——吉姆·莱勒，美国公共电视网新闻主播

考据详尽、通俗易懂……对富兰克林进行了中肯的评价，不遮瑕、不掩瑜。此种方法非但没有损害富兰克林的形象，反而使其更为人性化……实乃上佳之作。

——马克·霍顿，《埃德蒙顿日报》

扣人心弦……对那些将富兰克林误认为是一个爱放风筝的人的读者来说，此书将使其意识到富兰克林实乃一名举足轻重的科学家……《富兰克林传》一书语言生动、浅显易懂，将成为与戴维·麦卡洛所著的《约翰·亚当斯》比肩的畅销之作。正如《约翰·亚当斯》一样，此书将富兰克林从神重塑成一个有血有肉的鲜活之人，也有自己的喜怒哀乐，虽难称完美仍值得尊敬……值得一读的好书。

——弗里茨·拉纳姆，《休斯顿纪事报》

上佳之作……艾萨克森敏锐地把握住了富兰克林这位在美国历史上具有重要地位的天才的本质。

——《出版人周刊》

充满活力、活泼有趣、贴近生活。

——《纽约客》

此书逻辑合理、清晰明了、通俗易懂，准确地反映了富兰克林为人所熟知的实用主义……将再次引发火爆的“富兰克林热”。

——《纽约时报》

Benjamin Franklin An American Life

目　录

第十三章 朝臣（巴黎，1776~1778 年）

第十四章 交际圣手 饕餮食家（巴黎，1778~1785 年）

第十五章 和平缔造者（巴黎，1778~1785 年）

Benjamin Franklin

An American Life

第一章

本杰明 · 富兰克林与美国的诞生

富兰克林初到费城的时刻是其自传中最为经典的场景之一：一个衣衫褴褛的17岁少年逃离了家乡，下了船，貌似谦逊实则狂傲不羁地在大街上游荡，然后买了3个面包圈充饥。等一下！实际上这一场景的背后还有很多值得关注的地方。我们仿佛看到了65岁的富兰克林坐在英式乡间小屋里奋笔疾书。富兰克林的自传是以给自己儿子写信的口吻撰写的。他的儿子其实是私生子，时任大英帝国北美殖民地的总督之一，常以贵族自居，富兰克林则希望他不要忘记自己卑微的出身。

仔细阅读富兰克林的自传手稿，我们还会发现更多有趣之处。在关于富兰克林在费城大街上闲逛，然后遇到其未来妻子德博拉·里德的段落中，他在页面空白处加了这样一句话："她站在门口看着我，心里肯定觉得我的样子十分狼狈可笑，事实也的确如此。"寥寥数笔，我们看到了富兰克林笔下具有多重特质的自己：首先是单纯的年轻人，其次是老年富兰克林对自己年轻时的印象，最后则是他妻子对其当初形象的回忆。在段落的结尾处，富兰克林还不忘自嘲地总结了一句："事实也的确如此。"貌似谦逊的话语无法掩饰他对自己日后所取得的卓越功绩的自豪。

本杰明·富兰克林是美国国父中唯一不会令人感觉遥不可及的一位。当年，同僚们就对乔治·华盛顿敬畏有加，今天的我们更是如此；杰斐逊和亚当斯同样令人敬畏。富兰克林则不同，这个雄心勃勃的企业家形象十分鲜活：他是活生生的人，而不是先贤祠中冷冰冰的大理石雕像。他是如此真实，以至于人们感觉甚至可以给他取绰号、开玩笑。他从历史舞台上缓缓向我们走来，一边走一边还调皮地眨着眼睛。通过流传下来的信件、所做的恶作剧和自传，富兰克林仿佛一直在与我们交流。他从不用华丽的辞藻装点自己，反而语气轻松，甚至还带点小幽默和小调侃，虽然有时也会令人不安，但没有一丝矫揉造作。他很有现代气息，就像生活在当代一样。

在其 84 年的人生旅途中，富兰克林坚持学习和自我提高，最终成为美国最伟大的科学家、发明家、外交官、作家和商务策划师。虽然不是最有名的，但他是最讲求实际的政治思想家之一。富兰克林通过放风筝证明了闪电是一种放电现象，并由此发明了避雷针；他还发明了双焦距眼镜、新式清洁火炉；绘制了第一张墨西哥湾洋流图；提出了流感会传染的理论。富兰克林发起了很多改善民生的运动，创办了美国第一家公共图书馆、创建大学、组建自愿消防队、建立保险互助会，并筹集了大量资金。在他的大力倡导下，美国逐渐形成了独特的朴素幽默的风格和实用主义的哲学观。在外交政策上，富兰克林创造了综合理想主义和实力均衡现实主义的方法。就政治而言，他提出要将北美殖民地联合起来建立联邦政府，这具有十分重要的历史意义。

但富兰克林最伟大的发明还是他自己，这也是其一生中不断追求和完善的目标。作为美国历史上第一位伟大的公共宣传家，他穷其一生通过各种作品，不断试图创造一个全新的美国人形象。在这一过程中，富兰克林认真地塑造自己的角色，努力向公众展示，为后人树立了良好的榜样。

从某种意义来说，他已经成为人们心中的梦想和楷模。当他还是费城一个年轻的印刷工时，富兰克林就赶着马车在街上运送报纸，给公众留下了勤奋的印象。晚年担任驻法国外交官时，他头戴一顶皮帽，成功地诠释了来自北美殖民地先贤的角色。几十年间，富兰克林将自己打造成朴素而上进的商人形象——坚守勤奋、节俭、诚实的美德，热心于社区的公益事业。

他塑造这些形象并非出于矫情伪装，而是深深扎根于现实。富兰克林在手工业者家庭中长大，他一生中的大部分时间都愿意与工匠和思想者在一起，而不是与所谓的传统精英打成一片。富兰克林十分不屑世袭贵族们的浮华生活与种种特权，他一直称自己是一个“印刷工”，正如其墓碑上所刻的一样。

以上的林林总总在某种程度上反映了富兰克林最为重要的愿景：建立中产阶级品德和价值观之上的美国认同。相较于诸多美国开国元勋，富兰克林对民主有天生的好感，并没有太多后世批评家所指责的世故之心。他一直信任民众的智慧，认为中产阶级是新国家（美国）的力量源泉。通过不断培育个人品德、推动社会公益，他帮助美国建立了一个由普通民众构成的全新的统治阶级，并为之大唱赞歌。

我们可以在富兰克林身上发现很多品质：他的创造力和随心之智，不拘泥于陈规的新教徒品德，所坚守的和愿意为之妥协的各种原则。富兰克林身上可以折射出不同时代的美国价值观。无论是浪漫主义时期对他的中伤还是商业时代对他的膜拜，每一个时代的人都会重新评价富兰克林，借此来彰显那个时代的价值观。

在21世纪的今天，富兰克林及其品质尤其能激发我们的共鸣。作为一个极富好奇心、乐于创造的成功出版商和社交高手，即使身处当前的信息时代，富兰克林也能游刃有余，就像社会评论家戴维·布鲁克斯所谓的“雅皮士始祖”。我们不难想象可以和他在下班后喝上一杯，教他使用最新的电子设备，与其讨论商业方案的可行性，抑或谈谈最新的政治丑闻或外交政策。他会因为最近流行的新笑话而大笑不已。我们将会由衷钦佩他的真诚和幽默的自嘲艺术。我们还会谈谈那些有时会让我们心烦的问题，比如如何平衡对名誉、财富的追求和对世俗道德、价值信仰的坚持。

现在，一些人批评富兰克林的思想中有一种灵魂和精神上的自我满足，它略显肤浅，有鼓吹功利主义之嫌。他们认为富兰克林鼓励人们踏实追求物质生活，忽略了崇高的理想。另一些人对此则大加赞赏，认为富兰克林的中产阶级价值观和民主情结正是现代那些所谓精英、激进分子、极端保守势力和对中产阶级的鞭挞者大肆攻击的，必须予以弘扬。他们将其视为个人品德和社会道德的楷模，这也正是当下美国最为缺失的。

对富兰克林的赞誉与批评都有不少中肯之处，但富兰克林的一生远比他的崇拜者和反对者所描述的要复杂得多。他们常常无法将富兰克林本人与其在自传中刻画的那个努力的美国移民区别开来，错将富兰克林的格言当成了激励其行动的基本信条。

富兰克林的品德建立在对高尚生活的忠实信仰上，建立在为这个他所深爱的国家做出贡献上，建立在希望通过努力获得救赎的追求上。正因如此，富兰克林将个人品德与社会道德融合在一起。在某种程度上来说，他奉行了上帝的旨意，实现了尘世品德和天国道德的结合。正如富兰克林在其所建图书馆的门口刻下的箴言："服务公众最为神圣。"而同时代的乔纳森·爱德华兹等人则认为，人类只不过是愤怒的上帝手中的玩物，救赎通过上帝的怜悯才能实现。与他们相比，富兰克林的观点的确有自我满足的意味，但无疑是最为真诚的。

无论你持何种观点，对富兰克林重新进行审视和解读都是十分必要的，唯此才可以抓住关键所在：人们要怎样才能活得有益于社会、正直、受人尊敬、坚守道德且有意义呢？这些品质中哪一个是最重要的？无论是在尊崇自我价值的时代还是激昂的革命岁月，这些问题都是至关重要的。

Benjamin Franklin

An American Life

第二章

天路历程（波士顿，1706~1723 年）

富兰克林家族："自由人"

中世纪晚期，英国乡村出现了一个新的阶级：并非贵族却拥有土地和财富的小土地所有者或自耕农。这些人对自己作为独立的中产阶级的权利十分明确，因此骄傲（但不自负）地称自己为"富兰克林"。这一称呼源自"frankeleyn"，意为"自由人"。

当英国人开始普遍使用姓氏的时候，上层阶级的家庭倾向于选择自己领地的封号作为自己的姓，如兰卡斯特或索尔兹伯里。大部分佃农选择了自己居住地周围的地形地貌，如希尔（山）或梅多斯（牧场）。大部分手艺人选择了自己的职业，如史密斯（铁匠）、泰勒（裁缝）和韦弗（纺织工人）。那么，对于某些家庭来说，用自己的阶级"富兰克林"作为自己的姓则是再合适不过的了。

目前为止有据可考的本杰明·富兰克林的先祖使用这一姓氏的时间可以追溯到其高祖托马斯·富兰克林。托马斯于1540年左右出生在北安普敦郡的埃克顿。他生性独立，而这一性格日后也成为富兰克林家族的特征之一。"我们这个卑微的家庭很早就响应了宗教改革，"富兰克林日后写道，"有时还因为强烈反对天主教而深陷险境。"当玛丽一世进行血腥的罗马天主教复辟时，托马斯·富兰克林仍然将《圣经》藏在折叠凳的背面。当托马斯向全家诵读《圣经》的时候，就把折叠凳翻过来；一旦情况有变，就马上把凳子翻过来放在地上。

托马斯·富兰克林这种实用主义的独立和心灵手巧都遗传给了自己的后裔。因此，富兰克林家族的人有主见且勤于思考，绝不人云亦云，他们蔑视权威，但不疯狂。他们都是聪明的手艺人和善于发明的铁匠，都有一颗热爱学习的心。他们喜爱阅读和写作，信仰坚定，但又深知如何不轻易表露。富兰克林家族的人都善于交际，每当邻居遇到难题时，会很信任地请教他们。他们也为自己中产阶级（当时的中产阶级大部分是独立的商店店主、商人或自耕农）的身份深感自豪。

如果认为一个人的性格可以从家族遗传的角度来解释，而家族遗传的特质在某些人的身上显现得淋漓尽致，这一观点可能只是传记作者的自欺欺人。但若想研究富兰克林，其家族遗传无疑是丰富的宝藏。对某些人来说，居住的环境对性格的养成十分重要。如果想了解哈里·杜鲁门，就必须了解19世纪的密苏里州。同样，如果想研究林登·约翰逊，就必须研究得克萨斯州的希尔县。但这一定律对本杰明·富兰克林似乎并不适用。他的大部分祖先居无定所，都是大家族中的小儿子，都在远离自己父亲的城镇靠手艺为生。因此，研究富兰克林，恐怕要从家族遗传的特征着手，而不是考察其出生环境。

此外，富兰克林自己对此也十分认同。其自传的开头就是“我历来喜欢搜集祖先的逸闻趣事”。当他多年之后事业有成，回到埃克顿寻根溯祖之时，富兰克林就沉浸于拜访亲友、考据教堂记录和拓印祖先的墓志铭中乐不自拔。

富兰克林发现自己家族的确有一种叛逆的本质，不仅仅是关于宗教事务。据说，托马斯·富兰克林一直在积极宣扬普通人的权利，反对圈地运动。当时英国的土地所有者关闭了自己的农场，使可怜的农民失去了自己的羊群。托马斯的儿子亨利则因为写诗针砭时事，“戳到了某些大人物的痛处”，被判处了一年的监禁。这种蔑视权贵、以文章针砭时弊之举在富兰克林家族中屡见不鲜。

亨利的儿子托马斯二世也显现出此种倾向，并成功地将其遗传给了自己的孙子本杰明·富兰克林。托马斯二世善于交际，热爱阅读、写作和修修补补。年轻时，他就自己制作了一个钟，而这个小玩意儿终生未坏。托马斯二世继承了其祖父和父亲的职业，成为一名铁匠。但是在自己居住的村子里，他还有很多其他的身份。根据他外甥回忆，他还是“车工、制枪匠、外科医生、公证人，还写得一手好字”。此外，他还精通历史，对天文学和化学也有所涉猎。

他的大儿子继承了他的铁匠生意，并最终成为一位学校校长和文书。但是，本书是关于小儿子们的故事，本杰明·富兰克林及先祖一直都是大家庭中的幼子，这种情况一直持续了五代。小儿子就意味着在很多情况下你只能靠自己去打拼。对于富兰克林的先祖们而言，这意味着他们要背井离乡去别的地方讨生活。因为埃克顿村实在是太小了，不可能容下两个同行手艺人，所以他们就得去较大的城镇当学徒。

弟弟给自己的哥哥当学徒这种事并不罕见，在富兰克林家族尤是如此。因此，托马斯二世的小儿子乔塞亚·富兰克林在17世纪70年代离家来到牛津郡的班伯里，给自己的另一个哥哥、和蔼的约翰·富兰克林当学徒。约翰开了一家染坊。在克伦威尔失势、查理二世复辟之后，服装业得到了快速发展。

在班伯里当学徒时，乔塞亚被卷入了英国历史上第二次宗教争端之中。第一次是新教和天主教之争，最终以伊丽莎白女王确立新教为国教而告终。然而，她和她的继任者们一直承受着巨大的压力，这要求他们进行更为彻底的宗教改革，“消除”所有罗马天主教的痕迹。当时，鼓吹彻底消除天主教存在的清教徒（加尔文教派）在北安普敦郡和牛津郡特别活跃。他们主张地方教会自治，要求以布道和诵读《圣经》代替做礼拜，甚至将很多国教礼饰视为天主教残余。尽管对自身道德修养要求极高，但是他们强调机会公平、协商、布道和对《圣经》的个人理解等教义仍然吸引了大部分中产阶级。

乔塞亚到班伯里的时候，镇上的敌对气氛已经很浓厚了（当时在最严重的一场斗争中，一伙清教徒暴徒甚至推倒了镇上著名的十字架）。富兰克林家也因此一分为二，尽管阵线没有那么分明。约翰和托马斯三世仍然信奉国教，但他们的弟弟乔塞亚和本杰明（也有人称之为老本杰明，以将其与他的侄子——著名的本杰明 · 富兰克林区分开来）成为清教徒。但是乔塞亚并未狂热地执着于教义的孰是孰非，毕竟没有任何记录表明富兰克林一家曾因此有过争论。

奔向荒野：清教徒移民来到北美殖民地

富兰克林曾声称其父亲乔塞亚是出于“对信仰自由的渴望”来到了北美殖民地。从某种意义来说，此言不虚。1660 年，克伦威尔倒台、查理二世复辟，并对清教徒进行了严格限制，很多非国教的牧师都被驱除出了教会。

但乔塞亚的哥哥老富兰克林则将迁往北美殖民地的原因归结于经济。乔塞亚对信仰的态度并非坚如磐石。实际上，他与父亲和大哥约翰走得很近，而那两人信奉国教。阿瑟 · 图特洛特写道：“所有证据都表明，出于现实的独立加之思维的活跃和朴实的实用主义使乔塞亚和老本杰明成为清教徒，而绝非对教义的信仰。”图特洛特对富兰克林 17 岁以前的历史很有研究，曾经出版过此方面内容的专著。

乔塞亚最重要的考虑则是养家糊口。19 岁那年，他和同样来自埃克顿的朋友安妮 · 蔡尔德结了婚，两人搬到了班伯里。很快，他们就有了 3 个孩子。学徒期结束后，乔塞亚就开始正式在他哥哥的店里打工。他的工资很微薄，不足以养家。当时的法律又禁止他未经学徒就从事相应行业。正如老本杰明所言："他当时认为解决此事别无他法，只能于 1683 年离开自己的父亲和哥哥远赴新英格兰。"

与富兰克林自身的故事一样，富兰克林家族移民的故事可以帮助我们一窥美国性格形成的究竟。关于美国的"浪漫"传说之一就是人们为了自由，尤其是宗教自由才来到北美殖民地。这也是很多教科书所记载的内容。

与大部分关于美国的浪漫传说一样，这一说法有一定的事实根据。对于很多在 17 世纪移民到马萨诸塞湾以及随后移民到北美殖民地的人来说，他们的旅程最初的确是朝圣之旅，希望逃离迫害，追寻自由。然而，与大部分关于美国的浪漫传说一样，这一说法也忽略了重要事实：对于那些清教徒移民和随后的移民来说，此次旅程也是一次掘金之旅。

但如果想明确区分他们的动机，实际上是对清教徒乃至美国的一种误解。对大部分清教徒来说，无论是富有的约翰 · 温斯罗普还是贫穷的乔塞亚 · 富兰克林，他们来到北美殖民地这片荒野的原因都是出于信仰和经济的双重考量。马萨诸塞湾殖民地就是由温斯罗普这样的投资者修建的，最后不仅成为商业中心，而且成为"山巅之城"。这些清教徒不会在宗教和世俗之间进行非此即彼的区分。清教徒赋予美国的最实用的特质之一就是将宗教自由和经济自由结合起来。商业本身是一种道德，经济上的成功并不妨碍精神的救赎。

实际上，清教徒鄙视罗马天主教那种认为上帝与经济毫不相干的修道院式信仰。他们认为勤劳是一种神圣的也是世俗的美德。正如文学史家佩里·米勒所言："物质主义和非物质主义的矛盾对清教徒来说其实并不存在。"赚钱也是赞美上帝的一种方式。早在富兰克林出生前5年，科顿·马瑟在其著名的布道《听从召唤的基督徒》中指出："从事固定职业十分重要，这样基督徒不仅可以通过对他人行善来赞美上帝，对自己也十分有益。"上帝赞赏那些勤奋工作的人，正如《穷理查历书》中所言："自助者天助之。"

因此，清教徒移民为本杰明·富兰克林和整个美国性格的某些特征奠定了坚实的基础：坚信精神救赎和事业成功并不矛盾，勤奋与对上帝的虔诚并行不悖，思想自由和商业自由紧密结合。

勤勉和平等：富兰克林的父亲

1683年8月与妻子一道前往北美殖民地时，乔塞亚只有25岁。他们还带着3个孩子，两个稍大一点儿，另一个小女孩只有几个月大。他们当时和100多名乘客挤在一艘军舰上，在海上颠簸了9周多。旅费大约是15英镑，相当于乔塞亚这样一个普通工人半年的收入。然而，这的确是一笔明智的投资。北美殖民地的工资是英国本土的两三倍，生活成本反而更低。

对波士顿这样一个当时地处边境、清教徒聚集的城镇来说，染色的市场需求并不大。实际上，穿过于艳丽的衣服是违背清教教义的行为。但与英国不同，这里的法律并未规定从事新职业之前必须做学徒。因此，乔塞亚选择了一个并不风光但很实用的新职业：做烛皂，即将动物油脂做成蜡烛和肥皂。

这的确是个精明的选择。当时，蜡烛和肥皂正由奢侈品变成生活必需品。从草木灰中提取碱液，并将其与动物脂肪一起熬制数小时，气味刺鼻，的确是一份苦差事。即使是最勤劳、最节俭的主妇也愿意雇人来做。一度稀少的牛则被大规模饲养，然后杀掉，以生产更多油脂。因此，该行业前景广阔。在乔塞亚到波士顿之前，根据官方的记录，波士顿有12个鞋匠、11个裁缝、3个酿酒师，但只有1个做烛皂的。

乔塞亚租了一幢两层半的宅子住了下来，并开创了自己的生意。房子并不大，只有9米多高，坐落在米尔克街和高街（现在的华盛顿街）之间的角落上。一层只有一个房间，房子后面有一个独立的小棚子作为厨房。和其他波士顿的房子一样，窗户并不大，易于保暖，但是色彩很明亮，看起来让人愉悦。

街的另一侧就是南教堂。这也是波士顿清教徒3个聚会场所中最新、最自由的一个（相对而言）。乔塞亚到北美殖民地两年后获准加入，并可以"自己与上帝订立盟约"。

教会的资格在某种程度上是改变社会地位的阶梯，对清教徒来说尤其如此。尽管乔塞亚只是一个艰难糊口的小商人，但正是凭借他的教友资格，他与很多社会贤达成为朋友。其中包括前总督西蒙·布莱德斯特律和法官塞缪尔·西维尔。西维尔曾经在哈佛求学，且坚持不懈地保持着写日记的习惯。

乔塞亚是一个值得信任的人，且很有长者风度，因此很快就在波士顿当地清教徒中获得了较高的地位。1697年，他被任命为十户长，职责是确保所负责的教众参加礼拜，并监督那些"半夜还在街面上游荡的人、酒鬼和破坏安息日的人"，以及任何沉溺感官刺激、非宗教、渎神和持无神论观点的人和行为。6年之后，乔塞亚被擢升为治安官，与其他10个人一道监督波士顿所有十户长的工作。尽管没有任何报酬，但是乔塞亚成功地将政治道德与私人利益完美结合起来：他把自己制造的蜡烛卖给了自己监督的守夜人。他的儿子富兰克林继承了这一点并发扬光大。

在其自传中，富兰克林曾经这样赞美自己的父亲：

> 他身体很好，中等身材，体格健壮；天资聪颖，擅长绘画，略懂音乐，声音很有磁性。有时候，当他忙碌了一天之后，就拉起小提琴，唱起圣歌，十分悦耳动听。他在机械方面也很有天赋，使用其他工匠的工具也得心应手。但是，他最杰出的才能还在于处理重大事务时拥有出色的理解力和判断力，于公于私皆是如此……我至今仍记得当时经常有重要人物去拜访他，请教镇上或本郊区的公共事务……很多人在自己遇到困难时也向父亲请教，他经常被人请去仲裁争议。

实际上这段描写有点儿言过其实。毕竟，富兰克林写自传的目的之一就是教育他自己的儿子要孝顺。正如我们所见，乔塞亚尽管十分聪明，眼界却很狭窄。他曾经试图限制自己儿子富兰克林受教育的愿望、职业的选择甚至写诗的冲动。

乔塞亚最宝贵的品质可以用一句话来形容，就是清教徒标志性的勤奋和平等主义。正如富兰克林在其墓碑上所写："遵从上帝的召唤。"这句话出自乔塞亚最喜欢的所罗门王的《箴言》中的一段，也是他经常教育富兰克林的话："若是一个人勤勉从事，他将站在君王的面前。"当78岁的富兰克林回忆起他父亲的时候，有一点儿虚荣和自我满足，这种复杂感觉从头至尾贯穿其自传："从此我认为勤勉是发财和成名的手段。这一信仰鼓励了我，虽然我从未想到我会真正地站在君王面前。但这一点倒真的已经做到，因为我曾经站在5位国王面前，甚至还曾有幸同一位国王共进晚餐——那就是丹麦国王。"

在事业不断取得成功的同时，乔塞亚的家庭也在不断扩大。在其第一次结婚以后的34年时间里，他一共生了17个孩子。对当时那些健康、强壮的清教徒来说，多子的现象很平常。例如，南教堂的牧师塞缪尔·威拉德一共生了20个孩子，著名的神学家科顿·马瑟有15个孩子。对清教徒来说，孩子是财富的来源，而不是负担。孩子可以帮助干家务、买东西，做很多杂事。

乔塞亚和安妮来到北美殖民地之后，很快又生了两个孩子，这两个孩子最终长大成人：小乔塞亚，出生于1685年；小安妮，出生于1687年。然而，死神很快就降临了这个家庭。在接下来的18个月中，乔塞亚不得不3次前往南教堂这个令他伤心的地方送别亲人：第一次是1688年，一个男孩出生5天后就不幸夭折；随后是他的妻子安妮，1689年当她产下一个男婴一周后不幸撒手人寰；更不幸的是，一周之后，那个可怜的小男孩也不幸夭折（当时波士顿大约1/4的新生儿在出生一周之内死亡）。

当时殖民地的男子结两三次婚是再平常不过的了。1628年，第一批到马萨诸塞的18名妇女中，有14人在一年内就去世了。因此，对于一个丧偶的男人来说，很快再婚并非一件可耻的事。实际上，正如乔塞亚一样，大部分都是出于经济上的考量。乔塞亚当时31岁，有5个孩子要抚养，还要打理自己的生意，照看店面。他需要一个善良的新妻子，可说是迫在眉睫。

谨慎而贤淑：富兰克林的母亲

与富兰克林家族一样，福尔杰家族也具有反叛但讲求实际的特质，考虑问题时也会兼顾宗教和经济利益。福尔杰家族的历史可以追溯到

16世纪，当时弗兰德地区的新教徒迁往英格兰，他们正是其中的一员。当查理一世及其坎特伯雷大主教威廉·劳德开始迫害新教徒时，福尔杰一家首先离开了英国，前往马萨诸塞。1635年，约翰·福尔杰一家坐船前往波士顿，当时他的儿子彼得只有18岁，而波士顿建城也不过仅仅5年的时间。

在旅途中，彼得认识了一个女孩，名叫玛丽·莫里尔。她是一位前往北美殖民地避难的新教牧师的女仆。当他们到达波士顿后，彼得用20英镑为她赎了身，并和她结了婚。

尽管在北美殖民地获得了宗教和个人的自由，福尔杰一家还在不断寻找发财之路。因此，他们沿河而上，首先来到了一个名为戴得姆的新定居点，随后又到了沃特敦，最后在楠塔基特岛落下了脚。彼得在那儿成了一名教师。当时，岛上大部分人都是印第安人，他很快就学会了他们的语言，教他们英语，并成功地使他们皈依基督教。但出于叛逆的天性，彼得很快就改变了自己的信仰，成为浸礼会教徒。这就意味着那些跟随他皈依基督教的印第安人不得不再次转为浸礼会教徒。

福尔杰和富兰克林家族都对权威有一种天生的反感。彼得也继承了这种特质，决心改造北美殖民地。在他担任楠塔基特法庭书记员一职时，在一件涉及当地领主与新兴中产阶级案件的判决中，他因为违背地方官的旨意一度被投入狱中。

他还写了一本极富煽动性的小册子，表示对1676年菲力普王之战中印第安人的同情。他声称战争是上帝为宣泄因波士顿新教牧师心胸狭隘而产生的怒火。实际上，他的情感要远比他写诗的天赋高得多：“让地方官和牧师们，深深地反思；让他们废除那些邪恶的律法，不再狼狈为奸。”而他的外孙富兰克林则认为这首诗“大气直白，颇具自由风格”。

彼得和玛丽一共生了 10 个孩子，女儿艾比亚是最小的一个。她生于 1667 年，21 岁那年搬到了波士顿与她的一个姐姐和姐夫同住，她当时还未结婚。她的姐姐和姐夫也都是南教堂的清教徒。艾比亚原先是浸礼会教徒，不过到了波士顿之后很快就成为清教徒。1689 年 7 月，当受人尊敬的商人乔塞亚去南教堂送别自己妻子的时候，艾比亚也参加了告别。

此后，不到 5 个月，1689 年 11 月 25 日，乔塞亚就和艾比亚结婚了。两个人都是大家族中的幼子。两个人都活到了耄耋之年：乔塞亚 87 岁，艾比亚 84 岁。当然，他们的长寿也传给了幼子富兰克林，他也活到了 84 岁。“他是虔诚而审慎的男子，她是谨慎而贤淑的女子。”富兰克林在他们的墓志铭中写道。

在随后的 12 年里，乔塞亚和艾比亚一共生了 6 个孩子，约翰（生于 1690 年）、彼得（生于 1692 年）、玛丽（生于 1694 年）、詹姆斯（生于 1697 年）、萨拉（生于 1699 年）和埃比尼泽（生于 1701 年）。再加上约瑟夫上一次婚姻所生的孩子，这个大家庭一共有 11 个孩子。当时所有孩子都没有结婚，与做蜡烛和肥皂的机器一起挤在米尔克街的小房子里。

在当时那种情况下照顾那么多孩子简直就是一项不可能完成的任务，之后发生的惨剧也证明了这一点。在富兰克林只有 16 个月大的时候，埃比尼泽掉进了一个他父亲用来制肥皂的桶里不幸丧生。不久之后，约瑟夫和艾比亚又生了一个孩子，可惜也夭折了。

所以，即使他们随后所生的孩子富兰克林与他的哥哥姐姐们一起在那所房子里长大，他与最小的哥哥也相差 7 岁。富兰克林还有两个小妹妹，莉迪亚（生于 1708 年）和简（生于 1712 年）。

勇敢和领导：富兰克林的童年

本杰明·富兰克林生于1706年1月17日[①]，那天是周日，他也在当天接受了洗礼。当时，波士顿已经建城76年，不再是一个由清教徒组成的边境小镇，已发展成繁荣的商业中心，到处是牧师、商人、海员和妓女。波士顿有1 000多户人家，有1 000多艘船在波士顿港登记，总人口达7 000多人，几乎每20年就翻一番。

作为在查尔斯河边长大的孩子，富兰克林回忆说，他自己“天生就是一个孩子王”。当时孩子们最喜欢的地方之一就是河口附近的一块盐碱地。因为孩子们经常在那里玩耍，过度的踩踏使其变成了一片泥地。在富兰克林的带领下，孩子们给自己造了一个小码头，只可惜用的石头是一户人家准备在附近盖房子的建材。“当天晚上工人们离开之后，我就召集一大堆小伙伴，像蚂蚁一样努力干起来。有时候得两三个人才能搬动一块石头。最后，我们把石头都搬光了，建起了我们自己的小码头。”第二天早上，他们就被逮到了，被教训了一顿。

富兰克林在自传中用这个故事来证明他父亲的名言：“如果不诚实，什么都不是。”然而，正如富兰克林惯用的伎俩一样，这个以略带自嘲的口吻讲出的故事，与其说是要证明富兰克林有多坏，还不如说是要夸奖自己的领导能力。富兰克林一生都为自己卓越的领导能力和热心公益事业深感自豪。

富兰克林在查尔斯河边长大的童年也使其对游泳产生了浓厚的兴

---

① 见本书585页简明年表。本书中所有日期，除特殊标明外，均采用现行日历。直到1752年，英国及其殖民地仍采用儒略历，与现历法相差约11天，并且设定3月25日为新年第一天。所以按儒略历计算，富兰克林的生日是1705年1月6日，而乔治·华盛顿的生日则从公历1732年2月22日变为1731年2月11日。

趣，终生未变。在他学会了游泳并教会了自己的小伙伴后，富兰克林就在琢磨如何让自己游得更快。他意识到，手脚的大小影响了拨水的面积，因此影响前进的动力。于是他做了两个椭圆形的手蹼，上面有洞，手正好可以套进去。他在给朋友的信中写道："我甚至还做了两个脚蹼。"在手蹼和脚蹼的帮助下，他游泳的速度快了不少。

对他来说，风筝也十分有用，这一点在日后体现得淋漓尽致。他曾经有一次仰面躺在池塘的水面上，手里攥着一根线，让天上的风筝拉着他在水里漂来荡去。"当时我让一个小男孩帮我拿着衣服，"他回忆道，"我就让风筝拉着我穿过池塘，我一点儿也不费力，那给我带来的快乐简直难以想象。"

实际上，富兰克林还有一件童年趣事未被收录在自传当中。但 70 多年之后，他在巴黎却经常提起以博朋友一乐。当时，他遇到了一个吹口哨的男孩。富兰克林对那个能出声的小东西十分着迷，于是倾尽囊中所有买下了口哨。他的兄弟姐妹们知道后嘲笑他多花了 3 倍的价钱。"我哭得很伤心，"富兰克林回忆道，"口哨给我带来的痛苦和懊恼远比快乐多得多。"节俭对于富兰克林来说不仅是一种美德，更是一种乐趣。正如他在《穷理查历书》中写道："勤奋和节俭不仅是聚集财富的手段，更是培养品德的方式。"

富兰克林 6 岁的时候，他们搬家了，离开了米尔克街上那幢只有两个房间却养大了 14 个孩子的老房子。新房子位于汉诺威街和联盟街的交汇处，地处市中心，仍然一半是住家，一半是作坊。与老房子相比，新房子要大得多。艾比亚当时 45 岁，随后她生了最后一个孩子——简。简是富兰克林最喜欢的妹妹，也是他一生的笔友。

尽管孩子很多，但乔塞亚的新房子足够大，因此，他可以请朋友来用晚餐。富兰克林回忆道："他喜欢请些练达的朋友或邻居一起围坐在桌边，而且总是有意地谈些睿智或有用的话题，以提高孩子们的心智。”

这样的对话十分有趣，富兰克林在自传中写道，他“很少甚至完全没有”在意吃的到底是什么。这样的训练使其对食物一辈子都“不大感兴趣”，从而感到“十分方便”。但这一说法似乎有点儿不切实际。在他留下的手稿中，记录着很多在美国和法国享受美食的乐趣。

新家也使富兰克林有机会接触乔塞亚的哥哥老本杰明。他于1715年来到北美殖民地，当时已经65岁了，而和他同名的小侄子只有9岁。正如乔塞亚一样，老本杰明发现自己染色的手艺在北美殖民地似乎没有太多用武之地。但他没有向乔塞亚那样另学一门手艺，而是待在乔塞亚的家里写一些不入流的诗（其中包括一首124行的四行诗体自传）和富兰克林家族史（这个倒是十分有用），时不时地参加一些布道，逗逗自己的侄子。这使乔塞亚对他渐生反感。

伯伯老本杰明与富兰克林一起生活了4年。如果不是为儿子们着想，乔塞亚早就不理他了。最后，老本杰明搬到了自己儿子塞缪尔的家。塞缪尔是一个刀匠，也来到了波士顿谋生。若干年后，富兰克林在给妹妹简的信中幽默地回忆起了父亲和伯伯之间渐生的“争端和误会”。他从中得出的教训就是“远亲短聚才显亲”。在《穷理查历书》中，富兰克林更是将其总结为“客久招人烦”。

如果富兰克林去了哈佛

当初乔塞亚本打算让富兰克林当牧师。老本杰明对此深表赞同，因为他终于可以为自己多年来积累的二手布道词找到用武之地。几十年来，他一直在观察最好的牧师，并把他们的布道词以自己的方式速记下来。富兰克林日后打趣道：“他答应把所有速记笔记都给我，就好像我是一个储物箱一样。”

为了让富兰克林日后就读哈佛学院，乔塞亚在富兰克林 8 岁的时候把他送到了文法学校。科顿 · 马瑟和他的儿子塞缪尔也曾在那里就读。虽然最开始时基础并不好，但富兰克林一年后就已经由中等水平变为名列前茅，甚至准备跳一级。尽管取得了不小的进步，但乔塞亚最终改了主意，粗鲁地终止了富兰克林在文法学校的学习生涯。富兰克林在其自传中写道：“我父亲当时考虑到家里人口多，很难再承担昂贵的大学学费。”

以经济为借口并不能令人满意。当时这个家庭的家境还不错，而且多年来只有少数几个孩子还在家中需要抚养（实际上只有富兰克林和他两个妹妹）。文法学校根本不收学费，而以他的成绩很容易申请到哈佛学院的奖学金。如果富兰克林可以到哈佛上学，他入学那年一共有 43 名学生，其中只有 7 名学生家境比较殷实，有 10 个人家里是做小买卖的，还有 4 个是孤儿。哈佛当时每年拿出预算的 11% 作为给学生的补助，远比现在高得多。

实际上，乔塞亚做出这样的决定主要是出于其他原因。虽然可能不对，但乔塞亚当时觉得富兰克林不适合当牧师。富兰克林生性多疑、淘气、好奇、无礼。老本杰明认为要成为一名牧师，必须先去聆听布道。而富兰克林一直暗自取笑他伯伯的这一想法，甚至当成一辈子的笑料。富兰克林童年的很多逸闻趣事都表现出他机智、顽皮的一面，但没有一件可以体现他对宗教的虔诚。

相反，富兰克林的孙子讲述的一个故事则表明了富兰克林对宗教和祈祷这一清教徒标志性举动的戏谑态度。他孙子写道：“当富兰克林博士还是一个孩子的时候，他觉得父亲在每餐前后的祈祷十分无聊。有一天，他们家腌制了准备过冬的食物，本杰明对他父亲说：

‘爸爸，我觉得你与其向上帝祈祷还不如向那个桶祈祷，这样还能节省点儿时间。’”

所以富兰克林就在两个街区之外的学校学习了一年的写作和数学。学校是由一位温和、务实的知名人士乔治 · 布朗创办的。富兰克林的写作十分不错，但数学实在不怎么样。缺乏教育成为富兰克林一生的心病，和缺少学术训练的短板一道成为限制他取得更伟大成就的障碍。因此，富兰克林终其一生只是一位有天赋的发明家，却没能如牛顿一样成为理论家。

假如富兰克林接受了正经的学术教育并考上了哈佛，事情会怎样？以图特洛特为代表的历史学家认为，如果真的如此，富兰克林的写作风格就不会那么“率直”、“易懂”，他的思想也不会“辛辣”、“新鲜”、“清晰”。实际上，哈佛的教育一直存在这样的缺陷，甚至还要严重得多。

但在缺乏证据的情况下就妄下结论，对富兰克林和哈佛来说都是不公平的。鉴于富兰克林活跃的思想和对权威的反感，他基本不可能像他父亲计划的那样成为一名牧师。实际上，如果富兰克林入学哈佛，那年他的班级一共有 39 名学生，只有不到一半的人最终成了牧师。即使他入学哈佛，可能会更叛逆，而不是被压迫得唯唯诺诺。要知道，当时哈佛的管理层正疲于处理校园内盛行的聚会、大肆吃喝等行为。

富兰克林天才的另一个方面体现在他兴趣广泛。从科学、执政，再到外交、传媒，富兰克林都能从实用而非理论的角度一探究竟。如果去了哈佛，富兰克林也未必会变得呆板、单调。因为当时在自由派人士约翰 · 李维立特治下的哈佛已经不再坚守清教徒的清规戒律。18 世纪 20 年代，哈佛在开设古典文学、哲学理论课程的同时还开设了物理、地理、逻辑和伦理等课程。马萨诸塞议会还给哈佛捐赠了一个天文台，因此哈佛也开设了天文学相关课程。幸运的是，富兰克林获得了可以与求学哈佛相媲美的教育和启发：作为一个印刷工、出版商、新闻人的训练和经验。

发明家的起点

10 岁的时候，富兰克林弃学回家，代替了哥哥约翰开始在父亲的店里帮忙。约翰当时在乔塞亚的店里学徒期已满，到罗得岛自己开店去了。富兰克林这辈子一共只接受了两年教育。烛皂店的活实在不好干。要把牛油煮沸，熬上几个小时，然后不停撇沫子，气味很难闻。此外，还要给蜡烛剪烛芯，把熬好的牛油灌进模子里。富兰克林明确表示不喜欢这项工作。相反，他对“航海表现出浓厚的兴趣”。他的哥哥小乔塞亚当时已经是一名水手。

因为担心富兰克林会步小乔塞亚的后尘当水手，乔塞亚领着富兰克林去拜访当时波士顿的其他手艺人，试图“看看我到底兴趣何在，好让我选一个陆地上的职业”。从那时起，富兰克林养成了对手艺人和商人终生的好感。而他对各种手艺的熟悉也使其在修修补补上很有天赋，这一点最终帮助他成为一名发明家。

乔塞亚最终得出了结论：富兰克林适合当一名刀匠，制制刀、开开刃什么的。因此，富兰克林就开始在老本杰明的儿子塞缪尔那里当学徒，起码干了有一阵子。但塞缪尔要求乔塞亚付学徒费，这令乔塞亚觉得很不舒服，尤其是原本老本杰明寄住在乔塞亚家的那段时间里两人间就已经产生了隔阂和不快。

于是，1718 年，富兰克林结束了在塞缪尔那儿的学徒生涯，转而给自己的哥哥詹姆斯当学徒。与其说是故意为之，还不如说乔塞亚因为气愤而违约。詹姆斯当时 21 岁，刚刚从英国回来，准备开创自己的印刷生意。起初，富兰克林对是否给詹姆斯当学徒十分犹豫，因为他已经 12 岁了，比一般开始当学徒的岁数要大一点儿，而且他哥哥要求签约 9 年，比平常合同要多出两年。最终，富兰克林还是答应了，尽管这意味着他结束学徒的时候已经 21 岁了。

在伦敦，詹姆斯观察到有很多潦倒文人写诗，然后在咖啡馆里叫卖。他觉得这也是门生意，因此，在让富兰克林排版的同时还让他写诗。在哥哥的鼓励下，富兰克林写了两首叙事诗，都与海洋有关：一首是关于一个家庭在事故中不幸丧生，另一首则是关于海盗"黑胡子"的故事。这两首诗"卖得还不错"，富兰克林回忆道："满足了我的虚荣心。"

赫尔曼 · 梅尔维尔曾评价富兰克林："事事精通，就是诗写得实在不怎么样。"实际上，富兰克林的父亲也这样认为，因此打碎了富兰克林的诗人梦。"我父亲却打击我，嘲笑我的诗作，还告诉我诗人一般都很穷，所以我没能成为诗人。即使当了，估计也就是一个三流诗人。"

富兰克林开始做学徒的时候，波士顿只有一份报纸《波士顿新闻通讯》。该报创办于 1704 年，其所有者是一位成功的印刷商约翰 · 坎贝尔，他兼任波士顿的邮政局局长。如果媒体同时拥有制作和发行的渠道，无疑将会占据很有利的位置，时至今日也是如此。坎贝尔与当时其他北美殖民地的邮政局局长们组成了一个庞大的网络，覆盖从新罕布什尔到弗吉尼亚的广大地区。与其他印刷商不同，运输他的书和报纸是免费的。而网络中其他邮政局局长则为报纸新闻提供了固定来源。此外，由于具有官方的身份，因此坎贝尔声称他的报纸"由官方授权出版"。这是一个很重要的证据，表明当时的新闻业还没有独立意识。

邮政局局长和报纸发行人这两个身份之间的关系十分紧密，以至于当坎贝尔卸任邮政局局长的时候，他的继任者威廉·布鲁克要求接管报纸，但坎贝尔坚决不同意。于是，布鲁克就在1719年12月开始发行《波士顿公报》。他雇用了当时镇上最便宜的印刷商詹姆斯承担印制。

但两年之后，詹姆斯就辞职了。他做了一件十分大胆的事：创办了当时北美殖民地第一份真正独立，也是第一份完全出自对文学的热爱的报纸——《新英格兰报》。《新英格兰报》是周报，而且很明显没有任何官方背景。

《新英格兰报》在历史上占有重要位置，因为它刊登了富兰克林的第一篇散文。在自传中，詹姆斯被描绘成了一个严厉、嫉妒的雇主。但公正地说，《新英格兰报》的确应该在历史上占有一席之地：它是北美殖民地第一份完全独立的报纸，风格大胆、反对权威，帮助北美殖民地形成了新闻自由的传统。文学史家佩里·米勒曾评论道："这是北美殖民地历史上第一次公开反对权威的尝试。"

在波士顿反对权威就意味着反对马瑟的信徒和反对清教教义在世俗生活中的作用，这也是詹姆斯在《新英格兰报》第一期的头版公然宣称的目标。但不幸的是，他选择的切入点是关于接种天花的问题，而且站错了队。

实际上，马萨诸塞建城90多年来，天花一直时不时地肆虐。1677年爆发的一场天花夺去了700多人的生命，相当于当时全城人口的12%。1702年，天花再次爆发，马瑟有三个儿子都染上了天花，幸运的是最终都活了下来。因此，马瑟决定开始研究天花。几年后，他家黑奴向他介绍了接种牛痘的方法。这一方法当时在非洲很流行，黑奴还向马瑟展示了接种留下的疤痕。于是马瑟咨询了波士顿其他黑人，发现接种牛痘在非洲很多地方是普遍的做法。

就在詹姆斯的《新英格兰报》对此事发表异议之前，一艘来自西印度群岛的巡洋舰海马号再次把天花这个死神带到了波士顿。短短几个月内，波士顿当地1万名居民中就有900多人死于天花。马瑟当牧师之前曾经是医生，他给波士顿当地所有医生（其实只有10名医生，而且仅有一个有医学学位）写了信，告诉他们自己在天花防治方面的研究成果，并建议人们接种牛痘。(马瑟已经摆脱了当初对迷信的偏执，有一阵子他甚至支持赛伦对女巫审判的主张。)

不幸的是，大部分医生都拒绝了这一建议（他们做出这样的决定与其说是深思熟虑的结果，不如说是出于对马瑟高高在上、指手画脚的反感)。詹姆斯新出版的报纸对此也持反对态度。1721年8月7日出版的第一期报纸刊登了詹姆斯的一个年轻朋友约翰·切克利的一篇文章。切克利曾就读于牛津大学，还是一个粗鲁的天主教徒。他指责马瑟："说一套，做一套，为了战胜天花，向上帝祈祷，但求助于畜生（牛)。"当天的报纸还刊登了波士顿当地唯一有医学学位的医生威廉·道格拉斯的文章，指责接种牛痘是"希腊老女人的做法"，并将马瑟和他的拥护者称为"6个无视事实的、虔诚的绅士"。这是北美殖民地第一次公然抨击统治阶级。

作为宗教领袖的马瑟勃然大怒，回击道："可怜的富兰克林（指詹姆斯)，尽管他还很年轻，但很快就将面临上帝的审判。"科顿·马瑟的儿子则给另外一家报纸写信，谴责"《新英格兰报》臭名昭著，令人作呕，从头到尾都充斥着冷嘲热讽的无稽之谈，反而显示出自己的懦弱"。

马瑟还将《新英格兰报》的投稿者比作地狱之火俱乐部的成员。地狱之火俱乐部是伦敦著名的异教徒团体，成员大部分是衣冠楚楚的年轻人。马瑟的侄子牧师托马斯·沃尔特也加入了论战，还写了一篇文章，名字就叫“反对新英格兰报”。

詹姆斯深知这样的争论会使报纸销量大增，为了从双方渔利，他甚至愉快地做起了印刷并销售沃尔特反驳他的文章的生意。但是，这场辩论演变成了人身攻击，令其深受困扰。不久之后，詹姆斯就发了一篇社论，决定不再刊登切克利的文章，以免冲突进一步升级。他还声称《新英格兰报》办报的目的“很单纯”，今后将会刊登任何一方关于此问题的意见，只要“不是恶毒的攻击”。

在这场论战中，富兰克林一直置身事外，甚至在自传中也对此讳莫如深。富兰克林之所以会持这样的态度，大概表明了他认为《新英格兰报》支持的立场不对。当1736年富兰克林年仅4岁的幼子死于天花之后，他成为接种牛痘的坚定支持者。在这场争论中，出于对文字风格的欣赏，以及作为一个奋斗的年轻人亟须获得有影响的社会贤达支持的实际需要，富兰克林站到了马瑟一边，成为他的崇拜者。几年后，更是成为他的挚友。

天性：富兰克林与书

从事印刷业对富兰克林来说几乎是天性使然。他在自传中回忆道：“我从小就喜欢看书，几乎把所有的零花钱都用到了买书上。”实际上，书籍改变了富兰克林的一生。幸运的是，富兰克林在波士顿长大。当第一批移民来到波士顿的时候，他们只带来了50卷书。经过数十年的发展，波士顿的藏书已经很丰富了。在富兰克林出生时，科顿·马瑟就已经建立了一家私人图书馆，藏书达数千卷之多，不仅包括神学典籍，还有经典名著和科学类书籍。对书籍的热爱既是马瑟所主张的清教徒的品质之一，也是洛克所代表的启蒙运动的特征。恰好这二者在富兰克林身上兼而有之，因此富兰克林对读书也十分喜爱。

约瑟夫 · 富兰克林的家距离马瑟的图书馆只有一里之遥。虽然约瑟夫藏书数量无法与马瑟相比，但对于一个没受过教育的小商人来说，数量已经十分惊人了。50 年之后，富兰克林仍然记得那些书的名字：普鲁塔克的《希腊罗马名人传》——“我读得很仔细”，丹尼尔 · 笛福的《论计划》，科顿 · 马瑟的《论行善》，还有很多关于神学辩论的书。

富兰克林在哥哥的印刷店工作之后，他结识了很多书店老板的学徒，因此可以从他们那儿借书，只要保持书面整洁即可，“如果书是晚上借到的，第二天一早就要归还，我经常大半个夜晚都在房间里读书，怕人家发现丢了书或是有人要买。”

富兰克林最喜欢旅游方面的书，无论是关于思想探索还是亲身游历，他都很感兴趣。他最喜欢的一本就是约翰 · 班扬的《天路历程》，描写的是一个名叫“基督徒”的人历经艰险终于找到了天国的故事。该书出版于 1678 年，很快就在清教徒和其他非国教徒中流行开来。对富兰克林来说，这本书吸引他的不仅是其中表达的宗教意义，还有它清新、散文式的写作手法。当时文坛的写作趋势是充满华丽辞藻和比喻的浮夸之风。富兰克林回忆道：“约翰是我所知的第一个将叙述与对话两种写作手法结合起来的作家，这十分吸引读者。”

班扬的中心思想就是“历程”，这也是清教主义、启蒙运动乃至富兰克林本人一生的重点所在。每个人，乃至整个人类，都在实践中获取知识和智慧，不断前行，自我完善。《天路历程》的开头就写道：“当我走在茫茫的旷野中……”也就奠定了文章的基调。甚至对于最虔诚的基督徒来说，这一历程并不仅是上帝的旨意，实际上也是人类通过自我奋斗或团结协作战胜困难的过程。

富兰克林另外一本最喜欢的书是普鲁塔克的《希腊罗马名人传》。要知道他只是一个12岁的小孩，有这样的品位实在让人吃惊。该书的主要观点是可以通过个人努力推动历史进步。与班扬笔下的“基督徒”一样，普鲁塔克笔下的英雄们也很值得尊敬。他们都认为个人的努力可以带来人性的进步。富兰克林开始认识到，历史是由人创造的，并非是不可改变的。

这一观点与加尔文教派中的某些观点有所冲突，如人的原罪和不可救赎。当富兰克林接触到很多启蒙运动观点的时候，他逐渐放弃了对加尔文教派的信仰，转信自然神论。然而清教派中很多观点仍然在他身上留下了深刻的印记，特别是实用主义、善于交际和集体主义等。

这些在富兰克林经常引用的一本书中论述得淋漓尽致，那就是《论行善》。《论行善》是马瑟所著的一本400页左右的小册子。多年以后，富兰克林曾在给马瑟之子的信中写道：“如果说我是一个有用的公民的话，大部分要归功于这本书。”富兰克林的第一个笔名“塞伦斯·杜古德”（意为“寂寞的行善者”），就是取自此书和马瑟一次著名的布道《缄默：寂寞的受难者》。

马瑟号召社会上所有人团结起来，合力造福社会。他还创建了一个社区进步团体，名为“家庭联合会”，富兰克林的父亲也加入其中。他还组建了青年人俱乐部和改革协会，推动当地法律的完善，为穷人提供援助，鼓励大家信仰宗教。

马瑟的观点其实是受笛福所著的《论计划》一书的影响。这也是富兰克林最喜爱的书之一。《论计划》出版于1697年，笛福在书中提出了很多关于建立社会公益组织的设想，而这些在不久之后也都被富兰克林在费城一一实现了：消防队、提供养老金的海员互助会、为老人和孀居之人提供资助的慈善项目以及教育中产阶级子女的学校。笛福在书中还以其一贯幽默的口吻提出要建立一个收容智力低下者的机构，而费用则来自作家的纳税，因为他们的智慧生来就多过那些可怜人。

笛福最进步的观点之一就是认为否定妇女平等和受教育权利的行为是“无知的”和“非人道的”。他在书中讽刺了男权主义的观点。当时，富兰克林正在和“另一个爱读书”的小伙子约翰·克林逊进行辩论，将其作为提高智力的手段之一。他们选择的第一个题目就是关于妇女的教育问题。克林逊认为女性不适宜接受教育，而富兰克林“坚决表示反对”，这种反对并非完全是出于理性的考虑，“而是为了争辩而争辩”。

与克林逊进行争辩的结果就是，富兰克林逐渐认识到了争辩的坏处，开始刻意地将自己塑造成一个谦和、容易相处的人。随着时间的推移，富兰克林逐渐从中受益，他显得越来越有魅力，很少树敌，善于掌控局势，话语也很令人信服。他在自传中总结道：“争辩是一个非常不好的习惯，让人心生厌恶，甚至树敌。”从此以后，富兰克林对争辩很是不屑：“我发现，除了律师、大学里面的人，以及在爱丁堡市长大的各色人等之外，智者很少争辩。”

相反，在阅读了很多关于苏格拉底通过温和的质疑说服他人的辩论书之后，富兰克林“不再粗鲁地对抗”，而是采用了一种“表面上更温和”的苏格拉底式的辩论法。通过提出一些温和的问题，富兰克林逐步引导他人赞同自己的观点。“我发现我所使用的方法让自己最为安全，对他人来说冒犯最少，因此我乐在其中”，尽管他随后对苏格拉底的方法做了一些改进，放弃了一些令人恼怒的策略，但是他仍然采用这种温和的、间接的方式，而不是在辩论中针锋相对。

寂寞的行善者：富兰克林的作家之路

富兰克林与克林逊关于女性教育问题的争论有时是以写信的方式进行的。他父亲偶然看到了他的信。尽管乔塞亚并不表示支持任何一方（在实际生活中也是如此，他让每个孩子接受的教育都不多，这样在男孩和女孩之间形成了平衡），他还是批评了富兰克林的文章说服力不强。为此，早熟的富兰克林通过阅读《旁观者》以逐步提高自己的写作水平。

《旁观者》是1711~1712年在伦敦非常流行的杂志，以约瑟夫·艾迪生和理查德·斯蒂尔针砭时弊的妙文闻名于世。文中充满了人文关怀和启发意义，且十分清晰。正如艾迪生所言："我试图将道德与才智二者结合起来。"

富兰克林想了一个好办法来提高自己的写作水平：他挑了几篇文章，做了一些简短的笔记，然后把它们放在一边；几天之后，试着用自己的话把文章的观点复述出来，与原文比对。有时候他还故意打乱笔记的顺序，以自己的逻辑把文章组合起来。

他还将很多文章改成诗歌，借以扩充他的词汇量（他自认为能够如此），因为这样他就必须绞尽脑汁地去想一些词意相同但发音、重音不同的词语以符合韵律。几天之后，他再把诗改回文章，并与原文比较。如果发现有错误的地方，就马上改正。"但有时也幻想在某些次要的细节上，我有幸改进了原文的论述方法或是语言，并乐在其中。这给予我很大的鼓励，认为自己将来或许能够成为一位不错的英语作家，我对此抱有很大的信心。"

通过这种练习，他不仅让自己成为一个"还不错"的作家，更成为北美殖民地最受欢迎的作家之一。他自学并借鉴了艾迪生和斯蒂尔的写作手法，形成了自己独特的写作风格：风趣幽默、亲切近人，虽失之文藻，但明晰直白。

于是，就产生了塞伦斯 · 杜古德。当时詹姆斯的《新英格兰报》刻意模仿《旁观者》的风格，以大胆、匿名的杂文作为自己的特色。他的印刷店吸引了很多年轻人，他们聚在一起，互相品评文章。富兰克林很希望成为其中的一员，但是他深知詹姆斯对他的妒忌和多疑，不会允许其加入。“听到他们说报纸很受欢迎后，我十分兴奋，跃跃欲试。”

因此，富兰克林刻意掩饰了自己的笔迹，写了一篇匿名文章，夜里把它塞进了印刷店的门缝里。第二天，那些人聚会的时候谈起了这篇文章。当富兰克林听到他们对自己的文章大加赞扬的时候心里一阵狂喜。最终，这篇文章出现在了 1722 年 4 月 2 日出版的《新英格兰报》的头版。

富兰克林文章中的人物完全是杜撰的。塞伦斯 · 杜古德夫人是一位居住在乡村的寡妇，这个略显一本正经的人物实际上却出自一个只有 16 岁、尚未结婚且从没有踏出波士顿一步的年轻人的笔下。且不说文章本身质量上佳，单单是富兰克林能以一个女人的口吻将事情说得如此有理有据、让人信服就足以令人叹为观止了。这显示出了他本人的创造力和对女性的欣赏。

文章一开始就呈现出典型的“艾迪生风格”。艾迪生在《旁观者》发表的第一篇文章就写道：“我发现读者很少直接关注一本书的内容，他们总是先把注意力放在作者身上，试图搞清楚他们是白人还是黑人，性格如何，是否婚配。”富兰克林在某种程度上也模仿了这一写法，在这篇自述式的文章开头写道：“现在大多数人品评一本书的时候，他们从不忙着对书本身内容下结论。除非他们弄清楚作者到底是何许人也，是穷是富，年轻还是年老，到底是一个学者还是一个手艺人。”

杜古德系列文章之所以在美国文学史上占有重要的位置，是因为它开创了美国幽默文学的先河。在富兰克林的笔下，民间故事和敏锐的观察被巧妙结合起来，以一种幽默而又朴实的口吻娓娓道来。这种叙事风格也深刻影响了此后的美国文学家，如马克·吐温和威尔·罗杰斯。比如，在文章的第二段，塞伦斯·杜古德讲述了她所崇拜的牧师向她求婚的经过："在数次向那些高贵的女人们求爱未果，而且厌恶了漫无目的的来回奔波后，他突然毫无征兆地向我投来了充满爱意的目光……当一名男子开始追求异性的时候，他就会变得比一生中任何时候都要愚蠢可笑。"

富兰克林对杜古德夫人这个人物的塑造远超过了一个16岁男孩应有的能力。"我的确可以被轻易地打动，再次步入婚姻的殿堂，"杜古德夫人宣称，"我有礼貌、和蔼、幽默（除了第一次失败的笑话）、漂亮，有时还有点儿小聪明。""有时"这个词用得确实十分老到。在谈及自己的信仰和喜好时，富兰克林笔下的杜古德夫人所陈述的内容，日后在富兰克林本人的推动下，成为整个美国特征的一部分："我是一个坚决反对专制政府和独裁权力的人。我十分珍视这个国家所需的权利和自由，即便是轻微侵犯这无上价值的行为都会让我热血沸腾。我生来就喜欢观察世界，挑别人的刺儿，这是我的优点之一。"实际上，这也是富兰克林的真实写照，更是一个典型的美国人形象。

1722年4~10月，富兰克林以杜古德夫人的口吻一共发表了14篇文章。其中一篇十分精彩，以半纪实半揭露的口吻调侃了那所他一度梦寐以求的学院。富兰克林大部分文法学校的同班同学都上了哈佛，而这些人当初远不如他。富兰克林好好地调侃了一下他的同学和哈佛学院。富兰克林通过杜古德夫人回忆自己的梦对哈佛进行了讽刺。这实际上借鉴了《天路历程》一书的写作手法。而艾迪生也曾经在《旁观者》上以此种方式撰文，以一个银行家的口吻回忆了名叫"公共信用”的纯洁女孩的故事。富兰克林也看到了这篇文章。不过与班扬相比，艾迪生的手法则拙劣得多。

在故事中，在考虑是否要让儿子去哈佛念书的时候，杜古德夫人在苹果树下睡着了，她在梦中来到了这所知识的殿堂。杜古德夫人首先发现把自己儿子送到哈佛念书的那些人“首先考虑的是自己的钱包里面有多少钱，而不是自己的孩子到底有多少天赋，所以我发现很多，甚至大部分学生是懒惰、无知的家伙”。门卫是“两个结实的大个子，名叫‘富有’和‘贫穷’”，而只有获得“富有”的准许才能入内。大部分学生在学校只是忙着和名叫“懒散”和“愚昧”的姐妹花调情。“他们只学会了如何装扮自己，怎么显得举止大方（这在舞蹈学校也能学到），在支付了大量的费用和烦恼之后，他们就这样回了家，还是和以前一样呆头呆脑，只是变得更加自负和目中无人了。”

富兰克林当时深受马瑟和笛福关于组织民众自愿互助会思想的影响。因此，在杜古德夫人系列文章中，有两篇是关于单身女性的救助问题。在其中一篇文章中，杜古德夫人提出了这样一个建议，对于像她这样孀居的女人，应该建立一个保险救助机制，而资金的来源是已婚夫妇的捐赠。在接下来的一篇文章中，杜古德夫人将这一设想应用到老处女身上。她提议建立一个互助社，任何年满 30 岁但尚未结婚的单身女性都将获得 500 英镑的现金补助。但有一个前提条件，杜古德夫人补充道：“任何申请并获得资助的女人，如果幸运地结了婚，就必须一个小时就让自己的丈夫高兴一次（通过夸奖丈夫的方式）。初次违反规定，需要将自己所获得的补助的一半退回互助社，再犯的话就要全部退回。”在这两篇文章中，富兰克林的态度与其说是一本正经，倒不如说是调侃。但正如我们所见，当富兰克林成功地在费城开创了自己的事业时，其关于建立民间组织的热情得到了最热烈的迸发。

1722年夏，富兰克林的虚荣心再一次得到了极大的满足。当时他哥哥詹姆斯因为质疑马萨诸塞当地政府在处理海盗问题时的做法，被当地政府以“藐视权威”为名，未经审判就处以3个星期的监禁。在此期间，富兰克林掌管了报纸的相关事务。

富兰克林曾经在自传中吹嘘：“我掌管了报社。我在报纸上大胆地批评当权者，这些文章得到了我哥哥的赞赏，但其他人对我的印象开始变坏，认为我这样一个有才华的年轻人变得喜欢讽刺诽谤。”实际上，当时除了报纸上登出的一封詹姆斯在监狱里写给读者的信，在富兰克林所负责的三期报纸上没有任何直接质疑当地政府的内容。如果非要找出此方面内容的话，杜古德夫人系列文章中有一篇完全引用了一家英国报纸的文章，表示对言论自由的捍卫，勉强可以算得上。文章中声称“没有思想自由就不会有思想，没有言论自由就不会有公众自由”。

实际上，富兰克林所声称的“批评”发生在詹姆斯出狱一周之后。当时他以杜古德夫人的口吻发表了一篇文章，激烈抨击了当地政府，这也许是他一生中言辞最为激烈的一次。杜古德夫人公开质疑：“对于国家来说，伪善的宗教势力和民众公开的反对哪个更危险？”

不出所料，富兰克林笔下的杜古德夫人得出了这样的结论：“我认为两者中那个以宗教当幌子的伪君子更危险，特别是当这个人占据政府高位之时。”这直击清教派的痛处，宗教和政府之间的紧密关系正是清教派社会的基础。杜古德夫人还以总督托马斯·杜德利为例，杜德利由牧师转任政府职务——当然没有直接点出他的名字。“国家内部最危险的伪君子是那些拿着福音书又宣扬法律的家伙。一个以福音书和法律为幌子的人很可能会用他的宗教信仰欺骗人民，并以法律的名义糟蹋国家。”

1722年秋，富兰克林显得有点儿江郎才尽，无法让杜古德夫人系列文章继续下去了，而詹姆斯似乎也有所觉察。因此，在其第 13 篇文章中，杜古德夫人提到了一天晚上偶然听到的一段对话。一位绅士说："尽管我以一个女性的身份给他写信，他却知道我是一个男人。但是他与其花时间来讽刺别人，还不如多用点儿时间来改进自己。"此后，富兰克林又写了一篇杜古德夫人的文章，也是最后一篇。当富兰克林最终公布了撰稿者的真实身份时，他哥哥的那帮朋友对他大加赞赏，詹姆斯却"不太高兴"。"可能他觉得这会让我骄傲自满。"

杜古德夫人系列文章对当时社会的伪善和宗教进行了尖锐嘲讽，却幸运地逃过了处罚。只可惜詹姆斯没有那么幸运。1723 年 1 月，他也发表了一篇类似的文章，却又陷入了麻烦之中。詹姆斯写道："在所有的骗子中，打着宗教旗号的骗子最可恶。"他认为宗教的确很重要，但借用一句他弟弟的话，"过犹不及。"当地政府注意到"报纸有亵渎宗教的苗头"，因此要求詹姆斯在每期报纸付印之前必须先送审，而詹姆斯微笑着拒绝了。

议会因此下了一道命令禁止詹姆斯继续出版《新英格兰报》。当时詹姆斯和几个朋友在自己的印刷店开了一个秘密会议，认为最好的回击就是继续出版报纸，但不是以詹姆斯的名义。于是，1723 年 2 月 11 日的《新英格兰报》的报头处出现了这样的字句："由本杰明 · 富兰克林负责出版和发行。"

富兰克林名义下的《新英格兰报》要比他哥哥直接出版的时候小心得多。在接手之后的第一期，就谴责当时很多报纸"可恶"、"恶毒"，接着又声称《新英格兰报》的办报宗旨就是"满足读者的消遣和兴趣需要"，以及"为公众提供最滑稽、有趣的故事"。报纸发行商保证将会像双面神一样辩证地看待任何事物，不妄下结论。

果然，随后的几期还算达到了标准，大部分文章是老掉牙的外国新闻或演讲。实际上，只有一篇文章出自富兰克林之笔，内容是讽刺那些贵族（对贵族等特权阶级的厌恶是富兰克林一生的特质）。几周之后，詹姆斯就重掌报纸（尽管仍然以富兰克林的名义出版发行），他仍然把富兰克林当作学徒，而不是弟弟或者供稿人。这样的待遇“让我心生厌恶”，富兰克林回忆道。因此，他决定离开。他对独立的渴望后来也成为美国的一个重要特征。

奔向繁华：富兰克林前往费城

富兰克林成功地利用了他和詹姆斯所达成的一份阴阳协议，最终成功出逃。当时，詹姆斯为了继续出版报纸，假意将报纸交给富兰克林。他写了一个声明，终止了之前的学徒协议。但实际上，他们暗地里又签了一份学徒协议，这份协议是不能公开的。几个月之后，富兰克林决定逃走。他敏锐地判断，他哥哥不会公开那份秘密协议，事实也的确如此。

就这样，本杰明·富兰克林离开了他的哥哥。当时《新英格兰报》已经逐渐没落，失去了昔日的光芒，最终成为历史的脚注。在富兰克林犀利的笔下，詹姆斯被描述成“脾气暴躁，经常揍我”的形象。实际上，对于富兰克林来说，詹姆斯存在的意义就是自传中的注解。此后，当富兰克林作为殖民地的代表反抗英国统治的时候，他写道：“我认为詹姆斯对我的严厉和苛责在某种程度上加深了我对专制的厌恶，我终生如此。”

但对詹姆斯的评价不应局限于此。如果说富兰克林是从他那儿学到了“对专制的厌恶”，并不仅是因为如富兰克林所说的他那种严苛的风格，实际上还包括詹姆斯的言传身教。詹姆斯敢于挑战波士顿当地的统治阶级，他是北美殖民地第一家独立新闻机构的勇士，也是对富兰克林的新闻观影响最大的人。

詹姆斯在文学史上也具有重要影响。在富兰克林的印象中，以杜古德夫人口吻发表的文章应该是师从艾迪生和斯蒂尔。实际上，她接地气的风格、平易近人的口吻更接近詹姆斯笔下的人物。

实际上，富兰克林与他哥哥的决裂对他的事业大有裨益。就像他有幸在波士顿长大一样，如果继续待在波士顿对崇尚自由的富兰克林来说无疑是一种折磨。富兰克林写道："当时我已经对执政者产生了反感，如果继续待下去，恐怕不久我就会进监狱。"他对宗教的嘲弄意味着以后走在大街上，他将会"被好人指指点点，说他就是那个异教徒"。对富兰克林而言，离开他的哥哥和波士顿无疑是一个英明的决定。

美国的先驱们有这样一个传统，那就是当所处的环境对他们来说成为一种束缚时，他们就会前往边境地区。富兰克林却是一个异类，荒野对他来说并没有那么大的吸引力。相反，他心向当时美国新兴的商业中心——纽约和费城，那里有大把机会可以实现自我价值。约翰·温斯罗普带领清教徒信众们走向旷野，富兰克林却作为大潮中的一分子奔向繁华。

由于担心詹姆斯会试图阻止他，富兰克林让他的一个朋友秘密地替他找了一艘可搭乘的帆船，而且编了一个故事，告诉船长"那个男孩和一个轻佻的姑娘发生了关系"，因此不得不逃。（在其最初版本中，富兰克林写的是"让一个轻佻的姑娘怀了孕"。）卖了些书换钱之后，17 岁的富兰克林于 1723 年 9 月 25 日（星期三）晚上乘着风、坐着帆船离开了家。下周一出版的《新英格兰报》则登出了一个简单又略带伤感的广告："詹姆斯·富兰克林，女王大街上的印刷商，招收一个可爱的男孩当学徒。"

Benjamin Franklin

An American Life

第三章

帮工生涯（费城与伦敦，1723~1726 年）

凯默印刷店：富兰克林的个人魅力

作为年轻的学徒，富兰克林曾读过一本推荐素食的书。富兰克林很欣赏这种饮食习惯，不光是因为道德和健康，实际上更多的是出于金钱方面的考量：当时他在詹姆斯的店里并没有多少伙食费，如果吃素的话可以省下几乎一半的钱来买书。所以当他的工友们到外面去享受美食的时候，富兰克林通常一个人躲在店里吃面包和葡萄干，省下的时间都用来学习。“因为饮食节制清淡，我的头脑更加清晰，理解力增强了不少，因此进步也比以前大了很多。”

但富兰克林本质上是理性动物，所以很希望能够熟练地进行推理，实现理性的思考。在他乘船从波士顿前往纽约的途中，船因为无风在布洛克岛附近停留，船员开始抓鳕鱼，并以此为食。最开始，富兰克林拒绝吃鱼，直到热气腾腾的鱼出锅，香气四溢，十分诱人，他终于抵制不住诱惑。富兰克林有一种奇怪的自知之明，他后来回忆道：

> 当时我在原则和爱好之间徘徊了很久，最后我想起了当人们剖开鱼肚的时候，会从鱼肚中取出小鱼来。所以我就想：“如果你们可以互相吃掉对方，我实在找不出不吃你们的理由。”所以我就津津有味地吃起鱼来，后来还和其他人一样，只是偶尔才恢复吃素的习惯。

从中，富兰克林领悟到了一个十分奇怪甚至有点儿愤世嫉俗的道理，后来他将其浓缩成一句格言："人们作为理性动物崇尚便利，其原因在于实用总是能为其所作所为提供一个借口。"

富兰克林的理性主义使其成为启蒙运动的代表之一，当时理性主义在18世纪的欧洲和北美殖民地十分盛行。其实富兰克林出生的年代正是宗教盛行之时，但富兰克林对此并不狂热。而他生命的后期则是浪漫主义大行其道，他对古罗马伟大的道德情操的评价也是一般。但正如伏尔泰一样，富兰克林可以从理性的角度对自己的努力进行自嘲，对人性进行犀利的剖析。其自传中一个固定的主题，也是他一生及其编写的《穷理查历书》的主题，就是他十分赞赏人以理性的角度为自己提供便利。

富兰克林17岁时，已是一个仪表堂堂的小伙子：身体健壮、肌肉发达、表情坦诚，有6英尺①那么高。他有一种快乐的天赋，几乎在任何场合都游刃有余。无论是好斗的小商贩还是富有的商人，无论是学者还是流氓，他都应对自如。富兰克林最显著的特征之一就是个人魅力，他可以轻易获得贵人的好感，他从不害羞，总是渴望获得友谊或帮助，因此总能在任何场合展示出自己的魅力。

例如，在奋斗的路上，富兰克林遇见了当时纽约唯一的印刷商威廉·布拉德福德，他曾经出版期刊支持富兰克林在波士顿进行的反对"暴政和偏执狂"的斗争。布拉德福德当时无法给富兰克林提供工作，但他提议富兰克林到费城，可以在他儿子小布拉德福德那儿找一份工作。小布拉德福德在费城打理家族的印刷店和周刊。

离开波士顿10天后，富兰克林来到了费城，那是一个星期天。当

---

① 1英尺=0.304 8米。——编者注

时他身上只有一先令[①]荷兰币和一先令铜板。他把铜板给了船上的人当作自己的旅费。起初他们不收，因为富兰克林帮助他们划船了，但富兰克林坚持如此，也就只好收下。富兰克林还把自己买的三个面包圈中的两个给了同船的一位母亲和她的孩子。“有时候，人手里没有多少钱的时候反而比有钱的时候更大方，可能是因为怕被人看不起吧。”

从到达费城第一天起，富兰克林就很在意自己的表现。有时候美国的个人主义者认为无须在意他人的想法。但与此相反，出于自尊和功利的双重考量，富兰克林一直在维护、提升自己的名誉。从某种意义上来说，富兰克林是美国第一个公开的公共关系专家。富兰克林日后写道：“虽然我在生活中勤奋、节俭，但我也一直很注意避免给他人留下相反的印象。”特别是当他早年还是一个年轻商人时，借用评论家乔纳森·雅德利的话，富兰克林就是“一个意志坚决、自我实现的人，他一生中都在有计划地为特定的目标而努力”。

当时费城的人口约2 000人，是仅次于波士顿的北美殖民地第二大定居点。领主威廉·佩恩寄望它发展成一个“绿色的乡镇”。费城的城市规划很好，街道宽阔，两边都是砖房。当地的居民除了50年前就到此地定居的贵格会教徒之外，还有很多吵闹、很有企业家精神的德国、苏格兰和爱尔兰移民。费城的名字意为“兄弟之爱”，这些移民是被这个名字吸引至此，把费城变成了一个到处是商店和旅馆的商业繁华之地。尽管费城的经济还不是很景气，大部分街道脏乱不堪，甚至连路面也没有铺好，但贵格会教徒和其他移民为这个城市定下的基调深深吸引了富兰克林。特别是与波士顿的清教徒们相比，费城人显得勤奋、低调、友善、宽容。

---

① 先令：英国的旧辅币单位，旧时英国大多数殖民地也使用这一货币单位。——编者注

就在富兰克林到达费城之后的第二天早上，经过精心的收拾，他拜访了安德鲁·布拉德福德的店铺。在那里，他不仅见到了安德鲁，还见到了他的父亲威廉。威廉从纽约骑马而来，因此早一步到了费城。安德鲁表示暂时还无法马上为富兰克林提供工作，所以威廉就带着他去镇上另一个印刷商塞缪尔·凯默那里碰碰运气。这一方面证明了富兰克林的魅力，总可以获得他人的帮助；另一方面也反映了美国商人身上明显的“竞合”精神。

凯默是一个不修边幅且有点儿古怪的人，对印刷也不甚精通。他问了富兰克林几个问题，给了他一个排字盘测试了他的技能，随后就答应只要自己有更多的活就马上雇用他。当时凯默并不知道那老人就是他的竞争对手的父亲，反而滔滔不绝地向威廉描述了自己准备从安德鲁那儿抢生意的计划。富兰克林静静地站在一旁，十分惊奇于老布拉德福德的精明老道。当老布拉德福德离开后，富兰克林回忆道：“我告诉凯默那个老人是谁时，他大吃一惊。”

在这次草草会面后，富兰克林仍然在凯默那儿找到了工作，而当时他甚至还寄居在小布拉德福德家。直到凯默最后坚持要他另寻住处以避嫌时，富兰克林才在约翰·里德那儿租了一个房间。里德有一个女儿，就是富兰克林第一次到费城时在街上见到的那个女孩。“我的箱子和衣服都已经运到了费城，因此在里德小姐的眼中，我的模样已经比她第一次碰巧在街上看见我啃面包圈的时候要体面得多。”

富兰克林认为凯默是一个“怪人”，但他乐于与其一起进行他们两个都很喜欢的哲学辩论。富兰克林常用苏格拉底的辩论法，他发现这一方法很有用，经常可以获胜，而且无须激怒对手。他会先问凯默一些似乎不相关的或者次要的问题，最后指出凯默逻辑上的漏洞。凯默对各个教派的教义都相信一点儿，他对富兰克林十分赞赏，甚至当他打算成立一个新教派的时候，竟郑重提出了希望富兰克林一起加入。凯默来负责制定教义，比如不得修胡子，富兰克林则负责维护教义，应对所有质疑。富兰克林提出了一个条件：必须把素食也加入其中。这一尝试在三个月之后就以失败告终，一天晚上，凯默饥肠辘辘，没有禁住诱惑，竟然一个人吃了一头烤乳猪。

富兰克林的个人魅力不仅吸引了很多乐于帮助他的人，还给他带来了许多朋友。他头脑聪明、与人和善，还有迷人的微笑，因此很快就成为费城年轻生意人圈子里面最受欢迎的一个。当时他主要交往的伙伴是三个年轻的职员：查尔斯·奥斯本、约瑟夫·沃森和詹姆斯·拉尔夫。拉尔夫是四个人中文学造诣最高的一个，他毫不怀疑自己写诗方面的天赋并坚信可以借此发财致富。奥斯本喜欢对人品头论足，十分嫉妒拉尔夫的才华，经常贬低他的作品。当时他们经常一起去河边散步，在那儿轮流朗读自己的作品，并对其进行讨论。有一次，拉尔夫写了一首诗，他知道奥斯本肯定会吹毛求疵，于是他就让富兰克林念这首诗，装作是富兰克林写的。奥斯本果然中计了，对这首诗大加赞赏。这给富兰克林上了一堂关于人性的课，并使其在事业上受益匪浅（几乎没有不应验的时候）：如果你能够不让人心生嫉妒，他们就更容易赞赏你的工作。

不可靠的赞助人

当时富兰克林结识的最有影响的赞助人就是热情洋溢的费城总督威廉·基斯爵士。他是一个友善、低效又好管闲事的人。他们的结识纯属巧合，富兰克林给自己的一个姐夫写了一封热情洋溢的信，解释自己乐于留在费城而不愿意回到波士顿的原因。他的亲戚把这封信给基斯总督看了，基斯十分吃惊，几乎不敢相信这封逻辑极强的信竟出自一个年轻男孩之手。基斯意识到当时他管治的两个印刷商都很糟糕，因此决定找到富兰克林并鼓励他自己开店。

当基斯总督衣着体面地朝凯默的店铺径直走来时，可怜的凯默马上跑出来迎接。令他大吃一惊的是，总督不是来找他的，而是来看富兰克林的。基斯对富兰克林大加赞赏，并邀请他一起去喝一杯。而凯默当时的表情，据富兰克林回忆："呆若木鸡。"

他们在附近的一家酒馆里，一边喝着上好的马德拉酒，一边聊天。基斯表示愿意帮助富兰克林开一家自己的铺子，并承诺用自己的影响帮他承揽政府的生意。基斯还表示愿意给富兰克林的父亲写信，劝说他赞助自己的儿子。随后，基斯时不时邀请富兰克林吃饭，继续赞赏富兰克林，鼓励他自己开店。因此，富兰克林带着总督的信和修复家庭关系、功成名就的梦想，于1724年4月乘船回到波士顿，再次面对自己的家人。

那时距离他离家出走已经有7个月的时间，他的父母甚至都不确定富兰克林是否还在人世。所以当他们看到富兰克林回来的时候大吃一惊，并热情欢迎。但富兰克林显然没有吸取骄傲和嫉妒会给人带来困扰的教训。当他再次回到当初自己毅然离开的詹姆斯的印刷店时，穿着"一身新衣服"，戴着手表，口袋里还揣着5英镑。詹姆斯从头到脚打量了他一番，一句话也没说就回去工作了。

富兰克林忍不住对自己的新境况吹嘘了一番。正当詹姆斯暗自生气的时候，他向店里的工人们讲述了自己在费城的幸福生活，还掏出了一把银币给他们看，令众人大为羡慕，随后还给了他们点儿钱让他们买酒喝。后来，詹姆斯对母亲说，他不会忘记也不会原谅富兰克林对他的羞辱。"但这次他错了。"富兰克林回忆道。

他家的老对手科顿 · 马瑟则显得更加容易接受富兰克林，也愿意给他一些指导。马瑟邀请富兰克林到家做客，请他参观了自己的私人图书馆，并原谅了他在《新英格兰报》时造成的不快。有一次当他们一起散步的时候，经过一段小路，马瑟突然大声警告："低头！低头！"富兰克林没能理解警告的含义，结果脑袋结结实实地撞上了一根低梁。出于自己的习惯，马瑟告诫他说："不要总是把你自己的头抬得这么高。低下来，年轻人，低下来，这样你在人生中才能避免很多挫折和打击。"后来富兰克林在给马瑟儿子的信中写道："这一忠告，我铭记于心，的确使我受益匪浅。当我看到很多人把自己的头抬得过高，因过度骄傲不幸受辱的时候，我经常想起你父亲的劝告。"尽管这件事对于他造访詹姆斯的印刷店来说是一个很好的反例，但他在自传中并没有提及。

基斯总督的信和提议令乔塞亚深感震惊。但考虑了几天之后，他觉得资助一个年仅 18 岁而且叛逆地离家出走的男孩很不合适。尽管为儿子能够得到这样一个大人物的推荐以及儿子展现出的勤奋深感自豪，他深知富兰克林还是很无礼，还缺乏历练。

看到两个儿子和好无望，乔塞亚只好对富兰克林返回费城表示祝福，而且给予忠告。"要尊重他人……不要嘲讽和诽谤别人，父亲认为我很有这种倾向。"只要富兰克林一直"勤奋工作，审慎节俭"，到 21 岁就可以攒够钱开店，到那时乔塞亚愿意帮儿子凑齐不够的部分。

富兰克林的老朋友约翰 · 克林逊被富兰克林的故事所吸引，决定离开波士顿，和他一起去费城。但是在费城，两个年轻人的友谊却破裂了。克林逊虽然学识比富兰克林高，但缺乏自律，沾染上了酗酒的恶习。他开始向富兰克林借钱，并对其心生怨恨。有一天，他们一起和朋友在特拉华河上乘船，轮到克林逊划船的时候，他却不肯。其他人不再强求，但富兰克林坚决不同意，和他打了起来，并托住他的胯，把他扔到水里。每次克林逊游到船边，他们就把船划远，并问他愿不愿意划船。克林逊很是气恼，但就是不同意。当然最后众人还是让他上了船，但此后克林逊和富兰克林就很少来往了。最后，克林逊去了巴巴多斯岛，富兰克林借给他的钱也就打了水漂。

在几个月中，富兰克林分别从四个人（詹姆斯·拉尔夫、詹姆斯·富兰克林、科顿·马瑟和约翰·克林逊）那里学到了关于敌对和怨恨、骄傲和谦虚的道理。尽管富兰克林一生中时不时还会树敌，比如佩恩家族，也有人对他心存妒忌，比如约翰·亚当斯，但和大多数人比起来，特别是那些事业有成的人，富兰克林的敌人要少得多。他所得出的受人尊敬、避免怨恨的秘诀就是展示出（起码了解）自嘲的幽默、低调的举止和对话时的谦和。

乔塞亚·富兰克林拒绝资助儿子开印刷店并没有浇灭基斯的热情。他甚至承诺："他不愿意资助你，那就我来，我希望我们这儿能有一个像样的印刷店。"他让富兰克林列一个所需设备的清单（富兰克林估计可能需要100英镑），然后建议富兰克林亲自去伦敦挑选购买所需设备。基斯还承诺提供信用担保，支付购买设备和路上所需的费用。

富兰克林兴奋异常。在出发之前的几个月，他经常和总督一起吃饭。但每次谈及信用担保的时候，基斯总是说还没准备好，富兰克林也觉得没必要着急。

就在那时，富兰克林向自己房东的女儿德博拉·里德求婚了。除了生理需求之外，富兰克林对自己的另一半有着十分实际的考虑。德博拉虽然很普通，但能够令人感觉舒服，能带给他想要的家庭生活。富兰克林也有很多优点，除了他强壮的身体、不错的外表与亲和的魅力之外。他已经成功地把自己从德博拉当初所见的那个衣冠不整的离家出走的男孩，变成了镇上最有前途、最符合结婚条件的年轻生意人，而且深受总督和同龄人的喜爱。当时，德博拉的父亲刚刚去世，这使她母亲的生活变得拮据起来，所以希望女儿能够嫁一个好人家。但是，她绝不同意把自己的女儿嫁给一个即将离开此地去伦敦的人，所以坚持要等他从伦敦回来之后再完婚。

初往伦敦

1724 年 11 月，也就是到费城一年之后，富兰克林乘船前往伦敦。和他同行的还有极富诗人天赋的詹姆斯 · 拉尔夫。他取代了克林逊成为富兰克林最信任的好朋友，抛妻弃子与富兰克林一道去了伦敦。当时富兰克林还没收到基斯的信用担保，但基斯向他保证会把信送到船上。

实际上，直到富兰克林到了伦敦之后的圣诞前夕，他才得知真相。不负责任的基斯既没有提供信用担保，也没有写什么推荐信。富兰克林很困惑，于是就向托马斯 · 德纳姆请教。德纳姆是一位著名的贵格会教徒，在旅行中与富兰克林结为好朋友。德纳姆向富兰克林解释基斯这个人根本无法相信，“当他听说基斯答应给我提供信用证明的时候，德纳姆先生笑了，他说基斯甚至不能保证自己的信用”。“他希望取悦每个人，”富兰克林后来是这样评价基斯的，“但无法给予什么，所以只能开空头支票。”

听了德纳姆的建议后，富兰克林决定充分发挥自己的长处。伦敦当时正处于和平、繁荣的黄金时代，对富兰克林这样一个智力超群、雄心勃勃的年轻印刷匠来说极具魅力。那时的伦敦文坛群星璀璨，斯威夫特、笛福、蒲柏、理查德森、菲尔丁和切斯菲尔德等巨匠皆云集于此。

富兰克林很快就找到了合适的住处，并在著名的帕尔默印刷所找到了一份工作。爱做梦但一无所长的拉尔夫也和他待在一起，靠富兰克林的微薄工资过活。拉尔夫也尝试找工作，他曾经应聘过演员、记者和书记员，但是都失败了，只好一直向富兰克林借钱。

富兰克林和拉尔夫这样的组合屡见不鲜，一个雄心勃勃、讲求实际，另一个则没心没肺、满脑子幻想。富兰克林辛苦赚钱，拉尔夫就负责拉着富兰克林去看戏或去其他娱乐场所挥霍，甚至时不时“和下等女人鬼混”。拉尔夫很快就将自己的妻儿抛在了脑后，而富兰克林也忘记了对里德小姐的承诺，只给她写过一封信。

但他们的友谊很快就破裂了，而且不出所料，是为了一个女人。当时拉尔夫爱上了一个做帽子生意的年轻女人，并搬去与其同住。迫于生活所困，拉尔夫只好找了一份工作，在伯克郡的一个乡村学校当教师。他经常给富兰克林写信，请他对自己写的诗进行评论和修改，并且恳请其照顾自己的女朋友。富兰克林做得不错，甚至有点儿过火。他借给那个女人钱，安慰她的寂寞，甚至（“当时也没有宗教的约束”）试图引诱她。拉尔夫勃然大怒，决定和富兰克林断交，宣称不再履行还钱的责任和义务。当时，拉尔夫一共欠富兰克林 27 英镑。

富兰克林后来总结，虽然没能要回钱，实际上却是少了一个负担。这似乎成了一个惯例，从克林逊到拉尔夫，富兰克林总能轻易结交一些只有一面之缘的朋友、学习上的伙伴、能帮上忙的赞助人、轻浮的爱慕者，或者聚拢一群好友，但他的确不善于维护这种需要个人承诺和感情来维持的关系，即使对自己的家人也是如此。

个人努力，还是上帝的仁慈？

在帕尔默印刷所工作时，富兰克林曾参与威廉·渥拉斯顿的《自然宗教》的印刷工作。这是一本启蒙主义的小册子，认为宗教信仰实际上是在对科学和自然的研究过程中逐步形成的，并非是上帝的旨意。作为一个没受过正规教育、在实践中自学成才的年轻人，富兰克林深知如此，但认为某些地方可能需要做些修改。因此，1725 年年初，富兰克林写了一篇文章，名字就叫“论自由与必然、快乐与痛苦”。

在文中，富兰克林将理论前提和逻辑推理串在一起，这在某种程度上让自己也陷入了迷茫。举个例子，在文中，富兰克林认为上帝“无所不知、无所不能，拥有无尽的善良，因此，一切都在主的掌控中。世界上一切都是正确的，区分邪恶与美德毫无意义，因为邪恶根本就不存在”。

此外，幸福和不幸是共生关系，两者紧密相联。因此，它们始终是平衡的：“有痛苦的时候，出于平衡的考虑，就必然会产生快乐。所以对任何人来说，人生的任何阶段都是痛并快乐着。”沿着这个逻辑链条，富兰克林证伪了（至少他自己这样认为）灵魂不朽的概念、自由意志的可能性和人注定或实现救赎或遭受苦难等加尔文教派的基本观念。“人只能做好事，”富兰克林宣称，“在上帝面前，一切平等。”

富兰克林的“论文”存在很多哲理上的漏洞。实际上，正如他日后所言，很空洞乏力，他对此甚至感到窘迫。他印了 100 份左右，称其为“勘误”，但实际上很多份都被他收回烧毁了。

实际上，数百年来，很多比富兰克林更伟大、更成熟的哲学家都迷失在这个问题里，他们也无法明确自然意志和上帝旨意之间的关系。在此要提醒读者的是，我们不要忘了富兰克林写这篇文章的时候只有

19 岁。即使在他更为成熟之后，严格来说他也没能成为当时严谨、一流的、可以与伯克利和休谟等人比肩的哲学家。正如约翰逊所言，富兰克林更喜欢研究学以致用，而不是理论抽象或逻辑推理。

富兰克林“论文”的第一个价值就是表明他准备放弃清教教义的意愿。作为一个年轻人，富兰克林已经读过洛克、沙夫茨伯里、艾迪生和其他支持自然神论的启蒙运动先驱的著作。他们都认为人可以通过推理和探究自然而发现神的旨意，而不是盲目地信仰宗教教义和上帝旨意。他甚至还读了很多被加尔文教派视为异端的东正教典籍，但富兰克林发现它们缺乏说服力。正如他在自传中写道：“我发现在教义的争论中，很多被引用来驳斥的观点比驳斥本身对我更有说服力。”

于是，富兰克林很快得出这样一个结论：任何一个教义都有自己的缺陷。他让克林逊和拉尔夫转信自然神教，但他们很快就对其如此恶劣，却没有丝毫愧疚之意。同样，富兰克林开始对自己那些不受约束的想法表示担忧，而行事不受约束也是其向里德小姐和其他女性大献殷勤的原因所在。因此富兰克林用一句名言表明他对待宗教的实用主义态度。他认为“尽管（自然神论）这种学说非常正确，但并不是很实用”。

尽管神的启示对他来说“不太重要”，但富兰克林认为宗教实践仍很有意义，因为它们鼓励善举，有助于推动社会道德的进步。所以他开始信奉一种更强调道德的自然神论，认为行善和帮助他人就是服从上帝旨意。

正是这一观点使富兰克林放弃了很多清教派和加尔文主义的教义。这些宗派认为救赎只能通过上帝的仁慈实现，而并非个人行善。个人通过努力实现救赎的可能性在亚当决绝地与上帝立约的时候就已经不存在了，只有通过上帝预先设定的选择来实现。对富兰克林那样成长中的理性主义者和实用主义者而言，所谓上帝的仁慈“难以理解”，甚至“毫无意义”。

理性动物：未来行为准则

在帕尔默印刷所工作了一年之后，富兰克林在沃茨印刷所找到了一份工资更高的工作。那里的工人都有喝啤酒的习惯，每天一品脱接一品脱地喝，他们认为这样可以使他们保持身体强壮。富兰克林本身生性节制、简朴，于是他试图使工友们相信吃面包、喝粥对身体更有益。他被工友们称作“只喝水的北美殖民地人”，并因为自己强壮的体力、聪明的头脑和对他们在周末没钱买酒时的慷慨解囊、施以援手得到了大家的尊敬。

尽管他不喝酒，但是工友们还是坚持让他支付5先令的“入室费”买酒给大家喝。当他从印刷室调到排版室的时候，那里的工友们又让他出钱，但这次他拒绝了。结果，他被当成圈外人，大家都捉弄他。于是3周之后，他改变了主意，交了钱，意识到“把和自己工友的关系搞得很僵是件愚蠢的事”。他很快就赢得了大家的好感，大家都称他为“好小子”，并因为他的“幽默”和“诙谐的讽刺”能力而尊重他。

富兰克林十分擅长交际。无论是在波士顿、费城，还是在伦敦，他都在社交界游刃有余。他经常参加当时一些小有名气的文人组织的聚会，因此很快就结识了许多有趣的人。目前现存的他的早期书信中，有一封的收件人是时任英国皇家学会会长的汉斯·斯隆爵士。富兰克林说自己从北美殖民地带来一个石棉钱包，不知道斯隆有没有兴趣。斯隆邀请富兰克林带着石棉钱包到他位于布鲁姆斯伯里广场的家里做客，向富兰克林展示了他收藏的珍宝，并花大价钱买下了他的钱包。

富兰克林还和书商邻居达成了协议，可以从他那里借书。

当他还是个孩子的时候，富兰克林就发明了手蹼和脚蹼以横渡波士顿港。他对游泳十分着迷，还曾经仔细研读过《游泳的艺术》。该书出版于1696年，是世界上最早的关于游泳的著作，作者是法国人梅尔基赛戴克 · 泰伟诺，在蛙泳的推广上发挥了很大的作用（自由泳的出现则是一个多世纪以后的事情了）。富兰克林通过学习，完善了自己在水面和水下的游泳技术，“既是出于实用的目的让自己游得更轻松，又可以让自己游得更优雅”。

在他教游泳的朋友中有一个年轻人名叫瓦格特。有一天，富兰克林、瓦格特以及其他人一道乘船游览泰晤士河。他决定展示一下自己的游泳技术，于是脱光了衣服，跳到水里，用不同的姿势在河里游了好几个来回。大家都震惊了，其中有人提议由他出钱和富兰克林一起办一个游泳学校。瓦格特认为：“自己和富兰克林之间的关系更密切了。”他甚至提议“通过在各地的印刷店打工和当老师的方式与富兰克林一起周游欧洲”。富兰克林则承认：“我一度颇为动心，但是当我把这个计划告诉我的好朋友德纳姆先生之后（我闲暇时经常和他聊天），他劝阻了我，建议我考虑回到宾夕法尼亚，当时他也要回去了。”

德纳姆是一个贵格会商人，是富兰克林在来英国的路上结识的。当时他正打算回费城开一家商店，如果富兰克林愿意与他一起回去，给他打工，他愿意出一年50英镑的工钱，还可以承担回北美殖民地的旅费。对富兰克林来说，工资可能要比在伦敦的时候赚得少，但给他提供了一个可以回到北美殖民地开创自己生意的机会，这可比当一个印刷工有前途得多。于是，1726年7月，富兰克林和德纳姆一同返回北美殖民地。

富兰克林过去曾经被那些外表值得信任但品质不佳的人（基斯、

克林逊、拉尔夫）伤得很深。但德纳姆不一样，他是一个正直的人。几年前，他因为欠债离开英国，到北美殖民地去做生意。当他攒了点儿钱之后，就回到英国，并盛情邀请昔日所有的债主来赴宴。席间，他对所有人表示了由衷的感谢，随后请大家看看自己的盘子底下有什么东西。债主们发现了一张张支票，德纳姆连本带利地还清了欠款。因此，富兰克林发现相较于那些爱做白日梦、不切实际的人，自己更容易被那些实际、可信的人吸引。

为了完善自己，使自己成为一个值得信任的人，在他长达11周的归途中，富兰克林制定了一个“未来行为准则”。这是最早的关于如何取得成功的个人修为准则之一，也成功地帮助富兰克林实现了自我完善。当时，他很后悔，这么多年竟然没有规划过自己的行为和生活，以至于目前为止自己的生活一团糟。“我决定对自己未来的行为做出一些规定，可以让我在各方面都能像理性动物一样生活。”准则主要有4条：

1. 在一段时间内我要极其节俭，直到偿清所有欠款。

2. 努力在一切场合说真话，不向任何人许下不可能履行的诺言，一言一行均以真诚为本，这是一个有理智的人最动人的优点。

3. 要求自己勤奋致力于正在从事的行业，不因任何一夜暴富的愚蠢计划而动摇，因为勤劳和坚韧是最可靠的致富途径。

4. 不议论他人的短处。

对富兰克林而言，第一条准则遵守得很不错，第三条则有点儿小问题。至于第二条和第四条，他一直努力践行，甚至不断展示自己正在遵守准则，尽管可能很多时候作秀的成分多一点儿。

在他回家的旅途中，20岁的富兰克林陶醉在对科学的好奇中不能自拔，他一生中皆是如此。当时，他就拿在海草中发现的一些小螃蟹做实验，通过月相来计算离开伦敦的距离，研究海豚和飞鱼的习性。

在此次旅途中，富兰克林也展现了善于观察人性的天分。他听到这样一个故事，怀特岛前总督一直被视为圣人，但被那些替他饲养牲畜的人称为恶棍。于是，富兰克林得出了这样一个结论：一个虚伪的人无论多会掩饰，最终都会露出马脚。“真理和真诚天生就有一种独特的光彩，任何虚假都难以伪装，就像火和火焰一样。”

当在旅途中和一些人一起赌博的时候，富兰克林又发现了一条“真理”，那就是“两个判断力差不多的人一起赌的时候，对钱更在乎的人往往会输，他对成功的渴望往往会冲昏了自己的头脑”。他决定把这一发现应用到其他领域：如果一个人太在乎输赢，往往会采取守势，因此就失去了主动权。

富兰克林同时还发现了人类对社交的渴望理论，这一理论对他自己也十分适用。一个乘客玩牌作弊被同伴发现，大家决定让他交罚款。但是他拒绝了，于是大家决定对他进行更严厉的惩罚：孤立他，直到他同意交罚款为止。到最后，那个作弊的人终于忍受不了了，主动交了罚款。因此，富兰克林总结道：

> 人是社会动物。据我所知，对一个人最严厉的惩罚就是把他排除在社会之外。我阅读过很多这方面的书。有些人经常吹嘘自己一个人时从不感到寂寞。我承认对某些经常思考的人来说，孤独未尝不是一种愉快的新鲜体验。但如果这些人被迫经常独处的话，我认为他们很快就会改变这一想法。

启蒙运动最基本的观点就是基于人性本善的社会价值取向，富兰克林则是此方面最好的例证。上文中最开始的那句“人是社会动物”，实际上也是他一生最真实的写照。在随后的旅途中，他们遇到了另一艘船，富兰克林写道：

> 在茫茫的大海上遇见满载着与我们处境相同的同类的船，实在令人兴奋。我们已经和其他人分离太久了，也太久没有与人交流了。当我看到这么多张面孔，不禁由衷地笑了出来。

然而，他最高兴的还是在他看见北美殖民地的时候。他写道：“我情不自禁流下了两滴喜悦的泪水。”带着他对社会进一步的认识、对科学的好奇以及更为实际的生活准则，富兰克林已经做好准备在费城（而不是波士顿或伦敦）定居下来，追求成功。他深刻地意识到，这里才是他的家。

Benjamin Franklin

An American Life

第四章

来自费城的印刷工（费城，1726~1732 年）

初创事业

富兰克林天生就是当店主的料：聪明、富有人格魅力、善于察言观色、渴望成功。1726年，富兰克林和德纳姆回到费城之后，很快就在水街上开了家店。正如富兰克林所言，自己很快就成了“推销货物的好手”。对于当时只有20岁的富兰克林来说，德纳姆就像导师和父亲。“我们当时吃住都在一起，他像父亲一样教导我，真心地关怀我，我对他也十分敬重和爱戴。”

但几个月后，富兰克林成为一名富商的愿望很快就破灭了。德纳姆先生不幸染病，随后去世。德纳姆在口头遗嘱里免去了富兰克林所欠的旅费，大概10英镑，但并没有将他们共同创立的商店留给他。迫于生活压力，富兰克林收起了自己的傲骨，接受了凯默那个怪人提供的工作，回到他的印刷店担任经理。

当时北美殖民地并没有制造印刷所需铅字的行业，于是富兰克林设法用模具造了一套。这样，富兰克林就成为北美殖民地第一个制造铅字的人。在当代我们经常使用的字体中，有一种无衬线字体被称为“富兰克林哥特体”，自1902年以他的名字命名以来，经常用于报纸头条的印刷。

当凯默开始摆出一副老板的架子时，他和富兰克林之间的关系随即出现了裂痕。要知道，富兰克林骨子里就有一种对权威的厌恶。有一天，法院附近突然喧闹起来，富兰克林把头探出窗外想看个究竟。当时凯默就在街上，冲着他大喊，让他别管闲事。这种公开指责实际上是一种羞辱，富兰克林因此愤而离职。不过几天之后，凯默就去恳求富兰克林回来，而富兰克林也的确回去了。因为他们彼此需要，起码当时如此。

凯默争取到了为新泽西议会印刷纸币的生意，而当时只有富兰克林有能力完成这项工作。富兰克林还设计了一套铜版印刷机，为纸币增加了很多设计，加大了伪造的难度。他们还一起去了趟柏灵顿。年轻的富兰克林这个聪明、智慧的交流专家再次成为人们关注的中心，结交了很多显要人物，而他的老板凯默再次被晾在一旁。“因为我读过很多书，见识比凯默多得多，我想这就是他们乐于与我交谈的原因吧。他们邀请我去家里，把我介绍给他们的朋友，对我很有礼貌。”

凯默和富兰克林之间的关系注定维持不了太久。当富兰克林意识到自己被利用的时候，十分恼火。当时凯默让他培训四个新人，准备让他们出师之后就取代富兰克林的位置。而富兰克林对凯默也是如此，他和其中一个新人休 · 梅雷迪斯达成了秘密协议。两人约定只要梅雷迪斯学徒期满，就再开一家印刷店与凯默竞争，资金则由梅雷迪斯的父亲提供。尽管这算不上阴险，但肯定与富兰克林“任何时候对任何人都真诚相待”的承诺不符。

梅雷迪斯当时已经30岁了，喜欢读书但又酗酒。他的父亲是一个威尔士裔农场主，对富兰克林很有好感，尤其是富兰克林劝说自己的儿子戒了酒（起码短期如此）。他同意为两个年轻人提供所需的资金（大概200英镑），富兰克林则以自己的技术入股。他们还托人到伦敦购买设备。1728年年初，在新泽西纸币印刷工作刚刚完成，梅雷迪斯的学徒期满之后不久，设备运到了费城。

就这样，两个人向凯默那个倒霉蛋道别，在市场街租了一幢房子，开了自己的店。第一个客人是一个朋友介绍来的乡下人。“这个乡下人的5先令是我们挖到的第一桶金，它来得那么及时，带给我的快乐比以后的任何一个克朗[①]都多。”

在富兰克林的勤奋努力下，他们的生意发展得很快。当时，一群贵格会教徒雇他们印刷自己的历史。实际上这个活儿是和凯默的店合作的。富兰克林负责印前178页，剩下的归凯默。每天晚上，富兰克林不排好版就绝不离开店铺，经常工作到半夜。有一天晚上，当他排好版之后，不小心把版碰到地上，完全弄乱了，富兰克林就马上重排，熬了一夜。“邻居们对我的勤奋都看在眼里，开始给我们好评和信任。”富兰克林在自传中写道。当时镇上两个最有名的商人之一曾这样告诉他的朋友：“富兰克林是我见过最勤奋的人，我从俱乐部回家的路上，看见他还在工作，而早上邻居们起床的时候，他又开始工作了。”

富兰克林成为勤奋的典范（起码看起来如此）。即使他成功之后，人们还经常可以看到他自己在大街上推着小车往店里运纸，而不是雇个小工。

然而梅雷迪斯和勤奋却不沾边，甚至又开始酗酒了。此外，他父亲只支付了所承诺金额的一半，为此，富兰克林还收到了法院传票，供货商起诉了他们。富兰克林向两个朋友求助，但他们提出了一个条件：必须和梅雷迪斯断绝关系。幸运的是，梅雷迪斯也认识到自己更适合回家务农，于是皆大欢喜：梅雷迪斯同意将自己的股份转让给富兰克林，去了北卡罗来纳，随后还给富兰克林寄来了信，描绘那里的

---

① 克朗：多国货币单位。——编者注

乡村生活，被富兰克林发表了出来。

这样，富兰克林终于有了一个属于自己的印刷店。更重要的是，拥有了自己的事业。印刷及其相关的尝试（出版商、作家、新闻人、邮政局局长）对富兰克林来说不仅是一份工作，更是充满乐趣的召唤，既崇高又有趣。富兰克林在其一生中从事过很多其他事业：科学家、政客、政治家、外交官。尽管如此，在他60年后所留下的遗嘱中，第一句就是，“我，本杰明·富兰克林，来自费城的印刷工。”这也是他一直以来对自己的定位。

共读社：富兰克林的公共层面映像

富兰克林是一个很善于利用关系的人。他喜欢将自己的公民生活和社会生活联系在一起，然后以两者为杠杆，推动自己事业的发展。这一点很早就显示了出来。1727年秋，他刚刚回到费城的时候，就成立了由一个年轻人组成的俱乐部，称为“皮围裙俱乐部”，也就是共读社。

富兰克林小社团的成员都是富有企业家精神的商人和手艺人，而不是所谓的社会精英——那些人有自己的绅士俱乐部。起初，成员们每周五在小酒馆里定期聚会，不久，他们就租了一幢自己的房子。他们针砭时弊、高谈阔论，还进行哲学辩论，修正自我改进的计划，形成了有助于每个人事业的小关系网。

事业心是热衷于组织俱乐部和互助会的富兰克林及每一个美国人的典型特征。当商业中产阶级逐渐在北美殖民地形成的时候，他们通过成立俱乐部、共济会支部和兄弟会等方式来平衡他们的个人主义倾向。富兰克林自己就是这种情况的代表，直至今日，仍是其象征之一。

富兰克林的共读社最初只有12名成员，其中包括他的合伙人梅雷迪斯；乔治·韦布，一个富有智慧但轻率的牛津穷学生，也是凯默的学徒；托马斯·戈弗雷，一个眼镜工人和业余数学家；约瑟夫·布瑞特诺尔，公证人，爱好诗歌；罗伯特·格雷斯，家境不错，慷慨大方，爱使用双关语；威廉·科尔曼，一个头脑清楚、心地善良、道德高尚的职员，后来成为一个知名的商人。

除了是俱乐部的好伙伴之外，成员们还在生活和事业上互相帮助。戈弗雷包下了富兰克林店铺的伙食，他太太负责给大家做饭。布瑞特诺尔帮助富兰克林揽下了替贵格会教徒印刷的活儿。当富兰克林和梅雷迪斯分家的时候，格雷斯和科尔曼更是给富兰克林提供了资金帮助。

富兰克林给共读社定下的基调就是认真、真诚。每个新成员要把手放到自己的胸口，回答4个问题：你是否曾经对某个成员不敬？你是否热爱所有人，无论他们的宗教信仰和职业是什么？你是否觉得某人应该为自己的言行或信仰接受惩罚？你是否热爱并追寻真理？

富兰克林担心自己对交谈的喜爱和急于打动他人的渴望会使他容易“闲扯、使用双关语和开玩笑，使自己只是在轻浮的人那儿受欢迎”。他意识到“知识只能通过耳朵来获得，而不是通过嘴巴”。因此在共读社内，富兰克林开始练习沉默和温和的交流。

其中的方法之一就是通过柔和、苏格拉底式的辩论法就问题进行沟通。这种方式源自在波士顿时他与克林逊的辩论，随后在与凯默的辩论中得到了进一步发展。此种方法后来成为共读社聚会的主要基调，讨论的目的不是“驳倒对方或喜欢争论”。富兰克林把这种方法传授给了自己的朋友，即通过建议或者提问迂回论证，用（或假装）好奇以避免引起对方不快。“所有太过绝对的肯定意见或针锋相对的反驳都是不允许的，”他后来回忆道，“违规者要象征性地被处以少量罚金。”而这种方法也是他60年后在制宪会议上使用的技巧。

共读社成立不久，富兰克林在报纸上发表了一篇有趣的文章《论交流》。在文中，富兰克林强调了遵从他人或假意遵从的重要性，否则即使最睿智的言论都会使人“心生反感”。他获得友谊或影响他人的诀窍听起来就像一句卡内基的格言：“如果你想赢得他人的信任，就不要和他们争辩，而是要尊重他们，使其充分展示自己的优点。当你纵容他们的虚荣心时，他们就会赞赏你，并反过来在其他方面听从你的意见……这就是人类的虚荣心，倾听他人比自己夸夸其谈更容易获得他人的好感。”

富兰克林继续总结出在交谈中最容易“引起不满”的就是“说得太多……最后反而适得其反”。他开玩笑说，最有意思的就是两个这样的人遇到一起：“他们都深感烦恼，这一点在他们的脸上和身体动作上展露无疑。你会发现他们睁大了眼睛瞪着彼此，轮流打断对方，或是带着极不耐烦的表情看着对方的一举一动，抓住对方每一个咳嗽、停顿的机会插话。”

随后他所列出的“缺点”还包括：看起来似乎不感兴趣，对自己的生活谈论得太多，打听别人的隐私（这是不可饶恕的粗鲁），讲一些又臭又长却毫无意义的老故事（老年人容易犯这样的错误，这也是避免参加老年人聚会的原因），直接质疑某人或与其对抗，要小聪明嘲笑或指责某人（这就有点儿像盐，放一点儿可以使食物变得美味，但如果太多了就会苦得难以下咽），以及散布谣言（尽管在随后他还漫不经心地写了几句，为闲聊辩护）。

随着富兰克林年龄的增长，他渐渐发现自己这一看法的重要性。他明智地倾听，用间接说服手段，在争论中展示出自己的谦逊。“当我发现有什么不妥之处时，我不会贸然直接指出。”相反，他会先对某些方面表示赞同，然后委婉地提出自己的异议。富兰克林撰写自传时回忆道："50年来，没有任何一个人听到我直接指出不实之处。"这种柔和、间接的辩论方式使富兰克林在某些人眼中就像圣人一样，尽管善于说服和控制别人，但几乎没有人因此感到不悦。这一方法成为富兰克林的标志之一，同样也成为现代管理指南和自我修养书籍中不可缺少的内容。

富兰克林虽然是共读社中最年轻的一位，但由于他非凡的智慧和谈吐的魅力，不仅是社团的创立者，更是发展的动力所在。当时共读社探讨的话题涵盖社会、科学和哲学等多个领域。大部分是十分真诚的，少数几个稍显突兀，但总体来说都很有启发，比如：引进合同工是否会使北美殖民地更加繁荣？如何才能写好一篇文章？一个冷杯子为什么会产生小水珠？如何获得幸福？智慧是什么？知识和智慧之间是否有区别？如果一个政权剥夺了民众的权利，民众是否有权反抗？

除了这些话题之外，富兰克林还制定了社规，每个成员在交流的时候必须回答这些问题，一共有24个。鉴于其反映出了富兰克林的实用主义，有必要有选择地把它们一一列举出来。

1. 在你新近读到的书中，你觉得有什么知识或有什么人写的书值得评论或向共读社推荐的吗？

2. 最近你是否听到了什么新故事适合与大家分享？

3. 最近你是否听说哪个人经商失败？你知道是什么原因吗？

4. 最近你是否发现某些人发展得不错？他用了哪些方法？

5. 最近你是否听说了本地或外地的有钱人发家致富的方法？

6. 最近你是否发现有些人做了值得表扬和学习的事？或有谁犯了需要我们注意、避免的错误？

7. 最近你观察到或听说过哪些由于酗酒、轻率、冲动或其他什么恶行或蠢行而引起的不幸吗？

12. 自上次开会以来，你听说了有哪些值得帮助的外地人来到城里吗？据你听到或看到的，他的品行或事迹如何？你认为共读社能否按他所应得的那样去帮助或鼓励他？

14. 最近你是否发现你所在地的法律有什么缺陷？如何才能完善？

15. 最近你是否发现侵犯公民自由的行为？

16. 最近有人对你的名誉进行攻讦吗？共读社能做些什么来捍卫你的名誉？

17. 你想得到什么人的友谊而共读社或其中哪一名成员能帮助你吗？

20. 以什么样的方式，共读社或其任何成员能对你的任何光明正大的计划进行援助？

富兰克林将共读社变成了实施各种公共服务设想的试验田。最初，他们曾经讨论过宾夕法尼亚是否应该增加纸币供应量的问题。富兰克林对此表示由衷赞同：于公，他认为可以刺激经济；于私，可以给他的印刷店带来生意（富兰克林和整个共读社都比较青睐这种能兼顾个人和公众利益的事务）。当共读社搬进自己租的房子后，他们建立了一个图书馆，书都是成员们提供的，这也是后来北美殖民地第一个会员图书馆的雏形。富兰克林还在共读社的基础上提出成立以税收为基础的互助会、志愿消防队以及一所学校——后来成为著名的宾夕法尼亚大学。

实际上，共读社的不少规则和富兰克林的很多建议都借鉴了科顿 · 马瑟若干年前在波士顿建立的邻里互助会的有关内容，尽管可能有点儿言过其实。举个例子，马瑟的邻里互助会的问题之一就是：“是否有人行为不端，造成了恶劣影响，需要我们劝告？”而丹尼尔·笛福所著的《友谊社团》和约翰·洛克所著的《每周聚会一次以实用的知识进行自我改进的社团章程》，在某种程度上也成为富兰克林思想的来源。

但总的来说，就真诚的态度和对自我改进的强调而言，共读社仍然是富兰克林自己努力的结果，也反映出了他在美国特征形成过程中的印记。共读社延续并发展了30余年。尽管它是以一种相对秘密的方式行事，但是由于申请加入的人实在太多了，富兰克林提议每名社员都可以组织一个分社，但最后只有四五个成功了。共读社本质上是富兰克林热爱交际的公民本性的延伸和放大。正如富兰克林本人一样，共读社强调实用、勤奋、求知、友好和中庸的哲学。它提倡公民道德、互相帮助、自我完善和社会价值，强调勤奋的公民可以通过做好事实现自身价值。简而言之，它就是富兰克林在公共层面的映像。

“好事者”：媒体集团的发轫

通过自己的勤奋、节俭，以及在共读社成员的帮助之下，富兰克林的生意很快有了起色。当时镇上一共只有三家印刷店，富兰克林的印刷店也就自然而然地超过其他两家。但他并不满足，在波士顿当学徒时的经验告诉他，如果不能掌握内容的来源和发行渠道，生意永远都算不上成功。当时他的竞争者安德鲁·布拉德福德发行了镇上唯一一份报纸，发行量虽然不大，但收益十分可观。同时也帮助布拉德福德与商人和政客们建立了不错的关系，这对他的生意也很有帮助。布拉德福德还是镇上的邮政局局长，因此不仅可以控制报纸的发行渠道，还获得了稳定的消息来源。

富兰克林决定向他发起挑战。此后10年间，富兰克林成功地建立了一个庞大的媒体集团，涵盖生产（印刷以及在其他城市授权进行特许经营）、产品（报纸、杂志、历书）、内容（富兰克林自己的文章、《穷理查历书》，以及共读社成员们所撰写的文章）、发行（通过北美殖民地的邮政网络）等多个领域。

第一步就是办报纸。富兰克林决定办一份报纸与布拉德福德的《美利坚信使周报》相抗衡。但他犯了一个错误，把这个消息透露给了乔治·韦布。韦布既是共读社的成员，又是凯默店里的学徒。令富兰克林惊讶的是，韦布把这个消息告诉了凯默，于是凯默抢在富兰克林之前发行了自己的报纸。报纸名字长得令人难以置信："一切艺术和科学的大众指导：宾夕法尼亚报"。富兰克林意识到形势很严峻，他无法马上发行第三份报纸，同时也缺乏资金。所以他想到了一个办法，首先搞垮凯默的报纸。富兰克林手里有一个最有力的武器：虽然只有23岁，但他是当时宾夕法尼亚最好的作家，同时也是北美殖民地最有趣的作家。（卡尔·范·杜伦，20世纪30年代伟大的文学评论家，同时也是富兰克林的传记作者，曾经这样评论道："1728年，富兰克林已经是北美殖民地最好的作家。当时唯一可以与之媲美的应该是乔纳森·爱德华兹，他的文章感情更强烈、文学色彩更浓，但在贴切和可读性方面略逊一筹。"）

富兰克林决定打个擦边球，首先写一系列匿名读者来信和文章在布拉德福德的《美利坚信使周报》上发表（就像当初的塞伦斯·杜古德系列一样），把民众的注意力从凯默的新报纸那儿吸引过来。这一点很有趣，至少在凯默的报纸被打垮之前，使布拉德福德那份单调乏味的报纸有了很强的可读性，这在其创刊10年来是前所未有的。

前两篇文章是攻击可怜的凯默的。当时凯默连载百科全书上条目作为他报纸的内容。很不幸的是，他选择的条目中有一条是关于堕胎。虽然可能是无心之举，却成了富兰克林的靶子。于是富兰克林出招了，他化名“玛莎·加尔富尔”（意为“小心的玛莎”）和“西莉亚·肖特费斯”（意为“短脸的西莉亚”）给布拉德福德的报纸写信，表达对凯默的震惊与气愤。加尔富尔小姐甚至威胁道：“如果他胆敢继续揭露我们女性的秘密，那我们下次无论在什么地方见到他都会揪掉他的胡子。”这样，富兰克林就引发了北美殖民地的第一场关于堕胎的争论。这并不是因为他对这个话题有什么强烈的兴趣，只是因为他知道这能够提高报纸的销量。

随后一周，富兰克林以“好事者”为标题发表了一系列经典杂文，而这些文章都被布拉德福德刊登在头版显要的位置。其中四篇由富兰克林亲自操刀，而另外两篇则有共读社的布瑞特诺尔的参与。“通过这种方式，人们的注意力都被吸引到布拉德福德的报纸上，而被我们取笑的凯默的办报计划也没什么人理会了。”

好事者系列文章首先非常聪明地指出了布拉德福德报纸的不足（通常十分乏味），宣称他的目的就是使其变得更好（起码暂时如此）。富兰克林以英国作家理查德·斯蒂尔笔下的人物艾萨克·比克斯塔夫为蓝本，将漫不经心的闲谈和鞭辟入里的分析结合起来，成功地使自己成为美国第一位随笔专栏作家。他承认自己讲的很多东西都“与他人无关”，“纯粹是为了公益”，他发誓“要把那些没人管的闲事管起来”。同时他也警告说，有人可能觉得被冒犯了。然而，他指出了随笔最吸引人的地方：“当谴责他人的时候，大多数人都乐在其中。但一旦我把他们自己的事情公之于众，他们就会怒不可遏。不过我保证，用不了多久，他们就会欣喜地发现自己的朋友和邻居也同样中了招。”

对此，凯默只是以一种过时的方式发出警告，好事者系列文章会使布拉德福德报纸的读者增加“花钱买乐子的期望”，但他们很快就会因为“看到自己邻居的名誉受损而暗自悲伤”。当好事者继续针砭时弊的时候，凯默变得更加尖刻了。他写了一首打油诗作为回击：“你在报纸上对我冷嘲热讽，只能让我拔出宝剑。透过我蔑视的目光，我看到了你的敌意。对于你的不幸，我深感同情。”他同时还写了一篇难以理解的文章《对好事者的呼吁》，将富兰克林描述成“一个典型的猿猴……像他的旧外套一样过气，头骨像他的鞋跟一样厚”。

于是，凯默成为富兰克林最早的树敌之一。这种背叛、舆论战和笔墨官司，在10年之后富兰克林和凯默创办杂志时将会重演。

对那些希望从中得到启发的人来说，好事者系列文章其实并没有传递多少可供消遣的信息；相反，却包含了很多将生活中的真人真事重新包装的哲理性小故事（曾经有一位读者试图将文中的人物和生活中的人物一一对应起来）。富兰克林发表了一篇如今看来十分虚伪的声明：“如有雷同，纯属巧合。”

好事者系列的最后一篇主要出自富兰克林之手，取笑了手拿探矿杖，在森林中挖来挖去，寻找海盗留下的宝藏的寻宝者。他写道：“人一旦太渴望一夜暴富，就会失去理智。勤奋和节俭这一致富的真正途径却被他们抛在了脑后。”这个故事讽刺了当时的掘金热，宣扬了富兰克林最喜欢的主题：勤勤恳恳、扎扎实实的工作才是致富的唯一途径。文章的最后，他引用了他所塑造的亚格里科拉把一大块宝贵的土地交给他儿子时说的话：“我向你保证，我靠挖掘它而找到了一大堆金子。你不妨也这样做。但是你得小心，绝不要掘过一犁头深。”

这篇文章下半篇则鼓吹应该在宾夕法尼亚发行更多的纸币。富兰克林负责其中大部分内容的撰写，其余一小部分由布瑞特诺尔完成。富兰克林暗示那些反对增发纸币的人实际上是为了保护他们自己的私利，尽管他鼓吹增发纸币也有自己的私心（可以获得印刷业务）。他还对宾夕法尼亚的领主及其任命的总督进行了攻击，而事实证明，这只是刚刚开始。富兰克林指责他们对待宾夕法尼亚的居民就像“他们的佃户和奴仆”。布拉德福德与领主佩恩家族及其党羽交往甚密，所以在其报纸中删去了这段话。

把文中这一部分删去的另一个原因是当时富兰克林已经写了另一篇逻辑更为严密的关于此方面的文章。他先在共读社内部和大家进行了交流，随后又印刷发行。文章的题目是“论纸币的本质和必要性”，这也是富兰克林第一次认真分析公共政策，比他关于宗教的哲学思考要强得多。对他来说，纸币与抽象理论不同，只是一个概念，他对此有强烈的认识。

富兰克林质疑缺乏纸币会导致利率上涨，使工资长期保持在较低的水平，会增加对进口的依赖。债权人和大地主出于自身利益的考量反对发行纸币，但“支持贸易、乐于看到制造业发展的那些人无疑将支持增发纸币”。富兰克林的主要观点是硬通货（如金币和银币）并不是国家财富的真正象征：“国家的富裕程度是由其居民能够购买的劳动量来衡量，而不是他们所拥有的金银数量。”

当时这篇文章风靡一时，当然同时也受到了有钱人的抵制。它促使议会通过立法增发纸币。尽管布拉德福德拿到了印制第一批纸币的生意，但富兰克林也获得了印制第二批纸币的生意。正如穷理查所言：“助人行善，事事如意。”富兰克林并不反对在促进公共利益的同时实现个人利益的增长。他在议会里的朋友“认为我（富兰克林）也为此出了力，应该让我印刷纸币，作为对我的奖励。这桩生意利润丰厚，对我很有帮助。这是写作给我带来的又一个好处”。

宾夕法尼亚报：对世界着迷

富兰克林把凯默排挤出新闻界的计划很快就成功了。而这也要得益于凯默自身的无能，又受不了冷嘲热讽。不久，凯默就深陷债务危机，差点儿进了监狱。于是他把报纸卖给了富兰克林，自己去了巴巴多斯。富兰克林对报纸内容进行了大幅修改，不再连载乏味的百科全书，并对其冗长的名字进行了精简。于是，1729 年 10 月，富兰克林骄傲地成为《宾夕法尼亚报》的主人。在他给读者的第一封信中就写道："为了在宾夕法尼亚看到一份真正的好报纸，很多人经历了漫长的等待。"把凯默和布拉德福德好好嘲笑了一番。

当时有很多类型的报人。有些人是改革狂，其观点激进、充满激情，有挑战权威的欲望，富兰克林的哥哥詹姆斯就是如此。有些人正好相反：他们喜欢权力，处心积虑地获取权力，满足于现有秩序。富兰克林在费城的竞争者安德鲁 · 布拉德福德就是这样的人。

还有一类人对世界感到兴奋和着迷，同时又乐于服务他人。他们对任何正统观念和异端邪说都表示怀疑，致力于寻找真理、推动公益（比如卖报纸）。富兰克林就是这样的人，他以自己具有记者的品质为荣。富兰克林已经对斯威夫特和艾迪生的文章烂熟于胸，希望可以在实践中一展身手的同时保持客观的态度观察世界。作为记者，他可以从具体的事件中超脱出来，又能极富感情地投入其中，客观、自嘲地对事件本身或当事人发表评论。他经常将对事件和人物的深度思考以幽默、戏谑的方式表达出来，博人一笑的同时又发人深省。

与同时代的其他报纸一样，富兰克林的《宾夕法尼亚报》不仅刊登新闻和公众事件的报道，还有很多有趣的文章和读者来信。正是所谓的读者来信使他的报纸变得与众不同，其实很多正是出自富兰克林之手。以读者来信的方式发表自己的观点可以给富兰克林更大的空间，这样他就可以肆无忌惮地取笑对手，在随笔中自由抒发自己的感想，也不违背自己“不说任何人坏话”的承诺，并且为自己不断进步的哲学理念找到了一片实践的天地。

举一个经典例子。富兰克林曾虚构了一个读者“J · T”的来信，以纠正自己犯下的拼写错误。当时他报道有人在饭店“死了”，其实是有人在饭店“吃饭”。在来信中，他还举了很多有趣的拼写错误。比如，有一版《圣经》在描写大卫的时候，误将“完美塑造”印成了“完全疯掉”，结果一个“无知的牧师花了半个小时的时间向听众们解释精神失常的重要性”。富兰克林接着借J · T之口对自己的报纸大加赞扬，指出布拉德福德总是十分粗心，也犯过同样错误，同时以戏谑的口吻赞扬富兰克林并没有因此讽刺布拉德福德：“你的报纸做得不错，没有错误。而且你从不靠嘲讽、揭露对手持续不断的错误以显示这一点。”富兰克林甚至将他虚伪的谦虚变成一句格言来原谅自己的笔误：“那些对他人的错误保持沉默的人，当他们自己犯错误时，将会得到更多的宽容。”

富兰克林和布拉德福德之间的报纸大战还涉及独家新闻和抄袭等。富兰克林在一篇社论中写道：“当布拉德福德先生的报纸晚于我们发行的时候，他经常从我们的文章中挑出几篇，登在自己的报纸上（我们对此深表欢迎）。然后把自己的出版日期提前，唯恐读者发现他是在抄袭。而我们则一直避免抄袭的出现。”

当富兰克林打算从布拉德福德那夺取宾夕法尼亚议会官方印刷商资格的时候，他们之间的明争暗斗已经持续了一年。当时富兰克林已经在议员中，特别是那些反对领主佩恩家族和其上流社会支持者的议员中，培养了一些自己人。有一次，布拉德福德把总督给议会的文章印得“粗劣不堪，错误百出”。富兰克林看到了机会，他拿过来重新印刷，印得“美观准确”，并将文章送到了每位议员手中。“这增加了议会里的朋友为我们说话的分量，于是第二年，他们选定我们作为官方的印刷商。”

即使涉足政坛之后，富兰克林也拒绝让自己的报纸染上鲜明的党派色彩。他曾经在《宾夕法尼亚报》发表社论，即著名的《为出版者辩护》，表明了自己作为出版者的宗旨。这篇文章至今仍是捍卫新闻自由最著名、最有力的檄文之一。

富兰克林在文中写道：“人的容貌不一样，观点也千差万别。”出版者的职责就是让民众可以表达不同的观点。如果所有印刷商决定只印那些被确认为不会触犯任何人的东西，“那就没什么可印的了”。富兰克林将其启蒙主义的立场凝结在一句话里，现在已经成为新闻业的至理名言：“要教育出版者，使其相信，当人们有不同看法时，双方都应有同等权利让公众知道他们的看法；相信当真理和谬误公平较量时，前者总会压倒后者。”

“认为出版者所印的东西都是他们赞成的，这种观点实在荒谬。”富兰克林接着质疑道，“同样，出版者只能印刷他们所赞同的东西，这种观点也是错误的……那样的话，也就没有什么新闻自由了，全世界除了出版者自己的观点之外就没什么可读的了。”

他还以一种幽默的方式提醒读者，出版者除了要启发民智之外，还需要赚钱。“因此只要有人出得起钱，他们就会很高兴地为其服务”，即使他们并不赞同作者的观点。“如果此地所有人因为不想让自己不喜欢的文章印出来而付给我钱，而且数额和我印这些东西收取的费用一样多的话，那我的生活将会简单得多。如果世界上所有印刷商都得到相同的待遇，那印出来的东西也就没多少了。”

然而，固执己见并不是富兰克林的天性，他通常致力于实现一种审慎的平衡。他认为，既然印刷商享有权利，也就必须承担义务，这样才能平衡。因此，尽管理论上他们可以自由出版一些激烈的观点，但是他们最好把把关。“我自己一直拒绝刊登那些不道德和宣扬恶行的文字，尽管……我可能会拿到不少钱。我还一直拒绝出版那些会切实伤害他人的内容。”

关于这点有个例子，曾经有一名顾客要求这个年轻的出版商在报上刊登一则消息，而富兰克林在其中发现了“下流和诽谤的字眼”。是否应该违背自己的原则来挣这笔钱呢？富兰克林通过以下测试检验了自己的决心：

> 为了判断我是否应该刊登这则消息，在晚上回家的时候，我在面包店买了两便士[①]的面包，就着打上来的井水，搞定了我的晚饭。然后，我裹上大衣躺在地板上，一觉睡到天亮。第二天一早，我吃了另一块面包，喝了点儿水，就算解决了早饭。我并没感觉任何不适。在确定自己可以用这种生活方式活下来后，我决定绝不背叛，也不滥用自己的新闻自由权来换取所谓舒适的生活。

富兰克林以一对父子骑驴的故事作为《为出版者辩护》的结尾。当父亲骑驴，让儿子走路的时候，有人指责；当儿子骑驴，父亲走路的时候，还是有人指责；哪怕是两个人都骑，或两个人都不骑的时候，仍然有人指责。富兰克林想表达的意思就是，想要同时讨好所有人是愚蠢的。最后，他总结道，虽然“我想让每个人都高兴，但我绝不会烧了我的机器或毁了我的铅字”。

---

① 便士：英国货币辅币单位，类似于中国的“分”。——编者注

除了这些高深原则之外，富兰克林还用了很多更普通的办法来增加报纸的销量，方法之一就是色情。至今这也是十分管用的伎俩，当时对他来说也很有吸引力。富兰克林的报纸时不时会刊登一些挑逗、令人喷血的东西作为调剂。

富兰克林还深知另外一条新闻业的座右铭：侦探小说永远都会大卖，特别是那些稀奇古怪的。因此，在报道一则女孩死亡事件时，富兰克林在报道的基础上用了些日后被下流小报发扬光大的手法。这条新闻实际上是关于一对夫妇被指控谋杀丈夫上一段婚姻留下来的女儿的故事。这对夫妇虐待女孩，逼她“躺在污秽中”，“吃自己的粪便”，然后把她关在门外。后来，这个女孩死了。但是法医检查发现，女孩误食了其他东西，早晚都会死。所以法官只是判决烧了那对夫妇的手。富兰克林对“可怜的”判决大发雷霆，并坚决断定那对夫妇有罪，“不仅违反了所有民族的法律，甚至违背了自然界的普遍规律”。

第三种提高报纸销量的方法就是八卦或散布丑闻（有一点儿故意的成分在里面）。在他投给布拉德福德的第一篇好事者系列文章中，他就为打听闲事和说长道短辩护。现在既然有了自己的报纸，富兰克林就更乐于（而非感到骄傲）提供这种服务了。富兰克林给自己的报纸写了一封匿名信，以好事者一样的口吻，“通过展示其有用之处和为社会做出的贡献”，为八卦、中伤和指责辩护。

“八卦是防止那些有权有势、自身却存在缺陷的政客变得更受欢迎的常用方法之一，”富兰克林写道，“当有上百双眼睛盯着他，上百张嘴谈论他，任何最轻微的罪行和真实性格中最微小的缺陷都会被发现，并迅速传播开来。这无疑对他们的雄心是极大的打击。”此外，八卦还有助于道德的提升，很多人行事的顾虑是担心公众舆论而并非出于对道德准则的遵从。“如果我这么做了，人们会怎么说我？”这样的考虑能够使我们抵制很多极有诱惑但不道德、愚蠢的做法。它可以使摇摆者意志坚定，使贪婪者保持诚实，使某些信徒保持圣洁，使所有处女保持贞洁。

有意思的是，尽管富兰克林敢于质疑“所有”处女，但出于保护自己的考虑，只是质疑了“某些”信徒。此外，他还显示出了些许愤世嫉俗，暗指大部分人行为端正并不是出于内心的信仰，而是因为担心受到公众谴责。

一周后，富兰克林又写了一篇文章为八卦辩护。更有意思的是，他巧妙地用了一个笔名“爱丽丝 · 艾德堂格”（意即“蝰蛇之信”）。当时富兰克林只有 26 岁，而他所虚构的爱丽丝这个人物是一个“才 35 岁的年轻姑娘”。她自称与母亲住在一起，“发现自己的职责和爱好就是展示在监督同住在乡村的那些人的天赋”。

在抨击了布拉德福德《美利坚信使周报》上一篇指责女人爱八卦的“愚蠢”文章后，爱丽丝回忆了自己与母亲在这件事上面的分歧。“她一直认为八卦会毁了所有好的谈话，我却认为所有谈话都是无八卦不欢。”因此，当她母亲的朋友前来喝茶的时候，她被罚在厨房里干活禁止参与。而当她母亲在客厅和朋友们谈论高尚话题时，她则请了几个小姐妹在厨房八卦一个邻居和伴娘私通。听到笑声后，她母亲的那些朋友都跑了过来一起说三道四，最后，她母亲也加入了。“我一直认为如果你的报纸多一点儿八卦，你的销量早就翻一番了。”

富兰克林对“好事者”戏谑的辩护，与其写过的那些亦正亦谑的杂文一道为他的报纸定下了愉快的基调。由于天生就善于交际和观察人性，他很喜欢那些关于人的缺点和行为的故事，也了解别人那么做的原因。富兰克林人性的另一面则更加诚挚：他总是避免谈论他人的是非。因此尽管在报纸中就是否应该八卦争论得不亦乐乎，但实际上他没有沉浸其中。例如，在一期报纸上，富兰克林曾经提到他收到一封描述某对夫妻之间的争执和行为的来信，“但出于仁慈的角度，这封信现在还不宜公开”。

同样，在谈到酗酒的问题时，富兰克林的态度也十分暧昧。他本身是一个节制的人，从不流连于坊间酒肆。富兰克林曾在报纸上发表了一篇很有名的文章，注定成为无数酒吧的海报。他用大约 250 个形容醉酒状态的词组成了一个“酗酒者词典”：头脑不清……难受……觉得自己是个大人物……大醉……耍酒疯……豪饮……飘飘欲仙……疯了……富兰克林也一直用绘声绘色的酗酒者死亡的故事来告诫读者，还撰文描述酒精对精神的“毒害”。当他还只是伦敦的印刷工时，富兰克林就告诫工友酗酒会让人变得懒惰。现在作为费城的报纸编辑，他仍然劝说大众不要酗酒。

富兰克林也不断提高自己自嘲的艺术。和美国后来很多幽默家一样，富兰克林认为自嘲会让自己变得更有魅力。在一篇短文中，他回忆了“某个印刷工”在码头上走路的时候，突然滑倒并陷进了沥青桶里。于是他“灵活地”把腿抽了出来，就像俗语说的“蜜蜂掉进了沥青罐里”。富兰克林最后用一个文字游戏结束了这篇文章：“不是一只蜜蜂，也不是一只谦虚的蜜蜂，而是一只愚蠢的蜜蜂，名叫B · F（本杰明 · 富兰克林）。”

到 18 世纪 30 年代初，富兰克林的生意越做越大。他通过外派工人建立自己的小商业帝国。这些工人一旦为他工作了一定年限，就可以成为他的合作伙伴。富兰克林的商业帝国从查尔斯顿一直延伸到哈特福德。他提供设备和部分费用，还提供一些内容，而作为回报，他只抽取一定的分红。

实用的婚姻：富兰克林的理智与情感

随着生意越做越大，富兰克林发现自己真的有必要结婚了。当时在北美殖民地，独身是不为人们所接受的。富兰克林知道自己在两性关系方面需要注意，因此的确有必要给自己找个伴，最好是陪嫁丰厚的。

当时富兰克林正在他共读社的一个社友戈弗雷家搭伙，戈弗雷太太负责做饭和打扫房间。她想撮合富兰克林和她的一个外甥女，富兰克林也觉得那个女孩“非常值得追求”，就展开了行动。当他们开始谈婚论嫁，富兰克林通过戈弗雷太太告诉女孩的家人希望能得到大约100英镑的嫁妆，这也是当时他印刷所欠下的外债总额。但女孩家人回复说没有那么多钱，富兰克林甚至不那么浪漫地提议他们可以抵押自己的房子。

听闻此言，女孩的家庭立刻终止了这段关系，或许是出于愤怒，或许（如富兰克林所揣测）是觉得他们的感情已经很深，会想办法偷偷结为连理，这样就可以省下嫁妆。但富兰克林拒绝再和那个女孩有任何往来，甚至连戈弗雷太太建议两家人再商量一下也于事无补。

因此，这段恋爱和与戈弗雷的友谊一起终止了。戈弗雷很快就退出了共读社，甚至把自己历书的印刷生意交给了富兰克林的竞争对手布拉德福德。数年之后，富兰克林这样轻蔑地描述那个曾经和他共处一室、同为共读社成员，甚至可能情感相通的人，说戈弗雷“不是一个令人愉快的同伴，正如我所遇见的大多数数学家一样，他什么事情都斤斤计较，总是不停否定或纠缠，使所有谈话都不顺利”。

富兰克林的恼怒态度甚至促使其不久之后在报纸上以安东尼·阿夫特维特的名字发表了一篇讽刺文章。这个“诚实的商人”抱怨当初追求自己妻子的时候，他的岳父暗示他可以得到一笔丰厚的嫁妆，他甚至已经为如何花这笔钱“制订了好几个计划”。“可那个老绅士一旦发现我动了真情，我们的关系几乎是牢不可破之后，他……就不让我进家门，告诉女儿如果和我结婚就一个子儿也拿不到。”和富兰克林不同的是，阿夫特维特私奔了。“我听说还有很多老吝啬鬼都用这种伎俩嫁女儿，这样就可以省下嫁妆自己留着了。”

这篇文章还产生了一个意想不到的效果。文中女主人公的名字阿比盖尔·阿夫特维特是富兰克林的哥哥詹姆斯多年前在《新英格兰报》上发表的一篇小说中某个人物的名字。当他搬到罗得岛之后，在自己的报纸上翻印了安东尼·阿夫特维特这篇文章，并加上了一封来自佩辛斯的回复。富兰克林很快在自己的报纸上转载了这封回复，并在第二年拜访了自己的哥哥，修复了破裂的兄弟之情。当时，詹姆斯身体每况愈下，他恳求弟弟照顾自己10岁的儿子。富兰克林答应了，安排他去上学，并在自己的店里当学徒。富兰克林就像是一个不断弥补自己亏空的道德管家一样，其自传的主题之一就是不断犯错误，又不断地弥补。富兰克林认为“从哥哥那儿逃跑，是自己一生中最早的错误之一”。帮助詹姆斯的儿子则是他弥补自己错误的一种方式。“这样我就补偿了我过早离开哥哥的过失。”

当他和戈弗雷太太的外甥女断绝来往后，富兰克林开始四处寻找别的结婚对象。但他发现一个年轻的出版商并不是那么抢手，想让女方陪送丰厚的嫁妆更非易事，除非找一个“并不合我意”的人。多少年后，富兰克林给自己正在寻找另一半的私生子写了一封信，这也是他的自我剖析。富兰克林提到：“那段时间，那难以抑制的年轻人的欲望让我经常和偶然遇见的粗俗女人厮混，花了不少钱，也惹了不少麻烦。”

德博拉·里德，那个富兰克林初次来到费城站在自己家门口朝他笑的女孩，其境况比富兰克林还要糟糕。当初富兰克林一去不返，只给她写过一封信。没有办法，她只好嫁给了一个很有魅力但不太靠谱的陶工约翰 · 罗杰斯。罗杰斯甚至连自己都养活不了，而德博拉很快就听到传言说他其实在英国已经结婚，所以德博拉就搬回了娘家与母亲同住。后来，罗杰斯偷了一个奴隶，事发之后逃到了西印度群岛，留下了一屁股债。尽管有传言说他在一场斗殴中被打死了，但苦于没有确切的证据，从法律上来讲，德博拉很难再婚。当时重婚是重罪，要被处以 39 下鞭刑和终身监禁。

德博拉的父亲死后，她的母亲就靠卖自制药物为生。富兰克林的报纸上曾经登出这样一条广告："孀居的里德太太，生产和销售自制软膏，专制奇痒，已经有无数治愈的例子……多次使用后，还可以消灭所有虱子。"富兰克林经常造访里德家，给她们提供生意上的建议，对德博拉的遭遇深表同情。他认为德博拉的困境大部分是他造成的，尽管里德太太多次把责任揽到自己身上，说当初在富兰克林去伦敦之前让他们完婚就好了。幸运的是，正如富兰克林所言："我们两个旧情复燃了。"

当时，富兰克林想到了一个办法，帮助自己在两难的情况下做出选择。"我的办法就是在一张纸的中间画一道线，把它分为两部分，一边写赞同的理由，另一边写反对的理由。"这样，他把正反两方面理由都列在上边，并权衡重要程度。"当我发现两边各有一个重要程度相当的理由后，就把它们划掉。如果我发现两条赞同的理由和一条反对的理由重要性相同的时候，我就把 3 个都划掉。"这样到了最后，对他来说"哪边最重要"就清晰可见了。

然而无论他怎么权衡，天平最终还是向德博拉一侧倾斜了。1730 年 9 月，他们开始像夫妻一样在一起生活。他们并没有举行什么正式仪式，而是签署了一项普通法协议。这样即使罗杰斯回来对他们提出指控，他们也可以免受牢狱之灾，当然罗杰斯从未回来过。富兰克林将与德博拉的结合视为对自己曾经犯错的弥补，就像是修复与詹姆斯的关系一样。“这样我就算是弥补了我一生中最大的错误。”富兰克林后来这样回忆自己当初对德博拉的态度。

富兰克林通常被形容为是一个实际远多于浪漫的人，是一个理性而非感性的人。他与德博拉在婚前签署的协议在某种程度上也证明了这一点。但它也同样证明了富兰克林性格中某些复杂的一面：他希望通过变得更加实际来克服自己心中难以掌控的冲动欲望，以及他对家人发自内心的喜爱。他从不幻想山盟海誓或爱得轰轰烈烈，只是希望一种平淡的生活，日久生情，相互需要，相互帮助，就像密友一样，有亲切感。

实际上，带着丰厚嫁妆嫁过来的妻子同样可能带来矫揉造作的上流社会习气和欲望，但富兰克林在德博拉身上并没有发现这样的缺点。对他而言，德博拉是一个“忠实的好帮手”，节俭、实际，并没有太多的欲望。这样的品德对日后的富兰克林来说尤为重要。他们之间的结合虽然不是很浪漫，但一直保持了互助的关系，直至44年后德博拉去世。正如富兰克林不久之后在《穷理查历书》中所言：“婚前要睁大双眼，婚后要半睁半闭。”

谁是私生子的母亲

富兰克林结婚不久，他们的婚姻就面临着一个极大的挑战。当时，富兰克林做了父亲，他的儿子是一个私生子，名叫威廉。这可能就是他自传中所谓和“粗俗女人”鬼混带来的“最大麻烦”。

威廉母亲的身份至今仍然是一个谜，学者一直试图解开这桩悬案。富兰克林本人对此讳莫如深，从未吐露半点儿口风。威廉本人也是如此，假如他知道的话。实际上就连威廉到底是哪天出生的也是一个谜。我们不妨就从此谈起。

大部分历史学家认为威廉应该是出生于1730年4月12日到1731年4月12日之间的某一天。这一结论源自富兰克林于1750年4月12日给他母亲的一封信，信中提到“威廉今年已经19岁了，个子很高，循规蹈矩，就是有点儿花花公子的习气”。

在《小报复》这一关于富兰克林和他儿子之间复杂关系的著作中（其中的观点很吸引人，但有某种程度的杜撰和猜测成分），威拉德·斯特恩·兰德尔对此提出了质疑。1746年9月，威廉被授予少尉军衔，离家前往加拿大执行任务。兰德尔认为假如他是上述时间出生的话，当时只有十五六岁。也许富兰克林在给他母亲的信中故意隐瞒了威廉的年龄，使其看起来不像是私生子。但利奥·勒梅，一位严谨的研究富兰克林的专家，在其网站上详细列出了富兰克林的生平。根据他的研究，威廉应该是生于1728~1729年之间，这一点与很多19世纪富兰克林的传记作家的观点不谋而合。

然而，在威廉应征入伍之前，大概是1746年年初，威廉曾经试图离家出走，富兰克林从一艘停泊在港口的船上把他揪了回来。这也就意味着当时他的年纪应该不超过于16岁（富兰克林当初准备到海上漂泊的时候是12岁，而他离家出走到费城时是17岁）。希勒·斯坎普为威廉所做的传记认为威廉应征入伍的年龄应该是16岁，正好是在其学业完成之后。此外，就在威廉去世那年，也就是1813年，威廉曾经对一家杂志说起，自己今年82岁（这就证明了他出生于1730年年末或1731年年初）。

还有，因为所有人都知道威廉是私生子，所以富兰克林没有必要向自己母亲隐瞒威廉的年龄，而威廉自己也没有这个必要。鉴于以上推测，威廉应该出生于1730年年末，也就是富兰克林和德博拉开始一起生活的时候。

那是不是如某些学者所推测的，德博拉才是他的亲生母亲？有没有可能他们婚前签署协议的原因就是因为德博拉怀孕了？而如果让威廉的身世变得模糊，一旦罗杰斯回来就无法指责他们重婚或通奸？正如卡尔·范·杜伦所言：“（如果那样）绝对是一个丑闻。但如果孩子是富兰克林和另外一个不知名的女人所生，严重程度就小得多。富兰克林就可以一个人承担所有指责。”

但这一论断禁不起推敲。如果德博拉怀孕并生下威廉，肯定有朋友或亲戚（当然也包括她母亲）知道这件事。正如H·W·布兰兹指出的那样：“即使多年之后来自罗杰斯的威胁早已消失，德博拉也没有承认威廉是自己的儿子，这有悖常理。一个母亲不会眼睁睁地看着在自己膝下长大的儿子被贴上私生子的标签。”相反，德博拉曾公开表示对威廉的厌恶。一名曾经为富兰克林工作的职员回忆，德博拉称威廉是“世界上最十恶不赦的混蛋”，对威廉大加斥责，“用的言语，我从未从像她那样身份的女士口中听过”。

在1764年一场激烈的选战中，威廉母亲的身份更是成为话题之一。当时有一本小册子称威廉是一个名叫芭芭拉的妓女的儿子，富兰克林雇她为女仆，直到她去世，不知被葬于何处。鉴于选战的下流本质，以及富兰克林一家不可能让威廉的生母作为女仆一直待在家中，这一说法纯属无稽之谈。

最好的解释来自1763年关于威廉的一封信，这封信直到两个多世纪后才重见天日。写信人是费城有名的商人乔治·罗伯茨，他同时也是富兰克林家的密友。“大家都知道威廉是私生子，他母亲的社会地位也不高，”罗伯茨在给他伦敦朋友的信中写道，“但是费城街头巷尾的所有传言都是无稽之谈。我知道富兰克林曾经与威廉的生母约法三章，威廉的生母不会对此事大加声张，富兰克林和威廉也不会承认和她有任何关系。”罗伯茨的确有可能知晓一些真相，但他秘而不宣，也就留下了不解之谜。

勤俭的另一半

在其自传中（富兰克林的自传对勤劳和节俭的美德十分推崇，提到了36次之多），富兰克林是这样描述妻子的：“我是如此幸运，找到一位和我一样勤劳、节俭的女士作为伴侣。”在富兰克林步入老年时，他在信中对德博拉更是大加赞赏：“节俭是能使人致富的美德，也是我欠缺的。但是我很幸运，在我妻子的身上发现了这点。”德博拉帮他打理店铺、装订书籍、买造纸用的破布。至少在最初的几年，他们并没有请佣人，富兰克林每天都用一个2便士的碗喝面包和牛奶做的粥当早餐。

数年之后，富兰克林已经养成了一些对华丽服饰的品位，但仍然极力推崇节俭，这在某种程度上很矛盾。他促狭地回忆起了德博拉的一个小毛病，以显示“奢侈的习惯是怎样进入家庭且如何超越节俭、日益得势的”。一天早上，富兰克林吃早饭的时候，发现餐具换成了瓷碗和银勺。德博拉为此花了23先令的“巨款”。很多年之后，富兰克林半是骄傲半是轻蔑地回忆道：“她对此没找任何借口，也没有道歉，只是觉得她丈夫应该有一把银勺和一个瓷碗，就像任何邻居一样。”而随着他们财富的日渐增长，他们家的瓷器和陈设就价值几百英镑。

当富兰克林听说自己的小妹妹简要结婚的消息之后，他给简写了一封信，告诉她好妻子必须学会勤俭持家。富兰克林说本想送给简一张餐桌，但出于更加实际的考虑没有这样做。“我认为做一名好妻子要比仅仅做一个漂亮女士重要得多，所以我决定送你一架纺车。”正如穷理查在他的第一本历书中指出的：“享用过度，产业无多，女人有时间喝茶就不会有时间纺线、织布。”

节俭也是年轻的富兰克林最喜欢的文章主题之一。在安东尼·阿夫特维特的来信中，在抱怨完不得不私奔而没有获得任何嫁妆之后，他就开始嘲笑妻子的做作和挥霍无度。首先，她买了一个不错的银镜，所以就需要买一张好桌子来放它，有了桌子就需要好茶具，还得买一个钟。面对堆积如山的债务，安东尼决定趁妻子走亲戚的时候把所有东西都卖掉。他还买了一架纺车和几只编织针。他请求报纸刊登自己的来信，这样他妻子看到报纸之后就可以有个心理准备了。“如果她能够适应生活的新基调，我们将会成为宾夕法尼亚最幸福的一对。”到时，作为回报，他可能会考虑把镜子买回来。

与同时代的其他男人相比，富兰克林的大男子主义观点要弱得多。因此，富兰克林同样把矛头对准了男性。阿夫特维特的信发表两周之后，报纸刊登了一封西莉亚·辛格尔给他的回信，同样也出自富兰克林笔下。正如塞伦斯·杜古德、爱丽丝·艾德堂格等富兰克林笔下的其他女性人物一样，辛格尔的来信同样采用了欢快、闲聊式的口吻。辛格尔回忆了拜访一个朋友的经过，她朋友的丈夫也准备效仿阿夫特维特的做法。于是，夫妻之间的争吵就开始了。丈夫坚持“织袜子不丢人也不可耻”，妻子则以“这个镇上织袜子的人已经够多的了”作为回应。辛格尔最后决定告辞，“因为她知道在陌生人面前夫妻俩会闹得更厉害”。后来她听说纺线被扔进火炉里付之一炬了。

辛格尔（或者说是富兰克林更为合适）接着又告诫富兰克林刊登了太多关于女性缺点的故事，而实际上男性的毛病也不少。“如果我吹毛求疵的话，能找出的例子不胜枚举。”随后她列出了很多男性的缺点，如在无谓的事情上浪费时间、赌博、买华丽的服饰。最后，富兰克林借辛格尔之口戳破了自己使用化名的伎俩：“任何人身上的毛病都不少。这篇讽刺文章刊登之后可能冒犯到的那些人实际上不会在乎文章到底是谁写的，抑或是谁登的。”

结婚4周后，富兰克林写了一篇更加正式、略微有些古板的文章《促进婚姻幸福的准则》。文章一开始，富兰克林就对婚姻大加赞美，指出婚姻是“爱情和舒适最有效、最长久的基础”。然而，有些笨蛋却把婚姻变成了“最大程度的毁灭与痛苦”。他为对女性指手画脚表示抱歉，因为实际上男性也有很多问题，“但这是出于我对女性的尊重，她们更容易接受意见，并付诸实践”。

他给女性提供的建议包括：放弃任何想掌控你丈夫的想法，不要欺骗他或使他感到不舒服，认识到他“是一个男人而不是一个天使”，“善意、快乐地解决所有问题”，不要忘记自己婚姻誓言中的“服从”，“不要总想以自己的意志行事”。富兰克林认为女性的权力和幸福“只能来自于丈夫的尊重与爱”，因此，妻子应该“和丈夫分享，减轻自己的顾虑，通过勤奋来保持身体健康”。当谈论到性的时候，富兰克林建议“正派、精致和智慧地表达婚姻之爱的温柔，这是婚姻与不洁之恋最明显、最直接的区别”。

富兰克林的文章和虚构的读者来信表明他之所以和德博拉结合，是因为他对婚姻持有很多传统的观点：妻子必须帮助丈夫，一家人要勤勤恳恳、节俭度日。幸运的是，德博拉也认为如此。总体而言，德博拉生性俭朴、热爱工作，愿意让丈夫过得开心。当然，正如富兰克林将要指出的，他本人也是如此。

因此，他们建立了一种与传统婚姻不同的伙伴关系，某些方面已经超越了婚姻范畴，某些方面可能还略有差距。德博拉无论在家还是在工作时都忙个不停，打理大部分生意，不断扩大店里的经营范围，包括她妈妈做的软膏、富兰克林的波士顿亲戚做的肥皂、咖啡、茶叶、巧克力、藏红花、奶酪、鱼以及各式各样的其他货品。晚上她还在烛光下装订、缝衣服，即使自己的视力受损也毫无怨言。尽管她文化程度不高，经常写错字、用错词，但她所记录的一本本账目则见证了她与富兰克林共度的幸福时光。

德博拉十分勤奋，富兰克林对此深感自豪，对她的喜爱也与日俱增。若干年后，当富兰克林在伦敦众议院舌战群儒，指出过高的税赋会导致殖民地对英国产品的抵制时，他就声称当自己还是个小商人时，每天穿着妻子亲手做的衣服，对此他深感自豪，那种感觉至今未再有过。

但德博拉对富兰克林这个"我亲爱的宝贝"（他们之间经常这么称呼）和"爸爸"（她有时在公众场合也这样称呼）并非只是一味顺从。德博拉的脾气暴躁，富兰克林对此一直心存忌惮。"你不知道妻子总是对的吗？"当他的一个外甥和德博拉发生争执时，富兰克林这样问道。就在新婚后不久，富兰克林就写了《责骂的妻子》一文。在文中，他为那些果敢、冲动的妇女们辩护，称她们通常"在家庭和事业上都十分活跃，都是特别在意丈夫的利益的好妻子"。

现存的唯一一幅德博拉画像明确显示出她是一个睿智、意志坚定的女人，丰满、平实，但谈不上迷人。多年之后，富兰克林在从伦敦写给自己妻子的一封信中，曾经描述了他寄给妻子的一个大杯子，并将其与杯子联系起来。"当我第一次见到那个杯子的时候，我就十分喜欢。它看上去就像一个丰满、快乐的妇人，干净、整洁，外面包着蓝白色的棉布。品质极佳，十分可爱，正好让我想到了某人。”

富兰克林夫妻之间的关系的确远算不上浪漫，但成为穷理查口中一首流传至今的歌谣的来源。在歌中，富兰克林向“我朴实的乡下琼”致敬，并祝愿他们的日子越过越好。歌词中有一段是这样写的：

她貌不出众，从未有人赞赏过她的容颜；
尽管我欣赏美貌，但我更赞赏美德，
而美德在她身上从未褪色；
在她的打理下，我的家庭生活平静而有序，
我赚来的辛苦钱由她节俭地用心打理；
尽管有些朋友以花钱为乐，
我却在我的生活中自得其乐；
即使是圣人也有缺点，我的琼也不能免俗，
但与优点相比，这些微不足道；
而现在，我已经适应了这些缺点，就像我自己的一样，
对它们视而不见。

多年之后，富兰克林在很多方面已经远胜于德博拉。尽管他们仍然拥有相同的价值观，但富兰克林无疑更具有远见卓识。有证据表明德博拉可能出生在伯明翰，然后就被父母带到了北美殖民地。她成年之后，从未离开费城一步。她一生中的大部分时间都在市场街的房子里度过，而那里距离她长大的地方只有两个街区的距离。

与其相反，富兰克林热爱旅行。虽然晚年的富兰克林时常表达出希望德博拉能够陪在他左右的愿望，但是他深知德博拉绝不会答应。他似乎能够感觉到德博拉并不适应他所建立的新圈子。所以，就此而

言，他们尊重彼此的独立，也许这是一个美丽的错误。在德博拉生命中最后的17年中，富兰克林有15年一直在国外，连她去世时也不在她身边。尽管如此，他们对彼此的爱恋、尊敬、忠诚，甚至如伙伴般的感觉，至死未改。

被上帝带走的小生命

1732年10月，在他们结婚两年之后，德博拉生下了一个男婴，弗朗西斯 · 福尔杰 · 富兰克林，又被称为弗兰奇。这是一个深得父母宠爱的小男孩。当他还是一个婴儿的时候，就已经有了自己的画像。富兰克林还特地请了一位教师同时给他的两个孩子开蒙，当时威廉已经4岁了，弗朗西斯只有2岁。在余生之中，富兰克林一直沉浸在对弗朗西斯的回忆里。在他眼里，弗朗西斯是那么懂事，对什么都感到好奇，独一无二。

但这些美好注定只是痛苦的回忆。弗朗西斯才4岁，就不幸死于天花。这也是富兰克林一生中仅有的几个悲剧之一。在他的墓碑上，富兰克林刻下了简短的墓志铭："他给每个人带来了快乐。"

具有讽刺意味的是，早在为詹姆斯工作时，在《美利坚信使周报》争论了关于天花的话题后，富兰克林就已经是接种牛痘的坚定支持者。在弗朗西斯出生前，富兰克林也在报纸上极力宣扬接种牛痘的好处，并引用数据证明它是多么有效。比如1730年，他曾经写过一篇关于波士顿爆发天花的报道，特别提到了接种牛痘者都逃过一劫。

实际上富兰克林的确打算给弗朗西斯接种牛痘，但因为弗朗西斯患上了感冒而耽搁了。在弗朗西斯夭折一周之后，富兰克林曾在报纸上发表了一份沉痛的声明，否认了弗朗西斯是死于接种的谣言。"我在此郑重声明，弗朗西斯并未接种过牛痘，但的确因为感冒而发热。”他进而继续表明自己的立场，认为接种是“安全、有效的”。

对于弗朗西斯的回忆常常使富兰克林深陷痛苦之中，这对他来说并不多见。当若干年后他的妹妹简给他写信分享她的孙子所带来的快乐时，富兰克林回信说这“时常令我清楚地回忆起我的儿子弗兰奇（弗朗西斯的昵称），虽然他已经离开我 36 年了，但至今我仍很少发现有什么事或什么人能与他相比。每思于此，我都免不了叹气”。

更令人心碎的是，当弗兰奇还在世的时候，富兰克林曾经在报纸上发表了一篇少见的极富哲理的文章《幼儿的离世》。这源于当时邻居家的一个小孩子不幸夭折。在对小弗兰奇观察的基础上，富兰克林描述了孩子所带来的快乐：“多有趣的关节啊，孩子们的小手和小脚动来动去。多么不可思议的神经、血管、肌肉！还有很多看见或看不见的快乐，每个孩子都是如此……为了保护生命、维护生命、繁衍生息，人们做了多少的努力。”富兰克林最后问道，难道“仁慈、善良的上帝创造这么多精致的生命最后只是为了让他们埋葬在漆黑的坟墓里”？这些小孩子甚至都没能分辨什么是善、什么是恶，还没能服务同伴，侍奉上帝。对于这个问题的答案，富兰克林承认，“已经超越了我们道德理解的范畴”。“上帝赐予我们眼泪，却带走生命让它落下。”

定义自己的上帝

回顾富兰克林的伦敦生活，我们不难发现他当时的思想倾向。富兰克林曾写下那篇条理不甚清晰的《论自由与必然、快乐与痛苦》，驳斥了自由意志和很多加尔文主义的观点。随后，他又称这篇文章是对某些理论的“勘误”。这样就使其陷入了宗教的困境。他从此不再相信从小信奉的，认为人类的救赎只能通过上帝的怜悯而非个人努力才能实现的清教主义。但富兰克林又不愿轻易接受某个单一教派的教义或没有启发意义的自然神论。自然神论是启蒙运动的信条之一，认为对自然的研究和探索（而并非天伦）形成了民众对宗教的认识。他所认识的自然神论者，包括他自己，最后都变成了道德上的未知论者。

回到费城之后，富兰克林对宗教就不太感兴趣，甚至很少去做礼拜。但他还是有很多基本的宗教信仰，包括“上帝的存在”、“上帝接受的最好供奉就是与人行善”等。富兰克林对所有教派都持包容的态度，特别是那些致力于推动社会进步的教派。同时，他也坚信“即使最坏的教派也有好的一面”，认为教会的存在有益于社会，所以仍然定期缴纳年费，供养费城当时唯一的长老会牧师杰迪戴亚 · 安德鲁斯。

有一次，安德鲁斯劝他去参加自己主持的礼拜，当时富兰克林已经连续参加了 5 次。不幸的是，富兰克林发现安德鲁斯的布道“枯燥乏味、毫无启发，他从未宣扬或强调过哪怕一条道德准则，与其说是期待我们成为好公民，不如说是希望我们成为长老会的信徒”。富兰克林最后一次参加布道时，牧师布道的内容是《腓立比书》第 4 章第 8 节中的一段。富兰克林对这个话题很感兴趣，因此希望能听到安德鲁斯对此的阐释。但他只是枯燥地念教义，对于道德没有提供任何实际想法。富兰克林因此非常失望，所以决定以后的周末用来读书，自己写教义。

此后，富兰克林开始用一系列的文章和信件来阐述自己的宗教思想。其中有一个信仰他笃信终身：一种高尚且更强调道德、实用的自然神论。与其他单纯的自然神论者不同，富兰克林认为对上帝的信仰必须贯穿日常生活，这一点很有益处（可能也是很正确的）。但与其他自然神论者一样，富兰克林的信仰中没有出现对某一特定教派的盲从，而是强调精神的作用、自我反省和自我救赎。

《论宗教的信仰和行为》正是富兰克林所著的一系列宗教文章的开山之作。该文写于1728年11月，“仅供个人参考”。与他在伦敦写的那篇从头到尾充斥着令人费解的逻辑推理的文章不同，此文简明扼要，但又立意高远。富兰克林以一个简单的判断作为文章的开头：“我相信神的存在。”

这是一个非常重要的论述，很多自然神论者都不愿承认。正如狄德罗曾经开玩笑道，所谓的自然神论者就是那些还没有活到变成无神论者的人。富兰克林却不同，他活了很久，尽管约翰·亚当斯等人曾质疑他实际上是一个无神论者，但他在一生中一直强调他承认上帝的存在。

在自然神论的传统中，富兰克林所谓的上帝其实是我们日常生活中难以解释的一些现象和痛苦。“我自大地认为上帝和人一样，并不曾有什么作为。”他还认为“天父”距离我们太远，根本听不到人们的赞美或祈祷。

富兰克林认为，人们愿意并觉得应该去崇拜一个与人类关系更紧密的上帝。因此，他写道，上帝就化身为一些更为个性化的形象让智者去崇拜。富兰克林创造性地将自然神认为上帝创造世界无所作为的观点和其他教派中认为上帝无处不在的观点结合起来，认为上帝可以根据人们崇拜的需要，显示出不同特点。

有些评论家，包括著名的艾德礼认为，这实际上反映出富兰克林是一个多神论者，因为他认为各个领域的神都不一样。但并非如此，富兰克林一生中的确提到过“上帝们”，但都是以戏谑的口吻，与1728年这篇文章中正式的基调截然不同。正如凯里·沃尔特斯在其所著的《富兰克林和他的上帝们》写的：“认为富兰克林是多神论者实际上大错特错。这样的结论不仅有逻辑问题，也根本站不住脚。”（实际上富兰克林有时候连信仰一个神都很困难，更不要提让他信仰一堆神了。）

富兰克林随后描述了他是如何看待和定义自己的上帝的。富兰克林认为，必须要有一段合适的祈祷词，事实上他自己撰写了一段。此外，还要行为端正，富兰克林行事时也经常进行道德的考量，尽管非常讲究实用主义，甚至带有一点儿功利主义的色彩。“我认为当上帝看到自己的那些杰作（人类）感到快乐的时候，他自己也十分高兴。而鉴于如果没有品德，人在世界上就不会快乐，所以我也相信上帝他乐于看到我行为端正。”

此后，富兰克林又写了一篇文章，与共读社的朋友们分享。他通过讨论“上帝的福佑”，也就是上帝到底在多大程度上影响了世间万物，进一步阐明了自己的观点。清教徒们认为上帝无处不在，无所不能，称之为“特殊的福佑”，然后为每一个愿望向上帝祈祷。正如加尔文自己曾经指出“如果上帝只是静静地待在天堂，无所作为，他早就丧失万能的权力了”。但大多数自然神论者则相信“总体的福佑”，就是上帝通过设定自然规律来体现自己的意志而不是插手人世间每件事。

富兰克林以其标志性的实用主义解决了这一问题，他称之为“论治理世界中的上帝福佑”。首先，他向自己的“酒友们”表示歉意，称自己讨论这一问题还“不太够格”。富兰克林说，通过对自然的研究，他确信上帝创造了宇宙，上帝也的确是智慧、善良、万能的。随后，他提出了4种可能性：（1）上帝的确是预先安排好了万事万物，消除了任何自由意志的可能；（2）上帝让事情根据自然法则和他所创造的人类的自由意识而发展，从不干预；（3）某些事物是上帝预先安排的，有些则是自由发展的，但上帝从不干预；（4）上帝有时会根据自己的意志对事物进行干预，并消除那些因顺其自然而产生的人类无法控制的后果及其影响。

富兰克林最终表示同意第4种可能性，这并非出于论证，而是一一排除和对人类实用性进行考量之后的结果。前3种可能性实际上都否定了上帝的智慧、善良和万能。“我们因此会自然地得出第4个假定。”他也承认，同时认可上帝的万能和人类的自由意志在某些人看来是矛盾的（这也正是他在伦敦所写的那篇文章中所遇到的难以解释的难题）。但是如果上帝真是万能的，富兰克林认为，他绝对有可能找到一个方法，让人们的自由意志产生自己想要的效果。

正如所期待的一样，富兰克林的结论有很多实际意义：人们应该热爱上帝，“向上帝祈求他的怜爱和保护”，但同时他也没有背离自然神论太远，认为人民为自己的事情祈祷不会有什么效果。随后在他给哥哥约翰写的一封“大不敬”的信中，他说，当时新英格兰大概有4 500万个祈祷都在希望上帝保佑打败法国人。“如果失败了，恐怕我此生对长老会的观点都会改变。但实际上，我还是认为进攻强大的城市时，自我的努力要比祈祷靠谱得多。”

尤为重要的是，富兰克林所有的信仰都是源于实用主义观点。他在共读社发表的文章中最后一句就是强调人们认同他所提出的上帝福佑和人的自由意愿并存的观点对社会是有益的：“这样的一种宗教将会有效地节制我们的行为，给我们带来内心的平和与宁静，会回报我们善举，对他人也是实用、有益的。”

实际上，并非所有富兰克林对宗教的思考都是真挚的。就在共读社那篇文章的前后，富兰克林在报纸上还发表了一篇文章《圣山上的女巫审判》，实际上是一首将清教徒神秘的信仰和科学常识结合起来的打油诗。两个被指控的女巫要接受两个考验：用《圣经》来衡量她们的体重，以及把手脚都捆起来扔到河里看是否能浮起来。她们接受了这个提议——条件是两名原告也要进行这两项测试。通过对当时令人啼笑皆非的盛大场景的生动描述，富兰克林再现了这一过程。原告和被告都成功地通过了第一项测试，他们都比《圣经》重。但是两名被告和其中一名原告在河里沉了下去，这就意味着她们都是女巫。聪明的看客认为大多数人都能自然而然地浮起来；其他的人则不确定，决定等到夏天再看看，那时候被测试的人可以不穿衣服。

富兰克林的自由思想引起了其家人的不安。他的父母曾写信表示对他“错误观点”的担心。在回信中，富兰克林详细阐明了他宽容、实用的宗教观点，而他终生笃信这一观点。富兰克林在信中写道，很多人都认为“所有他认同的观点都是正确的，所有他拒绝的行为都是错误的”，这根本就是无稽之谈。而这一比喻对所有不同宗教的观点也十分适用。富兰克林认为，所有宗教的观点必须要根据实用性来进行衡量：“我认为必须根据影响和效果对观点进行衡量，如果一个人的观点并没有使他的道德减少或变得更邪恶，那么我们就可以得出结论认为这些观点是无害的。我希望我的情况正是如此。”他并不在乎宗教理论的差别，这也正是他母亲担心的地方。“当正统信仰受尊重程度超过了道德时，我想宗教本身也在蒙难。《圣经》告诉我，我们不能以自己所想来判断事务，但是我们能做的……就是给予同胞最大的慷慨。参见《马太福音》第26节。”熟知《圣经》的父母可能会明白他说的是《马太福音》第25节。后来，他们不必杞人忧天了。

道德完善计划

对于富兰克林的信徒和诋毁者来说，他们对富兰克林的看法很大程度上是根据其在自传中对如何实现“道德完善”的描述而奠定的。

富兰克林的这一尝试，包括不断践行一系列美德，实际上略显奇怪。然而这一尝试看起来又如此真诚、呆板，以至于看客会情不自禁地崇拜他或嘲笑他。正如小说家D · H · 劳伦斯所言："他给自己列出了一系列美德，然后逼着自己践行，就像一个人非要带着枷锁走路一样。"

因此，对79岁的富兰克林以略带讽刺和自嘲口吻写下的，对"大胆而又艰巨的道德完善计划"的回忆所进行的审视，对读者来说十分重要。在撰写这一部分的时候，富兰克林人在巴黎。自传中所体现出的对年轻时的自己颇为自得的感觉在他同期所撰写的其他文章中也有所显现。我们必须要注意的是，作为一个年轻人，富兰克林对于提高自己道德修养的努力尝试是真诚的，即使在他老年回忆此事的时候，也颇为骄傲。

富兰克林的这一尝试开始于他从费城长老会的布道失望而归，并试图自我定义自己的宗教信条之时。这其中充满了实用主义色彩，并没有任何宗教准则或哲学思辨。正如他此后骄傲地宣称，这是一种劝告，只是一种关于如何实现目标的实用指南。

富兰克林首先列出了他认为理想的12项美德，并为每一项都附上了简短的定义：

节制：食不过饱，饮不过量。

沉默：言则于人于己有益，不做无益闲聊。

有序：一切物品都应有序放置，每件事情都应按时完成。

意志坚定：事当做必做，绝不半途而废。

节俭：所费钱财必须于人于己有利（绝不浪费）。

勤奋：不虚度光阴，每时每刻做有用的事，摒弃不必要的行为。

真诚：绝不欺骗伤害他人，思想纯洁公正，言之有据。

正直：不冤枉伤害他人，不忘记自己造福他人的责任。

中庸：不走极端，如果受到应有的伤害，不要恼怒。

清洁：保持身体、衣服和住所的整洁干净。

平静：心如止水，不为琐事、庸事或难以避免之事所扰。

贞洁：克制欲望，除非为了健康或生养后代，以免头脑愚钝、身体虚弱，或损害自己和他人的安宁与名誉。

一位贵格会教徒朋友“善意”地指出他还忘了一项：富兰克林常常过于“骄傲”，并举了几个例子，有时甚至是“专断、无礼”。所以富兰克林后来添加了“谦逊”作为第13项美德，“效仿耶稣和苏格拉底”。

这些描述，如对贞洁的宽容定义，十分具有启发意义。富兰克林这一举动本身也是如此。期望通过勤奋的努力实现完善自我的激情，正是美国的魅力所在。

富兰克林所关注的是那些可以帮助他在尘世间获得成功的品质，而并非那些可以使其日后受到他人追捧的虚无缥缈之物。对此，戴维·布鲁克斯评价“富兰克林身上具有典型的资产阶级道德特征”，“富兰克林身上的品德不是那些英雄主义的道德，没有亚里士多德般对荣誉的渴望，也不是宗教意义上的道德，但却是实用的、民主的道德”。

正如埃德蒙德·摩根等人指出的，富兰克林所列出的品德实际上带有自私的色彩，比如，并未提及仁慈或行善。但公正地讲，我们必须要牢记这只是一个年轻商人的自我完善计划，而不是成熟的道德修养声明。对于富兰克林来说，仁慈一直是激励他前进的理想之一。正如摩根所言，慈善“实际上正是富兰克林一生的指导原则”。富兰克林多次声明，其道德的核心理念就是“侍奉上帝最好的方法就是与人行善”。

同时遵守13项美德一度“比我想象的要困难得多”，富兰克林回忆道。问题在于“当我试图遵从指导，避免一个错误的时候，我通常惊讶地发现我又犯了另外一个错误”。所以他决定就像一个人“给花坛除草一样，他不会毕其功于一役，因为这完全超出了他的能力与体力，而是一个接着一个，循序渐进”。

富兰克林做了一本小册子，画了一个表格，一共有 7 列，每列代表一天。表格有 13 行，每行都代表一种品德。如果违反了，就在空格中画上一个黑点。第一周，他主要关注“节制”，避免在此项原则上犯错误，而不去在意其他美德。当这一美德有所加强的时候，他就把注意力投向了下一个“沉默”，同时也确保“节制”那列没有黑点。如此进行，一年之内，可以完成 4 次这样的 13 周循环。

“我很惊讶地发现自己的过失要比想象的多得多。”富兰克林惊讶地发现。实际上，因为擦得过勤，笔记本很快就出现了许多破洞。于是，他改用象牙板，清理起来省事得多。

富兰克林遇到最大的麻烦就是“有序”。他生性大大咧咧，因此他最终得出了这样一个结论：他每天都很忙，记性也不错，所以不需要太有序。富兰克林把自己比作一个磨斧子的急性子的人，一会儿就失去了耐心，说“我觉得我最喜欢带斑点的斧头”。此外，他还愉快地回忆道，他还发明了另外一种便捷的推理方法。“有些事物披着理性的外衣时不时地暗示我按此行事实际上是道德的伪饰，如果为人所知，我定会遭人取笑。也许完美无缺的人格反而会遭人妒恨。”

“谦逊”也是一个大问题。“我从不敢自夸从实质上已经养成了这一美德，但从表面看来，的确如此。”而当初他在费城大街上推着手推车自己运报纸所赢得的勤奋美名仿佛也印证了这一观点。“事实上，人的各种习性中，骄傲是最难以征服的一个。尽管我们极力隐藏，与之斗争，将它打倒，不断克制自己，但它仍然存在，时不时还会出来显露一番。”而与骄傲的斗争，将会在富兰克林的一生中给他带来很大的挑战，同时也令其深感快乐。“你将会发现，当我确定已经将其彻底消灭时，我因此洋洋自得而又犯了这个毛病。”

实际上，他在谈及自己的道德完善计划时的确有点儿自鸣得意。50年之后，当富兰克林在巴黎和法国的女士们调情的时候，他总会拿出那块象牙板展示自己的美德，让他的法国朋友因为有幸碰一下“这块珍贵的板子”而欣喜若狂。

启蒙运动的信条：从实际出发观察万物

道德完善计划与富兰克林几乎同期形成的宗教观一起，构成了他人生原则的基础。它源自实用主义的人性观，以及认为侍奉遥远而又仁慈的上帝的最好办法就是与人为善这一原则。富兰克林从未形成一种深奥的道德或宗教哲学，其信条的基础是理性的实用主义，而不是宗教信仰。

富兰克林的思想中包括了部分清教教义，如节俭、不做作，以及坚信上帝垂青于那些勤奋的人。但他把这些东西与清教教义中那些“人的救赎只能通过上帝的仁慈来实现”等他认为对增进道德无益的观点剥离开来。正如耶鲁大学学者A · 惠特尼 · 格里斯沃尔德所言，富兰克林的一生证明了“那些习惯可以从清教徒认为无法实现的信仰中抽离出来”。

与科顿 · 马瑟等其他清教徒相比，富兰克林更关心他人。实际上，他经常取笑那些职业牧师的狭隘眼光。正如艾德礼所言：“清教徒以不断内省而闻名，他们对自己的罪责（真实或想象的）深感内疚，痛苦地纠结于自己能否获得救赎。但深省在富兰克林身上却没有半点痕迹。你即使仔细地检查富兰克林的作品，也找不到任何关于心灵焦灼的词汇。”

同样，富兰克林很少展现出浪漫主义运动时期的那种多愁善感的主观主义特点。浪漫主义运动强调主观感受，在富兰克林中晚年时盛行于欧美。很多浪漫主义的代表人物，如济慈、卡莱尔、爱默生、梭罗、爱伦·坡、梅尔维尔等人，因此对富兰克林大加批判。

相反，富兰克林直接融入启蒙运动和理性主义时代的传统中，在此方面，他是北美殖民地的先驱。启蒙运动于17世纪末兴起于欧洲，强调理性和通过观察获得经验，反对宗教和传统权威，对教育和进步持乐观态度。在此基础上，富兰克林加入了自己的实用主义元素。（正如小说家约翰·厄普代克和历史学家亨利·斯蒂尔·康马杰所言）富兰克林能够正确欣赏清教主义中的有益成分，并将其从僵化的教义中解放出来，让其在启蒙运动思想自由的土壤中大放异彩。

在此后50余年内所著的关于宗教的作品中，富兰克林很少表现出狂热。这很大程度上是因为他觉得纠缠于无法亲自验证的理论问题毫无意义，因此也就缺乏形成一种观点的理性基础。来自天空的闪电，对他来说只不过是可以用一根风筝线捕捉，并能进行研究的某种东西罢了。

因此，富兰克林就成为最早的宗教包容先驱。他认为关注教义的区别会引发分歧，试图确定上帝的意志又超出了人类的智力范畴，这样的行为对社会无益。宗教的目的应该在于推动人和社会的进步，任何涉及这一点的教义对他来说都是好的。当描述他的道德完善计划时，富兰克林在自传中写道：“它并没有提及任何教派的主要信条，这是我有意为之。因为我充分相信自己的方法是卓越有效的，它对信仰任何宗教的人来说都是有益的，我还打算找个时间出版它，所以不希望其中有任何内容会使任何教派的任何人产生偏见。”

富兰克林信条简明的同时也意味着可能会被嘲笑，因为从哲学的角度而言，它失之精妙。19 世纪对富兰克林手稿进行整理的阿尔伯特 · 史密斯称：“富兰克林的哲学只是些具有远见卓识但又平直质朴的格言。”富兰克林对此从未否认，他承认自己关于宗教和道德的观点并非建立在深刻分析和哲学思考之上。正如晚年时富兰克林对自己朋友所说：“哲学推理中极大的不确定性使我迷惑，于是我就放弃了对此方面内容的阅读，学习其他更令我满意的东西。”

什么令他更为满意呢？不是哲学，不是诗歌，也不是意气风发的浪漫情绪，而是以切实、可行的观点观察万物。这是否产生了有益的效果呢？的确如此。对富兰克林来说，公共道德和宗教道德、与人为善和侍奉上帝之间存在着某种天然的联系。他从未因自己准则的简单而感到羞耻，正如富兰克林给妻子写的一封情书中提道：“上帝善待我们，我们就通过善待他人来实现我们对上帝的尊重。”

致富之路：《穷理查历书》

富兰克林于 1732 年年末开始发行的《穷理查历书》充分反映出了他与人为善、世事通达的哲学，并将赚钱和提升道德这两个目标完美结合起来。在其发行的 25 年间，《穷理查历书》成为美国第一部幽默经典。其中的穷理查和他爱唠叨的太太布里吉特（就像富兰克林之前塑造的塞伦斯 · 杜古德、安东尼 · 阿夫特维特和爱丽丝 · 艾德堂格一样）定义了美国民间幽默的主要传统：具有淳朴智慧和风趣机智的普通人，看似无辜，却在不经意间尖锐地拆穿了生活中那些大人物和笨蛋的伪装。历史学家艾伦 · 泰勒曾总结道：以穷理查为代表的人物

“看起来越毫无恶意、普普通通，就越容易表达那些机智的观点”。“很多幽默家，从戴维·克洛科特到马克·吐温，再到加里森·凯勒，无不是继承了富兰克林的衣钵。”

对于一个印刷商来说，历书是一笔有保证的可观收益，比《圣经》卖得还要好（因为每年都要买历书）。当时，费城每年出版6种历书，有两种由富兰克林负责印刷：《托马斯·戈弗雷历书》和《约翰·杰尔曼历书》。但不久之后，戈弗雷因做媒失败与富兰克林决裂，杰尔曼转投安德鲁·布拉德福德的印刷店，因此1732年秋，富兰克林突然发现自己没有历书可印了，收益上也受到了损失。

所以他匆忙决定发行自己的历书。就形式和风格而言，他的历书与一般的历书没有什么区别，都师从当时最受欢迎的《泰坦·利兹历书》。富兰克林给自己的历书取名为《穷理查历书》，名字中带有一丝矛盾意味，也是借鉴了他哥哥詹姆斯的《穷罗宾历书》。而理查德·桑德斯则碰巧是17世纪末英国一个著名的历书作家的真名。

然而，富兰克林在历书中加入了自己的特色。因为使用了假名，他可以大胆嘲讽，出言无忌。他首先故意挑起了与其竞争对手泰坦·利兹的争执，预测并编造了他死亡的消息。正如他在报纸上刊登的广告所言：

> 1733年版的《穷理查历书》其内容无所不包，阴历、日月食、行星运动和面相、天气、日升月落、涨潮等应有尽有。还有很多开心机智的诗文、玩笑和谚语，作者的写作动机，以及与对他的好朋友泰坦·利兹先生死期的预测。作者：理查德·桑德斯，本历书由富兰克林负责出版发行。

多年之后，富兰克林是这样回忆自己的历书的，称之为“向普通民众传递知识的好工具”，同时里面印满了谚语，“教导民众勤劳和节俭是致富和养成美德的好方法”。富兰克林还有另一个动机，这充分证明了他的远见。塑造一个虚拟的历书作家最大的好处就是，他可以取笑自己，以穷理查之笔，半真半假地承认，赚钱也是他的主要动机。“我写历书，用文字唤起大家的兴趣，声称只是为了公众福利；但如果这么做的话，我未免太不诚恳了。”穷查理在他第一篇序里写道，“事情真相是，我非常穷，而我的妻子……已经不止一次地要烧毁我的书和咔咔作响的玩意儿（她常这么称呼我的实验器具），如果我不能用它们来给家里挣些钱的话。”

穷理查接着预测了他的竞争对手泰坦 · 利兹铁定会离开人世，甚至还给出了具体的日期和时间。这是模仿乔纳森 · 斯威夫特的一个恶作剧。利兹落入陷阱，并在自己的 1734 年历书里（其时间晚于他的“死亡时间”）把富兰克林比作“一个自负的三流作家”，只会干“傻子和骗子的行事”。富兰克林由于有自己的印刷店，因此可以在发行自己的 1734 年历书之前抢先阅读利兹的历书。因此在 1734 年的《穷理查历书》中，穷理查回应说所有诽谤性的断言都表明真正的利兹先生已经死了，这份历书肯定是冒名之作。“利兹先生的教养众所周知，他是不会使用这种下流和卑鄙的言辞的。”

在 1735 年的历书中，富兰克林再次对那“已经故去”的对手的尖锐还击进行了嘲讽。“如果泰坦 · 利兹还活着，他绝不会让我如此”，还使利兹陷入了语言陷阱。利兹当时公然宣称自己“可以活到”足以证明所谓的死亡日期是“不真实的”。富兰克林则反驳如果他能够活到那个时候，他肯定已经“死了”。穷查理嘲弄道：“读过他最后两本历书的人都很清楚，没有一个活人会写出这样的东西。”

甚至在利兹 1738 年去世之后，富兰克林也没有放过他。他在报纸上登了一封利兹鬼魂的来信，承认“我的确如你所言在那个时间去世，只是差了5分53秒”。此外，富兰克林还让利兹的鬼魂预测了穷理查的另一个对手约翰 · 杰尔曼将会在来年皈依基督教。富兰克林的这个玩笑一直开了4年，甚至当他再次获得了《杰尔曼历书》的印刷合同后依然如此。杰尔曼的好性子终于用尽了，于是在1743年又把自己的历书交给布拉德福德印刷。“读者很希望我可以回应，通过我与富兰克林的论战证明我不是清教徒，”杰尔曼写道，“我唯一能保证的是因为他自己的表现，富兰克林今年不会再从我这儿赚一毛钱了。”

富兰克林躲在穷理查后面冷嘲热讽，并乐在其中，但他也愿意暴露自己的真实身份。1736年，富兰克林让穷理查出面否认自己是虚构的。他说，他不会“关注任何认为我的历书实际上是我的印刷商所做的无端揣测，一旦我失去信用，那个印刷商根本不会照顾我的后代”。来年，穷理查又抱怨他的印刷商（富兰克林）擅自挪动了一些天气预报放在假日前后，结果造成了一大堆错误。1739年，他又抱怨自己的印刷商偷了自己的利润，但他又加了一句，“我并不怨恨他，他是我尊重的人。”

在很多方面，穷理查夫妇是富兰克林和德博拉的真实反映。1738年历书中，富兰克林让布里吉特为历书作序。当时正是德博拉给丈夫买了瓷碗不久，富兰克林的报纸也刚刚刊文取笑妻子买好茶具的虚荣。布里吉特告诉读者，她刚刚读了穷理查写的序言，发现他“一直在拿我开玩笑”，她很生气，就把序言扔掉了。“即使我真的有这样那样的缺点，他也不至于把我的事都写出来，让全国人都知道吧。有一次，他告诉读者我为人骄傲，另一次是说我说话嗓门大，还有一次说我买了新衬裙，还有很多诸如此类的事。天哪，现在全世界都知道穷理查的妻子时不时地喝点茶了吧！”为了避免读者错失其中的联系，她还特意提到茶叶是“印刷商送的”。

遗憾的是，穷查理让人开怀的历书序跋并没能像那些富兰克林在历书空白处标注的格言（比如最著名的一句：“早睡早起，会让你健康、富有又聪明。”）一样广泛流传。如果看到后世那些认同他自我完善格言的人们发自肺腑的赞扬，富兰克林肯定会很高兴。而如果看到后辈的幽默作家如何以此取乐，他应该会更高兴。马克·吐温曾写过一篇文章《已故的本杰明·富兰克林》，拿他取乐。“似乎一个男孩想变得健康、富有和聪明都要遵从这个条款。我的父母就是以此来教育我的。可是它给我带来的痛苦是无法表达的。真正的结果就是我现在体弱、贫困，脑子还有点儿毛病。在我还是孩子的时候，父母要求我在早上 9 点钟以前起床。如果他们让我顺着生物钟来的话，我现在会在哪里？毫无疑问，我会开一家店，广受尊敬。”格劳乔·马克斯也深表赞同：“‘早起早睡，梦想成真’只是一个玩笑。大多数我认识的有钱人都睡得很晚，如果在下午 3 点前把他们弄醒的话可是会大发雷霆的……你从未见过玛丽莲·梦露早上 6 点起床吧。真相是，我从未见过玛丽莲·梦露起床，更加遗憾。”

正如富兰克林所言，穷理查的很多格言并非原创。“它们包含了来自各个时代不同国家的智慧。”富兰克林在自传中写道。他甚至在最后一版中表示“本书中作者原创不到 1/10”，就连“早睡早起”那句格言在一个世纪之前就已经出现了。

富兰克林的天赋就在于在发明一些新格言的同时也对现有格言进行改造，使其更加凝练。例如，有句古谚“新鲜的鱼儿和新来的客人都很臭，那是因为已经过了三天”，富兰克林把它改成“客久招人烦”。同样，“被包裹住的猫不是好的捕鼠者”变成了“套子里面的猫抓不到老鼠”。他还把古语“多砍几下就会砍倒大橡树”变成了更有哲学意味的“水滴石穿”。他还把“想要三个人保守秘密，除非其中的两个人走了”变成了更加尖锐的“想要三个人保守秘密，除非其中的两个人死了”。苏格兰谚语“听话的少女和不能保密的城堡不会有好结果”，则被他改造成了“大势已去，覆水难收”。即使大部分格言都是从别处借鉴而来的，同样反映出了富兰克林实用和幽默的观点。

富兰克林历书最显著的特点就是机智。完成1738年历书之后，富兰克林以“爱学问的人”为名给自己的报纸写了一封信，教竞争者如何写历书，以取笑对方。富兰克林写道，写历书所必需的天赋，就是“庄严，要把握无趣和废话之间的平衡”。这是因为“普通人一般都觉得外表庄严的人是智者”。此外，作者还要“写出一些本人和他人都难以理解的话语和暗示”。他还引用了泰坦 · 利兹历书中的话作为例子。

最后一版《穷理查历书》完成于1757年富兰克林前往英国的旅途中。他把穷理查所有关于节俭和道德的名言都汇集在一起，以“亚伯拉罕”的老者之名发表了一席讲话。富兰克林的机智幽默丝毫未减，他写道，穷理查站在人群之后，这样描述了当时的情况：“人们听到点头称是，却马上背道而驰。”

所有的一切在给穷理查带来巨大成功的同时，也给富兰克林带来了财富。富兰克林历书的年销量达到1万册，远超过他费城的对手约翰 · 彼得 · 曾格（他曾陷入1735年著名的诽谤案中，富兰克林的报纸对此也有所报道）的912份；而詹姆斯的遗孀每年只售出960份。亚伯拉罕的演讲则被单独出版，名为“致富之路”，一度成为北美殖民地最受欢迎的书籍。40年的时间里，更是被翻译成7种语言，重印145次，到现在，一共有1 300多个版本。

正如富兰克林的道德完善计划及其自传一样，穷理查历书中的格言也被批评为更像是出自一个吝啬的老学究之口。D · H · 劳伦斯就曾经说过：“我花了好几年的时间和无数的智慧，最后才看明白穷理查究竟想要说些什么。”但如果一旦没有幽默、讽刺、机智和道德，富兰克林也就不是富兰克林了。富兰克林本人并不是个一本正经的人，他也没有把财富作为自己的最高追求。富兰克林曾对朋友说：“人类最大的缺点就是无休止地追求财富。”他的目标是帮助那些人变得更加勤奋，成为更有益、更有道德的公民。

《穷理查历书》为我们更加深入地了解富兰克林，特别是他的机智和观点，提供了有益的借鉴。通过借一个虚拟人物之口表达自己的观点，富兰克林再次践行了自己的准则，即委婉客观地表达自己。正如穷理查所言：“让所有人都知道你，但别让人了解你；水浅被践踏，心浅遭人欺。”

Benjamin Franklin
An American Life

第五章

社会公民（费城，1731~1748 年）

建设人间之城：独立与公民参与

富兰克林本质上是一个热心公益的人。与内心的虔诚相比，他更在意公共行为。相较于天上之城，他对建设人间之城更有兴趣。当第一次从伦敦归来的时候，富兰克林在旅途中就提出了那句名言：人是社会动物。这不仅反映出他个人的担当，更体现出他个人的信仰——慈善是连接社会的纽带。正如穷理查所指出："他既然一个人喝苹果酒，那就让他一个人找马去吧。"

18世纪30年代，富兰克林还是一个20多岁的印刷工，但热心公益的性格就使他以自己建立的共读社为基础，发展出一系列社会组织，包括图书馆、消防队、夜间巡逻队、医院、民兵和学校等。富兰克林曾写道："个人行善比集体行善的力量要小得多。"

富兰克林成立公益组织的思想渊源可以追溯到科顿·马瑟等人那里，但他对公益组织的热忱以及不达目的誓不罢休的个性使其成为影响美国这一特征形成的决定性因素。正如托克维尔所言："美国人不论年龄多大，不论处于什么地位，不论志趣如何，无不在时刻组织社团。""医院、监狱、学校都是这样产生的。"

托克维尔还得出这样一个结论，在美国，有两种倾向一直在进行较量：强大的个人主义精神和与之相反的集体主义精神。对此，富兰克林应该不会苟同。富兰克林一生中的一个显著特点，也是其塑造的美国社会的一个显著特征，就是将看似矛盾的个人主义和集体主义完美结合在一起。当时来到北美殖民地的先民们的确都有强烈的个人主义特色，但同时也积极参加社团活动。富兰克林就是这种将独立精神和公民参与结合在一起的典范，而他又将其发扬光大，使之成为整个美国的特征。

富兰克林所创立的会员制图书馆，是北美殖民地的第一个公共图书馆。在共读社的时候，他就提议每个成员都把自己的书贡献出来，放在一起，供大家使用。这一举措很成功，但受到客观条件的制约：无论是购买书籍还是维护日常运作都需要很多钱。因此，富兰克林决定扩大会员范围，通过收取年费获得资金，从伦敦购买所需书籍。

1731 年，费城图书馆正式成立了，富兰克林时年 27 岁。他亲手写下的图书馆馆训体现了他所认为的做善事和敬神明之间的联系："致力公益，神圣无比。"

然而筹集资金绝非易事。"当时费城读书的人很少，而且大部分人都很穷，所以我竭尽全力才找到了 50 多个愿意掏钱的人，其中大部分是年轻的商人。"而富兰克林从中又得出了一个非常实用的关于妒忌和谦虚的启示，他发现人们不愿意去支持"一项公益事业的倡导者，因为他们认为他可能是在沽名钓誉"。所以富兰克林尽量"隐身幕后"，将这一提议说成是大家共同努力的结果。这个办法的确有效，"所以我以后屡试不爽"。富兰克林发现，只要不把功劳揽到自己身上，人们还是愿意伸出援手的。"暂时放弃小小的虚荣，会给你带来丰厚的回报。"

图书馆书籍的选择则由詹姆斯 · 洛根等费城学者负责。洛根是一个富有的皮货商，也是一个很有风度的学者。为了使其帮助推荐书籍，富兰克林与他成为朋友，这充分体现了富兰克林的实用主义。在首批购买的45本书中，有9本是科学著作，8本史学典籍，其余大部分都是参考书，没有一本小说、戏剧、诗歌或者文学作品，只有两本经典名著（《荷马史诗》和维吉尔的作品）。

富兰克林每天花一两个小时在图书馆读书，"这就在某种程度上弥补了因父亲让我辍学造成的知识缺陷。"富兰克林对公益的热心同时也带来社会地位的提升：共读社的成员大部分都是贫穷的小商人，而通过图书馆，富兰克林获得了费城很多社会贤达的资助，并与彼得·克林逊建立了至死不渝的友谊。克林逊是伦敦的一名商人，帮助富兰克林在伦敦购买书籍。会员制图书馆这一举措随后很快为其他殖民地所效仿，并取得了不小的收益。"这些图书馆改善了北美殖民地人的谈吐，使普通商人和农民也和其他国家的绅士一样拥有了智慧。"费城图书馆至今仍然存在，拥有50万册藏书和16万份手稿，是一个丰富的历史资料宝库，同时也是美国历史最悠久的文化机构。

富兰克林经常以在报纸上发表匿名文章的方式来提出自己关于社会公益事业的设想。他曾经以"宾夕法尼亚斯"为笔名，讲述了自愿救火的"勇敢者"的故事，并提议那些不参与救火的人承担一些费用，用于购置救火所需的梯子、水桶和水泵等。一年之后，富兰克林在共读社内宣读了一篇文章，并随后在报纸上发表，提议建立一支消防队。为了避免将功劳记在自己身上，他假装这是一个老人的主意（老人提出要"未雨绸缪"，颇有穷理查的味道）。他写道，费城有很多高尚的志愿者，但缺乏"组织和设想"。因此，他提议效仿波士顿，建立权责明确的消防队。如往常一样，富兰克林甚至还规划出了具体的细节：必须要有人在夜间巡逻，而且是"手持一根5英尺长的红色棍子"，还有拿斧子、钩子等其他装备的人。

"人们纷纷认为这篇文章非常有益。"富兰克林在自传中回忆道。

因此，他开始着手建立消防队。1736 年，消防队正式成立。富兰克林精心设计各种准则，甚至规定一旦违反就要罚款。这是一个典型的富兰克林式计划，具有明显的社会性特征，他们规定每个月都要召开一次晚间会议，“相互交流讨论我们能够想到的火灾问题”。正如共读社一样，很多人都踊跃报名，甚至在城里还成立了其他分队。

此后若干年中，富兰克林在消防队仍表现得十分活跃。1743 年，《宾夕法尼亚报》上刊登出这样一则启事：“在昨晚的火灾中，不慎遗失水桶两个，上有富兰克林消防队的标记。请拾到者送至印刷店，有酬谢。”50 年之后，当他从巴黎回国后，他还召集在世的 4 名消防队员聚了一次，每个人都带上了自己的水桶。

富兰克林还尝试加强城市警务力量。当时费城的夜间巡逻员多是一些乌合之众。担负管理职责的治安官负责通知本社区的业主一起巡夜，但交一笔钱就可以免于服役。结果就是，所谓的守夜人都是花一点儿钱雇来的流浪汉。而且富兰克林发现，他们基本每天晚上都喝个烂醉。于是，富兰克林再次在共读社的分享文章中提出了自己的建议。他提出雇用合适的人全职巡夜，其酬劳则来自根据每家每户的财产额度按比例缴纳的费用。这也是北美殖民地最早的累进税制尝试之一。富兰克林认为“一个穷困的寡妇所需要保护的全部财产加起来可能还不到 50 镑，让她和拥有几千英镑财产的富商交一样多的钱”是不公平的。

与消防队不同，警务巡逻被视为政府职能之一，因此需要议会的批准。结果就是直至 1752 年，“我们社团成员的影响力更大了”之后，这一设想才最终付诸实践。那时，富兰克林已经当选为议员，并负责起草有关的决议草案。

共济会：提升社会地位

当时，费城还有一个兄弟会组织，比共读社更有实力，也更合富兰克林的胃口，那就是共济会。共济会是一个在石匠公会的古典仪式和象征基础上建立的半秘密组织，1717 年成立于伦敦。1727 年，在费城成立了总会所。与富兰克林一样，共济会成员都致力于互助和公共事业，对宗教持一种宽容态度。对于富兰克林来说，共济会还是另一个提升社会地位的阶梯，当时费城很多大商人和大律师都是共济会的成员。

在 18 世纪，实现社会等级的转换并非易事，但富兰克林骄傲地完成了这一艰难的任务（同时使其成为美国的目标之一），成为一名从北美崛起，并最终站在总统面前的商人。实现这一目标困难重重，第一步就是如何加入共济会。富兰克林先是在报纸上发表一些小文章，对共济会大加褒扬，但没有奏效。于是他决定剑走偏锋。当时共济会有一名成员刚刚去世，1730 年 12 月，他在报纸上发表了一篇文章揭露共济会的所谓“秘密”，而其中很多内容都是无稽之谈。

这个方法果然有效，几周之后，当他在报纸上发表声明收回对共济会的指控，并发表了一系列赞美的小文章之后，富兰克林被邀请入会。1732 年，富兰克林帮助起草了费城共济会总会所的制度章程。两年之后，富兰克林成为“石匠大师”，他起草的章程也就变成了《共济会宪章》。

富兰克林对共济会的忠诚让自己陷入了一桩丑闻之中，而这则丑闻也充分展示了他不愿与人民对抗的强烈意愿。1737 年夏，一个叫丹尼尔·里斯的天真学徒想要加入共济会。他的一些朋友，其实并不是共济会成员，决定好好捉弄他一番。他们编造了一套古怪的仪式，包括发誓、净身、亲吻屁股等。当他们把该计划告诉富兰克林的时候，他哈哈大笑，而且还要了一份所谓的誓言。几天之后，当那些混蛋再次捉弄可怜的里斯时，却发生了意外。里斯不小心把一碗燃烧的白兰地碰洒了，结果被活活烧死。富兰克林虽然没有参加，但作为证人在审判中出庭。当时，他的竞争对手安德鲁·布拉德福德（既不是富兰克林的朋友，也不是共济会的朋友）旗下的报纸指责富兰克林要负间接责任，因为他鼓励了这一行为。

富兰克林在自己的报纸上予以回应。他承认最初看到那份誓词的时候的确感到可笑。“但听说他们要好好捉弄一下里斯，让他亲屁股，并且让他念那份不像样的誓词的时候，我马上严肃起来。”但鉴于富兰克林曾经看过这篇誓词，还得意洋洋地向朋友展示，这样的保证不太令人信服。

这场悲剧以及富兰克林卷入其中的新闻，很快就出现在北美殖民地大大小小的对共济会持反对态度的报纸上。《波士顿新闻》也刊登了此方面的内容，因此富兰克林的父母也看到了。富兰克林曾写信给自己的母亲，以化解她对共济会的忧虑。“他们实际上都是对别人无害的人，”他写道，“并没有任何与宗教或道德相违背的宗旨和行为。”但富兰克林承认共济会歧视女性，这也是令他母亲不满的原因之一。

大觉醒运动：与启蒙时代背道而驰

尽管自己只是一个改良的自然神论者，对宗教也没有什么特殊的感觉，但富兰克林对宗教还是比较感兴趣的，特别是对它的社会效果。18 世纪 30 年代，富兰克林曾经被两个牧师所吸引，一个和他一样是一位非传统的自由思想家，另外一个则是宗教复兴主义者，其激进的保守主义观点与富兰克林的很多想法截然不同。

塞缪尔·亨普希尔是一个来自爱尔兰的年轻牧师，1734年来到费城，在富兰克林偶尔去做礼拜的长老会教堂里做助手。相较加尔文派的教义，亨普希尔更愿意讲一些道德问题，因此他的布道吸引了很多人，这其中就包括了好奇的富兰克林。富兰克林发现“他的布道很少讲枯燥的教义，而是主张进行道德的实践，因此令我感到愉悦”。教会中的那些老牧师对这样的布道当然很不满意。杰迪戴亚·安德鲁斯，就是那个布道令富兰克林烦不胜烦的牧师，抱怨亨普希尔利用了他的教堂，“自由思想者、自然神论者甚至什么都不是的人，一闻到他的气味，就蜂拥而至。”很快亨普希尔就以异端邪说的罪名遭到了教会会议的指控。

审判一开始，富兰克林就以熟练的手法发表了一篇文章为亨普希尔辩护。这是一段两个当地长老会教徒之间的对话。S先生（代表富兰克林）听到了T先生的抱怨：“离经叛道”的牧师讲了太多善行方面的东西。“我不喜欢他讲那么多的道德，我能肯定的是道德不能让人上天堂。”

S先生反驳道，那正是“基督和他的门徒们所讲的内容”。他说，《圣经》里说得很清楚，上帝希望我们过“贞洁、政治和行善的生活”。

但是，T先生接着问，难道信仰不是实现救赎的途径吗？

“信仰是产生道德的手段，”富兰克林假托S先生来回答，还加上了离经叛道的一句，“只靠信仰就能得到救赎，这样的观点对我而言并非上帝旨意，也根本站不住脚。”

作为一个宗教宽容的信徒，可能有人期望富兰克林会容忍长老会对自己牧师的所作所为。恰恰相反，富兰克林借S先生之口表达了长老会不能再抱着老教条不放的态度。“没有任何信仰比道德就是我们的责任更明显。”S先生总结道。这也反映出了富兰克林的核心理念：“一个善良的异教徒应该免受邪恶的基督徒们的责罚。”

这样的说理过程是典型的富兰克林式的：机智、委婉，借虚构的人物表达自己的观点。但教会会议不为所动，一致通过决议谴责亨普希尔，并勒令他停职。富兰克林这次没有借助他惯用的手法，而是直接上阵，“成为他虔诚的信徒”。富兰克林印了一本匿名的小册子（和他在报纸上发表的那段对话不同，小册子是完全匿名的），里面充斥着他的怒火。他不仅对教会的每一项指控进行了驳斥，还指责会议成员“心生妒忌、蓄意伤人”。

亨普希尔的指控者们则印了自己的小册子进行回应。这直接刺激了富兰克林，他又印了一本匿名小册子，语言更为犀利，诸如“顽固、偏执狂”，“虚伪的骗子”的词语频频出现；还写了一首诗，把亨普希尔的批评者称为“傻瓜牧师”。

这是富兰克林罕有的一次违背了自己不与别人直接对立、争辩的原则。看起来也十分奇怪，因为富兰克林过去曾愉快地声称对这种宗教教义的争论并不在意，只是富兰克林对权威和教权主义的憎恨使他抛弃了往日的好脾气。

当亨普希尔被揭露出他的很多布道内容都是剽窃他人思想成果时，富兰克林为他进行辩护则变得更难了。但是，富兰克林仍然支持他，并随后解释道：“我宁愿听他剽窃他人思想的好布道，也不愿意听牧师自己写的烂布道，尽管大部分牧师都属于后者。”最后，亨普希尔离开了费城，而富兰克林也不再参加长老会的活动。

亨普希尔事件发生的背景正值一场复兴主义的大潮在北美殖民地汹涌澎湃，也就是大觉醒运动。以乔纳森·爱德华兹为代表的狂热的传统清教主义者，通过讲述火焰和硫磺的故事，致使整个教会陷入狂乱、急速变革之中。正如爱德华兹在其著名的“恐怖”布道中所言：“罪人在愤怒的上帝手中。”唯一可以使其免于堕入无尽地狱的希望就是那难以名状的仁慈，“上帝将会在火堆上将你托住，就像在火上托住一只蜘蛛或其他小虫子一样”。

富兰克林与其观点截然不同。实际上，爱德华兹和富兰克林是美国当时两位最杰出的人物。正如卡尔·范·杜伦所谓的“是试图掌握美国命运的两种运动之象征”。爱德华兹及其所代表的大觉醒运动希望将北美殖民地带入清教主义痛苦的自省之中，而富兰克林则希望将北美殖民地带入一个崇尚包容、个人品德、公民道德、善举和理性的启蒙时代。

因此，当富兰克林被乔治·怀特菲尔德这位大觉醒时代最知名的巡回牧师所吸引时，令人大为震惊，甚至有些奇怪。怀特菲尔德1739年来到费城，他当初在牛津大学彭布洛克学院的时候并不如意，后来在卫理公会与后来的加尔文派的教义中获得了“新生”。怀特菲尔德坚持认为人的救赎只能通过上帝的仁慈才能实现，但同时也极力推行各种善举。他常年在北美各殖民地进行巡回布道，还为佐治亚的一所孤儿院募集善款。他为慈善事业募集到的善款比同时代的任何牧师都多，并用其修建了很多学校、图书馆和救济院，遍布欧美各地。因此，尽管富兰克林不赞同他的理论，却深深为他吸引，这也没什么好奇怪的。

怀特菲尔德在费城（当时北美殖民地最大的城镇，有13 000多名居民）进行的晚间户外布道吸引了大批听众，其中也包括富兰克林。富兰克林还在报纸上发表了一篇很不错的文章，对此事进行报道。“周四，怀特菲尔德牧师在法院外的走廊进行布道。那时是晚上6点，却吸引了近6 000名观众，怀着虔诚的心静静地站在他面前接受心灵的熏陶。”怀特菲尔德在费城待了一周左右的时间，听他布道的人与日俱增。他在北美殖民地进行巡回布道期间，怀特菲尔德曾先后三次来到费城。

富兰克林对他充满敬意。在他出版的第45期《宾夕法尼亚报》中，富兰克林曾对怀特菲尔德的外貌进行了详细描述，还曾8次将其布道内容放在报纸头版。富兰克林曾在其自传中以略带嘲讽的口吻（只是在多年未见之后才敢如此）回忆了当时对怀特菲尔德的狂热：

> 我恰好参加了他的一场布道。当时我看出他打算在布道之后向听众募集资金，就暗暗打定主意，不给他一分钱。当时我的口袋里有一把铜钱、三四个银元和5个金币。随着他布道的进行，我的决心开始动摇了，决定把铜板捐给他。后来他的演讲打动了我，使我深感羞愧，我决定把银元捐出来。到演讲即将结束的时候，他讲得如此精妙，所以我就把钱都拿了出来，包括金币，全部放在收款人的盘子里。

对于怀特菲尔德对费城居民的感染和转化，富兰克林也大为惊奇。"民众从未显示过如此强烈想要参加布道的愿望，"富兰克林在报纸上写道，"宗教成为了人们交谈中的主要话题，而此方面的书籍也供不应求。"

与此同时，富兰克林的生意头脑也从未消失。他与怀特菲尔德见了面，并达成协议，成为他的布道词和日记最早的出版商。怀特菲尔德第一次造访费城之后，富兰克林就在报纸上刊登广告以2先令一卷的价格预售怀特菲尔德的布道词。几个月之后，他又刊登了一份声明，说订单过多，所以决定"付现款者优先"。

最终，怀特菲尔德的布道词销售量达数千卷。这在给富兰克林带来了财富的同时也使怀特菲尔德声望大增。富兰克林还出版了10期怀特菲尔德日记，每期价格是他自己的《穷理查历书》的5倍，甚至还招募了他所认识的其他北美殖民地的 11 名印刷商组成了销售网络，以确保这些书大卖。他在新港的妹妹安妮 · 富兰克林一次就订了 250 册。1739~1741 年期间，富兰克林所承印的书中有一半都是怀特菲尔德自己或与之相关的作品。

因此，很多历史学家质疑富兰克林对怀特菲尔德的激情只是出于金钱上的考虑。但这样的想法过于简单。正如很多事情一样，富兰克林一直将他的物质利益与造福公众的愿望以及个人激情完美地结合在一起。富兰克林生性友善，并为怀特菲尔德的迷人魅力和慈善天赋深深吸引。他曾经请怀特菲尔德到家中做客，怀特菲尔德因此十分感激地称这是“看在上帝的份上”，富兰克林则纠正他说：“别弄错了，这可不是看在上帝的份上，而是看在你的份上。”

此外，尽管他们之间存在理论分歧，但富兰克林仍然为怀特菲尔德所吸引的原因还有他的到来动摇了费城的统治基础。富兰克林一直对当地宗教精英十分不满，因此很乐于看到怀特菲尔德这个深受欢迎的巡回牧师的到来给对方带来的困扰和不便。富兰克林还高兴地看到，在自己的资金支持下，怀特菲尔德的支持者们修建了一个新的集会教堂，除了可作他用之外，任何信仰的人都可以在此宣传自己的观点。“即使君士坦丁堡的伊斯兰学者要派人来向我们传授教义，他也能在此讲授。”

当时，费城的一些绅士曾经给富兰克林的报纸写了一封信，说怀特菲尔德的布道在“上等人当中并不成功”。富兰克林则对此坚决反对，这也充分显示了他反对特权的平民主义的观点。而在接下来的一期报纸上，富兰克林以“普通人”为笔名，讽刺了“上等人”以及那些暗示怀特菲尔德的支持者是“劣等人、暴民、下等人”的说法。“普通人”说他和朋友们都骄傲地称自己是“下等人”中的一份子，但他们对有人自称是“上等人”，暗示民众是“蠢人”的做法十分痛恨。

一个名叫汤姆·杜鲁门（或许是富兰克林托名）的绅士则在此后的一周给威廉·布拉德福德那份更高级的报纸写信，称这样的冒犯并非有意为之，并指责“普通人”自以为是全镇的民众领袖。富兰克林在自己的报纸上以“普通人”的身份回应道，他只是一个“贫穷、普通”的手艺人，工作之余“并没有去酒馆喝一杯，而是以在图书馆里读书为乐”。因此，他只是痛恨那些自称是上等人的家伙，也看不上“那些家伙的同类人”。尽管富兰克林的社会地位不断提升，而如果他愿意的话，也可以摆出一副贵族的架子，但富兰克林仍然对此十分痛恨，并为做一名捍卫中产阶级利益的普通人深感自豪。

1740年秋，富兰克林对怀特菲尔德的狂热终于有所降温，但对其带来的巨大利益却始终如故。怀特菲尔德试图使富兰克林皈依加尔文教派从而获得“新生”的愿望逐渐破灭。而费城绅士中那些对富兰克林而言极有价值的赞助人开始谴责《宾夕法尼亚报》对怀特菲尔德的报道过于狂热。为了回应这些批评，富兰克林发表了一篇社论，否认（虽然不大令人信服）自己有任何偏见，并重申了他在1731年那篇著名的《为出版者辩护》中的观点：“当公平竞争时，真理必将战胜谎言。”同时，富兰克林还刊登了一封来自某个牧师的信，指责怀特菲尔德“胡言乱语”。随后，他还发表了三本小册子，有两本是对怀特菲尔德进行猛烈攻击，另外一本则是怀特菲尔德的回应。就富兰克林的《宾夕法尼亚报》所刊登的读者来信而言，1740年前9个月中，有90%的读者是支持怀特菲尔德的，而在此之后大部分都是反对他的，虽然富兰克林自己写的文章仍然是支持态度。

尽管激情不再，但富兰克林仍然支持怀特菲尔德，两人还一直保持密切的书信往来，直至1770年怀特菲尔德去世。在富兰克林撰写自传时，怀特菲尔德已经去世，他再次用调侃的语气对怀特菲尔德进行了温馨的回忆。文中写道，他曾经参加了怀特菲尔德的一场布道，内容好坏还在其次，他用心地估算了一下怀特菲尔德的声音能传多远。至于怀特菲尔德对自己精神生活的影响，富兰克林促狭地回忆道，“他有时的确会为此祈祷，希望我可以改信他的宗教，但没有成功，因此他也无法因为相信上帝听到了他的祈祷而心满意足。”

出版大战：被激发的权力欲望

随着富兰克林的出版生意越做越大，他和费城另外一个出版商安德鲁·布拉德福德的竞争也越发激烈。18 世纪 30 年代初，他们一直在相互取笑对方报纸上的错误，就想加入共济会的那个年轻人之死和亨普希尔的布道词等问题争论不休。此外，他们之间的竞争如此激烈，还掺杂了社会和政治方面的原因。布拉德福德出身良好，他和他的报纸一直站在宾夕法尼亚“领主那边”，支持佩恩家族和他们任命的总督。但手工业者家庭出身的富兰克林和他的《宾夕法尼亚报》却反对现有制度，倾向于支持民选议会。

在 1733 年议会议长选举期间，他们之间的政治分歧更为明显。当时，安德鲁·汉密尔顿谋求连任，他是反领主力量的领导者，曾帮助富兰克林从布拉德福德手里夺下了政府的印刷业务。富兰克林很欣赏他反对贵族统治的平民主义思想。“他不是权力的朋友，”富兰克林写道，“而是穷人的朋友。”布拉德福德则恰好相反，刊登了大量文章猛烈攻击汉密尔顿。其中有一篇文章《论不忠》，不仅攻击了汉密尔顿，而且也捎带上了富兰克林。还有一篇则是指责汉密尔顿辱骂佩恩家族，而且作为贷款处的负责人滥用职权。

富兰克林撰写了一篇立意高远但言辞犀利的反驳文章为汉密尔顿辩护。这篇文章以与汉密尔顿的对话实录的形式，指责布拉德福德用词荒唐（本来想说“轻蔑”，却用成了“卑劣”）、不敢用真名（以为不署名的情况很正常，可以掩人耳目）。文中的汉密尔顿拜访共读社，偶遇了穷理查，然后向他倾诉自己“出淤泥而不染”。

汉密尔顿赢得了连任，因此，在1736年的时候，他任命富兰克林为议会秘书。于是，富兰克林再一次将服务公众和为自己谋利结合在了一起。他大方地承认，秘书一职“还能让我更好地与议员们保持联系，从而揽到印刷选票、法律、纸币的生意以及其他临时的公家业务。总体来说，这些生意的利润很不错”。

秘书的经历还使他学到了劝导对手的有用技巧。在一位家产丰厚、教养良好的议员公开对他表示反对之后，富兰克林决定赢回他的支持。

> 我不想靠卑躬屈膝来获取他的支持。但不久之后，我通过其他方法办到了。我听说他有一本十分稀有的珍贵藏书，就写了一张便条，说很希望能拜读，请他把书借给我几日。他很快就把书寄了过来，大约一周之后，我就把书还给了他，并附上一张便条，对他的帮助深表感谢。等我们再次在议会见面时，他就和我说话了（之前从未有过），而且彬彬有礼。从此以后，无论什么情况，他都愿意对我施以援手，我们成了好朋友，直到他去世。这再次印证了我曾听过的那句古老格言：“那些曾经帮助过你的人愿意再次帮你，他们比那些你帮助过的人更愿意如此。”

富兰克林与布拉德福德之间的竞争还有很有趣的一面，尽管当时看来不同寻常，但今天在某种程度上却司空见惯。即使在很多领域斗得你死我活，但正如现代的传媒巨头一样，他们在其他领域紧密合作。

举个例子，1733年，他们一方面围绕汉密尔顿的竞选连任问题吵得不可开交，同时又决定共同印刷一本成本极高的圣诗诗集，以分担风险。在布拉德福德的建议下，由富兰克林负责印刷，布拉德福德则提供纸张，他们分担成本，印出来的500本成书则一人一半。

在与布拉德福德的竞争中，富兰克林有一个极大的劣势。布拉德福德时任费城邮政局局长，因此可以利用职权限制富兰克林使用邮政网络发行《宾夕法尼亚报》（至少表面上如此）。这种关于公开发行权的争斗是延续至今的内容生产者和渠道控制者之间矛盾的雏形。

一次偶然的机会，富兰克林结识了时任殖民地邮政总长的亚历山大·斯波茨伍德上校。斯波茨伍德给布拉德福德下令，允许其他报纸使用邮政网络发行。但是布拉德福德仍然阳奉阴违，给富兰克林的发行制造麻烦。无奈之下，富兰克林只好贿赂邮差。但是，富兰克林除了担心费用问题之外，还很在意公众对他的看法。因为布拉德福德控制着整个费城的邮政系统，富兰克林写道："不难想象他有更好的获得新闻的机会，他的报纸发行更为便利，因此广告收益也远比我高。"

但富兰克林利用布拉德福德账目不清的纰漏成功地抢到了费城邮政局局长之职。1737年，在富兰克林的推波助澜下，斯波茨伍德上校撤销了布拉德福德的职务，转而任命富兰克林为费城邮政局局长。"我欣然接受，"富兰克林写道，"发现这个职位对我大有好处，尽管薪水不高，但通信和稿件的往来便利多了，提高了报纸的质量，订阅数量和广告的需求也得到了增加，因此给我带来了可观的收入。"布拉德福德的报纸也逐渐开始走下坡路。

富兰克林并没有以牙还牙，反而同意布拉德福德的报纸和自己的《宾夕法尼亚报》及其他报纸一样使用邮政网络发行，起码最初的时候如此。在他的自传中，富兰克林对自己的开明颇为得意。然而，实际上，这一政策只持续了两年。因为布拉德福德从未把自己任内的账目搞清楚，斯波茨伍德给富兰克林发了一道指令，“对他提起诉讼”，“邮局也不再发行他的任何报纸了”。

于是布拉德福德就和富兰克林当初一样，不得不贿赂邮差以偷偷地发行自己的报纸。富兰克林对此睁一只眼闭一只眼，与布拉德福德的做法如出一辙。但即使是这种所谓的宽容也没能持续多久。

1740 年，富兰克林和布拉德福德就北美殖民地第一本大众杂志的发行又展开了激烈的竞争。富兰克林首先想出了这个主意，但这一次他又被一个知已给出卖了，就像当初他打算办报纸的时候一样。正如聪明的穷理查在 1741 年历书中所言：“如果想向敌人保守秘密，就不要告诉自己的朋友。”

这次背叛他的是一个叫约翰 · 韦布的律师，当时他给《宾夕法尼亚报》撰稿，还被富兰克林选作代理人，按照斯波茨伍德上校的命令指控布拉德福德。富兰克林曾经向韦布描述过自己的计划，并向其许诺编辑的位置。但韦布却把这个计划告诉了布拉德福德，并得到了更优厚的条件。因此，1740 年 11 月 6 日，布拉德福德宣布自己将发行《北美殖民地杂志》的计划。一周之后，富兰克林刊登了自己的计划，宣布将发行《大众杂志》。

在富兰克林的声明中，他谴责了韦布的背叛。“此本杂志……已经计划良久，”富兰克林写道，“其实它本不应该这样早产，如果不是一个人，一个我曾信任地将自己的计划全盘托出，却又将其卖给了上一期《美利坚信使周报》的人……他从中获得了最大的利益。”这一事件使富兰克林全面禁止布拉德福德的报纸通过邮政网络发行。这同时又将邮政网络的接入权这一问题转变成了公共事务。

韦布在下期的《美利坚信使周报》上进行了尖锐回击。他同时还指出了富兰克林一个不太招人喜欢的品质：他太聪明了，对于某事他通常是巧妙暗示而不是直截了当说明。韦布认定“就像一个狡猾的扒手一样”，富兰克林通常是“卑怯”地暗示，而不是大胆地做一个“直接的说谎者”，“他通常是旁敲侧击”，这样被攻击的人就很难直接为自己辩解。富兰克林本以为这种间接暗示要比针锋相对更温和一些，但实际上会引起更大的敌意，甚至给自己带来欺骗的名声。

富兰克林并没有回应。他知道如何才能最大限度地刺激韦布和布拉德福德，只是在下一期的报纸上把自己的声明又印了一遍。韦布果然中招，在《美利坚信使周报》上又发表了一篇长篇大论。而富兰克林再次显示出了自己的克制，他没有回应，在接下来的一期报纸上把当初的声明又印了一遍。韦布和布拉德福德都快词穷了。

韦布却不甘心，再次将冲突升级。他在12月4日的《美利坚信使周报》下了一个结论，而且他确信肯定会得到富兰克林的回应。韦布写道，“自从我第一封信以来”，富兰克林“就开始利用自己的职权禁止《美利坚信使周报》通过邮政网络发行”。富兰克林终于出手了，他在下期出版的《宾夕法尼亚报》上做出了一个略显虚伪的解释。富兰克林声称一年前就已经禁止《美利坚信使周报》使用邮政网络了，这与当下关于杂志的争论无关。相反，是邮政总长斯波茨伍德直接下的命令。为了证明此点，富兰克林登出了斯波茨伍德的来信。他说韦布和布拉德福德对此心知肚明，尤其是韦布，因为他正是富兰克林聘用的递交指控的律师。

韦布则列出事实作为回应。他承认斯波茨伍德的确命令富兰克林禁止官方发行布拉德福德的报纸。但是，富兰克林也很清楚，邮差们还是继续偷偷摸摸地捎上《美利坚信使周报》。韦布还指控富兰克林亲口告诉别人，自己之所以睁一只眼闭一只眼是因为这样就可以保证布拉德福德不敢在报纸上登载对他不利的话。韦布写道："他承认，他允许邮差私下里发送布拉德福德先生的报纸，这样他就可以对其完全掌控。"

这场关于邮政的公共争论，在双方都开始发行自己杂志后便偃旗息鼓了。最后，韦布和布拉德福德赢得了三天的时间。他们的《北美殖民地杂志》于1741年2月13日和读者见面，而富兰克林的《大众杂志》则是在16日面市。

当时所谓的杂志实际上只是将报纸上和其他地方搜集的一些东西整理在了一起。富兰克林《大众杂志》刻意模仿当时伦敦已经发行了10年的《绅士杂志》，内容索然无趣：主要有官方声明、关于政府情况的报告、关于纸币发行问题的争论、诗歌的摘抄，还有一篇关于怀特菲尔德孤儿院的报道。

这一尝试失败了。布拉德福德的杂志只存活了三个月，富兰克林的也好不到哪儿去，也只有半年。期间，富兰克林并没有什么值得关注的著作，除了一首在布拉德福德杂志上刊登的他以爱尔兰方言写的广告诗。但是这场源于杂志的发行之战的确唤醒了富兰克林对整个邮政系统权力的欲望。

萨莉·富兰克林：给女儿的实用教育

1743年，在那个不幸夭折的男孩弗朗西斯出生11年之后，富兰克林家里多了一个女婴，按照德博拉母亲的名字取名为萨拉，他们都叫她萨莉。她4岁时，富兰克林曾给自己的母亲写信，告诉她："您的孙女是我见过的对书籍和学校最感兴趣的孩子。"两年后，他又写了一封类似的信："萨莉已经长成一个好姑娘，她勤奋练习女红，读书也很有天赋。她性格温顺，对父母和所有人都孝顺听话。也许是我太自负了，但我仍认为她会变成一个聪明、睿智、高尚、受人尊敬的女性。”

富兰克林曾半真半假地提议让宝贝女儿嫁给威廉·斯特拉恩的儿子。斯特拉恩是伦敦的一个印刷商，也是他的英国笔友之一（在此方面，富兰克林其实并不是大男子主义者，他也曾试图给自己的儿子威廉定亲，而之后他还试图撮合他的两个孙子和他英国和法国朋友的孩子们在一起，但无一成功）。在富兰克林给斯特拉恩的信中，充分体现了他对萨莉的喜爱之情以及他认为女儿应该具有怎样的道德品质。富兰克林写道：“每天都会发现她在勤奋、节俭等一切女性美德方面取得的进步。”当时萨莉只有7岁。6年之后，他又写道：“萨莉实际上是一个非常好的姑娘，柔情似水，孝顺、勤奋，有一颗善良的心，尽管不是太聪明，但就她现在的年龄而言不是缺点。”

在年轻时与克林逊的一场辩论中，富兰克林已经提到了他认为女孩和男孩一样，都有受教育的权利。而这一立场在其写塞伦斯·杜古德系列文章时，也再次得到重申。富兰克林将自己所推崇的观点在萨莉身上进行了实践，对她的教育主要强调实用，这也符合富兰克林的性格。富兰克林十分肯定萨莉需要学习阅读、写作和数学。在萨莉的请求下，他又让萨莉上了法语课，尽管没过多久萨莉就不感兴趣了。富兰克林还坚持萨莉必须学习记账。当他在查尔斯顿的一个合伙人去世，那人的妻子不得不接管生意的时候，富兰克林再次坚定了女孩子必须要学习记账的观点，“因为一旦守寡，记账对她和他们的孩子来说要比音乐或舞蹈有用得多”。

萨莉才8岁的时候，富兰克林就从英国给她进口了一大堆书。当时富兰克林认为萨莉可以在自己的印刷店负责出售这些书，同时也希望她可以从中学到一些东西。那些书包括了温切斯特学院的36本手册、4 本字典，还有 24 本“有机智格言的故事和寓言”。

然而，富兰克林要求萨莉大部分时间都要用来提升自己的家庭生活技能。一天，看到萨莉没能缝好纽扣后，富兰克林特地安排自己的裁缝去给萨莉上课。萨莉从未像威廉一样接受过正规的学校教育。富兰克林准备在费城建学校时，萨莉才 6 岁，但他没打算招收女孩。

德博拉只生了一个女孩（抚养了一个私生子），在当时对一名健康的女性来说，她的子嗣的确不算兴旺。她自己有 6 个兄弟姐妹；富兰克林的父亲则结了两次婚，有 17 个孩子，平均每次婚姻有 8 个孩子。富兰克林本身也很喜欢孩子，还曾经让穷理查对有孕妇相的女人大唱赞歌。在波莉 · 贝克等讽刺性文章和很多严肃的文章中，如《对人类繁衍的观察》，他对多子的好处更是大加赞扬。因此，富兰克林的子女不多应该不是故意为之，相反，它反映出夫妻之间缺少性生活或者不易受孕，抑或两者兼而有之。不管是什么原因，这种境况最终给了富兰克林更多余地，可以从生意中早早抽身，进行科学研究以及遥远漫长的外交官之旅。或许这也是他一生都喜欢和年轻人（特别是年轻女性）交朋友，并将他们视为己出的原因。

波莉 · 贝克：抨击对女性的不公正态度

富兰克林对女性的态度在某种程度上可以用当时启蒙运动的时代背景来解释，但也仅仅是在某种程度上。然而，可以明确的是，他的确很喜欢女性，喜欢与她们作伴，喜欢与她们交流，有时候对她们彬彬有礼，有时候又和她们打情骂俏。在萨莉还是个小孩子的时候，富兰克林就曾经写了两篇著名的文章，以不同的方式，将其对非婚性行为的宽容态度和对女性的欣赏戏谑地结合了起来。

写于1745年的《写给年轻人选择情人的建议》如今已是举世闻名了。但在19世纪的时候，此文和富兰克林的许多其他文章一道被富兰克林的孙子藏了起来，因为觉得内容过于露骨，不适合出版。在此文中，富兰克林一开始就将婚姻视作对性瘾“最合适的治疗方式”。但是如果读者“不接受这一忠告”，仍坚持“必须发生性关系”，富兰克林则建议“必须选一个年纪大的女性而不是年轻女性做情人”。

富兰克林接下来语带挑逗地列出了8条理由：年纪大的女性更了解世界，因此沟通也更顺畅；当女人不再美丽时，她们会想方设法“维持对男性的魅力”；不会有要孩子的危险；她们更加谨慎；女人变老的过程是从头至脚，所以即使女人脸上爬满了皱纹，但只关注腰部以下时，她们和年轻女性没有区别；和一个老女人偷情比使一个处女堕落的罪恶感要轻得多；不会良心不安，因为老女人会乐在其中，而使一个少女迷失会让你时不时深感悔意；最后，富兰克林写出了最无耻的一句：“最要紧的是，年纪大的女人会因此心存感激。”

《波莉 · 贝克的演讲》则是以一个女性的角度讲述性和苦恼的故事。这也是富兰克林擅长的手法，显示出他赞美女性的能力。此文据说是对一个因未婚生子而遭受审判的女子演讲的回忆，最初在伦敦出版，很快就在英国和北美多次再版。人们当时甚至没有意识到这是一篇小说。而当富兰克林出面承认这是一个恶作剧的时候，已经是30年之后的事情了。

文章的幽默背后隐藏着对当时社会的伪善及对女性和性的不公正态度的尖锐抨击。波莉质疑自己一直都遵从上帝的旨意，多生子嗣。“我冒着生命危险，把5个孩子带到了人世。我靠自己的勤奋努力把他们拉扯大。”她还抱怨道，如果不是法院不停地对她罚款，她的日子还可以过得更好。“在一个急需人手的新兴殖民地里，增加国王子民的数量难道是一种罪过（就本质而言）吗？对我来说，却是如此。但我觉得与其对其进行惩戒，倒不如更应该表扬。”

富兰克林本人就有一个私生子，但承担起了将其抚养长大的责任。因此他严厉地指责了社会对待波莉的双重标准，只是指责她本人，而那些与她发生过关系的男子却可以安然无事，将其视为一种羞辱。正如波莉所言：“当我还是处女的时候，我被那个虚伪的婚姻承诺所骗；而正因为太轻信别人假意的承诺，我不幸地失去了珍贵的名誉；但我有了他的孩子的时候，他却抛弃了我。这个男人你们都认识，他现在就是本地的行政长官。”

波莉肩负起做母亲的责任，生下了孩子，尽管没人与她结婚，而且遭到公众的指责。但她对应该遭受的处罚提出了质疑：“依我的愚见，与其受鞭笞，还不如让我牢记这次教训。”富兰克林写道，法庭上的人们都因这席话而备受感动，其中一名陪审员第二天就和她结婚了。

创办北美殖民地哲学会：联系其他殖民地

富兰克林是最早将北美殖民地视为尚未统一的联盟的一部分，而不仅仅是分散的殖民地的先贤之一。他走遍了所有殖民地，与从罗得岛到南卡罗来纳的广大印刷商结成了联盟，通过广泛阅读北美殖民地其他出版物为自己的报纸和杂志搜集新闻。现在，作为费城邮政局局长，富兰克林与其他殖民地进行联系则更加容易，而他对其他殖民地的兴趣也与日俱增。

1743 年 5 月，富兰克林在《在北美的英殖民地中促进实用知识的建议》一文中提议成立一个北美殖民地哲学会。这实际上是一个地理范围更为广阔的共读社。当时自然学家约翰 · 巴特拉姆等人已经探讨了这一问题，也只是局限于理论上。富兰克林则不同，他有自己的刊物，也有兴趣，他还和其他殖民地有邮政业务上的往来，因此可以将这一设想付诸实践。哲学会的地点就设在费城，并吸纳了来自其他不同城市的科学家和思想家。他们通过写信分享自己的观点，而这些观点的摘要会定期寄给会员。

富兰克林为哲学会拟就了一个详细的章程，规定了学会将要探讨的主要话题。不出所料，这些话题大部分都是实用性的，而不是理论性的。具体包括："所有新发现的植物，草、树、根，它们的特性及用途……蔬果汁的改良，如果汁、葡萄酒……防治疾病的新方法……数学等各领域中有用的新发展……一切新技艺、行业、制造业，包括可以提议或考虑到的……海岸或内地具体地区的测量、地图和图表……一切揭示事物本质的哲学实验。"

1744 年春，哲学会已经开始举行定期聚会了。那个"书呆子"数学家托马斯 · 戈弗雷也是会员之一，这也表明他与富兰克林之间因嫁妆和历书而产生的不合已经烟消云散。卡德瓦拉德 · 科尔登是最重要的会员之一。科尔登是纽约的一名学者和官员，多年前在旅行中与富兰克林结识。他们成为一生挚友，相互激发彼此对科学的兴趣。起初哲学会并不活跃，富兰克林曾抱怨会员们都是"懒散的绅士"，但最终发展成一个著名的哲学团体，延续至今。

创办宾夕法尼亚民团：联合而不是各自为政

富兰克林所成立的大部分志愿团体，如共读社、图书馆、哲学会甚至消防队，都只是民间行为，没有篡夺政府的权力（当计划建立一支警务巡逻队伍时，他建议由议会授权并对其进行管理）。但是 1747 年富兰克林所提出的建议却并非如此，尽管他自己可能并没有意识到。当时，富兰克林提议建立一支独立于宾夕法尼亚殖民政府之外的武装力量。

富兰克林建立一个由志愿者组成的宾夕法尼亚民团的提议，源自当时的宾夕法尼亚政府无力应对日益增加的法国和印第安人的威胁。自 1689 年以来，英国和法国一直都在北美殖民地进行断断续续的战争，双方都拉拢了一些印第安部落和私掠船以获得优势。当时在北美殖民地的最近一场战争就是乔治王之战（1744~1748 年），这实际上是当时欧洲的奥地利王位继承战争的一个分支。此外还有英国和西班牙之间的一场奇怪的战争——詹金斯耳朵之战（发生在一名英国走私者被西班牙人割掉了耳朵之后）。而 1746 年那些代表英国去加拿大与法国和印第安人作战的士兵中则有富兰克林的儿子威廉，当时他年约 16 岁，他父亲觉得难以把他拴在家里。

威廉实际上从未参加任何具体行动。但当法国和西班牙的海盗顺着特拉华河开始洗劫沿岸的城市时，费城的安全的确受到了威胁。当时由主张和平的贵格会教徒控制的宾夕法尼亚议会惊慌失措，没能组织起任何防御。富兰克林对当时殖民地的不同社会集团——包括贵格会教徒、圣公会教徒、长老会教徒、城市和乡村的民众——不愿意同仇敌忾十分不满。因此，1747 年 11 月，他写了一本小册子《简单的真理》，署名是“费城的一名商人”。

富兰克林首先描述了一次海盗夜袭所带来的灾难，听起来就像是“大觉醒运动”中有关恐怖的布道：

> 警报响起后，所有人都感到了恐惧……男人们发现妻子和孩子紧紧搂着自己的脖子，流着眼泪恳请他带着他们离开这个城

市……那些海盗们首先将城市洗劫一空，最后纵火焚烧……待在自己的家里，你发现没有什么可以依靠的东西，只能祈求敌人的怜悯……当你的亲人、财产、妻女正遭受那些残忍、狂暴、抢掠、贪婪的暴徒的威胁时，谁能够想象得出其中的痛苦？

富兰克林用了一个小小的双关语（“朋友”和“法国人”），首先指责了议会中的贵格会教徒：“我们应该恳求他们意识到保护民主是政府应尽的义务，即使不是出于朋友（法国人）的立场，也应该从立法者的角度出发。”他还指出，如果这些反战主义者不愿有所作为，他们就应该躲到一边。随后，富兰克林又把矛头指向了站在领主一边的那些“大人物和富人”，这些人因为对议会的“妒忌和不满”而拒绝采取行动。

到底谁能够拯救这座城市呢？富兰克林发出了号召中产阶级行动起来的战斗口号。“只有我们，中产阶级。”富兰克林骄傲地写道，而在文中这个词出现了两次，“宾夕法尼亚和费城的商人、商店店主和农场主们！”

富兰克林认为没有等级区分的平民主义立场尤为值得关注。富兰克林认为，民团组织应遵照地域远近而并非社会地位的原则，“这样就可以避免民众因为自己生活中的地位、素质或身份形成小团体。民团就是要把那些最伟大和最渺小的人聚拢在一起……人与人之间没有生存环境的区别，只有军衔的不同”。富兰克林甚至更为民主地提出每支民团的军官们应该由民团选举而并非由总督和国王任命。

富兰克林最后表示，如果他的请求反响良好，他愿意就民团组建提出具体的建议。事实也的确如此。“效果立竿见影。”富兰克林后来写道。因此，一周之后，富兰克林在报纸上发表了一篇阐释性的文章，具体描述了民团的结构、训练和规则等。尽管从不是一个热衷或擅长在公众面前进行演讲的人，但富兰克林仍然表示同意在一个造帆的楼厢上向他的中产阶级朋友们发表演讲，并在两天之后，在为怀特菲尔德修建的新会堂中向“绅士、商人以及其他”更高层次的观众发表演讲。

很快，全宾夕法尼亚有近万人响应了这一号召，成立了100多支民团。富兰克林自己组织的费城当地民团选举他为指挥官，但他拒绝了，称自己并不“合适”，相反，却当起了“普通一兵”，定期在特拉华河两岸在其帮助下建起的炮台上执勤巡逻。富兰克林同时还以替不同的民团设计不同的徽号和标语为乐。

为进一步提高民团的战斗力，给民团配置加农炮和其他装备，富兰克林还组织了一次奖券发行活动，募集了3 000多英镑资金。当时，大炮需要从纽约购买，所以富兰克林组织了一个代表团向乔治·克林顿总督请愿。正如富兰克林日后稍有欣慰地回忆：

> 起初他不容分说地拒绝了我们，当我们和他的参事会成员一块吃饭时，根据当地的风俗，喝了很多马德拉酒。于是，他的态度有所软化，表示可以借给我们6门大炮。又喝了几杯之后，他说可以借10门。到了最后，他爽快地答应借给我们18门。这些大炮十分精良，能发射18磅①的炮弹，还配有炮架。

富兰克林并未意识到民间组织从政府手中抢夺建立和控制武装民团的权力是多么激进。他的章程，无论是精神还是文字，隐隐中带有30多年后《独立宣言》的味道。“如果我们所在地的政府不保护我们，”

① 1磅≈0.45千克。——编者注

富兰克林写道，“我们就自己保护自己，为了我们的共同安全，为了我们妻儿和财产的安全……建立一个我们自己的联盟。”

宾夕法尼亚的领主托马斯·佩恩对富兰克林这一举动的意义反而有着深刻的认识。“这一联盟是建立在对政府的蔑视之上，”他在给总督参事会秘书的信中写道，“与叛国几乎不相上下。”在随后的一封信中，佩恩称富兰克林为“某种民众领袖”，并抱怨道：“他是一个危险的人，如果他生在别的国家，我或许将十分高兴，因为我确信他有一颗不安分的心。”

1748年夏，战争的威胁逐渐减弱，民团也就解散了。富兰克林并没有打算利用他所获取的新权力和声望谋利。但他却从中吸取了教训，至死不忘。富兰克林认识到殖民地的人民们可能要自己保护自己，而不是指望那些英国总督。那些权贵们没什么区别，而由工人和商人所组成的“中产阶级”将是这片新大陆上骄傲的“中坚力量”。富兰克林也更加坚定了自己的核心理念：当民众或北美各殖民地联合起来形成联盟而不是各自为阵的时候，他们能取得的成就将比独自奋斗要大得多。

财务自由：把时间和精力放在其他领域

经过多年的努力，富兰克林的小印刷店成功地发展成为一个业务涵盖多重领域的媒体“集团”。他旗下包括印刷店、出版社、报纸、历书系列，甚至还控制了费城的邮政系统。他所出版的畅销书包括《圣经》、圣诗集以及塞缪尔·理查德森所著的小说《帕梅拉》。《帕梅拉》是一个生动活泼又极富道德内涵的故事，富兰克林对此很有兴趣（富兰克林1744年的重印使得本书成为第一部在北美殖民地出版的小说）。

富兰克林还建立了一个遍布北美殖民地且获利颇丰的合作经营和特许经营网络，从新港到纽约，再到查尔斯顿和安提瓜，到处都有他的生意。于是，财富通过各种明智的途径（大部分都是富兰克林自己创造的）滚滚而来。富兰克林后来回忆道："我通过观察发现，当你赚到第一个 100 英镑的时候，后面就容易多了。"

然而对富兰克林来说，赚钱并不是目标。尽管《穷理查历书》中有许多教人如何致富的道理，他后来也赢得了节俭的名声，但富兰克林骨子里并不是一个贪婪的资本家。他在给母亲的信中写道："我宁愿别人说他活着的时候很快乐，也不愿意说他死的时候很富有。"

于是，在 42 岁的时候（也正是他人生中的中点，富兰克林活了 84 岁），富兰克林激流勇退，把印刷店的生意交给自己的工头戴维 · 霍尔打理。富兰克林与霍尔签下的协定带来的收益对大多数人来说十分丰厚：在未来 18 年中，富兰克林将获得一半盈利作为分红，大概是每年 650 英镑。当时一个普通职员的年收入是 25 英镑。这足以让他衣食无忧了。富兰克林觉得没有理由再让自己每天操心生意，赚更多钱了。在写给科尔登的信中，富兰克林写道，我终于可以享受"读书、做实验以及与那些聪明、富有并珍惜我们之间友谊的人进行广泛而深入的交流的乐趣了"。

直到那时，富兰克林仍骄傲地称自己是个手艺人和普通的商人，全无甚至厌恶那些贵族的虚伪。这也是当他在 18 世纪 60 年代后期对英国殖民统治的厌恶与日俱增时（当时他希望成为邮政总长的愿望也破灭了）对自己的定义；还是 1771 年富兰克林开始写自己自传时，在自传中对自己的定义；同时也是富兰克林后来成为革命的爱国者、带着皮帽子的外交官，坚决反对那些世袭封号和特权的原因所在。

然而，就退休这件事而言，以及未来 10 年的时间里，富兰克林也时不时地设想一下自己是一名高雅的绅士。戈登 · 伍德在具有开创性意义的著作《美国革命的激进主义》中将富兰克林称为“美国国父中最有贵族气质的几位”。这一论断或许有些笼统，甚至将贵族气质定义得过于宽泛。因为在富兰克林刚退休之后的那些年里，他对很多做官的机会敬谢不敏，在参与地方政治的过程中也保持了平民本色。但从商业中抽身的确使富兰克林的人生进入到一个新的历史时期。而正如伍德所言，富兰克林那时的愿望即使不是“成为贵族的一份子”，至少也是成为一个披着“开明外衣的”，“具有绅士风度的科学家和公共官员”。

富兰克林这种对于社会地位自相矛盾的想法，在一张油画中展现得淋漓尽致。这张画的作者是罗伯特 · 费克，一个颇受欢迎的自学成才的画家。是年，费克刚从波士顿来到费城，就画下了这幅现存最早的富兰克林画像（现存于哈佛大学福格艺术博物馆）。画中的富兰克林身穿天鹅绒的外套和褶皱印花的衬衫。带着假发，看上去就像一个绅士。与费克同年的其他画作相比，富兰克林的穿着打扮仍相对简单，没有那种对自己社会地位的夸耀。“他展现出几乎令人痛苦的朴实，毫不招摇。”艺术史学家韦恩 · 克雷文评论道，他是研究殖民地时期绘画的专家。“富兰克林的朴实不是偶然的，画家和富兰克林本人都认为这是展示殖民地那些虽然成功，但并非富有的商人形象的最佳方式。”

退休之后的富兰克林并不打算仅成为一个自得其乐的绅士。他之所以从自己的生意中抽身是因为想把自己的时间和精力放在自己雄心犹存的那些领域：首先是科学，其次是政治，最后是外交和治国理政。正如穷理查在当年的历书中所言：“一寸光阴一寸金。”

Benjamin
Franklin
An American
Life

第六章

科学家和发明家（费城，1744~1751 年）

对知识的探索：火炉、风暴和导尿管

早在年轻时，自身对知识的好奇以及启蒙运动时期特有的对自然规律的敬畏就使富兰克林对科学产生了浓厚兴趣。在乘船从英国返回北美殖民地的途中，富兰克林研究了海豚的习性，并通过对月相的分析确定自己的位置，那时他才刚满20岁。而在费城，他利用自己的报纸、历书、共读社和北美殖民地哲学会等一切机会来讨论自然科学问题。他一生都对科学怀有浓厚兴趣，在湾流、气象学、地球磁场和制冷等方面都有涉猎。

18世纪40年代是他对科学研究最为投入的时期，并在1748年从自己的生意退休之后达到了顶峰。富兰克林并没有接受过正规的学术教育，也缺乏数学基础，这就限制了他成为一名伟大理论家。而他对所谓“科学乐趣”的追寻又决定了他绝不是一个单纯的工匠。富兰克林生前一直被视为当时最著名的科学家之一，而近代的学术研究也恢复了他在科学先贤祠中的地位。正如哈佛大学教授达德利·赫施巴赫所言：“富兰克林对电的研究，为他在科学史上奠定了地位，使他足以与牛顿及当代的沃森和克里克相比肩。”

富兰克林对科学研究的兴趣最初只是单纯出于好奇和探明究竟时的快感。实际上，他那些古怪的好奇心很多都是为了取乐，无论是用电烤火鸡，还是担任议会秘书时百无聊赖地编幻方（每行、每列以及两条对角线上的数字之和均相等）打发时间，皆是如此。

与自己很多其他方面的追求不同，富兰克林对科学的渴望并没有掺杂任何金钱的因素。他从未为自己那些著名发明申请过专利，也乐于与他人分享自己的发现。而他也并非仅仅是出于实用的目的。富兰克林承认幻方“没有任何实际应用的意义”，他最初对电感兴趣与其说是因为实用，更不如说是为了好玩。

然而，在富兰克林的脑海中一直紧绷着一根弦，就是推动科学成果向实用性转化，就像穷理查的妻子确信自己丈夫必须拿那些奇怪的“咔咔作响的玩意儿”赚点儿钱一样。总体而言，他对科学研究的最初目的的确是出于知识探索的好奇，然后寻求实际应用。

富兰克林对深色布料比浅色布料更容易吸热的研究就是这一目标的最好例证。这些实验以艾萨克·牛顿和罗伯特·波义耳的理论为基础，在 18 世纪 30 年代，与共读社社友约瑟夫·布瑞特诺尔共同完成的。他们把不同颜色的布片放在雪上，根据其所覆盖的雪的融化程度来确定哪个颜色的布吸热更多。随后，在对这一实验的描述中，富兰克林又赋予它实际意义，具体包括“在炎热、阳光充足的天气里，不适合穿深色衣服”、“果实储藏室的外墙必须涂成黑色”。在总结这些结论的时候，富兰克林提炼了一句名言：“如果不能致用，科学还有什么意义？”

富兰克林将科学理论应用于实际的另一个更为有名的例子就是他在 18 世纪 40 年代初期发明的火炉。火炉以木材为原料，安装在壁炉里，在最大限度提升效能的同时减少了烟雾和气流的排放。富兰克林正是充分运用了对流和热量转换的相关知识，才发明了这个精巧（也许过于复杂）的装置。

火炉的设计构想是这样的：火焰通过释放的热量和烟雾将其顶部的铁盘加热，然后通过空气对流将烟雾引入边墙的通道，最后再通过烟囱排放出去。在此过程中，火焰加热火炉内部的小铁房，小铁房则通过通道从地下室抽取干净的冷空气进行加热，然后通过天窗将加热后的空气排放到屋子里面。

1744年，富兰克林请共读社中的一个铁匠社友帮助生产了这种铁炉，还让他的两个哥哥和其他一些朋友在北美殖民地西北部进行销售。富兰克林亲自撰写了宣传册，其中既包含科学原理，又不乏商业推销。富兰克林在册子中详细解释了为什么热空气比冷空气所占的空间大、比重轻，以及为什么加热会产生热量而烟雾却很少。随后，他总结性地推荐了自己的新发明，声称它效能高、烟雾小，降低了发烧或咳嗽的几率。他还宣称，这个炉子很节省燃料。

这种“宾夕法尼亚火炉”（由富兰克林命名）每个售价5英镑，最初的确受到了一定欢迎。当时殖民地的各家报纸都大力推荐：“无论是从公正的角度出发，还是从感激的角度出发，这些火炉都应该被命名为富兰克林火炉。”《波士顿晚邮报》所刊登的一封读者来信中写道：“我认为那些体验过新火炉带来的舒适和好处的人都会与我一样，认为应该为发明者塑像。”

当时的费城总督也很着迷于这个火炉，并打算授予富兰克林专利。“但是我婉拒了，”富兰克林在自己的自传中写道，“我们既然享用他人发明所带来的巨大好处，就应该乐于让自己的发明无偿地、慷慨地造福他人。”多么高尚、真诚的观点啊！

然而，一名学者对富兰克林的火炉进行了详细研究，发现它其实并没有富兰克林想象的那么实用和受欢迎。只有在烟囱和下方通道被烘热时，才能防止烟雾倒灌到屋子里。这就产生了一个新问题。两周内，火炉销量急剧下滑，不得不停止生产。而且使用者都不得不对自家火炉进行改造，以解决这一问题。富兰克林在余生中一直在修正自己关于烟囱和火炉的设计，实际上今天我们看到的所谓富兰克林火炉与最初的那个复杂发明相比要简单得多。

富兰克林还将科学和医学结合在一起，在欧洲原型的基础上发明了北美殖民地第一根医用导尿管。当时，富兰克林在波士顿的哥哥约翰身患重病，写信给富兰克林表示自己想要一根更加灵活的管子帮助排尿。他富兰克林马上就拿出了设计方案，并在费城找了银匠，亲自监督生产。管子很薄，因而很灵活。富兰克林还在管子里面加入了一根金属线，这样可以增加它的硬度，便于插入人体；而当导管遇到硬物而需要弯曲的时候，可以慢慢把它抽出来。导尿管还带有螺丝装置，这样就可以通过旋转插入人体。他甚至把导尿管做成了可折叠的，这样就更加容易取出。“对于任何新工具和新装置来说，使用者的经验对于正确操作十分重要。如果方便的话，可以给我提些建议，以便改进。”富兰克林这样告诉哥哥。

富兰克林对大自然也保持着浓厚研究的兴趣。他最著名的发现之一就是东海岸大风暴，也就是东季风。这些风产生于东北方向，却突然改变了自己的轨迹，沿着海岸线从南方吹来。1743 年 10 月 21 日晚，富兰克林本打算观察据他推算出将在晚上 8 点半发生的月食，突然一场大风暴袭击了费城，天空布满了黑压压的云层。几周之后，他读到了有关报道，说这场风暴沿着弗吉尼亚向波士顿袭来，造成了巨大损失。但富兰克林随后告诉他的朋友贾里德 · 埃利奥特：“令我吃惊的是，我在波士顿的报纸上读到了关于那晚月食的报道。”因此，富兰克林给波士顿的哥哥写信，确认了风暴是在月食结束一个小时之后才抵达。富兰克林随后研究了历年来多次风暴由上及下到达海岸的时间，得出了一个“重大的发现”。富兰克林告诉埃利奥特：“尽管风是由东北向西南吹来，但是风暴却由西南向东北方向运动。”他随后推测，这是因为南部空气由于受热上升产生了低气压，而将东北方向的风吸收过来。150余年后，伟大的学者威廉·莫里斯·戴维斯如此断言：“这拉开了天气预报这门科学的序幕。”

这段时间，富兰克林对其他很多科学现象也很感兴趣。比如，他与科尔登通信，探讨了对彗星、血液循环、排汗、惯性和地球自转等问题的看法。但是，1743年的一场客厅魔术秀引发了富兰克林对一项研究的浓厚兴趣，这一研究奠定了富兰克林在自然科学领域的巅峰地位。

历史性的突破：电

1743年夏，富兰克林造访波士顿时，一天晚上他偶然观赏了一场电学实验表演。表演者是阿奇博尔德·斯宾塞博士，一个来自英国的流浪艺人，以科学展示为生（在其自传中，富兰克林记错了年份和名字，误以为是1746年和斯宾斯博士）。斯宾塞几乎将科学展示变成了娱乐秀。他描述了牛顿关于光的理论，还演示了一台测量血液流动的机器。富兰克林对两者都十分感兴趣。但更关键的是，斯宾塞表演了一些关于电的小魔术，比如把一个小男孩用丝带吊在天花板上，用一根玻璃管摩擦丝绸产生静电，然后再从男孩的脚那儿引出电火花。“这个内容对我来说非常新鲜，”富兰克林在自传中回忆道，“令我又惊又喜。”

早在17世纪，伽利略和牛顿就已经揭去了蒙在重力脸上的面纱。但是人们对宇宙中的另一个神秘力量——电，却仍然知之甚少，和祖先几乎没有什么区别。当时有很多人，如斯宾塞博士，借助电表演魔术。法国国王路易十五的宫廷科学家阿贝·诺列特，就曾经把180名士兵和700名僧侣绑在一起，然后给他们通上静电让他们同时跳起，为法国国王表演取乐。但富兰克林却是第一个把电从小把戏变成了一门科学的人。完成这一任务需要的不是数学家和理论家，而是一个聪明、勤奋，有兴趣进行具体的实验操作，还有机械天赋、有时间发明很多精妙装置的人。

富兰克林从波士顿回到费城几个月后，斯宾塞博士也来到了费城。富兰克林作为他的经纪人，为他的讲座刊登广告，并在自己的店里面售票。1747年年初，富兰克林在伦敦的代理人彼得·克林逊给富兰克林的图书馆寄来了一个可以产生静电的长玻璃管，以及一些电学著作和书籍。在写给克林逊的致谢信中，富兰克林兴奋地描述了那个装置给他带来的乐趣："我以前对任何研究，从没有像现在这样全神贯注过。"富兰克林还向当地的玻璃商和银匠订做了更多类似的装置，并招募了一些共读社社友一起做实验。

富兰克林最初的实验是收集电流，并对它的性质进行研究。富兰克林首先让朋友们通过摩擦玻璃管在自己的身上产生静电，然后互相触碰，看看是否会产生电火花。通过实验，富兰克林发现"电并非由摩擦而产生，而是被收集起来的"。换句话说，电流可以导入一个人的身体，再从另一个人身上导出，而两个人相互接触就会产生回流。

为了解释他的理论，富兰克林还在给克林逊的一封信中发明了很多新名词：B代表负电，A代表正电。或者说，A、B代表了阳电与阴电，并用正号"+"和负号"-"来表示。富兰克林同时为这些新术语向克林逊表示了歉意，"这些术语恐怕要用到英国哲学家发现了更合适的表达方式的时候。"

实际上，富兰克林所创造的这些术语和他发明的其他很多描述其发现的新术语一道，沿用至今，包括电池、中性、集成和导体等。作为一名科学家，富兰克林的重要意义还在于他准确描述了实验的过程和结果。正如19世纪初英国化学家汉弗莱·戴维所指出的："他的文章无论是门外汉还是专家都能看明白"，"他对细节的描述通俗易懂，还极具趣味性"。

当时，人们一直认为有两种流质的电——琥珀电和玻璃电，二者是独立存在的。富兰克林则发现产生正电的同时必然产生负电，这也就是电荷守恒定律和电的"单流质说"。这些概念反映了富兰克林的记账员心态，富兰克林早在伦敦发表自己的"论文"时就指出快乐和痛苦总是平衡的。

这是一次具有历史意义的理论突破。正如哈佛大学教授I·伯纳德·科恩指出："作为一项经受了200多年来无数实践检验的理论归纳，富兰克林的电荷守恒定律对物理学的意义和牛顿的动量守恒定律一样重要。"

富兰克林还发现了电流的另一个属性："电容易被尖状物所吸引"。而这一发现很快就被富兰克林历史性地运用到了那个伟大的风筝实验上。富兰克林给一个铁球充上电，然后用软木塞接近它，在铁球的电流作用下，软木塞被推了回去。随后，富兰克林把软木塞换成了尖状的金属物，发现当金属尖靠近铁球时产生了电火花。但钝头的金属物就不容易产生这样的现象。如果换成绝缘体，就根本没有电火花。

接下来，富兰克林用莱顿瓶（一种原始的电容器，以发明所在地荷兰莱顿命名）捕捉和储存电流。莱顿瓶是一个玻璃瓶，瓶内外分别贴有锡箔，瓶内壁上的锡箔通过导线与瓶内可充电的水或金属相连。富兰克林发现当莱顿瓶的内部充满电的时候，外部锡箔上也带有等量、性质相反的电。

此外，富兰克林还发现，如果把一个充满了电的莱顿瓶里面的水或者金属倒出来，也会产生电火花。因此，富兰克林得出这样一个结论："起储电作用的是玻璃瓶本身。"于是，他把一排玻璃盘连接起来，每个盘子的两侧都包上了金属，给它们充好电，然后再用导线连接，然后就发明（同时命名）了一个新装置：电池。

富兰克林对电的研究给他那些稀奇古怪的想法注入了新的活力。他发明了一个充电的金属蜘蛛，充上电之后可以像真蜘蛛一样爬来爬去。他在自己房子的周围建起了能发出电火花的铁栅栏以博访客一笑。他还搭起了一副英国国王乔治二世的画像，当有人触摸皇冠时，就会因为"大不敬"被电流一震。富兰克林还开玩笑道："如果一系列人都因此挨了电击，这个实验就叫作同谋者。"朋友们蜂拥而来观看他的表演，而富兰克林则再次给自己树立了爱玩的名声。（在托马斯·品钦的小说《梅森和迪克逊》中有这样一个好笑的场景，富兰克林让酒馆里的年轻人站成一排，用自己的电池给他们通电，并大喊："把手都拉起来，你们这些花花公子。"）

随着 1749 年那年夏天的来临，天气变得越来越潮湿，不适合做实验。因此，富兰克林决定暂停，等到秋天再继续。尽管自己的发现具有重大历史意义，但富兰克林当时尚无法将其应用于实践。对此，富兰克林曾向克林逊抱怨"有点儿苦恼，因为到目前为止尚未发现任何对人类有用的益处"。实际上，在多次对自己的理论进行改进，并被电击了无数次甚至昏厥之后，富兰克林这个总是保持谦虚的人，发现"目前为止，电唯一的用处就是帮助一个骄傲的人变得谦虚"。

当实验季结束之后，富兰克林和朋友们决定在河岸边举办一个"快乐的派对"。富兰克林在给克林逊的一封信中描述了当时的场景：他们用电击杀死了准备用来做晚餐的火鸡，然后用电瓶来做"电烤火鸡"，随后在电池驱动的枪声中，以"电"的名义向英国、法国和德国所有研究电的著名科学家举杯致敬。

他们的乐子找得不错。尽管火鸡比普通的鸡更难电死，富兰克林和朋友们用一个大电池终于达到了目的。“用这种方式杀死的禽类的肉质吃起来特别松软。”富兰克林写道，他也因此成为电烤火鸡这一烹饪方法的先锋。至于做些更实用的事，还是等到秋天再说吧。

从苍天处取得闪电

在富兰克林所保留的实验笔记中，他在1749年10月记录下了电流与闪电之间一些有趣的相似之处。富兰克林一共列出了12条，具体包括：发光、有光的颜色、可以弯曲前进、动作迅捷、由金属引发、能发出爆炸声……能击毙动物……有硫磺味。

更重要的是，他将其所总结出的闪电特性与其早期关于电容易被尖状物吸引这一实验联系起来。“电流容易为尖状物所吸引。我们不知道闪电是否具有这一特性。但鉴于它们在所有我们已经比较过的方面都一致，它们有可能在这一点上也一样吗？”最后，富兰克林发出了一句具有重要意义的战斗口号：“让我做个实验吧！”

几个世纪以来，人们一直认为威力无穷的闪电是一种超自然的现象或上帝意志的表达，所以当风暴来临时，教堂的钟声就会响起，以驱赶闪电。圣托马斯 · 阿奎那就曾经说过：“这些神圣金属所发出的声音把魔鬼赶走，使风暴和闪电转向他处。”但即使最虔诚的信徒也会发现这其实并不奏效。仅仅在18世纪中期的35年时间里，仅德国就有386座教堂被雷击，100多名敲钟人丧命。在威尼斯，闪电劈中了一座教堂，引爆了数吨火药，致使3 000多人丧命，正如日后富兰克林对约翰 · 温斯罗普回忆时说：“当钟声响起的时候，闪电似乎更愿意击中教堂的尖顶。而且无论新钟还是旧钟，皆是如此。现在是时候试试其他办法了。”

包括牛顿在内的很多科学家都注意到了闪电和电流之间的联系。但是，没有一个人敢说“让我做个实验吧”，也没有人进行周密的测试，更没有人联想到用带尖的金属杆亲自开展实验。

1749 年 4 月，富兰克林第一次提出了其关于闪电的理论，当时他还没有做电烤火鸡的实验。富兰克林推测，云朵中的水蒸气是带电的，然后正电与负电分离。当这样的“带电的云朵经过的时候”，“大树、高塔、教堂的尖顶和船的桅杆……就会吸引电流，云就把自己的电释放出来”。这个猜测还挺靠谱。据此，富兰克林还给出了具体的建议：“闪电的时候在树下躲避是十分危险的。”而这一推论也促使富兰克林进行了他最有名的实验。

在富兰克林亲自做这个实验之前，他已经在 1750 年写给克林逊的两封著名的信中详细描述了自己的设想。这两封信被提交给英国皇家学会，然后广为流传。其最核心的内容就是用一根长金属杆从云中引出闪电，就像他在实验室中用针从铁球引出火花一样。他详细描述了其所设想的每一个实验细节：

> 在某一高塔或塔尖顶上放置一种绝缘箱，大小足够容纳一个人和一个接地的电座。在电座中央树一根铁竿，将这铁竿弯起来穿过箱门……然后垂直竖起 20~30 英尺[①]高，顶端十分尖锐。让一个人站在电座上，如果电座能够保持整洁和干燥，当低空的雷雨云经过时就会放出电和火花，铁竿则将把电火花从云中引向他。如果担心那人会有危险（虽然我认为没有危险），可让他站在绝缘

---

① 1 英尺≈ 0.3 米。——编者注

箱充当的地板上，不时地用金属线圈接近铁竿。金属线圈的一端接在导线上，人则握着用蜡做的线圈把手。那铁竿将把电从铁竿传往线圈，对人毫无损害。

富兰克林的错误之一就是认为人不会有危险，正如不止一个欧洲的实验者用自己的生命所证实的一样。不过，他建议使用一个用蜡做的线圈把手实在很高明。

富兰克林在写给克林逊的另一封信中提道，如果他关于避雷针的设想没错，那么闪电——这一人们所面临的最可怕的威胁或许就能得以避免了。“房屋、船只，甚至塔和教堂可以借助它们得到有效保护，免受电击，”富兰克林预测，“我想电火会在它到达那一刻前，静静地被从云中引出。”对此，富兰克林并不肯定：“这似乎是异想天开，但目前请传阅它，直到我寄来详尽的实验报告。”

1750年，伦敦的《绅士杂志》对富兰克林的信进行了摘要发表，并据此在来年出版了一本86页的小册子。更重要的是，1752年年初，此书被翻译成了法文，在法国引起了轰动。同年2月，路易十五要求翻译此书的法国科学家（为首的是孔德·德·布丰和托马斯–弗朗索瓦·达利巴德）为自己展示富兰克林所做的实验。路易十五观看后十分兴奋，要求他们尝试富兰克林提出的捕捉闪电的实验。在一封写给英国皇家学会的信中提到：“德·布丰、达利巴德和德·洛尔三位先生准备证实富兰克林先生对闪电和电流之间关系的推测。皇帝陛下对这一想法也十分欣赏。他们现在已经做好了准备。”

在巴黎北郊的马尔利村，那些法国科学家搭建了一个小亭子，立起了一根40英尺高的铁竿，并强迫一名退伍士兵充当普罗米修斯来进行试验。1752年5月10日下午两点，一场暴雨袭来，而那个士兵正如富兰克林所预测的成功地捕捉到了电火花。一个兴奋的当地官员抓起绝缘线，试了又试，重复了6遍。尽管闪电一度将其击倒，所幸并无大碍。达利巴德向法国皇家学会报告称："富兰克林先生的想法不再仅仅是推测，现在已是事实。"

尽管并不知情，但富兰克林在欧洲已经成为了一个风云人物。远在伦敦的克林逊满怀喜悦地写信告诉富兰克林，"法国国王郑重要求"法国科学家"对费城的富兰克林先生在电学方面的发现，以及成功运用避雷针保护民众免受闪电危害方面的成就表达由衷的赞美"。

根据富兰克林及他的科学家朋友约瑟夫·普里斯特利的描述，在接下来的一个月里，在法国实验成功的消息尚未传到北美殖民地时，富兰克林就想出了自己的天才办法来进行这一实验。当时，富兰克林一直在等待费城基督教教堂尖塔完工，这样他就可以利用那个高点进行实验了。可是，尖塔迟迟未能完工，渐渐失去耐心的富兰克林突然想到了用风筝这个从波士顿孩提时代起他就喜欢的玩具来代替实验用品。为了保密，他找了自己的儿子威廉来放丝绸风筝。"风筝的顶部放置了一根尖锐的导线，而风筝线的底端则拴了一把钥匙，这样当导线接近闪电的时候，就可以产生火花了。"

天上的云一朵朵飘过，却没有任何反应。就在他开始感到绝望的时候，富兰克林突然发现麻绳上一些麻丝竖了起来，他立即屈指伸向钥匙，成功地捕捉到了电火花（当然，他活了下来）。富兰克林继而收集了一些闪电储存在莱顿瓶中，发现闪电和在实验室里面产生的电流性质是一样的。"因此，电流和闪电的性质是完全一样的，"富兰克林在10月写的一封信中说道，"它们完全一样。"

富兰克林和他的风筝注定不仅在科学界受到尊重，而且在社会生活领域也占有一席之地。本杰明·韦斯特曾经在1805年完成了一幅著名的画作，即《富兰克林从苍天处夺取闪电》。但是，此画却误将46岁、活力四射的富兰克林画成了一名老者。而19世纪另一幅由卡瑞尔和艾夫斯绘制的名作则将威廉画成了一个小男孩，而不是21岁的年轻人。

但即使在讲究科学精神的历史学家中，富兰克林的风筝实验也饱受争议。尽管它的确有可能发生在1752年6月，也就是法国实验成功的消息抵达北美殖民地之前，但是在随后几个月的时间里，富兰克林却从未对外宣布实验成功。不仅在那个夏天给克林逊的信中没有提及，富兰克林似乎连朋友埃比尼泽·金纳斯利都没有告诉，金纳斯利当时正在费城宣讲电学。甚至当7月底8月初法国实验成功的消息传到费城之后，富兰克林也未公开发表实验成功的消息。《宾夕法尼亚报》曾在1752年8月27日刊登了一封来信，报道了法国实验的有关内容，但也并未提及富兰克林和他的儿子早已自行证实这些结论。

第一份公开报告出现在当年10月，距离实验成功已经过去了4个月。当时，富兰克林给克林逊写了一封信，并在报纸上刊登。“虽然欧洲报纸已多次报道从云中引出闪电这一实验成功的消息，”富兰克林写道，“但对于那些好事者来说，得知同样的实验已经在费城获得成功，仍会让他们感到兴奋。尽管费城的实验是以更加简单且不同的方式进行的。”接下来，他描述了风筝及其他装置的设计，但是口吻却客观得有些奇怪，一直在用他和他儿子，而不是直截了当的第一人称。在文末，富兰克林高兴地提到他的实验设想在法国获得成功的消息推动了本地安装避雷针的进程，他还有意强调了“我们已经在学校和议会大厦的尖顶上安装了避雷针”。当期报纸还刊登了新版《穷理查历书》的广告，并加了一段该书将告诉大家“如何保护住宅……免受闪电的伤害”的宣传语。

至于此次风筝实验的详尽报道，包括威廉参与等细节，则是在约瑟夫·普里斯特利所著的《电的历史与现状》一书中才首次出现，当时已经是 1767 年了。“对他来说，借助一只普通的风筝，可以比站在任何尖顶上更好地理解和接近雷电区域。”普里斯特利这样描述富兰克林，“他走进了一片田野，那里有一间合适的小棚子，这样他就成功捕捉到了第一批闪电。”普里斯特利是英国著名作家，他的写作内容源自 1766 年他与富兰克林会面时采集到的第一手消息。富兰克林给普里斯特利提供了科学的材料，并审阅了他的手稿。相关内容却略显虎头蛇尾，过于平淡：“此事发生在 1752 年 6 月，法国科学家证实同一理论的一个月之后，但当时富兰克林对此并不知情。”

富兰克林迟迟没有公开此次风筝实验的消息引发了很多历史学家的质疑，最近出版的一本书甚至称他的声明只是一个“恶作剧”。于是，I·伯纳德·科恩再次对此段历史进行了全面的考证。根据现有的信件、报告和费城在该年夏天设置了避雷针的事实，科恩进行了分析。最后得出如下结论：“怀疑富兰克林在听到法国实验的消息之前，就设计出并成功进行了实验这一想法毫无根据。”但是他随后提出了实验“是由富兰克林和他人共同完成的”。最后，他补充道：“我们有理由相信富兰克林在 1752 年 6 月进行了风筝实验，随后不久，在 1752 年 6 月末或 7 月初，第一批避雷针就在费城出现了。”

实际上，我认为质疑富兰克林伪造实验日期或其他实验内容是没有道理的。毕竟富兰克林从未夸大过自己的科学成就，而普里斯特利对其实验的细节描述详实，足以令人相信。如果想要沽名钓誉，富兰克林大可以宣布早在法国科学家实验成功之前就进行了风筝实验，但恰恰相反，他慷慨地承认了法国科学家首先证实了自己的理论。而富兰克林的儿子，尽管随后与其发生了激烈争执，也从未对风筝实验提出过质疑。

因此，为什么富兰克林推延了发布这个极有可能是他最大的科学成就呢？有很多解释，富兰克林几乎从未第一时间在自己的报纸上或以其他途径刊登自己科学实验成功的消息。他通常会等一段时间，正如他在此事上可能的做法一样，准备一份全面描述，而不是匆忙发一个简单通告。因此，他经常要花很长一段时间来写作、誊抄。例如，他在 1748 年的实验，直到 1749 年 4 月在给克林逊的信中才有所提及。而关于其 1749 年的实验结果，同样也存在了滞后的可能。

此外，他也许担心自己最初的发现被证伪而被人嘲笑。普里斯特利在其著作中，提出了这样的担心是富兰克林之所以秘密进行实验的原因。实际上，那年夏天，就在很多实验如火如荼地进行之时，很多科学家和评论家，包括阿贝 · 诺列特，都曾称那些科学家是傻瓜。因此，正如科恩所推测，富兰克林可能一直在等待，不断重复并完善这一实验。而卡尔 · 范 · 杜伦则提出了另外一种可能性，就是富兰克林希望此次实验的结果能够与同年 10 月推出的新版历书中关于闪电的文章同步发行。

无论出于何种原因推迟了相关实验报告的发布，富兰克林仍然在当年夏天成功地说服费城居民在高层建筑上安装了两个避雷针。为此他深受激励，这也是世界上最早的避雷针应用实例。9 月，富兰克林在自己家的屋顶上也安装了一个，并通过它和一个精巧的装置在风暴到来时进行预警。在给克林逊的信中，富兰克林进行了详细描述："避雷针被放置在烟囱上，通过一根金属线与井里的水泵相连。通过屋里的那部分金属线被分成了两段，两段间相距 6 英寸①。两段金属线中

① 1 英寸 =2.54 厘米。——编者注

间是两只铃铛和一个小球。当风暴来临、金属线有电流通过时，铃铛就会响起来。”这是将娱乐、研究和实用性结合起来的一个典型实例。他用这个装置来收集实验所需的电流，但足以保证房屋在被闪电击中时的安全。然而，德博拉对此不甚满意。若干年后，富兰克林在伦敦写信回应德博拉的抱怨，并指导她“如果铃声吓到了你”，就用一根导线把两段金属线连起来，这样就没有声音了。

然而，在某些领域，特别是宗教领域，富兰克林的发现引发了很多争议。阿贝·诺列特满怀嫉妒地继续贬损富兰克林的思想，并称避雷针是对上帝的冒犯。对此，富兰克林在给朋友的信中写道：“他这么说好像他是那个保护自己免受闪电所伤的人似的”，“可以确信的是，来自天堂的闪电像下雨、冰雹或来自天堂的阳光一样不再神秘，我们无须给房子造尖顶就可以克服它所带来的不便。”

大部分人很快就同意了这一说法，避雷针则在欧洲和北美殖民地开始盛行。富兰克林突然间成了名人。1753 年夏，哈佛学院和耶鲁学院授予他荣誉学位，伦敦皇家学会授予他金质奖章，这也是该学会首次将这一荣誉授予一个生活在英国以外的人。他给协会的回复非常机智：“我不知道贵会那些博学的成员们是否习得了古代的点石成金之术，但贵会的确找到了使金子无限增值的办法。”

从暴君处夺取王权

在向克林逊描述尖状金属物如何吸引电流的时候，富兰克林得出了基础物理的相关理论。但他坦承对这些推测“心存疑惑”，并表示他认为学习如何运行的规律比了解理论原因更为重要：“我们不需要知晓自然以何种方式让自己的规律起作用，我们只需要了解规律本身就足够了。对我们来说，知道瓷器悬空就会掉在地上摔坏，这才真正有用，但它是怎么摔下去的，为什么会摔破，就属于思考的范畴了。知晓其中的究竟固然使我们愉悦，但没有它，我们也可以不让瓷器摔坏。”

这一态度，和富兰克林缺乏数学和物理理论基础的事实，解释了为什么尽管富兰克林十分努力却没能成为伽利略和牛顿那样的理论大师的原因。富兰克林是实用的实践者，而不是系统的理论家。正如他的道德和宗教哲学一样，富兰克林科学研究的特点不是抽象理论的完备，而是发现事实、学以致用。

但是，我们不能抹杀富兰克林那些发现的理论意义。富兰克林是当时最有远见的科学家之一，他发现并证实了自然界的一个基本规律：电是单流质的。19世纪伟大的历史学家、在富兰克林实验的150年后发现电子的J·J·汤普森曾写道：“单流质说对电学的贡献是不容抹杀的。”富兰克林还提出了绝缘体和导体的区别，电气接地的理念及电容和电磁的概念等。正如卡尔·范·杜伦所言：“他来的时候，电还是一个谜，他离开的时候，却将其变成了一门科学。”

富兰克林破解了闪电带来的的死亡之谜，指出闪电只不过是电的一种，且可以驯服。这一发现的实践意义，我们也不能小觑。很少有科学发现能够立竿见影造福于人类。伟大的德国哲学家伊曼努尔·康德称其为盗天取火的“新普罗米修斯”。很快，他不仅成为北美殖民地和欧洲最负盛名的科学家，还成为一个大众英雄。他解决了宇宙中最大的难题，也征服了自然界中最恐怖的危险。

但正如他热爱科学研究一样，富兰克林认为在公共事务中的尝试也是很有必要的。当时，他的朋友、政治家和科学家科尔登也宣布退休，并全心地投入到“哲学的乐趣”中。在18世纪，这一词汇其实代表科学研究。“不要让你对科学研究的热情超过应有的尺度，”富兰克林劝告他，“即使牛顿是一艘普通船上的导航员，他最好的成就也无法弥补其在危险时离开工作岗位一个小时所造成的损失；而如果他是掌握整个国家命运的人，那将会差多少？”

因此，不久之后，富兰克林就将其在科学研究方面的风格（讲求实用）拓展至公共事务上。富兰克林作为一名科学家所赢得的声誉，对其政治目标的实现也大有裨益。因此，科学家和政治家这两种身份在富兰克林身上合而为一，相互加强，贯穿始终。正如法国政治家杜尔哥的诗作所言：“他从苍天处取得闪电，从暴君处夺取王权。”

Benjamin
Franklin
An American
Life

第七章

政治家（费城，1749~1756 年）

创办宾夕法尼亚大学

那个聪明的男孩并没有进入哈佛求学。虽然曾在年轻时心有不甘地批评学校的自命不凡，尽管对知识的渴求使其自学成才成为那个时代最伟大的作家和科学家之一，但多少年来，富兰克林的心中仍然燃烧着一团火，希望能够建立一个属于自己的学院。1743 年，富兰克林首先在共读社和朋友们探讨了这一设想。而当其退休之后，富兰克林在自然研究和阅读中获得的快乐更加坚定了他创办学校的想法。因此，富兰克林在 1749 年发行了一本小册子，名叫“有关宾夕法尼亚青年教育问题的建议”，详尽描述了创建学校的必要性，以及未来的授课内容和如何筹集资金等问题。

富兰克林所要创建的学院并不是与当时殖民地已有的 4 所学院（哈佛、威廉玛丽、耶鲁和普林斯顿）类似的那种与宗教关系密切的精英堡垒。正如富兰克林所言，学院的重点将放在实用技能的指导上，如写作、数学、记账、演讲、历史和商业技能等，“学习内容应与学生未来可能从事的职业相关”；学生的生活应该朴素、节制、节俭；“经常进行跑步、跳跃、角力和游泳方面的锻炼”。

富兰克林的办学计划实际上是基于严格古典主义基础上的教育改革。富兰克林认为，这所新学院不应该培养那些只会赞美上帝或为了自己的利益而学习的书呆子。相反，应该培养学生“造福人类、国家、朋友和家庭的志趣与能力”。而这正如富兰克林在结论中所宣称的：“正是所有学习最伟大的动机与目的。”

小册子中除了引用的古代学者的名人名言，还有富兰克林自己的经验，从游泳到写作风格无所不包。正如任何一位优秀的启蒙运动思想家一样，富兰克林热爱秩序和精确的程序。他曾经事无巨细地为共读社、共济会、图书馆、北美殖民地哲学会、消防队、巡逻队和民团拟定了具体的规则，从而将他这一倾向表露无遗。而这一点在学院的创立上表现得更为明显。富兰克林为学校制定了详细的制度，以确保以最好的方式教授学生从发音到军事史等各方面的内容。

富兰克林很快就募集到了2 000英镑的捐款（虽然不是他回忆录中的5 000英镑），并在其最初提议的基础上起草了一份学校章程。富兰克林还被推举为学院的董事会主席。很巧的是，富兰克林也是为怀特菲尔德修建的那所大会堂的董事会成员。会堂在宗教复兴运动降温之后便被废弃了，因此，他与会堂董事会达成协议，接管了会堂为学校所用，并将会堂分为上下几层，选定了几个房间作为教室，同时还留了一些空间供来访的牧师使用，还建立了一个录取穷人子弟的免费学校。

1751年，学院正式成立了（1791年更名为宾夕法尼亚大学）。它是北美殖民地第一所无教派学院。富兰克林的改革本性受到了时代的阻挠。当时，学校董事会的大部分成员是富有的圣公会教徒，他们反对富兰克林推举一个拉丁人担任校长，而是要求选一名英国人。因此，富兰克林的朋友威廉·史密斯——一个不负责任的苏格兰牧师，出任了校长之职。但不久之后，史密斯和富兰克林就因为政治问题分道扬镳了。尽管如此，富兰克林终生担任学校董事一职，并将其视为他一生最骄傲的成就之一。

学院成立不久之后，富兰克林开始了他的下一个项目，筹款建医院。他在报纸上公开发表呼吁，生动阐释了人们对帮助病人的责任，也包括了他多次重申的格言：“独自行善帮助病人的效果与通力协作相比，要小得多。”

强调实用的政治思想家

通过按比例征收费用，富兰克林展示了如何将政府作用和个人作用完美地结合在一起，这也是当代美国如何处理公共事务的途径之一。富兰克林赞同志愿劳动服务和有限度的管理，但同时也强调政府在促进公益方面的立法作用。通过这种公私结合的方式，富兰克林依赖政府发挥最好的效果，还可以避免上层权威的直接干预。

在富兰克林的政治风格中，我们还看到了保守主义的影子，虽然我们现在称之为富于同情的保守主义。他过于信任秩序，因此，在他转变为激进的革命主义者时颇费了一番周折。尽管富兰克林本人很仁慈，也是一个积极的社会活动家，但他对社会运动过多所带来的无法预料的影响仍持谨慎态度。

所有的这些思想倾向，在他写给彼得·克林逊的一封探讨人性的信中体现得一览无余。“无论何时当我们打算改善上帝的旨意时，”富兰克林写道，“我们应十分谨慎，以免好心办了坏事。”他认为也许为穷人提供福利就是一个例子。富兰克林质疑，“英国独有的强迫富人维持穷人生计的法律并未使穷人获得独立”。“减轻我们同类的不幸”，这的确是“上帝般”的行为，值得“赞美”，他补充道，“但没完没了”会不会鼓励懒惰呢？他还讲了一个极富哲理的故事：新英格兰人打算除掉那些吃粮食的乌鸦，结果那些往日是乌鸦口中食物的害虫大肆繁殖，毁掉了草丛和庄稼。

这些只是他的疑问，而不是结论。富兰克林的政治哲学正如他的宗教信仰和科学一样，总的来说是没有特定意识形态的，他对任何特定意识形态的教条都很厌恶。相反，就像他生活中的很多方面一样，富兰克林一直试图寻找实用的东西。正如一位作家所言，富兰克林将启蒙运动的"对理性和自然的关怀、社会意识、进步主义、宽容、世界大同与温和的慈善"等特点发扬光大。他有一种经验主义的气质，反对横扫一切的激情，但他同时又支持一种温和的人文主义，强调为他人"造福"这一感性（但仍然是十分真实的）、世俗的目标。

但富兰克林天生就厌恶权威，这也是他性格中总有些许叛逆（后来几乎是极端叛逆）所决定的。他不敬畏等级，一直致力避免在北美殖民地出现英国那种等级森严的社会结构。相反，作为退休的自诩为绅士的人，他继续写作，以此来赞美商人、店主和手工业者组成的中产阶级的勤奋。

因此，富兰克林有了一个大胆构想，北美殖民地应该是一个独立的国家。民众，无论出身或社会等级，都可以凭借自己意愿，通过努力工作和道德培养增加财富，提升社会地位（正如富兰克林一样）。就此而言，富兰克林的理想甚至比托马斯·杰斐逊的"自然贵族制"更为平等和民主。自然贵族制是认为某些人天生就具有"美德与才能"，因此自然就是新领导精英的一部分。但富兰克林的眼界则更为广阔：他相信只要有机会，只要勤奋、苦干、有道德、有理想，任何人都会成功。富兰克林关于创建宾夕法尼亚大学的提议中明确规定了其目的并不是产生新的贵族，而是鼓励和充实所有"有抱负的"年轻人。这与杰斐逊关于建立弗吉尼亚大学的建议截然不同。

富兰克林的政治态度、宗教信仰和科学态度一道，构成了连贯的整体。但他并非如阿奎纳或牛顿般的著名宗教或科学理论家，他也不是洛克甚至杰斐逊那样的政治理论家。富兰克林的力量在于他是个强调实用的政治思想家，正如在其他领域一样。

富兰克林的实用性在其1751年所著的《对人类繁衍的观察》这篇文章中体现得尤为明显，此文也是富兰克林最重要的政治文章之一。富兰克林认为北美殖民地当时大量未开垦的土地会导致人口快速增长。他发现与英国人相比，殖民地民众中未婚的比率较低，且大都结婚较早（大约20岁），平均每个家庭的孩子数量是英国的两倍（大约8个）。因此，富兰克林得出结论，北美殖民地的人口数量将每20年翻一番，并大约在100年后超过英国。

事实证明，富兰克林的推论是正确的。1851年，美国的人口数量首超英国，并保持了每20年翻一番的增长速度，直至领土扩张结束。1776年，亚当·斯密在其经典著作《国富论》中引用了富兰克林的观点。因人口过度增长和贫困不可避免等悲观观点而闻名于世的托马斯·马尔萨斯同样也引用了富兰克林的相关数据。

但与马尔萨斯不同，富兰克林并非悲观主义者。他认为，至少在北美殖民地，生产力的提高速度会高于人口的增长速度，这样，在国家富强的同时，人们的生活水平也将有所提高。实际上，富兰克林（成功地）预测限制北美殖民地人口增长的因素将会是“财富”而并非贫困，因为有钱人在结婚、生子等问题上将会更加“谨慎”。

富兰克林最有影响的观点（此观点将在未来的斗争中发挥重要作用）就是对当时英国日益盛行的、要求限制北美殖民地制造业发展的重商主义呼声的反驳。当时，英国国会通过决议，禁止北美殖民地制造铁制品，坚持将殖民地限制为原材料产地和产品市场。

对此，富兰克林反驳称，北美殖民地有大量未开垦的土地，因此不会出现大量的价格低廉的城市工人。“殖民地是否会妨害英国的贸易发展取决于人口、制造业等多种因素。就目前而言，远不可能对英国造成损害。”很快，英国将无法满足殖民地的需要。“所以，英国不应过多限制殖民地制造业的发展。一位明智的好母亲不会那么做，限制等于削弱，而削弱了孩子也就等于削弱了整个家庭。”

对于英国与殖民地的关系问题，富兰克林一方面严肃表达对其的关注，另一方面则以嘲讽的语气进行调侃。英国一直将囚犯流放到北美殖民地，并将其视为帮助殖民地发展的一种方式。富兰克林以“北美殖民地人”为笔名在《宾夕法尼亚报》上发表文章，声称“我们必须要向宗主国对其子民福祉那有如母亲般温柔的关注，致以最高的敬意”。因此，他提议北美殖民地的船只应该往英国运送响尾蛇作为回报，因为气候变化或许会将它们驯服，正如英国对囚犯所声称的一样。即便没有改变，英国人也做了一笔好生意，“起码响尾蛇攻击人之前还会发出警告，犯人可不会”。

最活跃的废奴主义者

每当评价美国国父们时，历史学家总要纠缠于一个重要的道德问题，那就是奴隶制，对富兰克林也不能免俗。当时，奴隶占费城总人口的 6%。富兰克林则通过在自己的报纸上刊登广告，为奴隶买卖提供便利。富兰克林曾代表岳母在报纸上刊登了这样一则广告：“一名合适的黑人妇女即将出售，详情请垂询寡妇里德。”另一则广告则是关于出售“一个合适的黑人男青年”，并以“详情请垂询印刷商”结尾。富兰克林自己有两个奴隶，但在 1751 年把他们卖了。原因正如他对自己的母亲所言，他不喜欢有“黑人佣人”，并觉得他们不合适。不过，此后他仍然从市场买了一个黑奴作为自己的佣人。

在《对人类繁衍的观察》一书中，富兰克林从经济角度攻击了奴隶制。他将拥有一名奴隶的成本和收益进行了对比，发现得不偿失。富兰克林认为“奴隶的引进，将会毁灭一个国家”。但他的关注点是这样做对拥有者产生的负面效应，而不是对于奴隶本身的不道德。“那些有黑奴的白人从不劳动，因此身体也就逐渐衰弱了下来，”富兰克林说道，“奴隶使那些奴役他们的家庭变得糟糕，白人孩子们会越发傲慢，不愿劳动。”

实际上，此文在很多地方有失偏颇。富兰克林反对德国移民，并主张北美殖民地居民应该以英国白人后裔为主。“按比例而言，北美殖民地纯种白人的数量已经很少了，”富兰克林写道，“为什么还要让黑人在北美殖民地繁衍，生养那么多孩子？我们应该将所有黑人和其他有色人种从北美殖民地驱逐出去，将北美殖民地变成由越来越多可爱的白色和红色组成的净土。也许是因为我对自己国家的人口组成情有独钟的缘故吧，但这样的偏爱对人来说十分正常。”

正如文中最后一句所言，富兰克林开始重新审视对自己种族的“偏爱”。在《对人类繁衍的观察》的第一版中，他曾写道：“几乎每个奴隶本质上都是个贼。”但18年后这本书再版的时候，富兰克林却将此句改成了他们之所以成为贼是因为受到“奴隶制本质”的迫害，同时也删去了希望北美殖民地人都由白人组成的言论。

富兰克林态度上的转变要归功于他在慈善方面的另一尝试。18世纪50年代后期，他积极参加了一个组织的活动，该组织的目的是先在费城继而在全北美殖民地为黑人儿童建立学校。在1763年访问了位于费城的黑人学校之后，富兰克林写下了一封信，反省自己之前的偏见。

（参观学校之后）我很高兴，对黑人能力的认识与以前相比更为客观了。他们的理解力似乎不差，记忆力也不错，就教育的任何方面而言，他们和白人孩子相比没有差别。你也许会奇怪我本应对此表示质疑，且不会纠正我的偏见。

此后，正如我们所见，富兰克林成为北美殖民地最活跃的废奴主义者，一个从道德层面上谴责奴隶制，并帮助促进黑人权利的人。

富兰克林在《对人类繁衍的观察》中曾表示希望北美殖民地可以有越来越多的“可爱的白色和红色”的面孔，这其实也表明了他对印第安人较为正面、积极的态度。在给克林逊的一封信中，富兰克林曾经对印第安人简单的野外生活所具有的那种难以置信的吸引力深感惊奇。“他们从未表示出丝毫对我们生活方式的向往。”富兰克林写道，“即使一个印第安男孩在我们所生活的环境中长大，受到了我们的熏陶，学会了我们的语言，但只要他见到他的那些印第安人亲戚，和他们聊上一会儿，他就再不会回来了。”

富兰克林还写道，即使是白人自己有时也很欣赏印第安人的生活方式。如果白人孩子被印第安人抓到，并被其抚养成人，回到白人社会后，“不久他们就会对我们的生活方式感到厌恶，并深感痛苦，一旦有机会就会逃离，重新回到从林中”。

富兰克林还讲了这样一个故事。马萨诸塞的一些官员们曾向印第安部落发出邀请，允许他们派一些年轻人免费进入哈佛学习。印第安人的答复是，早年间他们曾派出一些年轻勇士，结果他们回来后“一无是处，既不会猎鹿、捕杀海狸，也不能令敌人感到恐惧”。相反，他们建议派一些白人孩子到部落来，他们愿意以印第安人的方法教育这些白人孩子，“使他们成为真正的男人”。

潜在联盟：出任邮政总长

1736 年，富兰克林被任命为宾夕法尼亚议会秘书，这份工作索然无味。富兰克林无法参与议题的讨论，只能无聊地编幻方打发时间。所以，当 1751 年议会的一名议员去世后，早有准备的富兰克林参加了补选，并成功地赢得了议席（还将秘书一职传给了他的私生子威廉）。“我认为，成为一名议员将赋予我更多的权力用于行善。”富兰克林回忆道，但也坦承“我不会假惺惺地说这些升迁没有给我带来成就感”。

这样，富兰克林就开始了自己长达 37 年的政治生涯，直到最终卸任宾夕法尼亚州行政会议主席之职。身为一名公民，富兰克林已经热心地推行了很多公益计划，如图书馆、消防队和警务巡逻等。成为议员后，富兰克林就更有机会成为“更有力的社会公益项目推动者”。

富兰克林在公共卫生、修路和安装路灯方面所做出的努力就是最好的例证。富兰克林的住所对面就是农贸市场，有一阵子，他被自己房前的灰尘和垃圾深深困扰。于是，富兰克林就请了“一个勤快的穷人”，雇其打扫街道卫生。随后，他又发表了一篇文章，描述这样做的种种好处。富兰克林写道，街道上的房子会变得更干净，店铺则会吸引更多顾客。富兰克林把这篇文章送给每户邻居，最后，大家都同意每月为此缴付一定费用。这一计划产生的影响力则为更大、更多的公益项目奠定了基础。“人们普遍希望能铺好所有的街道，”富兰克林回忆道，“他们也更愿意为此缴纳税款。”

因此，富兰克林起草了一项议案，提议铺设全城所有街道的路面，此外还提议在位于街道两侧的每所房子前安装路灯。出于对科学的热爱和事无巨细的关心，富兰克林还对路灯进行了改进。他注意到，当时从伦敦购买的路灯底部并没有通气口，因此空气不能流通，烟雾不能排出，久而久之就会累积在灯罩里，灯壁上就蒙了一层灰，影响了采光效果。富兰克林发明了一种有进气口和烟囱的新型路灯，这样路灯就可以保持清洁和明亮。他还设计了如今通用的灯罩结构，将过去由一整块玻璃组成的灯罩改为由 4 块玻璃拼接而成，一旦损坏也更容易修理。“有人可能认为这些小事不值一提。”富兰克林说道，但这些人应该意识到“人类的幸福正是由一点一滴的进步累积而成的”。

当然，除了这样的民生问题之外，议会还有很多重大议题需要讨论。当时，贵格会教徒在议会中占主导地位，他们崇尚节俭，反对战争。因此，他们经常与以威廉 · 佩恩和他不争气的儿子托马斯为首的领主家族发生争执。托马斯后来甚至娶了一位圣公会教徒为妻，与贵格会教义渐行渐远。当时领主关注的则是从印第安人手里夺取更多土地，并确保自己的财产免征税赋。

当时，宾夕法尼亚属于领主殖民地，这就意味着它由领主进行管辖，而且领主拥有大多数无人居住的土地。1681 年，英国国王查理二世向威廉 · 佩恩颁发特许状，将宾夕法尼亚赐给佩恩，以此来抵债。最初，北美殖民地中很大一部分都是领主殖民地。但到了 18 世纪 20 年代中期，很多领主殖民地都改为由英国国王和其大臣们直接管辖。只有宾夕法尼亚、马里兰和特拉华仍由领主管辖，直到独立战争爆发。

宾夕法尼亚面临着两件大事：与印第安人保持良好的关系和使自己免受法国人的威胁。其实这两件事是紧密相关的，因为无论何时与法国人爆发战争，与印第安人结盟都具有至关重要的意义。

同印第安人维持良好的关系需要大笔资金用以购买礼物，维持殖民地的防务同样耗资不菲。这就加剧了宾夕法尼亚的政治斗争。贵格会教徒从信仰出发，反对任何出于军事目的的开销，佩恩家族则（通过其任命的历届听话的总督）反对任何耗资太多或对其土地征税的事项。

1747年，富兰克林通过组建民团，在调和争端中发挥了重要作用。但到了18世纪50年代初，宾夕法尼亚和法国之间关于俄亥俄谷控制权的争夺越发激烈，很快就演变为一场法国人和印第安人之间的战争（这场战争实际上是欧洲的七年战争在北美殖民地的一个分支）。面对这样的局势，富兰克林做出了两个具有重大意义的决定，对自己的政治生涯乃至北美殖民地的命运都产生了重要的影响。

• 富兰克林对领主乃至英国的反感与日俱增，当时领主和宗主国英国执着于维护自己对征税权和统治权的控制。这也反映出了富兰克林的反对权威和平民主义的特点。

• 富兰克林成为殖民地联合运动的领导者。虽然当时各殖民地仍相互分离，但富兰克林认为殖民地应该为了共同目的站到一起，联合起来。这反映出了富兰克林对集体力量的信仰、大北美殖民地的视角，以及认为团结就是力量的观点。

这一过程始于1753年。当时，富兰克林被任命为宾夕法尼亚的三位代表之一，与印第安人的首领们进行了一次高峰会议。会议的地点选在了卡莱尔，位于宾夕法尼亚和俄亥俄河的中间。目的是为了巩固与特拉华印第安人的联盟，当时他们在“量步购地”一事上被佩恩家族欺骗，因此深感愤怒。（所谓的量步购地是指当时佩恩家族与印第安人达成了一项协议购买他们的土地，范围则以一个人在一天半内可以走的路程为限。但托马斯 · 佩恩却雇了三队人，全力以赴地跑了36个小时，获得了远比协议预想中更多的土地）。当时，易洛魁联盟中有6族印第安人是站在宾夕法尼亚一边的，其中包括莫霍克族和塞内卡族。

有100多名印第安人参加了卡莱尔会议。当宾夕法尼亚的代表们按惯例拿出了价值不菲（800 英镑）的礼物后，易洛魁联盟酋长斯卡卢亚迪提出了一项和平计划：白人定居者应退回到阿巴拉契亚山脉以东，而商人们应与印第安人诚实贸易，多卖一些军火，少卖一些朗姆酒。他们还希望英国向他们做出保证，一旦驻守在俄亥俄谷的法国人向他们发动进攻，英国人应予以支援。

对此，宾夕法尼亚的代表们只表示会对商人进行更加严格的控制，其他却没有下文。因此，特拉华人最终倒向了法国人一边。在谈判的最后一个晚上，富兰克林亲眼见证了朗姆酒的骇人危害。宾夕法尼亚人直到会议结束后才向印第安人提供朗姆酒，而印第安人拿到酒之后，一场狂欢的盛宴就开始了。富兰克林如此描述了当时的场景：

> 我们发现他们在广场中央点燃了一大丛篝火，男男女女都喝得醉醺醺的，相互争吵、打斗。在篝火昏暗的亮光中，他们暗黑的肤色和半裸的身体隐约可见。他们还举着火把互相追逐、殴打，伴随着可怕的尖叫声。此情此景就像我们想象中的地狱一样。

富兰克林和其他代表因此写了一份义愤填膺的报告，谴责了那些经常把酒卖给印第安人的白人商人，指责他们“使那些可怜的印第安人一直处于酒精的驱使之下”，“完全离间了印第安人与英国人之间的感情”。

回到费城之后，富兰克林得到消息，他与弗吉尼亚的威廉 · 亨特一道被英国政府任命为殖民地的副邮政总长，共同行使邮政总长之职。当时，富兰克林为谋求这一职位努力了两年之久，他甚至授权克林逊花费 300 英镑代表他在伦敦进行游说。“然而，”富兰克林开玩笑说，“对于一个尚不能确定的职位，花费越少越好，正如生活一样。”

和往常一样，富兰克林的这一行为包含了很多动机：控制了邮政系统将有助于北美殖民地哲学会的发展；可以把自己的亲戚、朋友安置在北美殖民地邮政系统中的各个职位上，将有助于生意；当然，还有一点，能够多赚点儿钱。富兰克林任命自己的儿子威廉为费城邮政局局长，随后又分别任命了自己的两个哥哥彼得和约翰、约翰的继子、妹妹简的儿子、德博拉的两个亲戚，以及纽约的出版合伙人詹姆斯·帕克为不同城镇的邮政局局长。

为了提高邮政系统的效率，富兰克林还制定了具体的运行程序，建立了最早的投递上门系统和死信办公室，并定期对各地开展巡察。这些改革代价不菲，在最初的4年里，他和亨特一共负债400英镑，但随后他们就成功地扭亏为盈，每年能够进账300英镑。

在1774年英国政府因政见不合解除其职务前，富兰克林的年收入可达700镑。但对于他本人和整个历史来说更为重要的是，邮政总长的经历使其更加意识到了北美各殖民地是具有共同利益和共同需求的潜在联盟。

奥尔巴尼北美殖民地联盟计划：寻求和谐的解决方案

宾夕法尼亚和印第安人在卡莱尔举行的会谈没有在联合抵抗法国人方面取得任何成果。法国人的目标是通过沿俄亥俄河修建一系列堡垒，把英国殖民者限制在东海岸，从而形成一个从加拿大延伸至路易斯安那的弧形法属区域。作为应对，弗吉尼亚总督于1753年年底派遣了一位年轻有为的士兵乔治·华盛顿前往俄亥俄谷要求法国人撤出。虽然这一尝试以失败告终，但华盛顿对此次任务过程绘声绘色的描述使其成为一名英雄，并被擢升为上校。而1754年春，华盛顿对法国人的堡垒发起了一系列草率的突袭，最终使冲突升级为全面战争。

英国的大臣们很担心北美各殖民地会联合起来，但当下法国人的威胁又使其别无他法。因此，伦敦的贸易委员会要求各殖民地派出代表，于1754年6月在纽约的奥尔巴尼召开会议。代表们有两个任务，其一是巩固与易洛魁联盟的盟友关系，其二则是探讨形成更加统一的北美殖民地防务的可行性。

但殖民地之间的合作并不是水到渠成的。一些殖民地的议会拒绝了邀请。参会的7个殖民地中，大多数都要求自己的代表不要达成任何关于北美殖民地联合的协议。与此相反的是，富兰克林热衷于推动北美殖民地的一体化进程。在1751年写给詹姆斯 · 帕克的一封信中，富兰克林写道："如果6个愚昧的印第安部落都能够形成一个联盟……而10个或12个北美殖民地却无法实现，尽管情势危急，这多么令人费解啊！"

在给帕克的信中，富兰克林还草拟了一个各殖民地联合的框架：必须成立一个殖民地议会，由来自各殖民地的代表组成，其比例大致与各殖民地上缴税赋在北美殖民地总额中所占比例相当；统一后的北美殖民地由英国国王任命的总督统辖；殖民地议会则由各殖民地的首府轮流承办，这样代表们就会对其他的北美殖民地有更为深入的了解；相关经费则来自酒税。尤为重要的是，富兰克林认为殖民地的联合应该由各殖民地自发形成，而不是英国的强制行为。而最可行的办法，就是召集一批聪明人去各殖民地拜访有影响的人物，获取他们的支持。"理性、实际的人总是易于达成理性的计划，容易获得其他有理性的人的认同。"

1754年5月，当华盛顿战败的消息传到费城之时，也正是奥尔巴尼会议召开之前，富兰克林在自己的报纸上发表了一篇社论。他将法国人的成功归结为"殖民地的四分五裂"。在文章的后面，富兰克林附上了美国第一幅也是最著名的一幅社论漫画：一条蛇被砍成了数段，每段上都有一个殖民地的名字。还配有一段说明文字："不联合就灭亡"。

富兰克林是宾夕法尼亚参加奥尔巴尼会议的四名代表之一（其余三人分别是领主的私人秘书理查德·彼得斯、托马斯·佩恩的侄子约翰和议会议长艾萨克·诺里斯）。令富兰克林感到失望的是，宾夕法尼亚议会反对任何"殖民地联合的提议"。但富兰克林并未受挫。在离开费城的时候，富兰克林带上了一篇自己写的文章《关于北部殖民地联合计划的简短提要》。这其实是当初富兰克林写给帕克那封信中提到的北美殖民地联盟计划的改良版：因为大多数殖民地议会都较为顽固，因此如果参加奥尔巴尼会议的所有代表就此项计划达成共识，并将其发回伦敦，"英国国会就会通过法案，建立北美殖民地联盟"。

在路过纽约的时候，富兰克林就这一计划和朋友进行了沟通。而彼得斯和其他人则去购买议会授权送给印第安人的礼物，总价值达500英镑，包括毛毯、丝带、火药、枪支、用来描脸的朱砂、水壶和布料等。6月9日，他们乘坐一艘满载的船离开纽约，前往奥尔巴尼，还带上了"一桶年份最久的上好马德拉酒"。

在印第安人到来之前，来自各殖民地的24名代表首先进行了内部讨论。纽约总督詹姆斯·德兰西建议在西部建立两个堡垒，但由于代表们无法就费用问题达成一致而搁置。在富兰克林的努力下，与会代表通过一项提议，决定建立一个委员会，"准备并接受有关殖民地联盟的提议"。富兰克林被提名为委员会的7名代表之一，这就为其提供了更加有力的条件，为自己草拟的计划赢得更多支持。

与此同时，印第安人代表们在莫霍克联盟酋长提亚诺加（又名亨德里克·彼得斯）的带领下来到了奥尔巴尼。这位领袖的态度十分傲慢。提亚诺加指出，印第安6族长期以来一直被英国殖民者所忽略，“当你们弃之若敝的时候，法国人已经占得先机”。在其发表的另外一篇对英国人的指责中，提亚诺加甚至说：“瞧瞧法国人！他们是男人，却到处修堡垒。我们都不好意思说，你们就像娘们儿一样！”

经过一周讨论之后，与会代表们向印第安人做出了一系列承诺：将就定居点问题和贸易路线问题进行更多磋商，将对某些土地交易展开调查，并将立法限制朗姆酒的交易。印第安人别无选择，接受了礼物，并宣布其与英国人之间的盟约“郑重恢复”了。但富兰克林对此不置可否，在他给克林逊的信中写道：“我们更新了与印第安人的盟约，但我认为，一旦我们与法国人开战，别指望从他们那儿得到任何援助。除非我们自己建立一个真正的联盟，在印第安人受到袭击的时候，可以从我们这儿获得援助。”

富兰克林努力在奥尔巴尼建立这样一个联盟，而托马斯·哈钦森则是其举足轻重的盟友（请记住这个名字，后来他成为富兰克林一生的敌人）。哈钦森来自马萨诸塞，是一名富有的船商。委员会最终在富兰克林草拟的提要基础上通过决议，决定成立一个联邦会议，其代表由各殖民地选举产生，比例大致与人口和财富所占比例相当。英国国王将任命一位“总督”，负责行政事务。

此决议的核心则是一个某种程度上的全新概念——“联邦主义”。“联邦政府”将负责处理国防和西部扩张等事务，但每个殖民地都将保留自己的宪法和地方政府。尽管有人会认为富兰克林只是实干者，而不是理论家，但富兰克林在奥尔巴尼发明了一个有序、平衡、开明的“联邦”概念。这一概念日后成为美国建国的基础。

7月10日，在印第安人离开奥尔巴尼之后，全体与会代表最终对此计划进行了表决。尽管来自纽约的几个代表表示反对，费城议会议长贵格会领袖艾萨克·诺里斯也投了反对票，但这项计划还是轻而易举地获得了通过。与富兰克林所起草的提要相比，只做了几个小修改。而富兰克林出于妥协的精神，也接受了改变。富兰克林向自己的朋友科尔登解释道："如果很多人对于一项全新事务有着各种各样的不同见解，就必须舍小取大。"33 年之后，富兰克林成为制宪会议的主要协调人时，他也用相似的语言表达了同样的观点。

与会代表最终决定将此计划送至各殖民地议会和贸易委员会处进行审批。富兰克林马上发起了公共运动为其摇旗呐喊，内容之一就是通过信件与马萨诸塞总督威廉·雪利进行热情洋溢的公开讨论。雪利认为联邦会议的代表应由英国国王指定，而不是各议会选举产生。富兰克林回应道："民众不应该被征税，除非得到其代表的一致同意。这是毋庸置疑的权利。"这一观点实际上也是未来殖民地与英国之间斗争的核心之一。

然而，种种努力最终还是付诸流水。所有的殖民地议会都否决了这一计划，因为其权力将会受到损害。而英国同样也拒绝了此计划，因为这会赋予选民太多权力，并将鼓励殖民地联合起来，这是十分危险的。"各殖民地议会并不采纳，因为他们认为联邦政府将会拥有太多特权，"富兰克林回忆道，"英国方面则认为此计划具有过于浓厚的民主色彩。"

在生命即将走向尽头的时候，富兰克林曾对此进行回顾。他确信如果奥尔巴尼计划获得通过，美国革命就不会发生，而英联邦将会成为一个繁荣的帝国。"各殖民地如果按照这一计划联合起来，力量将足够强大，可以进行自我防卫，"富兰克林如此推算，"那么，后来就没有必要从英国派军队过来，向北美殖民地征税的借口也就自然而然不存在了，也就不会引起血腥的对抗。"

在这点上，富兰克林是错的。不久之后的英国和其殖民地之间关于征税权和控制权之争是不可避免的。但此后的 20 余年间，即使富兰克林越发意识到殖民地联合起来的重要性，他仍旧试图寻求一个和谐的解决方案。

凯瑟琳 · 雷：富兰克林与红颜知己

在奥尔巴尼会议之后，富兰克林对其所负责区域的邮政工作进行巡察，最后一站就是波士顿。自从其母亲两年前过世后，富兰克林就再也没有回去过。富兰克林把大部分时间都花在处理其庞大的家族事务上，给亲戚安排工作，提供学徒的机会。当富兰克林和哥哥约翰在一起的时候，他遇见了一个令其神魂颠倒的年轻女人。这也是富兰克林余生中许多次既香艳又浪漫的精神出轨的开始。

凯瑟琳 · 雷当时只有 23 岁，是一个可爱、充满活力的年轻姑娘，来自布洛克岛。雷的姐姐嫁给了约翰的继子。富兰克林当时 48 岁，对雷一见钟情。而对雷来说，富兰克林也很有魅力。雷是一个很健谈的人，富兰克林也是如此。而如果富兰克林想讨好某人时，他也是一个很好的聆听者。他们经常玩猜心意的游戏，雷称富兰克林是一个巫师，时刻都能引起富兰克林的关注。雷还做得一手好蜜饯，富兰克林则坚持认为这是他从未尝试过的美味。

时间过得飞快。一周后，雷离开波士顿去新港看望自己的另一个姐妹，富兰克林决定与其同行。在路上，他们所骑的马由于钉了铁掌导致在结冰的山路上遇到了很大的麻烦，他们还一同被困在冰雨中，有一次甚至还走错了方向。但多年后，当他们回忆起这段经历时，记住的是两个人一谈就是数小时的甜蜜，彼此之间心灵的沟通，还有打情骂俏。在和雷的家人一起在新港待了两天后，富兰克林不得不告别。雷乘船回到了布洛克岛。“我站在岸边，”富兰克林不久之后在给雷的信中写道，“目送你离去，直到我戴上眼镜也看不见你的身影为止。”

富兰克林心有不甘地返回费城，一路上走走停停，居然花费了好几个星期的时间。当他最终回到家的时候，雷的来信已经等候多时。就在其后的几个月的时间里，富兰克林一共给雷写了6封信。而他们一生中，则有40多封来往书信。雷的来信，富兰克林大多没有保留，这可能是出于谨慎的考虑。但雷却将富兰克林的每一封来信都珍藏起来，作为友谊的见证。从中，我们可以对富兰克林与女性的关系有一个大概的了解。

仔细阅读他们之间的信件，深刻体会其中的言外之意，你会有这样一个印象：最初富兰克林进行了一些试探，试图使二人关系更进一步，但雷巧妙地避开了，于是富兰克林此后对其尊重有加。在二人初次分别后，富兰克林写给雷的第一封信中，他写道：“我写此信时，正值一场东北风带来的暴风雪，那雪片像你少女的童贞一般纯净，如你可爱的胸一样洁白，也一样冰冷。”在几个月之后的另一封信中，富兰克林谈到了生活、数学和婚姻的“乘法”作用，他语带活泼地写道：“我想把自己的一切都告诉你，可你却认为够了，不愿去了解。”

尽管如此，雷在给富兰克林的信中仍充满了狂热。“见不到面，没有减少反而加深了我对你的感情”，“爱我哪怕只像我爱你的千分之一，我也就心满意足了”，雷在给富兰克林的信中写道。可以说，她的每一封信都是饱含深情、爱恨交加，不仅表达了自己对他的爱慕，还描述了追求她的男子。雷乞求富兰克林看过信之后就把它们毁掉：“我告诉你了上千件我从不曾让他人知晓的秘密。”

富兰克林则向她保证自己会保守秘密。“你可以告诉我任何你觉得合适的事，无须顾忌。除了我之外，我保证不会有人看到。”富兰克林承诺道，“我深知男女之间温暖的友谊，即使是最清白的表达，也经常会被那些保守之人视为不合礼仪之举。”富兰克林解释，这也正是他在自己的信中显得有些冷漠的原因。“虽然你表达得更多，其实我是爱你在心口难开。”

因此，流传下来的富兰克林和雷的信中除了打情骂俏之外并没有太多别的内容。雷给富兰克林寄了一些自己做的蜜饯，每个上面都印了自己的吻（有人猜测）。“它们中的每一个都按照你一向喜欢的那样用糖腌过了。”富兰克林则回应：“蜜饯已安全运到，由于你提到的原因，它们很甜，但我很少吃糖了。”富兰克林还谈到了“生活的乐趣”，“它们都在我的控制中”。当雷提到自己有一丝恐惧的时候，富兰克林则安慰她：“我希望我可以抓住它的一端，把你拉到我的身边。”

那么，富兰克林忠诚、宽容的妻子德博拉是如何看待富兰克林这种远距离的调情呢？奇怪的是，富兰克林似乎将德博拉当成挡箭牌，无论是对凯瑟琳还是此后的其他女性，使他们之间的关系恰到好处地停在了危险的边缘。富兰克林经常在信中提到德博拉，几乎在给雷的每封信中都对德博拉的美德大加赞赏。似乎富兰克林想让雷对自己的爱慕适可而止，并使其认识到尽管富兰克林对她的喜爱是真心的，但也只是逢场作戏。或许，在富兰克林的非分要求遭到拒绝之后，他想显示（或假装显示）那只不过是一个玩笑。“我几乎忘了我有个家。”富兰克林在向雷描述两人初次分别后返家旅程的信中写道。但很快，富兰克林就开始“想家，希望回到家，而且，离家越近，我感到那股吸引力越来越强”。所以他越走越快，他写道：“扑进我贤惠的妻子和孩子们的怀抱中，一动不动，感谢上帝。”

就在那年秋天，富兰克林甚至明确提醒雷自己是个有妇之夫。当时雷给他寄来了奶酪作为礼物，富兰克林则回复："富兰克林夫人为一位年轻小姐对她年老的丈夫如此关切而自豪。每次我们享用奶酪的时候都会谈到你。"实际上，这封信和此后富兰克林写给雷的信都有一个很有趣的地方：涉及与雷之间情感的内容越来越少，而谈到与自己妻子这种虽不是激情燃烧但使人深感舒适之类的内容越来越多。正如富兰克林对雷所言："她相信你是一位理智的姑娘……甚至谈到要将我遗赠给你。但我希望你能找到一位更好的如意郎君，也希望她长命百岁。我们正一块儿慢慢变老，如果她有什么缺点，我也已经如此习惯，已经感觉不到了……让我们一道来祝愿这位老夫人长寿和快乐吧！"

在此后的信中，富兰克林并没有仅限于打情骂俏，而是开始像父亲一样对雷进行责任和道德的教导。"做一个好姑娘，"富兰克林写道，"直到你找到一个好丈夫，然后待在家中，相夫教子，像一个真正的基督徒一样生活。"富兰克林希望下次见到雷时，发现她身边围着一些"胖嘟嘟、水灵灵、红润可爱，像他们妈妈一样漂亮的小淘气"。事情也的确如此，当他们下次见面的时候，凯瑟琳已经嫁给了未来的罗得岛总督威廉·格林，他们一共生了6个孩子。

那么，我们应该如何理解他们之间的这种关系呢？很明显，其中有很多浪漫的痕迹。但是，除非富兰克林在信中故意掩饰以保护雷（和他自己）的名誉，他们之间的种种快乐实际上都来自有趣的幻想，而并非肉体的接触。这也是此后富兰克林和很多年轻女性之间打情骂俏的共同之处：一些看似玩笑的小暧昧，相互赞美，充满了亲密暗示，双方都全身心地投入。尽管富兰克林有一个好色的名声，他本人也没有多做解释，但并没证据表明其与德博拉结婚之后曾经认真地和其他女性有过性关系。

克劳德-安妮·洛佩兹，原耶鲁大学富兰克林项目的编辑之一，曾花了多年时间研究富兰克林的私人生活。她认为富兰克林与凯瑟琳·雷等女性的关系既精明又可信。

> 一段罗曼史？的确如此，但这是富兰克林式的罗曼史，一点儿风流，一点儿慈爱，大胆地迈一步，然后谨慎地退一步。虽然像一个男人一样冒险，但又像朋友一样可敬。也许将这种感情称为“红颜知己”更为合适，已经超越了柏拉图式的爱情，但距离男欢女爱还有一段距离。

富兰克林只与少数男性密友保持了亲密联系，那些人要么是富兰克林的思想伙伴，要么是社团同僚。但他尽情享受与女性在一起的乐趣，与很多女性建立了深厚、持久的关系。对富兰克林来说，这种关系并非是一种浅薄的消遣，尽管看起来如此，而是一种值得享受和尊重的乐趣。富兰克林在一生中曾经失去过很多男性朋友，但几乎从未失去一位红颜知己，包括凯瑟琳·雷在内。正如富兰克林在35年之后，也是其逝世前一年所言：“我一生的幸福之中，包含着你的友谊。”

领主的死敌：布拉多克引发的政治分歧

在1755年年初，结束与雷的短暂甜蜜回到费城之后，富兰克林同当时费城大部分政治领袖都建立了来往，起码暂时如此。当时，费城领主刚刚任命了新总督，罗伯特·亨特·莫里斯。富兰克林向莫里斯保证其任期会相当顺利，“只要小心不与议会发生任何争论”。莫里斯则半开玩笑地回答道：“你知道我很爱争论，这是我人生最大的乐趣之一。”尽管如此，莫里斯也保证“将尽可能地避免争论”。

同样，富兰克林也尽量避免与新任总督发生争执，特别是涉及费城防务时。因此，当英国人决定派遣爱德华·布拉多克将军到北美殖民地将法国人赶出俄亥俄谷，富兰克林答应了莫里斯的请求，动员议会拨款为英军提供后勤援助。

如往常一样，议员们坚持对领主的财产也必须要征税。富兰克林则提出了一些聪明的建议，如借款和税收等，希望打破僵局。这些办法虽然很见效，但难以取得立竿见影的效果。所以，富兰克林接受了一个极富挑战性的任务，另寻他法为布拉多克提供必需的后勤支援。

当布拉多克抵达弗吉尼亚时，宾夕法尼亚总督莫里斯、马萨诸塞总督雪利和纽约总督德兰西组成了一个代表团，与其会面。宾夕法尼亚议会希望富兰克林加入代表团，正如其朋友雪利总督一样。富兰克林本人也乐于参与其中。所以，富兰克林就以邮政总长的名义，打着为布拉多克的通信提供便利的旗号加入了代表团。一路上，富兰克林对科学的好奇给其他团员留下了深刻印象。有一次，他们遇到了一个小的龙卷风，富兰克林策马跃入其中，仔细研究了它的影响，甚至还试图用马鞭将其破坏。

布拉多克将军一脸傲慢，骄傲地宣示："我看不到有什么可以阻挡我进军尼亚加拉。"富兰克林提醒他应该小心印第安人的埋伏，布拉多克却回应道："这些野蛮人对你们那些未经训练的北美殖民地民团来说的确是可怕的敌人，但是先生，对于英国国王麾下训练有素的常规军来说，他们根本不值一提。"

除了傲慢之外，布拉多克还缺乏后勤支援。因为北美殖民地人未能提供所承诺的马匹和马车，布拉多克宣布打道回府。富兰克林则从中斡旋，表示宾夕法尼亚将为其提供支持。布拉多克立即指派富兰克林负责粮草和装备的筹集工作。

富兰克林利用了当时宾夕法尼亚民众的恐惧、自身利益和爱国主义情怀，散布广告，宣布为了打败法国人，布拉多克亟需马匹和马车。布拉多克本打算强征马匹，并强迫北美殖民地人服役，但最终被说服转而采用“更公平、公正的方法”。富兰克林表示，征用条件很优厚，“车马的租金将高于3万英镑，并将用英国国王的金币和银币支付”。为了进一步诱导那些农民，富兰克林还保证“服役工作轻松容易”。最后，告示以威胁结尾，如果自愿的方法并不奏效，“你们的忠心将会受到强烈质疑”，“很可能采取过激的手段”，“一队轻骑兵将会立即进入本地”。

富兰克林表现得非常无私，同样也很引人注目。当农民们表示他们不愿信任一个不了解的将军的财政担保时，富兰克林以个人的名义保证他们将收到全部酬劳。同时还委托他的儿子威廉代表他与农民签约。“不到两周的时间，他们就征集到了259匹马和150辆车。”

布拉多克将军对富兰克林的表现大加赞扬，议会也毫不吝惜地大唱赞歌。但总督莫里斯却没能听从富兰克林不要争论的劝告，大肆攻击议会毫无作为。这令富兰克林十分沮丧，但他仍然试图从中调停。在他给克林逊的信中写道：“我对目前的情况深感厌恶，我既不喜欢总督的作为，也不赞同议会的行为。两边虽然对我都多少表示信任，我也试图尽力从中调停，但最后还是无果而终。”

尽管如此，富兰克林当时还是与总督莫里斯维持着良好的私人关系，虽然可能说是工作关系更为合适。一天晚上，莫里斯在街上偶遇富兰克林：“你今天晚上一定得来我家，我有些朋友你会喜欢的。”其中有人讲了一个桑丘·潘沙的故事。当潘沙有机会管理一个政府时，他要求所有的统治对象都是黑人，如果他们不听话就可以将其卖掉。莫里斯问富兰克林：“为什么你还要站在那些该死的贵格会教徒那边？你把他们卖了不是更好吗？领主会给你开个好价钱。”富兰克林则回应道："总督还没把他们抹得足够黑啊！"

尽管所有人都哈哈大笑，但实际上分歧却加深了。富兰克林后来写道，莫里斯"试图抹黑议会的名誉"，但最后却"抹黑了自己"。莫里斯同样开始对富兰克林丧失了信任。在其写给领主托马斯·佩恩的一封信中，莫里斯指责富兰克林"和其他人一样，对议会那些毫无理由的要求赞同不已"。

与此同时，布拉多克将军自信满满地向西进军。大多数费城人认为他会凯旋而归，他们甚至已经在集资购买庆祝用的焰火了。富兰克林则较为谨慎，拒绝凑份子。"战争的一切都具有极大的不确定性。"富兰克林警告道。

果不其然，英军遭到了伏击，四处逃窜。2/3 的英军阵亡，布拉多克本人也未能幸免。在临死之前，布拉多克曾向他的一位副官耳语道："谁能想得到啊？"乔治·华盛顿上校是少数幸存者之一，即便如此，他的两匹战马都被击毙，衣服上留下了 4 个弹孔。

对于富兰克林来说，更加不幸的是所有借款都是由他个人担保的，因此面临极大的财政压力。"全部赔款接近两万英镑，如果都由我来付，只能破产。"富兰克林回忆道。就在那些农民准备起诉他之前，继任英军统帅的马萨诸塞总督雪利了解他的燃眉之急，下令用军费赔偿农民的损失。

布拉多克的惨败使来自法国和印第安人的威胁变得越发严峻，同样也进一步加深了费城的政治分歧。议会很快通过一项法案，拨款 5 万英镑巩固防务，但议会照例要求对所有土地征税，"领主财产不可例外"。总督莫里斯则否决了此项议案，要求将"不"改为"唯"。

富兰克林震怒。他不再居中调停，而是代表议会起草了给莫里斯的答复。富兰克林称莫里斯是一个"将自由民众压榨到如家臣般凄惨状态的可恶工具”，指责领主托马斯·佩恩“大发国难财”，“罔顾正义与真理，将令人厌恶的法律强加给人民”。

当富兰克林得知莫里斯被任命为总督之时就附带了一个秘密条款，即反对任何对领主财产征税的法案时，他怒不可遏。在一周之后议会写给总督的另一封信中，由于莫里斯对“家臣”一词表示抗议，作为回应，富兰克林是这样反击领主佩恩的：“我们的领主让我们自己出钱，还要保卫他的财产！这不仅仅是家臣了，情况甚至比我们所听过的任何家臣都要糟。我们甚至无法找到合适的词语来形容，比奴隶还悲惨。”在随后的一封信中，富兰克林甚至还发出了革命的呼喊：“那些放弃最基本的自由换取一时安全的人最后会一无所有。”

最终，领主和议会达成了一系列妥协。领主慑于议会的怒火，表示捐款 5 000 英镑，无论议会通过的款项是多少。尽管危机暂时有所缓和，但实质性问题仍然存在。对于富兰克林本人乃至历史来说，更为重要的是，富兰克林放弃了长久以来一直坚持的厌恶争斗的立场。此后，富兰克林日益成为领主的死敌。

民团上校富兰克林：谦虚与被认可的矛盾

在领主和议会艰难达成妥协之后，防御资金的问题暂时得到了解决。但富兰克林又面临着一个更为艰巨的任务，就是计划如何使用这笔资金来成立部队。富兰克林推动通过了一项法案，成立一支完全志愿的武装力量，这样就确保得到了贵格会教徒的支持。随后，他又发表了一篇文章，列举并回复了所有能想到的反对意见，以获取对此项计划的支持。其中有一项是关于贵格会教徒无须强制参加民团的质疑，有人说：“如果我为救那些贵格会教徒而战，就把我吊死！”而他的朋友们回答道："你这么说就好像是船漏了，你却不愿意往外舀水，因为这样会在救自己的同时也救了那些老鼠。"

富兰克林的计划是以其在1747年组织的民团为蓝本的，唯一不同的是那时获得了政府的支持。和以往一样，富兰克林长篇累牍地谈论训练、组织和军官的选拔等种种细节。在一封信中，他甚至具体谈到了如何使用猎犬进行侦查。"这些狗要个头大、强壮、具有攻击性，"富兰克林写道，"每条狗都要拴上一条粗绳子，这样它们就不会因为乱跑而丧失体力，也不会因为朝着松鼠叫而暴露目标。"

总督莫里斯勉强接受了富兰克林关于民团的议案，尽管他对志愿的形式和民主选举军官十分不满。令他更为痛苦的是，富兰克林成为民团事实上的领导者和整个宾夕法尼亚最有权力的人。"富兰克林先生将自己置于议会领袖的位置上。"莫里斯警告佩恩，他的追随者"不择手段地从你的手中夺取政府的权力，即使自己的国家国难当头"。富兰克林则对莫里斯越发蔑视，他曾经给议会在伦敦的说客写道："那个人就是一个疯子。"

当富兰克林穿上军装，在儿子陪同下前往边界地区视察防御用栅栏的建设情况时，领主们对他的恐惧丝毫没有减弱。富兰克林50岁生日那一周也是在前线度过的。当时，他正驻扎在利哈伊峡谷，每天都有他那负责任的妻子送来的美食。"我们已经享用过你做的烤牛肉，今天就开始吃你做的烤牛排了，"富兰克林在给德博拉的信中写道，"那些坐在家中吃饭的人并不知道什么叫美味，我们这些在距离厨房80英里之外的客厅享用美食的人却深得其乐。"

富兰克林对自己前线指挥官的身份很是满意，凭借他的才智也取得了很多成就，其中之一就是使500名士兵遵照他的命令参加祈祷。富兰克林给随军牧师分配了一个任务，每天在士兵参加完他的祈祷会后发放定额配给的朗姆酒。结果“士兵们从未这样齐整、准时地参加祈祷会”。富兰克林甚至还抽空以自己独特的嘲讽视角观察并记录了当地摩拉维亚教徒的指婚习俗。“我反对婚姻大事不是由自己做主，因为这样可能会造成某些婚姻不幸福，”富兰克林回忆道，“而告诉我此事的人则回答说，‘即使你让男女自由选择，他们还是有可能生活不幸福。’对此我也不能否认。”

在前线待了 7 个星期之后，富兰克林回到了费城。虽然领主和总督对他的担忧与日俱增，但实际上富兰克林并没有趁机大捞政治资本。他既不想扮演马背上的英雄这一角色，也不愿意借机将自己日渐高涨的声望转化为政治权力。实际上，富兰克林一路快马加鞭，提前在半夜就回到了费城，正好避开了民众本打算为其举行的盛大欢迎仪式。

但是，当费城民团选举富兰克林担任上校和最高指挥官的时候，他并没有拒绝。总督莫里斯虽然在危急关头向富兰克林求助，实属情非得已，现在更不愿首肯富兰克林当选为民团领袖这一事实。但他别无选择，因为富兰克林在提案中早已明确规定民团各级军官由民主选举产生，因此几周之后他只好表示赞成，只是仍心怀愤恨。

实际上，富兰克林一生都纠结于这种矛盾（并自得其乐）。一方面，他希望赢得谦虚的好名声；另一方面，他又极度渴望获得认可。富兰克林对上校这一职位的看法也是如此。富兰克林无法抑制自己对在盛大的公开阅兵式上检阅部队那种虚荣的渴望。当时有 1 000 多名士兵盛装列队从富兰克林位于市场街的宅邸前走过。在军乐声中，每支连队一一接受检阅。他们甚至还启用了最新油漆好的加农炮，在每个连队到来之前都鸣炮致意。富兰克林后来在自传中嘲讽地写道：“那些炮声把我电学仪器上的好几块玻璃都震坏了。”

几个星期之后，富兰克林准备离开费城对外地邮政进行巡察时。

“民团里的军官觉得应该由他们护送我出城。”军官们拔出自己的剑，一路上举剑前行，将富兰克林送到了渡口。当远在伦敦的托马斯·佩恩得知此事时十分震怒。富兰克林后来回忆道：“这件蠢事使其对我的敌意大增……他后来还援引军官护送我一事作为例证，证明我有意从他手中夺取宾夕法尼亚的政权。”富兰克林对此事也“懊恼不已”，起码在回忆录中他是这样说的：“我事先不知道他们要这样做，否则就会阻止他们，我一向不喜欢在任何公众场合摆架子。”

实事求是地说，富兰克林的确从来都不是一个喜欢摆谱儿的人，既不傲慢，也不愿意显得高人一等。因此，当佩恩及其盟友在费城扶植其他民团以制衡富兰克林，并游说大臣撤销富兰克林的民团法案时，富兰克林主动放弃了民团指挥官的职位。在其写给克林逊的一封信中，富兰克林坦承对于民众的爱戴，自己很是受用，但他也清醒地意识到不会让其冲昏了头脑。“碰巧民众很爱我。”富兰克林写道。但随后又补充：“请原谅你的朋友有一点儿小小的虚荣，但这也仅限于你我之间……我猜你打算告诫我民众的热情是最难以琢磨的。你说的没错！对于如此看重这一点，我很惭愧。”

新使命：大英帝国危险的敌人

尽管富兰克林展示出非凡的才能，并在危机时刻挺身而出，四处斡旋，寻求最切实际的妥协，但他作为政治家的生涯还是暂时告一段落。在危机早期，富兰克林一度显示了非凡的耐心，并与总督莫里斯保持了良好的私人关系。但随后一切都发生了变化。莫里斯和领主利益的捍卫者们竭尽所能地羞辱富兰克林，因此他曾一度想要搬到康涅狄格或是更西的地方，并帮助英国人在俄亥俄建立一块新殖民地。

因此，弗吉尼亚的邮政巡察之旅对富兰克林来说是一段难得的温暖休憩，他可以远离纷争，抚慰自己受伤的灵魂。因此，富兰克林决定能待多久就待多久。在威廉斯堡，富兰克林曾给自己的妻子写道，自己就像“鸟儿一样快乐，甚至有点儿乐不思蜀。长期以来一直困扰我的种种压力也逐渐淡去”。富兰克林还和华盛顿上校以及其他熟人见了面，对桃子尺寸甚感惊奇，接受了威廉玛丽学院颁发的荣誉学位，还悠然自得地策马巡察了当地乡村的邮政情况。

当富兰克林最终回到费城的时候，已经是一个多月之后的事情了，费城政治局势的对立也越发明显。领主的秘书理查德 · 彼得斯与富兰克林聘请来负责学校运营的威廉 · 史密斯密谋，计划把富兰克林从校董会主席的位置上赶了下来。史密斯还一直撰文对富兰克林进行猛烈攻击，他和富兰克林甚至从此不再说话。这又是一个富兰克林与男性友人决裂的例子。

1756 年夏末，一名职业军人威廉 · 丹尼代替莫里斯出任总督，似乎出现了缓和之机。当时各方都对他的上任表示欢迎，并对其寄予厚望。在为其举行的欢迎晚宴上，丹尼将富兰克林单独带到一个房间，并试图与其交朋友。他们一边喝马德拉酒，一边聊天。丹尼对富兰克林大加赞赏——这不失为一个聪明的办法，并试图贿赂富兰克林。丹尼许愿，如果富兰克林态度有所转圜，就可以得到“可观的回报和酬金”。富兰克林的回答则是“感谢上帝，我的经济情况使我无须接受任何来自领主的财产恩惠”。

但丹尼并不过分抗拒金钱的诱惑。最初，他与前任一样与议会进行对抗，否决对领主财产征税的议案。但不久后，丹尼未经领主允许就擅自改变了主意，并获得了议会提供的丰厚薪水。

与此同时，议会也决定不再忍让顽冥不化的领主家族。1757 年 1 月，议员们一致投票选举富兰克林为代表，出使伦敦。富兰克林的使命是：劝说领主在税收及其他事务上向议会做出让步；如果不奏效，就代表议会与英国政府进行斡旋。

对此，领主的秘书彼得斯深表忧虑。“富兰克林的观点将会对政府产生重要影响。”彼得斯在给佩恩的信中写道，“鉴于他的人格魅力和在电学方面取得的成就，他很容易与任何人打成一片。他最终将会是一个危险的敌人。”相比之下，佩恩较为乐观：“富兰克林的名望在英国一文不值，他将为那些大人物所蔑视。”

实际上，彼得斯和佩恩都没猜错。1757 年 6 月乘船离开北美殖民地前往英国的时候，富兰克林坚信殖民地应该自发形成一个更紧密的联盟，作为英国国王的子民，应该被赋予完全的权利与自由。但那时的富兰克林还只是一个骄傲、忠诚的英国人，希望加强大英帝国的力量，而不是寻求北美殖民地的独立。只有在多年之后，当富兰克林被伦敦那些大人物嗤之以鼻的时候，他才成为大英帝国危险的敌人。

Benjamin Franklin

An American Life

第八章

浑水湍流（伦敦，1757~1762 年）

史蒂文森太太的房客：出使伦敦

1757 年夏乘船横渡大西洋时，富兰克林发现了一个有趣的现象：船驶过后，其尾部的海水会很混浊。然而，两艘船之间的海水却出奇清澈。对此，富兰克林感到十分好奇，并向别人打听原因何在，结果被告知“这是船上的厨子通过排水孔往外倒油使船的两侧变得润滑的缘故”。

这一解释并不能令富兰克林满意。相反，他想到公元 1 世纪的古罗马参议员、科学家老普林尼往湍急的水面上倒油最终使其平静下来的故事。在此后的几年中，富兰克林一直在做实验。他甚至还发明了一个小“魔术”：用一根内部灌满油的棍子搅动水面，最终使水面平静下来。实际上，富兰克林一生中都在不断想方设法使湍急的水流平静下来。这一比喻虽然浅显，但十分合适。然而，在富兰克林作为外交官出使英国期间，这一努力以失败告终。

同样也是在这次旅行中，富兰克林所乘坐的船为了躲避法国海盗的追击，几乎在锡利群岛搁浅。富兰克林在写给自己妻子德博拉的一封信中描述了自己劫后余生的感激之情。“如果我是一个罗马天主教徒，或许我应该发誓为某个圣人建一座教堂。”富兰克林写道，“但我不是，如果非要发誓的话，我想我还是建个灯塔比较合适。”

在35年之后，富兰克林再次来到英国。他早已不是当初那个年轻的印刷工，而是一位51岁的长者。作为费城的代表，富兰克林肩负着两项任务——游说和外交。不幸的是，富兰克林的洞察世事、脚踏实地、远见卓识、谦虚温和以及冷静的头脑都没派上用场，留给他的只有深深的挫败感和苦涩。尽管他的外交使命以失败告终，但伦敦生活的方方面面都令其难以割舍，包括各地知识分子对他的厚爱以及像费城一样的家庭生活。最初，富兰克林认为自己的任务会在5个月内结束，没想到这一待就是5年。而短暂的返乡之后，他又待了10年。

1757年7月，富兰克林来到了伦敦。同行的还有他26岁的儿子威廉，以及两个黑人佣人。迎接他们的是彼得·克林逊，伦敦的一个贵格会商人和植物学家。当初共读社第一次从伦敦购买书籍时就得到了克林逊的帮助。日后，富兰克林关于电学研究的论文也是在克林逊的协助下才最终付梓。克林逊将富兰克林一行安排在自己位于伦敦北部的豪宅中，并邀请了印刷商威廉·斯特拉恩等人前来一聚。这些人久仰富兰克林的大名，可惜之前从未谋面。

几天之后，富兰克林找到了合适的寓所（还有一间电学实验室）。这是一栋4层小楼，舒适、便捷，在克雷文大街上，位于斯特兰德和泰晤士河之间，就在现在的特拉法尔加广场的不远处，离英国政府所在地白厅也只有几步距离。房东是一位聪明、朴实的中年寡妇，名叫玛格丽特·史蒂文森。富兰克林和她建立了一种家庭般的关系，有些特殊，但又很普通，就像富兰克林与德博拉在费城，让富兰克林感到十分舒服。富兰克林的伦敦朋友甚至将他们看作一对，邀请他们一同赴宴，甚至在信中同时问候两人。尽管富兰克林和史蒂文森的关系中可能有一些男欢女爱的成分，但并没有强烈的激情，也没有在伦敦引发什么绯闻或丑闻。

富兰克林与史蒂文森的女儿玛丽——也就是人们熟知的“波莉”——之间的关系则要复杂得多。波莉是一位18岁的少女，活泼、讨人喜欢，还具有富兰克林最欣赏的那种求知欲。在很多方面，波莉在伦敦扮演了富兰克林女儿萨莉的角色。富兰克林对待波莉就像是自己的侄女一样，甚至有时扮演父亲的角色，给她生活和道德方面的建议，同时也教授数学和其他方面的知识。但波莉同时也是英国版的凯瑟琳·雷，一个举止可爱、思想活泼的漂亮姑娘。富兰克林写给波莉的信中经常可以看到彼此打情骂俏的内容，富兰克林也以其惯用的对女性的关注对波莉大加奉承。

富兰克林与波莉一谈就是几个小时，波莉强烈的好奇心令富兰克林十分陶醉。而当波莉搬到郊外与自己姨妈同住时，富兰克林更是与其保持了密切的书信往来。在伦敦的那段日子里，他给波莉写的信甚至比给自己家写的还要多，其中很多封都是情书。富兰克林在他们初次见面不到一年的时间里就写道：“我没有一天不想你。”波莉给他寄来了一些小礼物，富兰克林在另外一封信中写道：“我已经收到了你精心给我织的吊袜带。这正是我喜欢穿的那种，我已经有20年没穿过这样好的东西了，幸好你给了我这样的礼物……我向你保证，每次我穿上它的时候就会想起你，就像你织它的时候会想起我一样。”

正如与凯瑟琳·雷一样，富兰克林与波莉之间不仅有思想的交流，更有心灵的沟通。富兰克林曾给波莉写了一封长信，详细解释了气压计工作的原理、不同颜色对热量吸收的差别、如何发电、龙卷风是如何形成的，以及月亮是如何影响潮汐的。其中有8封被收录在其日后修订再版的电学著作中。

富兰克林还在信中教给波莉很多不同方面的知识。“我认为我们之间最简单的交流方式，就是你阅读一下我给你推荐的书，”富兰克林写道，“这不仅会为你给我的信提供素材，我也可以据此一一作答。”对富兰克林来说，这样的智力指导是他取悦年轻女性的终极撒手锏。正如富兰克林在一封信的结尾写道：“在给一位年轻姑娘写了6大页对开纸的哲学问题以后，还有必要在最后致礼吗？这样一封信本身不就是致礼吗？”

富兰克林的担忧之一就是波莉对待学习过于认真。尽管富兰克林对波莉的思想十分欣赏，但当波莉流露出打算终身不嫁，全身心投入到学习中时，他却退缩了。富兰克林给了波莉一些父亲般的忠告，向她讲述了一名女性相夫教子的责任，作为对波莉表示要“终身不嫁”的回应：

> 然而，在进行此种学习时必须要审慎地把握分寸。有关自然的知识虽然会十分有用，但也仅仅是锦上添花而已。如果以忽视最基本责任的学习与实践为代价来获取所谓的学识名望，那我们就应该遭受谴责。实际上，无论是庄严性和重要性，自然科学的知识都无法与做一个好孩子、好丈夫或好妻子相提并论。

波莉真心听取了劝告。“谢谢你，我的导师！感谢你对我的纵容，满足了我的好奇心。”波莉回答道，“我最大的愿望就是希望自己在你的眼中变得更加完美，我将小心谨慎，不会超越你所描述的分寸。”在随后的几周中，他们随意闲谈，从经验研究和不同理论的角度出发探讨潮水如何影响河口的水流变化。

波莉最终还是嫁人了，而且生了三个孩子，后来守寡。但从始至终她都与富兰克林保持了密切的关系。正如富兰克林在1783年，自己的生命即将走向尽头的时候，在给波莉的信中写道：“我们的友谊充满了阳光，没有一丝阴霾。”而在富兰克林生命的最后一刻，波莉陪在他的身边。这距离他们初次相遇已经过去了33年。

虽然富兰克林远离费城的家，但史蒂文森太太和波莉为他提供了一个复制品，一样的舒适，甚至更能激发富兰克林的灵感。那么这对富兰克林那个真正的家来说意味着什么呢？富兰克林的英国朋友威廉·斯特拉恩曾对此表示忧虑。他给德博拉写信，试图劝说她到伦敦陪伴自己的丈夫。但与喜欢四处游走的富兰克林恰恰相反，德博拉没有一点儿想要出去看看的愿望，而且对大海深怀恐惧。斯特拉恩甚至隐瞒事实向她保证，从费城到伦敦的这条航线上从未死过一个人。斯特拉恩甚至搬出了他们的女儿，说这次旅行对萨莉来说也是一次极好的体验。

以上种种都是信中甜蜜的部分，是用来引诱德博拉的"胡萝卜"。随后，斯特拉恩近乎无礼地提出逆耳忠言。这些劝告貌似彬彬有礼，其实内藏尖锐的警告，反映出斯特拉恩对富兰克林本质的洞察："现在，夫人，我相信伦敦的各位女士和我一样对富兰克林了如指掌。我的确认为您应该尽快到伦敦来捍卫自己的权益。虽然我认为富兰克林像任何男人一样忠于他的妻子琼（富兰克林给德博拉起的昵称），但如果他不断面对越来越大的诱惑，你们之间又相隔万里，谁知道会发生什么事呢？"为了防止德博拉没有注意到自己的言外之意，斯特拉恩甚至在结尾直言不讳："我想我不得不告诉您，富兰克林幸运地遇到了一个好房东、一位谨慎的女士，对他也十分照顾。在富兰克林重感冒期间，这位女士殷勤、细致、温柔地照料他，几乎可以和您相媲美。我认为您最好到伦敦来亲自照顾富兰克林。"

富兰克林喜欢德博拉，依赖她，对她简单质朴的习惯表示尊敬，但富兰克林也深知德博拉不适合生活在人情世故更为复杂的伦敦。所以在劝说德博拉来伦敦的这件事上，富兰克林有些矛盾，但他深知结果如何。“斯特拉恩和我打了一个赌，他说他写了一封信，你收到之后就会马上来伦敦。”富兰克林在给德博拉的信中写道，“我告诉他，我不屑于这么轻而易举地赢他的钱，因为我知道没有什么诱惑能够让你漂洋过海来到伦敦。”当德博拉回信告诉富兰克林自己的确将留在费城时，富兰克林又显示出些许的伤感：“你给斯特拉恩先生的答复是正确的选择，我深感欣慰。他本以为自己的花言巧语和夸大其词一定能够让你动心。”

在写给家里的信中，富兰克林花了很大篇幅向德博拉解释自己被照顾得很好，同时也保证不会做对不起她的事。在抵达伦敦几个月之后，富兰克林曾生了一场大病。痊愈之后，富兰克林就在给德博拉的信中写道：“我已经向史蒂文森太太表达了你的谢意。她非常乐于助人，对我照顾得也很好，每当我不舒服的时候，她总是忙前忙后，但我多么希望你在我身边，还有我的小萨莉……生病时，知心爱人的温柔呵护还是有很大不同的。”

和这封信同时寄往费城的还有一大堆礼物。富兰克林告诉德博拉，其中一些是史蒂文森太太挑选的。礼物中有瓷器、4柄伦敦“最新但也是最丑”的银质盐勺、“一个去苹果核的小工具和另一个切萝卜丁的小玩意”、史蒂文森太太给萨莉买的篮子、波莉给德博拉织的吊袜带（“已经给了我一双一模一样的”）、地毯、毛毯、桌布、史蒂文森太太为德博拉选的礼服、烛花剪，以及其他很多足以减轻富兰克林负罪感的东西。

实际上，德博拉对富兰克林生活中出现的那些女人还是持乐观态度的。她告诉了富兰克林家里的所有新闻和小道消息，甚至还包括凯瑟琳·雷最近写信向其咨询爱情生活的建议。“得知雷小姐一切都好，而且和你保持联络，我很高兴。”富兰克林回信说，尽管他要求德博拉不要“给太多这方面的建议”。

富兰克林和德博拉之间的大部分信件，与富兰克林与波莉、雷以及日后法国那些女性朋友的信件截然不同，很少涉及情感和知识方面的内容。富兰克林也甚少像与他的妹妹简一样，与德博拉讨论政治。尽管富兰克林的信中体现了其对德博拉的真挚感情和两人关系的实用主义本质，但并不像约翰·亚当斯和他的妻子阿比盖尔之间的信件一样，充满炙热的情感。

最终，随着富兰克林在伦敦的时间越来越久，德博拉给他的信中也流露出了越来越多的寂寞和自怜，特别是在1760年她母亲不幸在一场可怕的厨房大火中丧生后越发如此。那场灾难发生之后不久，德博拉就给富兰克林写信，笨拙地表达自己的孤寂以及对自己所听到的关于富兰克林和其他女人的流言的担心。富兰克林的回复却显得冷漠、空洞，尽管再次向德博拉保证自己的忠诚。“我对那些无稽之谈给你带来的困扰深表关切。”富兰克林写道，“放心吧，亲爱的，我知道自己的心在哪儿，上帝也庇佑我。我不会做损害一个诚实、热爱家庭的男人的名誉与品德的蠢事。”

富兰克林的伦敦世界

在18世纪50年代，伦敦有75万人口，且增长迅速，是欧洲最大的城市，也是仅次于北京（90万人）的世界第二大城市。伦敦十分拥挤，环境也不是很好，到处是病人、妓女和罪犯。长久以来两极分化明显：一半是有封号的上流社会贵族，另一半则是为温饱而苦苦挣扎的穷困工人。然而，伦敦也是一个活力四射的世界性大都市。伦敦当时已经出现了由商人和企业主组成的中产阶级以及知识分子、作家、科学家和艺术家组成的咖啡馆阶层。尽管费城是当时北美殖民地最大的城市，但相比之下，只有2.3万居民的费城更像是个小村子（费城当时的规模相当于现在威斯康辛州的富兰克林市或马萨诸塞州的富兰克林县）。

在这个各色人等组成的伦敦，富兰克林很快就赢得了知识分子和文人的喜爱。虽然富兰克林想提高自己的层次，但他对托利党的那些成员并无好感，而托利党人对他也是如此。富兰克林天生就对权力和所谓的精英十分鄙视，更喜欢和那些思想活跃、品德单纯的人在一起。富兰克林有一次回到自己曾经工作过的印刷店，买了一大桶啤酒，和那些工人一起为“印刷成功”而痛饮。

很快，富兰克林在伦敦有了新的朋友圈，取代了原来的共读社。相较之下，新圈子更加精于世故、层次更高。而斯特拉恩和克林逊则是这个圈子的核心。斯特拉恩是一个印刷商，也是当时《伦敦纪事报》的股东之一。1743年，斯特拉恩曾向富兰克林写信推荐自己的学徒戴维·希尔。富兰克林接受了推荐，雇用了希尔，日后还将其擢升为自己的合伙人。从那时起，两人保持着通信来往。在两人最终见面之前，一共通了60多封信。斯特拉恩对富兰克林这样一位传奇人物深感崇敬，富兰克林在给德博拉的信中写道：“我从未见过一个人在每一方面都如此完美地与我如此投缘。有人是在这方面，有人是在另一方面，而他是在各方面都与我合得来。”

克林逊是一个商人，富兰克林与其通过书信往来交流电学的研究成果，也正是克林逊将富兰克林引荐给了英国皇家学会。正因如此，富兰克林重返伦敦的前一年，皇家学会就选举富兰克林为第一位北美殖民地会员。通过克林逊，富兰克林结识了伦敦最有名的医生之一——约翰·福瑟吉尔大夫。福瑟吉尔后来成为富兰克林的私人医生，并在他和佩恩家族的斗争中献策献力。富兰克林还通过克林逊结识了约翰·普林格尔爵士，一位暴躁的苏格兰道德哲学教授，后来成为一名御医，也是富兰克林未来的旅伴之一。克林逊还引荐富兰克林加入了“诚实的辉格党人”，这是一个由亲北美殖民地的自由主义知识分子组成的俱乐部。在俱乐部的会员中，富兰克林与约瑟夫·普里斯特利、乔纳森·希普利成为朋友。普里斯特利后来著有《电学史》一书，奠定了富兰克林在电学研究方面的地位，他还成功地分离出了氧气。希普利则是圣阿萨夫的主教，富兰克林自传中有一部分就是在他家写的。

富兰克林还与年轻时那个任性的朋友詹姆斯·拉尔夫恢复了联系。拉尔夫早年曾陪富兰克林一起来到英国，随后因为金钱和女人，两人分道扬镳。拉尔夫的性格并没有多大变化，富兰克林从费城给他带来一封信，是当初被拉尔夫遗弃的女儿写的，现在她已经成为10个孩子的母亲。但拉尔夫不想让他的英国妻子和女儿知道自己和北美殖民地还有瓜葛，所以拒绝回信。他只是请富兰克林转达他“深深的爱”。此后，富兰克林与他很少联系了。

那些贵族阶层及美食、赌博俱乐部（如怀特俱乐部及后来的布鲁克斯俱乐部和布多斯俱乐部）中的时髦绅士们，通常在圣詹姆斯公园附近聚集。而那些新兴阶级中的作家、记者、专业人士和知识分子，也就是富兰克林喜欢和他们打成一片的那些人，通常选择咖啡馆作为集会的地点。当时，伦敦有500多家咖啡馆。那些咖啡馆提供报纸和期刊以招揽顾客，而咖啡馆的圆桌正好为各类兴趣俱乐部提供了场所。皇家学会会员们通常在斯特兰德的希腊咖啡馆聚会，离克雷文大街只有几步之遥。“诚实的辉格党人”则是星期四在圣保罗咖啡馆聚会。其余的，如马萨诸塞咖啡馆和宾夕法尼亚咖啡馆，则是北美殖民地人聚会的场所。富兰克林十分喜欢这些俱乐部，不时地光顾这些咖啡馆，喝上一杯马德拉酒。

这样，富兰克林建立了一个新朋友圈，也找到了几个新据点。这给富兰克林带来了共读社曾经带给他的乐趣，并在伦敦的知识分子中奠定了较好的基础。但正如托马斯·佩恩所言，这个基础还很薄弱。在富兰克林受命之后，领主们再次巩固了自己的同盟。富兰克林可能会赢得那些对其科学实验很感兴趣的人的好感，但是这些中产阶级的辉格党知识分子并不足以决定宾夕法尼亚的命运。“很少有政要听说过富兰克林的科学实验。那些对其实验感兴趣的是一拨人，”佩恩写道，“但是决定我们之间争端的又是另一拨人。”事实也的确如此。

与佩恩家族开战

富兰克林来到伦敦时，他不仅对英国王室忠心耿耿，还对帝国极其热衷。他当时认为北美殖民地应该是大英帝国不可分割的一部分，但很快就发现了自己的错误所在。富兰克林认为生活在殖民地的英国国王子民并不是二等公民。相反，他们应该具有和英国民众一样的权利，包括选举像英国议会一样具有立法权和征税权的殖民地议会的权利。富兰克林坚信，虽然佩恩家族不这样认为，但那些开明的英国大臣们将帮助他向领主家族施压，迫使其改变独裁的立场。

这也是为什么日后富兰克林会大吃一惊的原因。抵达伦敦不久，富兰克林就拜会了时任枢密院院长的格兰维尔勋爵。枢密院是由各部部长所组成的代英国国王行使权力的机构。“你们北美殖民地人对你们的宪法本质的认识是错误的。”格兰维尔勋爵说道，英国国王给各殖民地总督的指令就是“殖民地的法律”，殖民地议会无权推翻。富兰克林则回应说："我从未听说过这样的理论。"富兰克林还指出，殖民地的宪章中明确规定法律应由殖民地议会产生，总督尽管有权否决，但无权规定。"他认为我完全错了。"富兰克林回忆道。富兰克林对此非常警觉，所以一回到克雷文大街的住处，就把这次谈话记录下来。

富兰克林的解释的确有理有据。数年前，议会曾否决了一项条款，即总督的指令具有法律效力。但格兰维尔恰好是佩恩家族的姻亲，所以他的责难实际上暗示了领主的干预得到了王室的支持。

几天之后，即1757年8月，富兰克林开始同大领主托马斯·佩恩及其兄弟理查德进行了一系列会面。富兰克林和理查德是老相识，理查德曾经在费城住过一段时间，甚至连他的书签都是由富兰克林的店负责印刷的（富兰克林的账本显示理查德还欠着钱）。一开始，会议的气氛很友好，双方都宣称谋求事情的"合理解决"。但正如富兰克林回忆的："我认为每一方对什么是'合理'，都有自己的见解。"

佩恩家族要求将议会的要求以书面形式提出。为此，富兰克林花了两天的时间完成了这份文件。在这份《申诉要点》中，富兰克林要求所任命的总督可以"尽最大可能自主行事"，并声称领主要求自己免税是"不公正的、残忍的"，因为所收的税款正是用来保护他们自己的土地的。与这份书面文件相比，富兰克林非正式的方式更具挑衅意味——他既没有直接将此文呈送给佩恩家族，也没有正确地称呼他们的头衔"宾夕法尼亚真正、绝对的领主"。

佩恩家族对这种冒犯十分气愤，于是告诉富兰克林，他只能和他们的律师费迪南德·约翰·帕里斯谈。富兰克林拒绝了，因为他认为帕里斯是一个"傲慢、暴躁的家伙"，而帕里斯后来也成为他一生的敌人。这正中领主们的下怀：在长达一年的时间里，他们拒绝给予任何答复，而是要求等候政府律师们的法律解释。

在1758年1月与托马斯·佩恩的一次会面中，富兰克林为世人所熟知的冷静和善于沟通消失得无影无踪。当时原定的议题是佩恩是否有权否决议会任命的处理印第安事务的代表，但富兰克林将其扩大到宾夕法尼亚议会是否应该拥有像英国议会一样的权力。富兰克林争辩道，托马斯的父亲，伟大的威廉·佩恩曾在其1701年颁布给殖民地民众的《特权宪章》中表示赋予宾夕法尼亚议会这样的权力。

托马斯则回应说，根据英国国王颁布的相关宪章，他父亲无权如此行事："即使我父亲保证过这样的权力，但根据皇家宪章，他本无权这样做，那么这样的保证也是无效的。"

富兰克林反驳说："如果你父亲本无权保证这样的特权却故意为之，甚至还将其在整个欧洲发布，那么那些因此到此地定居的人……就是遭到了欺骗和背叛。"

"皇家宪章毫无秘密可言，"佩恩回应说，"即使他们上当了，也是咎由自取。"

实际上，富兰克林有强词夺理之嫌。威廉·佩恩于1701年颁布的宪章中的确宣布宾夕法尼亚议会"在英国子民生来自由这一权利的基础上，和英国国王在北美的殖民地一样，拥有议会的权力和特权"。但是，这一说法有很多种解释，富兰克林因此怒不可遏。在富兰克林写给议会议长艾萨克·诺里斯的一封描述当时场景的信中，富兰克林用了很多难以想象的词语："佩恩摆出一副胜利者的姿态，无礼的大笑，就像一个低等骑师听到一个追赶者抱怨他在马匹上作弊一样。对于他故意否认他父亲的宪章，我很震惊。当时，我不禁打心眼里对他表示彻底的不屑，对我来说这是前所未有的。" 而这封信公开之后，则彻底断绝了富兰克林作为说客成功劝服领主的希望。

富兰克林那时发现自己逐渐变得面红耳赤，脾气渐长，所以尽量少说那些言不由衷的话。富兰克林回忆道："我并没有做过多的回应，只是表示那个可怜人因为自己不是律师而只能相信他父亲的话。我不认为还有继续商榷的必要。"

这次会面最终不欢而散。对于富兰克林来说，这是其使命的转折点。佩恩拒绝和富兰克林再进行任何沟通，并称他就像一个"恶棍"。佩恩还宣布："从此我不会以任何理由和富兰克林说一句话。"无论他们在哪里碰面，富兰克林回忆道，"他那令人不快的表情中总是流露出一种由仇恨、愤怒、恐惧和烦恼交织在一起的奇怪神色。"

在放弃了他一贯的实用主义之后，富兰克林开始向其远在宾夕法尼亚的后方盟友们发泄自己的怒火。"我对领主的耐心几乎消磨殆尽。"富兰克林在给约瑟夫·加洛维的信中写道。富兰克林甚至打算和儿子一道写一部宾夕法尼亚的争端史，"在书中领主都会罪有应得地被绞死，腐烂，遗臭万年"。

富兰克林调停的能力似乎不翼而飞了，起码暂时如此。但富兰克林却仍然能为费城的朋友提供内部消息，包括事先通报领主准备解雇总督威廉·丹尼的事情。当时，丹尼违背领主的指示，同议会达成妥协，同意对领主的财产征税。"我需要保守这个秘密，"富兰克林在给德博拉的信中写道，此外还加上了点穷理查的智慧，"因此你也必须保守这个秘密。如果你愿意，也让你所有的朋友们保守这个秘密。"

富兰克林还有效地利用媒体发起了一项宣传运动，这也是其从青年时期以来就善用的技巧。富兰克林在斯特拉恩的《伦敦纪事报》上发表匿名文章，宣称佩恩家族的所作所为与英国的利益相抵触。而在一封署名为威廉·富兰克林，却明显是其父亲帮忙写的信中，更是对佩恩家族发起了直接攻击。此文在富兰克林参与编辑的一本费城历史书籍中得以重印。

当1758年的夏天即将来临时，富兰克林面临两个选择：按计划回到费城，回到自己家人的身边，但自己的任务将以失败而告终；或是在英格兰各地旅行，享受那些崇拜者对他的爱慕。

实际上，富兰克林要做出选择并不费力。“我明年春天才能回去。”富兰克林在6月写给德博拉的信中冷淡地说道。富兰克林说，他整个夏天都会在英国的乡村游历：“我需要通过旅游来保持自己的健康。”至于德博拉对她自己身体情况的抱怨，富兰克林只是表示了温和的关心：“听到你经常说自己身体欠佳，我十分关切。但是我们在慢慢老去，必须要对自己的情况有清醒的认识。虽然现在还算过得去，但必将随着岁月渐渐衰老。”

富兰克林的信一如既往的和善、亲切，但仍难以捕捉提到丝毫的浪漫气息。这些信似乎有一些家长式的说教，甚至语气略带傲慢。它们注定不会像富兰克林给自己的妹妹简或波莉的信那样充满智慧的交流，但这些信的确表达出了富兰克林对德博拉的真情和忠诚。富兰克林很欣赏德博拉明智的务实和两人关系中的随和本质。大部分时间，德博拉似乎接受了他们很早之前所做的安排，舒服地待在家中，和那些近邻友好相处，对此她深感满足，而不是和富兰克林一道远行。他们之间的通信，直到彼此生命的最后时刻，才偶见几句抱怨。富兰克林尽义务般地告诉德博拉一些逸闻趣事，指导她如何拆除电铃，并且给予她一些关于政治和女性的老派建议。富兰克林曾经写道：“你要谨慎行事，不要涉入任何党派之争。妇女不要干预政事，除非她们的丈夫、兄弟和朋友碰巧意见不合，需要从中调停。如果女人可以保持冷静，那么男人们也会很快冷静下来。”

富兰克林同样也很关心他留在北美殖民地的女儿，但也是点到即止。有一次他收到了一个萨莉的塑像，十分高兴，因此寄给她一大堆礼物，包括一顶白帽子和披风，一些小东西，还有一个由法国人造宝石制成的带扣。“这些一共花了 3 几尼（1 几尼=1.05 英镑），据说很便宜。”富兰克林在信中写道。即使富兰克林牵挂着家人，但并非十分强烈，因为他在伦敦还有一个类似的家。在当年 7 月，富兰克林心不在焉地给德博拉写了一封信。在漫不经心的附言中，富兰克林写道：“史蒂文森太太和她女儿要求我转达她们的问候。”

天生的混蛋：富兰克林与儿子威廉

富兰克林家族的敌人们经常称威廉 · 富兰克林是一个天生的混蛋，他对社会地位的渴望远比父亲强烈。威廉经常看的一本书是《上流社会人士之言行》。在伦敦的时候，他经常出入年轻世袭贵族的宅邸，而不是他父亲喜欢的那些咖啡馆和文化沙龙。威廉所有的社交圈子和法律学习都是以伦敦的法学院为中心，当然入学也是托了他父亲的福。最终，威廉更像是一个托利党人和保皇主义者。当然，这样的改变是逐渐完成的，时断时续，充满了个人冲突。

在离开费城之前，威廉就开始追求一个刚刚在社交界崭露头角的女孩伊丽莎白 · 格雷姆。格雷姆的父亲托马斯 · 格雷姆是一名医生，也是咨询委员会的成员之一，在费城的社会岭有一座豪宅，还有一个占地 300 英亩、被认为是宾夕法尼亚最好的农庄。格雷姆的母亲则是本杰明 · 富兰克林那个不靠谱的赞助人总督基思的继女。当时格雷姆家和富兰克林家的关系也很紧张：富兰克林没有邀请格雷姆大夫参与新建的费城医院的运营，老格雷姆觉得受到了侮辱。而且老格雷姆还是佩恩家族的密友，在富兰克林与议会的斗争中坚决站到了领主一边。

虽然老格雷姆对此怨恨不已，但两个年轻人之间的关系很快进展到了谈婚论嫁的地步。格雷姆小姐接受了威廉的求婚，当时她只有18岁，而威廉比她大将近10岁。但有一个条件，即威廉不得介入任何政治事务之中。当威廉要随其父前往伦敦时，格雷姆小姐拒绝一同前往，也不愿在出发前与其完婚。双方都同意待威廉从英国回来后，两人再完婚。

到了英国之后，相较于对政治的狂热，威廉对格雷姆小姐的感情很快就淡了下来。除了一封告诉她自己已经到达英国的短信，威廉有5个月未与她联系。那些曾经描述他们之间爱情的花前月下之词不复重现，取而代之的却是对“这个令人心醉的国家”的乐趣的种种描述。更糟糕的是，威廉还骄傲地给格雷姆小姐寄去了在《伦敦纪事报》上发表的攻击领主的署名文章，他甚至还请她告诉自己费城舆论对此篇文章的反应。

因此，这段关系就结束了。格雷姆小姐几个月之后给威廉寄去了一封冷酷、挖苦的回信，称他是个“党派怨恨的集合体”。第二天，威廉就通过他们一个共同的朋友做出回应，将问题归结为格雷姆小姐的善变，并表示乐于见她在别的男人那儿找到幸福。对于威廉来说，他已经找到了自己的幸福——一方面同伦敦那些时尚女郎打情骂俏；另一方面，和他父亲一样，偶尔与妓女或其他下等女子厮混。

本杰明 · 富兰克林心里对儿子的这段感情本来就是五味杂陈，因此得知两人分手后，并没有慌张。他自己的小算盘是希望儿子可以和波莉 · 史蒂文森走到一起，但其实机会并不大，因为威廉对社会地位的渴望远大于自己的父亲。实际上，威廉开始学会装腔作势，这就已经令富兰克林深感忧虑。所以，富兰克林试图限制威廉对上流社会的模仿，这成为日后富兰克林自传的主题之一，并以写给儿子的一封信来表现。但事实证明这只是徒劳，它与政治上的分歧一道，成为日后父子决裂的原因之一。

早在几年前，富兰克林就警告威廉别指望继承家产。“我向他保证，我会散尽自己微薄的家财。”富兰克林在给母亲的信中写道。而一到英国，富兰克林就仔细地记下了威廉的每一笔开销，包括食宿、衣物和书籍的费用。富兰克林认为这些只是预支，日后必须偿还。1758 年，当富兰克林自己开了先例，用宾夕法尼亚出的钱买了一辆马车后，他还警告自己的儿子要节俭，不要染上伦敦高消费的恶习。威廉当时正与朋友在英格兰南部旅行，对此显得十分畏惧。“我将听从您的吩咐，因为是您给我提供了资金支持。”威廉写道。随后他还告诉富兰克林自己已经更换了住所，搬到了一个“条件很差，但更便宜的地方”。

作为试图让儿子继承自己“中产阶级”思想的努力之一，富兰克林决定在 1758 年夏天带领威廉进行一次寻根之旅。他们来到了距离伦敦西北 60 英里之外的埃克顿，也是乔塞亚移民到北美殖民地之前富兰克林家族祖祖辈辈生活的地方。当时乔塞亚的哥哥托马斯的女儿，也就是富兰克林的大表姐玛丽 · 富兰克林 · 费希尔，仍住在附近。她虽然“年老体衰”，富兰克林写道，但“仍可以看得出是一个非常聪明、理智的女性”。

在教区的教堂，富兰克林发现了记载富兰克林家族 200 年来生老病死、婚丧嫁娶的记录。牧师的妻子向他们讲述了富兰克林的伯伯托马斯的故事，他的一生与自己的侄子很相似。富兰克林在给德博拉的信中写道：

（托马斯 · 富兰克林）在当地的所有事务中都起到了领导作用，还是很多公共事务的推动者。他曾发起了一次为教堂尖顶上的钟的募捐活动，并最终完成了目标。到现在，我们还能听到钟声。

那个时候，河水常常淹没草地，他发现了一个简单的办法，能使这些草地免受水灾之苦，而这个办法至今仍然奏效……无论何时何地，都有各种各样的人征求他的意见和观点。她说，有人甚至认为托马斯是个魔术师。托马斯去世的时间正是我出生的4年之前，同月同日。

富兰克林也许注意到了，凯瑟琳·雷也曾称他为“魔术师”。威廉则对日期的巧合印象深刻，他认为如果不是差了4年，极有可能会有人认为富兰克林是托马斯的“转世”。

在教区的墓地，当威廉打算抄写墓碑上的文字时，富兰克林的仆人彼得拿起一把硬刷子刷去墓碑上的青苔。富兰克林对这一场景的描述令人想起了他们刚到英国的时候，实际上带了两个黑奴。富兰克林对黑人的观点很开明，他并没有把他们当作财产，而是视为自己的老家人。甚至当他们刚到英国不久，其中一个黑奴逃走的时候，富兰克林都没有试图强迫其回来，尽管英国的法律允许这样。当德博拉写信问到他们的财产情况，富兰克林是这样回答的：

彼得还和我在一起，在这样一个很多曾经的好仆人都变坏了的国家，他的表现仍和我预期的一样好。和大多数仆人一样，他也有一些小问题，但我对这些也是睁一只眼闭一只眼，所以我们相处的还不错。至于金，他已经离开了我们。大约两年前，有一次我们都离家去了乡村，他就从家中逃走了。不过我们很快就在萨福克找到了他。他在那里给一位夫人打工，这位夫人很仁慈，把他变成了一个基督徒，还让他接受教育、提高文化水平。

富兰克林对彼得的态度也正反映出了当时他对奴隶制的态度：他

对那些缺点睁一只眼闭一只眼，协调得还不错，尽管矛盾越来越多。实际上，富兰克林对奴隶制和黑人的态度是不断改进的。不久之后，他就被选为一个英国慈善团体“布雷博士联合会”的成员，其宗旨就是为殖民地的黑人修建学校。

在威廉的陪伴下，1758 年的春夏，富兰克林一直在英国各处旅行，接受其崇拜者对他的款待和致敬。在访问剑桥大学时，他和著名的化学家约翰 · 哈德利进行了一系列蒸发实验。富兰克林之前曾研究发现，液体制冷效果的不同取决于其蒸发的速度。他和哈德利用乙醚进行了实验，因为乙醚蒸发的速度非常快。在一个高温房间中，富兰克林反复地给一支温度计的玻璃球涂抹乙醚，然后利用一个风箱使其蒸发。“我们不断进行这样的操作，一个给玻璃球涂乙醚，另外一个用风箱加快蒸发的过程，温度计的水银柱不断下降，很快就降到了冰点以下，”富兰克林写道，“从这个实验中，我们看到了即使在炎热的夏天，也可以让人冻死。”他甚至还准确地推断出，夏天的微风让人感到凉爽的原因并不在于风本身，而是因为其加快了人汗水的蒸发过程。

富兰克林对热和制冷的研究持续了终生，但没有像他对电的研究那样影响深远。除了蒸发实验，富兰克林还研究了不同颜色吸热的差别，发现导电性良好的材料也有极佳的导热性能，以及尝试改进火炉。同往常一样，富兰克林最擅长的不是抽象的理论，而是可以造福日常生活的实际操作。

富兰克林对剑桥的访问给校方留下了极好的印象，因此是年夏天，富兰克林被再次邀请参加剑桥的毕业典礼。“他们对我十分热情，我的虚荣心得到了极大的满足。”富兰克林向德博拉坦诚。但是，当秋天富兰克林返回伦敦的时候，等待他的可不是友好和尊重。

领主的反击

1758 年 11 月，在富兰克林提交了自己的《申诉要点》一年之后，佩恩家族终于回应了。佩恩家族故意冷落富兰克林，让自己的律师费迪南德·帕里斯直接给宾夕法尼亚议会写信，并亲自派人送信，而只给了富兰克林一个副本。

在关于议会权力的问题上，领主的态度很坚定：其对总督的指导权力是不可侵犯的，宪章“赋予了领主立法权”，议会只能提供“建议或表示赞成”。关于税收的问题，佩恩家族则显示出一些妥协的可能性。“已经做好了对财产的年收益进行调查的准备。”帕里斯写道。他认为很多物品“天生就应该征税”，因此有拿出一部分收益的可能性。

这份回复模糊不清，并没有任何真金白银的实质性保证。因此，富兰克林写信要求领主进一步明确自己的主张。但领主的主要立场之一，就是不再和富兰克林打交道。帕里斯直接告诉议会，要选一个“正直坦诚的人”做代表。领主在自己写给议会的信中，则声称未来的协商需要“一个完全不同的代表”。为了强调此点，帕里斯拜访了富兰克林，转达了领主的口信：“我们认为没有必要同一个知识不足以使其正确行事的绅士进行协商。”“富兰克林一言不发，”帕里斯回忆道，“看起来十分失望。”

“这就给他们和我之间所有未来进一步协商的可能性画上了一个句号。”富兰克林在给议长莫里斯的信中写道。富兰克林的使命遭到严重阻碍，他可以回家，以让其他人替代自己与领主进行协商。所以他半真半假地提出了辞职。富兰克林给莫里斯写道：“议会将会发现，如果他们还想同领主进行谈判，就必须把我召回，另选一个如领主所言的，比我更合适或更圆滑的公正之人承担此项任务。”

但富兰克林并没有推荐这一方法。怨恨、致命的骄傲、感情用事、对政治狂热，这些富兰克林曾经训练自己去避免的种种负面情绪此时冲昏了他的头脑，使其丧失了一贯的实用主义立场。富兰克林提出了一个截然不同的解决方法：将宾夕法尼亚从领主的手中解脱出来，变成由英国国王和大臣们直接统治的皇家殖民地。“随着权力和财富的与日俱增，在这样一个领主统治下的人民对自由的渴望也是不断高涨。如果议会能够意识到其中的危险，他们肯定会同意换一种统治方式——由王室直接对其进行统治。关于这一点，我实在看不出有什么问题。”最后，富兰克林满怀渴望地总结道：“那样的话，我就能继续我的使命了。”

如果认为英国的那些大臣会干涉领主宪章或支持殖民地的民主运动，实在是太天真了。那么为什么富兰克林会提出这样一个欠妥的方法，将宾夕法尼亚变成皇家殖民地呢？原因之一就是富兰克林对佩恩家族的憎恨使其丧失了理智。对于耶鲁大学的历史学家埃德蒙德·摩根来说，富兰克林这种“政治盲目”令人惊讶，甚至有点儿不可理喻。“富兰克林对领主特权的过于关注——姑且不说是沉迷，使其变得愚钝、看不清形势、分辨不出政治的对与错。”摩根写道。

然而，富兰克林如此行事的原因可以理解为其对日益庞大的英帝国的狂热，至少部分源自于此。“1760~1764 年的富兰克林是一个狂热的、公开的保皇主义者，没有也不可能预见到帝国即将分崩离析这一事实。一旦我们了解了这一点，那么很多所谓的惊讶、困惑、甚至谜团也就迎刃而解了。”布朗大学教授戈登·伍德解释道。

实际上不仅是领主，大部分的英国大臣也都认为殖民地无论在政治上还是经济上都应处于附庸地位。相较于富兰克林，北美殖民地的那些人更早地意识到了这一点。然而，富兰克林在宾夕法尼亚议会中的同盟们仍然认可了他的观点。他们还同意富兰克林继续留在伦敦与领主斗争。实际上，富兰克林本身也不想离开伦敦，因此，他就从三个方面对领主发起了攻击。

第一个方面是佩恩家族与印第安人的关系。富兰克林长久以来一直对印第安人深表同情，特别是那些自认为受到佩恩欺骗而丧失了土地的特拉华人。1758 年秋，富兰克林代表特拉华人向枢密院陈情。文中，他再次使用了那个曾经用来形容佩恩家族的“劣等骑师”的表达方式。富兰克林写道，佩恩家族“利用这种卑劣的骑术”拓展自己的领地，却“严重损害了印第安人对全体英国人的印象”。虽然最终没有取得什么结果，但富兰克林却通过将此文公之于众，在舆论上占得先机，引发了枢密院对佩恩家族统治方式的质疑。

第二个方面是利用宾夕法尼亚议会在威廉 · 史密斯诽谤案上的胜诉。史密斯是费城学院的院长，后来成为了富兰克林的政治对手。富兰克林将此案扩大到关于殖民地议会权力的斗争。费迪南德 · 帕里斯曾代表史密斯质疑“宾夕法尼亚议会并不是真正的议会，也不具有英国众议院般的权力”。1759 年 6 月，枢密院做出了不利于富兰克林的判决。判决指出，宾夕法尼亚议会已经休会，而新一届议会尚未选出，因此目前，议会无事可做。更为不祥的是，判决还指出北美殖民地的“次等议会不具备众议院般的权力与特权”。

富兰克林在第三个方面取得的成果则大得多，那就是关于总督威廉 · 丹尼一事。威廉数次违反领主的指令，批准对领主财产征税的法案。领主则掌握了一些证据，声称丹尼受贿，不仅将其召回，更是向枢密院提出废除相关法案。

最初，贸易委员会提出的建议是对富兰克林和议会不利的。但是当枢密院听完富兰克林的陈情后，意想不到的事发生了。枢密院的顾问之一，曼斯菲尔德勋爵示意富兰克林同他一道走进秘书办公室，而律师还在外面辩论。他问道，法案的执行是否真的不会让领主的财产遭受损失？

“当然。”富兰克林回答道。

“那么，”曼斯菲尔德勋爵说，“你应该不会反对用订约来保证这一点吧？”

“一点儿也不反对。”富兰克林说。

这样，妥协就达成了。富兰克林同意议会的征税法案将属于领主的“荒地”排除在外，对领主那些无人居住的土地的税率也“不高于其他人拥有的同类土地”。在重新回归自己的实用主义之后，富兰克林取得了阶段性的胜利。但协议没有从根本上解决议会权力的问题，也没有恢复议会和领主之间的关系。

同样，这个协议也没有帮助富兰克林希望从领主的手中夺回宾夕法尼亚的大胆设想取得任何进展。事与愿违，在所有判决中，枢密院没有同意改变现有领主宪章，也没能在这一事件中获得公众对宾夕法尼亚的支持。富兰克林再一次面临这样的境遇：继续待在英国已经没有任何意义，也不存在任何不让他回家的理由。然而同上次一样，富兰克林仍然不想离开。

最大的幸福

每年夏天的休闲之旅给富兰克林带来了极大的乐趣。1759年，富兰克林和威廉前往苏格兰旅行。富兰克林的两个朋友威廉 · 斯特拉恩和约翰 · 普林格尔都是爱丁堡人，因此通过他们，一路上富兰克林结识了很多当地的知识分子精英。亚历山大 · 迪克是苏格兰著名的医生和科学家，富兰克林曾在他的庄园待了一段日子，并结识了许多苏格兰启蒙运动中的重要人物，其中包括经济学家亚当·斯密、哲学家戴维·休谟和历史学家卡姆斯勋爵等。

有一天吃晚饭时，富兰克林向来宾们展示了一部他最得意的恶作剧文学作品，以博大家一笑。内容是《圣经》中的一章——当然是他编的，名叫“反迫害的寓言”，讲的是亚伯拉罕向一位198岁的老人提供食物和住所，而当听说老人并不信亚伯拉罕的神的时候，又把他扔出去的故事。文章的结尾写道：

> 午夜时分，上帝呼喊亚伯拉罕，问那个外来客去哪里了。
>
> 亚伯拉罕回答道：“主啊，他既不崇拜你，又不愿呼喊你的名字。因此，我把他扔出去了。”
>
> 上帝则说道：“尽管他不信仰我，但我已经包容了他198年，给他食物果腹，给他衣物遮体。而你，一个罪人，难道一夜都忍不了吗？”

来宾们被富兰克林和他的包容哲学所深深吸引，纷纷要求富兰克林把副本给他们，富兰克林满足了他们的要求。也正是同一时期，富兰克林写信给休谟，向他讲述了一个关于五朔节花柱的故事。故事中有一个叫马雷沙尔的勋爵，别人请他就永受地狱之苦是否能换来永生发表自己的看法。富兰克林将其与马萨诸塞一个清教徒小镇的镇长所面临的困境进行了对比。当时这个镇长需要解决这样一个争端，有人想立一个五朔节花柱，而有的人则不同意，认为这是大不敬。

> 镇长以极大的耐心听完了他们争论，然后庄严地做出以下判决：不想立花柱的那些人可以不立，想立的人就自己去立，然后

该干什么就干什么去，别再让我听到这样的争论。所以我认为马雷沙尔勋爵极有可能这样回答：那些认为人在地狱中所遭受的痛苦是与自己的罪行成正比的人，我认为可能的确如此；而那些认为会得到永生的人，上帝也会满足你们的愿望。所以该干什么就干什么去，别让我再听到你们的争论。

戴维·休谟是当时英国最伟大的哲学家，也是有史以来逻辑分析能力最强的思想家之一。当时，休谟已经发表了《人性论》和《人类理解研究》。这两部论著现在被认为是经验主义发展史中最重要的作品，也奠定了他堪与洛克和伯克利比肩的历史地位。当富兰克林见到他的时候，休谟正在编写将使他名利双收的6卷本《大不列颠史》。

富兰克林对休谟极为尊敬，并促使其开始关注北美殖民地事业。“听说您改变了对北美殖民地某些事情的看法，对此我喜出望外。”富兰克林随后在给休谟的信中写道。富兰克林还奉承他，“除了您之外，我再没听说有像您一样具有影响力的人改变自己的偏见。”休谟曾写过一篇文章支持英国与殖民地的自由贸易。对此，富兰克林赞美说此文必将“对促进某一个特定利益产生重要影响。这种利益是那些自私的人从未想过的……而我指的是人类的利益或公益”。

富兰克林和休谟都对语言有着浓厚的兴趣。当休谟指责富兰克林杜撰新词的时候，富兰克林表示不会再使用自己创造的一些词语。但他仍然惋惜地说：“当我们需要新的词汇时，我不敢再期望用自己的舌头去创造它们了。”富兰克林还举例说明，他认为“不可接近”这个词远没有“望而却步”这样的新词生动。休谟对此的意见，我们不得而知，但这小小的分歧并没有削弱休谟对富兰克林这个新朋友的热情与尊敬。“北美殖民地已经给我们运来了很多好东西，金银、蔗糖、烟草、靛青等，”休谟回信说，“然而，你却是第一个来自北美殖民地的哲学家和伟大的文学家，为此我们必须对北美殖民地表示感谢。”

在访问苏格兰期间，富兰克林还与亨利·霍姆和卡姆斯勋爵成为朋友。这两人的爱好也十分广泛，从农业、科学到文学评论和历史，无所不包。当他们在苏格兰乡间骑马漫步时，曾就英国是否应该控制加拿大进行了探讨。1759 年年初，一支圣公会信徒组成的北美殖民地部队在一场关键战役中打败了法国人和印第安人，占领了魁北克。自此，英国就从法国人的手中夺取了加拿大。富兰克林提出应控制加拿大：“这不仅是因为我来自北美殖民地，更因为我是一个英国人。”正如分别之后，富兰克林给卡姆斯的信中写道：“大英帝国未来的地位和稳定取决于北美殖民地。”尽管富兰克林与佩恩家族闹得不可开交，但那个时候的他还没变成一个叛国者。

当富兰克林接受圣安德鲁斯大学颁发的荣誉博士学位时，为此次苏格兰之旅画上了一个圆满的句号。富兰克林身披深红色绶带和白缎长袍，耳边响起对他的赞美之词，赞扬他“道德的诚实以及为人和谈吐的可爱”。圣安德鲁斯大学还赞扬他说：“他那些独具匠心的发明和成功的实验，丰富了自然科学，尤其是电学的内涵。此前，人们对电学知之甚少。他在全世界声誉显赫，在文学界也是巨匠之一。”这个人就是富兰克林，连他自己也这么认为。

在回伦敦的路上，富兰克林给卡姆斯勋爵写道，自己在苏格兰的日子“是自己一生中最快乐的 6 个星期”。虽然有一点儿夸大，但这也从另一个方面说明了富兰克林不愿意马上回到费城的原因。

实际上，在 18 世纪 60 年代初，富兰克林已经开始盘算德博拉和萨莉与他一起到伦敦生活的可能性。当意识到威廉不会娶波莉·史蒂文森之后，富兰克林期望撮合另一对中产阶级的婚姻：把萨莉嫁给威廉·斯特拉恩的儿子比利。当萨莉还是个小孩子，斯特拉恩还只是其笔友的时候，富兰克林就已经有这样的打算了。尽管包办婚姻在当时已经不再流行，斯特拉恩还是在一封信中提出让孩子们在一起的建议。富兰克林试探性地把这个消息告诉了德博拉，尽管他已经认定德博拉不会同意：

> 最近，我收到了斯特拉恩先生的来信。随后我花了一个晚上和他就这一话题进行了沟通。他非常希望我能够在伦敦定居，也希望你和萨莉也能来到这里。他还提出了一些很有利的计划，合情合理，对我很有吸引力。斯特拉恩的家庭很有教养。斯特拉恩太太是一个明智的好女人。他们的孩子也都很友善，特别是那个年轻的小伙子，冷静、聪明、勤奋，是个理想的人选。
>
> 就客观条件而言，实在没什么好挑剔的。斯特拉恩先生的生意很好，除了家用和其他花销之外，每年还可以剩 1 000 英镑……然而，我告诉他我不能搬到此地。有两个理由：其一是我对费城的热爱，那里有我的老友和其他千丝万缕的联系；其二就是你不愿意越过大洋来伦敦。

萨莉当时已经快 17 岁了。这样一段婚姻可以保证她衣食无忧，结识一批聪明、有趣的朋友。但富兰克林最终还是把决定权交给了自己的妻子。“我感谢了他的善意，但没给他任何答复，只是告诉他我需将此事告诉你，”富兰克林写道，“你按照自己的意愿告诉我你认为合适的答案。”但没有任何迹象表明德博拉为之所动。

对威廉来说，富兰克林不仅是一个糟糕的媒人，更是一个坏榜样。在此前后，大概是 1760 年 2 月，威廉步富兰克林后尘，生下了一个私生子，名叫威廉·坦普尔·富兰克林，也被称为坦普尔。坦普尔的母亲可能是一个妓女（就像威廉自己的母亲一样），此后也再没听说过她的消息。威廉接受了这个儿子，但并没有马上找一个女子结婚，然后把坦普尔带回家（就像他父亲一样），而是把坦普尔送到别的家庭寄养。

坦普尔后来成为富兰克林最喜欢的一个孙子。富兰克林亲自监督他的教育，并将其置于自己的羽翼之下，安排他做自己的私人秘书。之后，当他的祖父和父亲在美国独立战争期间势如水火之时，坦普尔成为两人间这场令人心痛的斗争的人质，双方都希望坦普尔能够站到自己一边。虽然富兰克林最终取得了胜利，但也付出了极大的代价。但当威廉出入伦敦社交界，以及跟随他那声名显赫的父亲四处旅行之时，坦普尔还不为人知。

最令人难忘的是 1761 年夏天的欧洲大陆之旅。当时英国与法国仍处于战争状态，因此富兰克林和威廉改道去了荷兰和佛兰德斯。富兰克林很高兴地发现，那里对宗教的遵守并没有像北美殖民地一样严格，特别是周日的安息日制度。“周日下午，男女老少都出去玩耍或去剧院。剧院的节目很丰富，歌曲、演奏和舞蹈应有尽有。”富兰克林在给一位住在康涅狄格的朋友的信中写道。“我环顾四周，看到底有没有上帝审判，但没有发现任何迹象。”富兰克林略带调侃地总结道，以证明上帝并非如严格的清教徒所言，会阻止人们在安息日寻找乐趣。对于佛兰德斯的幸福与繁荣，富兰克林写道：“这使人相信在新英格兰也会如此，上帝也不会因此而发怒。”

富兰克林拥有科学家的名望，意味着他到任何地方都会受到热烈的欢迎。在布鲁塞尔，洛兰亲王向其展示了自己买来以便重复富兰克林实验的仪器。在莱顿的时候，两位世界上最伟大的电学家终于见面了：一个是富兰克林，另一个则是发明了莱顿瓶的皮特 · 冯 · 马森布罗克。马森布罗克教授说自己正准备出一本书，计划将富兰克林写给他的一封关于电的来信收入其中，但遗憾的是，在富兰克林离开两周之后，他就去世了。

加拿大与帝国：殖民地问题

富兰克林结束了欧洲大陆之旅，返回伦敦参加了1761年9月举行的英国国王乔治三世的加冕礼。当时，富兰克林仍是一个自豪的保皇主义者，对新国王寄予厚望，期望他能够保护北美殖民地免受领主的暴政。

在北美殖民地，英国和法国及印第安人之间的战争差不多告一段落了。英国和英国殖民地获得了对加拿大及不少原属法国和西班牙的加勒比海岛的控制权。而在欧洲大陆，英法之间的大战，也就是著名的“七年战争”，到了1763年签署《巴黎和约》时才结束。富兰克林对帝国扩张的狂热使其继续鼓吹英国应该控制加拿大，而不是作为谈判的一部分将其归还给法国，以换取一些加勒比的海岛。富兰克林在斯特拉恩的《伦敦纪事报》上发表了一篇匿名文章，用了一点儿模仿的老把戏，调侃地列出了为什么要把加拿大归还给法国的原因。其中包括：

> 我们应该把加拿大还给法国，因为我们和这片广袤大陆上的印第安人的生意往来十分密切（大陆虽广，水路交通却很便捷），这必将促进我们的贸易，虽然贸易额已经十分可观……
>
> 我们应该把加拿大还给法国，免得那些粗鲁的贵格会教徒能够买到更为便宜的宽边海狸帽。

我们应该把加拿大还给法国，这样不久我们就可以有另一场战争，可以再次每年在北美殖民地花上个两三百万英镑，以免让我们变得太富。

富兰克林还写了一本名为“大英帝国在其殖民地的利益”的小册子（共58页），论调则严肃得多。文中，富兰克林表示控制加拿大将会使英帝国获益，并有助于保护北美殖民地免受法国人和印第安人的持续骚扰。“当我们有实力控制加拿大的时候却将它拱手让给法国人，这既不安全也不明智。”富兰克林写道。

小册子详细地阐述了加拿大问题，但同时也提出了一个更加重要的话题：英国与其殖民地之间的关系。当时富兰克林仍是一名保皇党人，是英帝国热诚的支持者，认为“在国王的庇护下我们深感幸福”。富兰克林认为殖民地所有的民众都“渴望得到王冠光环的照耀、英国国王权力和仁慈的恩泽，以及全体英国国民的财富与美好的未来”。他还认为保证长久和平的最佳途径，就是不断提供安全而又富庶的土地供殖民地扩张。

富兰克林对未来可能造成英国及其殖民地之间摩擦的原因有自己的看法，在其9年前写的《对人类繁衍的观察》中就有所体现。富兰克林坚信，冲突主要来源于英国重商主义者的态度。这些人与领主有某些共同之处，都将殖民地视为尚待开发的海外市场，因此，他们反对殖民地发展工业，也反对殖民地拥有太多的自治权。在小册子中，富兰克林表达了自己的担忧，认为这样的态度甚至可能导致“殖民地未来的独立”。

富兰克林认为，在限制北美殖民地工业发展的同时，保持其繁荣的最好方法就是控制加拿大，保证殖民地人民有广阔的土地可供居住。

“没有一个自己有土地、工作勤奋且足以养家的人，会穷到出卖自己的劳动给老板打工，”富兰克林写道，“因此，如果北美殖民地有足够的土地供殖民地居民使用，就不会有大规模的制造业。”而一个不断扩张的北美殖民地将会持续地为英国提供市场。

富兰克林还认为，只要英国能够避免“暴政和压迫”，就不会有殖民地叛乱的危险。“如果政府和善、公正，公民权和宗教权等重要的权利有所保障，民众就会恭顺。”随后，他还从其对激流的研究中借用了一个比喻：“无风不起浪。”

富兰克林总结道，如果英国平等地善待殖民地的民众，赋予其相同的权利和自由，给其同样的商业激励，英国就会得到最好的回报。然而到最后，富兰克林并没有将自己的“帝国繁荣有利于扩张”的观点成功地推销给那些大臣。但他认为英国必须保留加拿大的观点却得到了认同。

苦乐参半的告别

1762年夏，在来到英国5年之后，富兰克林觉得是时候回到自己的老家了。富兰克林十分纠结，他热爱在伦敦的生活，很享受人们对他的认同（富兰克林刚刚获得了牛津大学授予的荣誉博士学位），舍不得自己的朋友和用以慰藉的伦敦之家。

但做出回家的决定并不困难，因为他早已断定自己不久就会离开伦敦。“所有足以让我做出抉择的理由都在大洋彼岸，而这边却有我自己的心愿，”富兰克林在给德博拉的信中写道，“你知道哪个更重要。”实际上，他希望待在英国的愿望在两年之后会变得更加强烈。然而，他说：“若不是这样，我定会选择在此生活。如果我能够劝说富兰克林太太陪在我的身边，我想就没什么可以阻止我在英国定居了。”这未免显得对其个人和公共生活过于乐观了。

威廉也做好了回国的准备，他还需要一份工作。威廉已经申请担任北卡罗来纳的副秘书，同时也申请了海关的工作，并准备到加勒比碰碰运气。但运气和人脉使其最终获得了难以想象的职位。当时，新泽西的总督刚刚被召回英国，而那些合适的继任人又婉言谢绝。因此，在富兰克林的朋友约翰·普林格尔的帮助下，威廉秘密运作（为了不引起佩恩家族的警觉），通过成功的游说获得了这一职位。其中，普林格尔功不可没，他是新任首相比特勋爵的密友和家庭医生。当消息公之于众的时候，佩恩家族试图暗中破坏，到处散布威廉是个混蛋，但并未奏效。

对威廉的任命实际上也是比特和其他一干人等试图确保富兰克林对英国忠诚的努力之一，但并没有证据表明富兰克林曾暗中帮助过自己的儿子。若干年后，富兰克林告诉他的法国朋友，当初他曾劝威廉不要接受这一职位，给他讲了自己儿时为哨子付出过多代价的故事。“想一想未来你可能为这个哨子（总督的职位）付出的代价，”富兰克林对威廉说道，“即使我给你留下的财产不够，做个工匠或车匠难道不好吗？自食其力的人起码是自由的。”然而，威廉却着迷于“阁下”的头衔，并将其视为摆脱自己父亲阴影的方式。

既然接受了一个公共职位，威廉就必须要找个妻子。因此，在他获得任命的同时，就打算将伊丽莎白·唐斯娶回家。唐斯长相甜美，出身良好，是一个农场主的女儿，还是一个托利党人。威廉则是在伦敦的舞会上与她相识的。富兰克林曾费九牛二虎之力才克制住自己撮合威廉和波莉的愿望，但最终也对这段婚姻表示“赞同、准许”。

在写给妹妹简的一封信中，富兰克林宣称对威廉的任命和婚姻感到高兴，而后者带来的喜悦甚至更多一些。“那位女士性格和蔼，相对于威廉被任命为总督，我对他的婚姻更加满意，尽管我确信威廉会像成为一个好丈夫那样成为好总督，因为他的道德和性格都很好。但我认为威廉唯一的缺陷就是理解力不够。”然而，尽管富兰克林很喜欢年轻姑娘，甚至看得比自己的家人更重，却没有对伊丽莎白有过好感，从来没有。

实际上，对自己儿子取得的成功，富兰克林并不太开心，甚至有点儿烦恼。威廉娶了一个上流社会的女子，这其实就是他的独立宣言。而接受总督一职的任命，则意味着他不再是父亲的附庸。实际上，这意味着 31 岁的威廉所取得的成就远比富兰克林在这个年纪时要大得多，而这无疑将使威廉越发像贵族一样装腔作势。

天边飘来一片乌云，却没有闪电来划破。当富兰克林决定于 1762 年 8 月 24 日独自离开英国的时候，父子之间就已经有了一丝紧张的气氛。因为那天正是对威廉的任命刊登在报纸上的日子，而两周之后，则是威廉预定的婚期。因此，当 9 月 4 日威廉在位于汉诺威广场的圣乔治教堂迎娶伊丽莎白 · 唐斯时，他的父亲却没有参加。而几天之后，威廉前往圣詹姆斯宫亲吻乔治三世的戒指并接受任命时，他那位一年前从佛兰德斯匆匆赶回英国，就为了见证乔治三世加冕礼的父亲也没有在场。随后，威廉和伊莉莎白乘船前往北美殖民地，将自己的私生子坦普尔留在了英国。

富兰克林就这样冷静地离开了，他从未因错过儿子人生中最重要的时刻表示过遗憾或抱歉。然而，在其写给波莉的信中，富兰克林表达了自己强烈的情感，并为她没能成为自己的儿媳深感遗憾。富兰克林曾在朴茨茅斯的“小旅店”，以第三人称写了一封信表达自己的遗憾。他写道，他曾“自娱自乐”地幻想波莉“能够成为自己的儿媳，但现在希望却破灭了，往日的快乐一去不复返”。尽管自己的儿子没有娶她，富兰克林却表示自己父亲般的爱不会消逝。带着比对自己亲生女儿更多的感情，富兰克林同波莉道别：“再见了，我亲爱的孩子！请允许我这样叫你。我为什么不能这样叫你呢？要知道，我给予你的慈爱就像父亲对女儿一样。”

富兰克林出使英国取得的成果可谓一言难尽。关于对领主征税的争端暂时得到了妥协；随着对法国和印第安人两场战争的终结，也使为殖民地筹集防御资金这一最大的争论逐渐冷却；然而关于殖民地治理方式这一最根本的问题却未能得到解决，对于认为自己既是英国人又是北美殖民地人的富兰克林来说，答案却是再明显不过了——殖民地议会必须参照英国议会享有同样的权力，大洋两岸的英国人也必须享有同样的自由。在英国待了5年之后，富兰克林开始意识到，佩恩家族并不是唯一与自己看法不同的人。

在回家的路上，富兰克林还继续了自己对油和水的研究，而这次却更具有象征意义。船上有很多灯，灯罩底部有一层水，水面上浮着一层厚厚的油。因此，从上往下看，表面总是平静的。但如果从侧面看，则很容易就能看出水在翻腾，只是在油的作用下，表面显得平静而已。正如富兰克林所记录的，尽管油看起来能够使流水平静，但表层之下的水仍然“不规则地上下翻腾”。因此，富兰克林意识到，无论怎样巧妙地利用油的特性，其表面下的湍流始终不会轻易平静下来。

Benjamin Franklin

An American Life

第九章

再返英伦（费城，1763~1764 年）

四处游历的邮政总长：英国还是北美殖民地

1763 年 2 月，在富兰克林回到费城三个月之后，威廉 · 富兰克林也回到了费城。父子间的不快一下就烟消云散了。威廉和他的新婚妻子一起在富兰克林的家中待了 4 天，父子俩便尽释前嫌。随后，两人一起去了新泽西。那时正赶上暴风雪，当地的社会贤达们坐着雪橇陪富兰克林父子到了珀斯安博伊，一个距离费城大约 200 公里的小村子。随后，威廉在伯灵顿宣誓就职。就职庆典照例和其他殖民地的一样，篝火、敲钟、鸣枪致意，很是热闹。

富兰克林在费城的那些对手，对他儿子获得总督的任命感到十分惊恐。但随后领主托马斯 · 佩恩从伦敦寄来的一封信使他们稍微放心了一点儿。佩恩在信中说："我想告诉你们的是，你们很快就会发现富兰克林先生会变得比以前更听话了，我对此非常确定。作为总督，他的儿子必须要服从领主的命令。而这些命令，则是富兰克林在费城无法反对的。"

事实上，这只是他们的一厢情愿，因为富兰克林发现领主所下的那些命令与国王的命令有很多相反之处（起码到那时为止是这样）。然而，富兰克林在回到北美殖民地的第一年里，的确消停了许多。他对费城的政治没有表示出很多异议，一半是因为他对政治的兴趣有所下降，另一半则是因为他对费城的生活感到乏味。富兰克林喜欢旅行，喜欢追求新鲜的刺激，不愿意待在家中（实际上他已经远离家庭生活5年了）。很快，在当年4月，富兰克林就离家开始了一次历时7个月，从弗吉尼亚到新罕布什尔、全长1 780英里的邮政巡察之旅。

在弗吉尼亚，富兰克林的一次善举使其结交了很多挚友。即使在那些充满争议的时候，他的挚友也远比敌人多。他的伙伴，殖民地的另一个邮政总长威廉·亨特去世了，留下了一个生活窘困的私生子。亨特的一个朋友请求富兰克林照顾那个男孩，监督他的学业。对于富兰克林来说，这个担子可不轻，因此有些犹豫。他在回信中写道："和其他老人一样，当我接到这样的请求时，我一开始想到的是它会给自己带来多大麻烦……但我很愿意接受你的重托。"由于富兰克林和他的儿子都有一个私生子，因此对这种情况很敏感。富兰克林认为若换成亨特，也会对自己的私生子尽力照顾。

富兰克林本以为亨特的去世会使自己成为殖民地唯一的邮政总长，因为他已经担任此职24年了，而这也是当初的协议早已明确的内容。但事与愿违，尽管富兰克林向伦敦方面表达了这样的意愿，弗吉尼亚总督却设法使其秘书约翰·福克斯克罗夫特接替了亨特的职务，成为富兰克林的新工作伙伴。但富兰克林与人合作的一面很快又显现出来，当他去弗吉尼亚的时候，很快就与福克斯克罗夫特成为朋友。当时，他们有太多的事务需要处理。加拿大已经成为英帝国的一部分，因此他们开通了到蒙特利尔的每日邮路。他们还安排了到西印度群岛的定期邮船以及夜间的邮递业务。当时，从费城寄一封信到波士顿，直至收到回信，只需要6天的时间。从费城到纽约则是在24小时之内就可以完成一个来回，这即使在今天也足以令人叹为观止。

福克斯克罗夫特与富兰克林一起回到了费城。不久后，两人又从费城出发一同前往纽约，对北部的邮政事务进行巡察。富兰克林热切地希望德博拉能够陪他一同前往。这里有他自己的小算盘——如果德博拉能够喜欢上旅行，对外面的世界感到新奇，说不定哪天她就会愿意与富兰克林一道回伦敦。然而不出所料，德博拉拒绝了。她有自己的生活方式，就像富兰克林一样。但这并不影响夫妻间的关系，富兰克林允许她查看任何来自英国的信件："你将会欣喜地看到我在英国有那么多的老朋友，即使在千里之外，他们仍对我真心的祝福。"这不仅仅是虚荣，富兰克林希望可以借此潜移默化地改变德博拉拒绝去英国的态度。

作为德博拉的代替，富兰克林带上了自己的女儿——19 岁的萨莉，将这次旅行作为她进入社交界的庆祝晚会。他们在新泽西与威廉和伊丽莎白一起度过了一段美好的时光。威廉领他们一道参加正式的聚会，和他们一起去郊外远足。随后，富兰克林等人又坐船去了新港。在那儿，萨莉有幸（结果也的确如此）结识了他父亲很久之前的红颜知己凯蒂。她现在改名为凯瑟琳 · 雷 · 格林，已经是两个女孩的母亲。（富兰克林从未忘记那些女士，实际上，她们已经成为他大家庭中的一员。即使在旅途中，富兰克林还与波莉 · 史蒂文森通信，告诉她："你对我这个老朋友长久以来的温和与孝顺，尤其令我感动。"）

在这次旅途中，富兰克林不幸从马车上摔下来，造成肩骨脱臼。萨莉自愿留在新港，这样就可以与凯蒂一同照顾父亲。但富兰克林则坚持前往波士顿。他们在波士顿待了两个月，富兰克林与自己的妹妹简 · 梅科姆待在一起，而萨莉则与自己的表兄妹一起练习大键琴。富兰克林开玩笑地对妹妹说："我得让萨莉多练习一阵子大键琴，这样我就可以同我亲爱的妹妹多待一会儿了。"

在波士顿的大多数时间，富兰克林闭门不出。在去新罕布什尔的路上，富兰克林又一次把肩膀摔脱臼了，着实伤得不轻。当时，他在波士顿的亲戚大部分已经故去，而他自己也已经57岁了。在那时他所写的信中，免不了少了一些打情骂俏，多了一些对人生的感伤。他曾在信中向凯蒂抱怨道："我已经老了，受不了剧烈的颠簸。"然而，他仍然希望能够回到英国。富兰克林在给斯特拉恩的信中写道："我比任何人都更加希望能够回到英国。但是在走之前，我必须要把一切事物都处理好，这样我就不用再回来了。"

但是，当他于11月回到费城的时候，发现还有一大堆麻烦在等着他，恐怕要让他回英国颐养天年的愿望落空了。当时，北美殖民地的政局可谓暗流涌动。富兰克林对殖民地事务的了解以及在英国多年的人脉积累，使其在未来的政治风暴中起到了独特的作用。他不得不4次往返于北美殖民地和英国之间，进行斡旋。对于富兰克林来说，殖民地并不是分散的定居点，而是具有共同利益和共同信仰的新世界。

在巡察邮政的途中，富兰克林有了为自己和家人建造一幢三层小楼的想法，并进行了详细的规划。地点就选在市场街，离当年德博拉初次见到自己的地方只有几步之遥。实际上，自从1730年两人结婚以来，一直赁屋而居，大概搬了6次家，却从来没有属于自己的房子。现在，他们终于有机会，也是第一次布置自己的家了。自打德博拉给富兰克林买了那套陶瓷餐具以来，他们攒下了不少好东西，比如玻璃口琴、羽管键琴、火炉、科学仪器、图书馆和蕾丝窗帘，一定得好好布置。

莫非是富兰克林喜欢上了家庭生活？从某种意义上说，的确如此。尽管他热爱旅游，有时对自己的家庭有些疏远，但富兰克林本质上还是一个居家的人，留恋自己生活的土地。他喜欢他的共读社、俱乐部，喜欢自己每天走的路线，喜欢自己在英国的那个"家"。同样，他也十分关心、挂念自己的妻子和女儿，还有那些亲戚，即使自己陶醉在旅游之中时仍然如此。富兰克林修建新居到底为了满足自己还是自己的家人，我们不得而知，恐怕连他本人也弄不清楚。但可以肯定的是，富兰克林对工程的热爱使其对每一个小细节都十分上心，甚至连门把手和铰链的质量也亲自过问。

尽管富兰克林向斯特拉恩表达了要回英国的愿望，但究竟是去英国还是留在北美殖民地，实在是让他伤透了脑筋。德博拉肯定是难离故土，对她来说，就算是离家只有百步之遥也十分难受。因此，威廉在给斯特拉恩的信中写道："我母亲对乘船漂洋过海十分恐惧，我可以确定我父亲不会再回到英国了。他正在建一所新宅好颐养天年。"甚至连富兰克林自己也打算在俄亥俄找一块地安享晚年。但随后，在富兰克林于 1763 年写给斯特拉恩的一封信中说："我们还是拭目以待，看事情最终如何发展吧。"

"帕克斯顿之子"：富兰克林勃然大怒

实际上，费城新任总督约翰 · 佩恩的所作所为对富兰克林关于未来的打算产生了重要影响。约翰是领主托马斯 · 佩恩的侄子，曾与富兰克林一道作为代表出席奥尔巴尼会议。富兰克林对其寄予厚望。他对克林逊写道："佩恩有公民意识，所以我认为我们之间没什么不同，至少我不会给他使我们产生分歧的机会。"

佩恩和宾夕法尼亚议会所要处理的第一个问题，就是关于前线的防御问题。虽然英国人打赢了法国人和印第安人，但是并没有给殖民地带来真正的和平。当时，北美殖民地西部仍然受印第安人的袭扰，为首的则是渥太华族的首领庞蒂亚克。到了 1763 年的秋天，这种骚扰虽有所减弱，但是宾夕法尼亚很多偏远地区的居民仍深受其害。

1763 年 12 月 4 日，来自帕克斯顿周围的大约 50 名暴徒（都是边民）杀害了 6 名印第安人。受害者手无寸铁，而且已经皈依了基督教。两周后，惨案再次发生，在附近济贫院中栖身的 14 名印第安人也惨遭毒手。

这些暴徒越聚越多，自称是“帕克斯顿之子”。他们宣称下一个目标就是费城，当时有超过 140 个爱好和平的印第安人居住于此。他们威胁不仅要杀光印第安人，甚至连给印第安人提供庇护的白人也不放过，这其中就包括了很多贵格会教徒。他们因此把和平主义的教义放在了一边，拿起武器准备保卫自己，而另外一些人则逃到了安全的地方。

“帕克斯顿之子”成为费城有史以来最为严重的威胁，几乎可以被视为一场社会和宗教问题引发的内战。一边是生活在偏远地区的边民，大部分是长老会教友，以及他们在城镇中的工人阶级支持者，很多是德国路德会移民和苏格兰–爱尔兰的长老会教友。另一边则是费城相对保守的贵格会教徒，他们反对使用暴力，同印第安人有贸易往来。虽然从数量上看，贵格会教徒要远少于德国移民，但他们却控制着议会，坚持反对在防御印第安人上花费太多。值得一提的是，费城的上流阶层、一直与议会作对的圣公会商人，在威胁面前也站到了议会一方，起码暂时如此。

费城首先爆发了一场舆论战。长老会教友们表示支持“帕克斯顿之子”，指责贵格会教徒纵容印第安人，并且没有按照宪章的要求在议会中给予边民足够的代表席位。1764 年 1 月，富兰克林发行了自己写的小册子作为反击，名为“近来兰卡斯特县屠杀印第安人的实录”。在文中，他首先满怀同情地介绍了受害的印第安人，一一列举了他们的英文名字，着力强调他们温柔的性格。“这些可怜人被放火烧死、被刺死、被斧头砍死”，其中最年长的一位“在床上被砍成数段”，其他人则被“剥去头皮或乱刀砍死”。

富兰克林接下来描述了两周之后发生的更为惨绝人寰的大屠杀：

> 一家家手无寸铁的印第安人跪在地上，孩子们紧紧搂着自己的父母。他们反复哀诉自己是无辜的，他们爱英国人，而且从未做过伤害他人的事。但他们的哀求换来的却是屠杀。男人、女人，哪怕是小孩子都被毫无人性的暴徒杀害了，纷纷倒在血泊中。

对于“帕克斯顿之子”来说，印第安人都是一回事。他们的发言人声称：“哪有人只是对一个民族的一部分，而不是整个民族宣战的？”然而，富兰克林在小册子中谴责了这一偏见，明确表示必须要就事论事，不能一概而论，并且要包容。这也是其政治信条的核心。“假如一名印第安人伤害了我，难道接下来我就可以向所有的印第安人报复吗？”富兰克林反问道，“这些不幸的人的唯一罪过，是他们生着红棕色的皮肤和黑色的头发。”他认为不问青红皂白，随便找一个人要他承担其族人所犯下的罪过是不道德的。“假如一个脸上有雀斑、红头发的人杀了我的妻子或孩子，难道从此我就可以杀死在任何地方遇到的所有长雀斑的红发男人、妇女和儿童作为报复吗？”

为了强调这一观点，富兰克林举了很多历史上的例子，显示其他种族的人，如犹太人、穆斯林、摩尔人、黑人和印第安人，在相同情况下是如何展示出伟大的道德和忍耐的。最后，他总结道，全体宾夕法尼亚人民必须站起来同仇敌忾，并将“帕克斯顿之子”绳之以法。虽然其论述中有些许矛盾之处，但对集体暴行的警示值得所有白人共勉：“除非凶手被绳之以法，否则整片土地都会蒙羞。”

不久之后，这本小册子给富兰克林造成了严重的政治影响。它反映出了富兰克林对德国移民的偏见，正如其一生都反对长老会–加尔文派的教义一样。对于那些边民的遭遇，富兰克林并不同情，甚至称他们为“野蛮人”，“玷污了整个国家和民族”。尽管从很多方面来看，富兰克林是一位平民主义者，但他对群氓十分警惕。如同往常一样，富兰克林的观点代表了新兴的中产阶级：既敌视无知的暴民，又与顽固的权贵对抗。

2 月 4 日，就在富兰克林的小册子发行一周后的星期六，总督约翰 · 佩恩在议会大厦前的广场上召开了一次群众大会，讨论如何应对危机。起初，他的态度很强硬。他要求逮捕领头的暴民，部署军队抵抗威胁，并号召民众都参加富兰克林等人组织的民团来保卫家园。尽管大部分长老会教徒拒绝了这一要求，很多贵格会教徒却加入其中。

周日午夜，大约 250 名暴徒来到了费城北部的日耳曼城。教堂鸣钟示警，整个城市陷入一片混乱，而一个令人惊讶的联盟悄然诞生。富兰克林在给朋友的一封信中提到了当时的情况：“当时，在钟声中，佩恩带着他的顾问们来到我家，征求我的意见。之后很长一段时间里，他们把指挥部设在了我家。”佩恩甚至提议由富兰克林来指挥民团，但是他谨慎地拒绝了：“我选择当普通一兵，通过服从指令来树立佩恩的权威。”

富兰克林和其他人，包括很多贵格会教徒，希望佩恩能够下令主动出击。但是佩恩拒绝了，并派出一个由 7 名费城当地领袖组成的代表团与“帕克斯顿之子”谈判，富兰克林当然是其中的成员。“我们脸上显示出来的决一死战的表情和据理力争的努力使城市又恢复了宁静。”富兰克林稍后回忆道。暴徒们同意撤退，前提是允许他们的代表进城陈述自己的委屈。

与“帕克斯顿之子”之间的紧张态势刚刚缓和，富兰克林与佩恩之间的对抗旋即又激烈起来。富兰克林的态度十分强硬，他要求佩恩和议会一道与“帕克斯顿之子”的代表团对抗，并将其绳之以法。然而，佩恩却试图利用当前的政治乱局从中获利，与同情边民的长老会教徒和德国人结盟（他们自觉被富兰克林尖锐的文章伤害了）。因此，他绕过议会，单独会见了代表团，并听从他们的建议，颁布了一项政策，即任何人拿着一张印第安人（无论男女老幼）的头皮都可以去领赏。

富兰克林勃然大怒。“他的所作所为使其和宾夕法尼亚政府蒙羞，”富兰克林在给朋友的一封信中写道，“议会对他的尊重荡然无存。所有希望在领主统治下过上幸福生活的愿望也都灰飞烟灭。”当然，佩恩对富兰克林的感觉也是如此。在给其叔叔——宾夕法尼亚领主托马斯·佩恩的信中，约翰同样也表达了对富兰克林的强烈不满：“只要富兰克林那个恶棍还可以肆意地恶毒伤人，只要他仍然死性不改，宾夕法尼亚就不会有幸福和宁静可言。”

富兰克林向来乐观的心中开始蒙上了一丝乌云。他对宾夕法尼亚的现状和肮脏的政治深表不满，在家中又焦躁不安，找不到科学研究和其他兴趣作为消遣，因此举止上或多或少失去了往日亦正亦邪的风度。他那时的信中充满对政治强烈的抨击，而非如往日般幽默的调侃，甚至表现出极为失望的情绪。在给约翰·福瑟吉尔医生（他在伦敦的一个贵格会朋友）的信中，富兰克林写道：“你行善的时候，是不是感到非常快乐？我想你错了。你救的人当中有一半不值得你救，而另一半则是恶人，根本不该救。”

再一次与领主抗争

总督和议会之间的对抗再一次开始了，甚至比以往更为激烈。双方就民团的指挥权、灯塔、税收等问题争得不可开交。议会通过了一项法案，决定对领主的财产征税。法案在原则上并没有违背枢密院调停时双方的约定，但细节上有所改变。富兰克林代表议会给佩恩写了一封信警告说，如果否决此项法案，“无疑会增加领主家族所背负的骂名和罪责，使政府更为民众所不齿”。然而，佩恩仍然否决了此项法案。

此次斗争的焦点绝非原则，而是关乎权力。富兰克林认识到领主家族获得了边民及苏格兰–爱尔兰移民和德国移民的强力支持。这再次激起了他利用英国废除领主宪章，将宾夕法尼亚置于英国国王直接统治之下的想法，尽管他深知困难重重。

当时大部分费城人都不赞同这一想法。费城的商业巨头都是佩恩家族的朋友。边民及与其同宗的工人阶级在“帕克斯顿之子”事件后结成了牢固的同盟，此外他们还都担心英国国王的直接统治会树立起英国国教在殖民地的独尊地位，这也正是他们的先祖当初漂洋过海来到北美殖民地的原因。甚至连很多贵格会的贤良，如艾萨克 · 诺里斯和伊斯雷尔 · 彭伯顿，都害怕新宪章的颁布会失去很久之前已故领主威廉 · 佩恩赋予他们的宗教自由。然而富兰克林对改革的态度仍然十分坚决，因此他“成功地”遭到了众叛亲离，并使敌人们同仇敌忾。

同样，英国对富兰克林的想法也不太感兴趣。富兰克林的上司，英国邮政大臣海德勋爵在信中写道，就连乐于“插手殖民地事务”的大臣们也不愿直接同佩恩家族对抗。他甚至公开警告富兰克林，作为一名皇家官员，其职责就是协助政府。富兰克林则对此置之一笑，甚至打趣道，他绝不会“为海德所缚”（守旧）。

不过，富兰克林仍然掌控着议会。1764 年 3 月，富兰克林通过了一系列决议（达 26 项之多），敲响了“领主统治的丧钟”。他写道，领主的某些行为“暴虐且不人道”。他们利用印第安人的威胁“从人民处谋利……哪怕刀已经架到了脖子上”。决议宣布议会将与人民协商，以决定是否向英国国王“请愿”，“恳求其将宾夕法尼亚的子民置于自己的保护和治理之下”。

此举带来了一场呼吁罢免领主的请愿运动。富兰克林印制了英文和德文的请愿书，甚至为贵格会教友度身定制了特殊版本。但是他只收集到了 3 500 个支持者的签名，反对者则有 15 000 个。

富兰克林再一次拿起了最擅长的武器，发行了名为“对于当前局势的冷静思考”的小册子。其中的内容可比书名火爆得多。在书中，他并未使用其最擅长的幽默、讽刺、迂回、轻微挖苦等惯用手法。富兰克林谴责领主讨好“帕克斯顿之子”，认为其无法管理好殖民地。“我们现有的分歧并不是宗教信仰不同，尽管将其作为争论的内容之一，使我们深感痛苦。”富兰克林有失偏颇地写道。他认为无论如何，英国国王要比领主更倾向于保护宗教自由。

富兰克林的新对手是约翰 · 迪金森。他是个年轻的律师，也是贵格会贤良艾萨克 · 诺里斯的女婿。迪金森曾经是富兰克林的朋友，并不是领主的死忠支持者。但他认为佩恩宪章中的有益内容不能轻易放弃，也不能妄下英国国王的大臣们就一定会比领主开明的结论。他的质疑很有道理。诺里斯并不愿意卷入其中，陷入进退两难的境地，于是就称病辞去了议长之职，富兰克林则被推选接任议长。

除此之外，富兰克林还要面对一个刻薄的老对手：首席法官威廉 · 艾伦。艾伦也曾经是富兰克林的朋友，但因为他支持领主，富兰克林很早就与他绝交了。当年8月艾伦从英国回来的时候，富兰克林曾主动造访示好，而艾伦却当着其他宾客的面指责富兰克林攻击领主。他认为，由英国国王直接管辖将会使宾夕法尼亚付出高达10万英镑的代价，而且并不会得到伦敦的任何支持。

当10月1日的议会选战逐渐临近，舆论战也越发激烈。富兰克林的敌人们希望阻止其连任。其中一篇名为"依样画葫芦"的匿名文章竭尽所能地诋毁富兰克林，称他的儿子威廉是他和"乡下厨娘"芭芭拉所生的混蛋——这还有点儿靠谱。但文中还将富兰克林之前所写的反对德国移民的文章略加改动之后拿来大肆发挥，甚至还指责他靠行贿买来名誉学位，为赢得皇家总督的位子四处游说，窃取别人的电力实验成果——这些都是诬陷，却说得理直气壮。

另一篇传单则把富兰克林刻画成一个好色的登徒子：

> 富兰克林上了年纪，
> 似乎对一切都提不起兴趣，
> 但是只要有年轻姑娘邀请，
> 他立即青春焕发。

现代选战中充满了负面的批评，今天的新闻界也很是刻薄。但是1764年竞选时的无耻中伤，依然可以算得上登峰造极。宾夕法尼亚政府允许了这些言论的存在，富兰克林的态度也是如此。美国民主可以在一个宽松甚至可以说是无节制的、讲求新闻自由的氛围中蓬勃发展。正如1764年选举表明的，美国民主的确建立在无约束的言论自由的基础上。此后的数百年中，只有言论自由、允许不同声音存在，甚至进行激烈辩论的国家，比如美国，才能延续至今。

选举日当天的情况就像宣传战一样激烈。10月1日那天，从早到晚，投票的人群把议会大厦门前的台阶围得水泄不通，直到午夜仍是人头攒动。富兰克林的支持者使投票过程一直持续到第二天凌晨，他们把能找到的每个人都拉来投票。但事实证明，这是一个战术上的错误。长老会教徒们派工人到日耳曼城找来了更多的支持者。结果，富兰克林在 14 名候选人中名列倒数第二，而当时费城只有 8 个议席。

然而，富兰克林一派仍然控制着议会。他们很快投票决定向英国政府递交请愿书，反对领主。更有意思的是，议会以 19 票赞成、11 票反对通过了决议，并委派富兰克林作为代表前往英国递交请愿书。这对于富兰克林来说，与其是一个胜利，不如说是安慰。

这又引发了一场口水仗。迪金森宣称富兰克林不宜担任此职，因为领主家族憎恨他，英国国王的大臣也不支持他，费城“绝大多数严肃、正直的民众对其更是极为不满”。法官艾伦称富兰克林是“当地最不受欢迎、最令人作呕的名字……老年痴呆，令人失望、作呕”。但是既然可以回到英国，富兰克林又找回了曾经的幽默和机智。他回应道：“现在，我即将离开（也许是永远离开）这片我爱的土地了……我祝愿我的朋友顺心如意，并宽恕我的敌人。”

不出所料，德博拉再一次拒绝与其一道远赴英国，也不同意富兰克林带着女儿前往。那么为什么富兰克林还执意再次离乡呢？部分原因是由于他想念伦敦，还有一部分则是因为他对费城感到失望和沮丧。

当然，此举还有一个更为崇高的原因。富兰克林对北美殖民地的未来有了更为长远的打算，远不止是将宾夕法尼亚从领主手中夺走。富兰克林希望建立一个北美殖民地联盟，正如其在奥尔巴尼计划中提到的一样，希望在北美殖民地与英国之间建立一种更为平等的关系，仍属于大英帝国的一部分。他甚至建议殖民地代表在英国议会中拥有议席。理查德 · 杰克逊是留在伦敦的另一位费城代表，富兰克林曾给其写信回复关于英国可能对殖民地征税的消息，信中写道："如果你选择对我们征税，就请给我们议席，让我们成为大英帝国真正的子民。"

1764 年 11 月，当其准备远赴英国之时，富兰克林写了一封信给自己的女儿。信中既有父亲慈爱的劝告，如"要孝顺、照顾好你的好妈妈"；也有典型的富兰克林式建议，如"学习数学和记账等有用的知识"；还有义正词严的提醒："我有很多敌人。你的任何不当举止都可能被他们视为滔天大罪，并以此来伤害我。因此，你要谨言慎行，不给那些恶人可乘之机。"

富兰克林也有很多支持者。当他乘船离开费城的时候，有 300 多人夹道欢送。船开时更是鸣炮致意，同时唱起了《天佑国王》，只不过最后一句改为："富兰克林，我们齐仰望。愿上帝保佑！"富兰克林告诉某些朋友，他希望几个月就可以回来；对另一些人则说，他将一去不回。我们并不清楚富兰克林更倾向哪种说法，但事实证明，两者都不准确。

Benjamin Franklin

An American Life

第十章

密探（伦敦，1765~1770 年）

重返伦敦大家庭

当富兰克林毫无征兆地回到位于伦敦克雷文大街的那个“家”时，史蒂文森太太并不在家，女佣也不知道她去了哪里。“所以我便坐下，等她回来，”富兰克林在给波莉的信中回忆道，“当看到我坐在客厅时，她大吃了一惊。”虽然如此，但史蒂文森太太还是早有准备。富兰克林用过的那些房间还是保持原样，因为他的英国朋友们和英国“家人”都坚信他一定会重返伦敦。

富兰克林曾向德博拉表示，自己不久之后就会回来。他自己也是这样认为的。在其抵达英国之后给德博拉的信中，富兰克林表示希望自己夏末就可以回家：“我希望几个月后就可以完成自己的使命。这样我就可以回到我的小家庭，享受退休生活了。”对于这样的话，德博拉早已听了不止一遍。但实际上，他们今生却无缘再见了。尽管德博拉的身体每况愈下，而且不断恳求他回去，但富兰克林仍然在英国待了10年，徒劳无功地努力履行自己的使命，直到独立战争爆发前夕。

此次的使命对富兰克林的智慧来说是一个极大的考验，他不得不竭尽全力从中斡旋，试图使各方面达到某种平衡。一方面，富兰克林仍然是个忠诚的保皇党人，为了使宾夕法尼亚脱离领主控制，不得不努力与大臣们建立密切的关系——当然，其中也有富兰克林自己的小算盘：他想保住殖民地邮政总长的职位，甚至希望能获得更高的官衔。另一方面，当富兰克林发现英国政府并不打算支持殖民地后，他便忙着恢复自己作为一个北美殖民地爱国者的名誉。

与此同时，富兰克林还沉浸在重返伦敦的快乐之中。名医约翰·普林格尔爵士成为富兰克林最好的朋友。他们一起下棋，围着他们常去的咖啡馆散步，不久之后更是每年夏天都一道旅行。詹姆斯·鲍斯威尔，塞缪尔·约翰逊的传记作者，也是富兰克林的熟人。鲍斯威尔有一次碰巧遇见富兰克林和普林格尔在下棋，随后他在日记中写道：普林格尔有点儿“古怪的尖刻”，但富兰克林却是一如既往的“快乐愉悦”。富兰克林与史蒂文森太太也恢复了那种融洽的家庭关系。波莉虽然还和自己的姨妈住在一起，却仍被富兰克林视如己出，也依然是富兰克林思想上的知己。

当时，富兰克林进行了一个看起来有点儿不自量力的尝试，即自创一个新的音标字母对英语拼写进行简化，而波莉也被他选为第一个接受试验的对象。但这一尝试显然并不成功，富兰克林用自创的拼写方法给波莉写了一封信，读起来就像天书一样。波莉则回复了一封长信，表示很难理解其中的内容。虽然她违心地表示这一尝试很不错，但随后还是用标准的英语写道：“实话实说，我觉得还是用老方法来表达自己更简单。”

但波莉仍尽自己所能，忠实地参加了富兰克林的这一实验，这也从某种程度上反映了富兰克林与波莉的思想交流。实际上，富兰克林的语音改革并没有体现出他一贯的实用主义，却将他社会改良的思想展现到了极致。富兰克林认为，现有的英语体系中有 6 个字母是多余的，所以需要舍弃。同时，他还发明了 6 个新字母。对于波莉的众多质疑，富兰克林坚信，一旦掌握了背后的逻辑，学习起来就容易得多。波莉还认为这样的拼写方式会使单词失去其词源的魅力，但富兰克林也成功地打消了她的疑虑。几年后，富兰克林把自己的计划和诺亚·韦伯斯特进行了分享。这位著名的词典编纂者韦伯斯特在其所著的《论英语》（韦伯斯特将此作献给了富兰克林）中收录了富兰克林给波莉的信，称这一尝试“很有趣”。但随后，他又表示：“这一尝试是否会被无礼或偏见挫败，还要交给我的同胞来决定。”

富兰克林还把自己的私生子威廉所生的私生子，也就是自己的孙子坦普尔，带到了伦敦的“家”中抚养。即使按照富兰克林自己的家庭标准，当时他们的关系也很奇怪。当富兰克林把坦普尔带到自己身边的时候，坦普尔只有4岁。负责照顾他的一堆女人，详细记下了所需的费用（理发、接种疫苗、添置衣服），然后向史蒂文森太太要钱。远在新泽西的威廉再把垫付的费用还给史蒂文森太太。尽管在给德博拉的信中，富兰克林对自己所有的朋友和熟人进行了详细的描述，却从未提到过坦普尔。直到坦普尔9岁时，威廉才在一封信中怯生生地提出，能不能把自己的儿子带回北美殖民地抚养：“他可以用自己的真名，对外就说是我的一个穷亲戚的儿子，我是他的教父，这样我就可以自己抚养他了。”

富兰克林则坚持要自己抚养坦普尔，这也是日后他们父子之间争夺坦普尔的先兆。在英国，人们只知道这个孩子名叫威廉·坦普尔。富兰克林还让他上了斯特拉恩的一个连襟创办的学校。斯特拉恩的连襟是一个古怪的教育家，对富兰克林进行语言改革的热情十分支持。尽管坦普尔成为史蒂文森大家庭的一员，但他们却假装（起码在公众面前）对他的真实身份并不知情。

（直至1774年，在描述坦普尔作为来宾参加的一场婚礼的信中，波莉才称其为“坦普尔先生，一个受富兰克林先生照顾在此地上学的年轻绅士”。不久之后，富兰克林和他的孙子回到了北美殖民地，坦普尔用回了自己的真姓，波莉则坦承她一直以来都怀疑富兰克林和坦普尔之间有某种关系：“听到坦普尔在自己的名字后面加上了‘富兰克林’的姓，我很高兴。我一直认为他有权这样做。”）

1765 年印花税法案：富兰克林最严重的政治误判

当时，费城仍然将富兰克林视为“民众领袖”和殖民地权利的捍卫者。因此，当 1765 年 3 月富兰克林安全抵达伦敦的消息传来之时，钟声“响彻了整个夜晚”，富兰克林的支持者“就像疯子一样狂奔”，数不清的人举“酒”祝他健康。但这样的欢乐注定转瞬即逝，不久之后，富兰克林就卷入了臭名昭著的印花税法案之争。当时英国通过法案，对殖民地所有的报纸、书籍、历书、法律文件、纸牌等贴上印花并征税。

这是英国议会有史以来第一次对殖民地征收内部税。富兰克林本人认为议会的确有权通过征收关税等外部税来管理贸易，但议会却在没有殖民地代表的前提下就对殖民地征收内部税，实在不是一个明智之举，甚至是违反宪章的。然而，富兰克林并没有把主要精力放在反对征收印花税的议案上，而是试图居中调停。

1765 年 2 月，富兰克林与当时所有殖民地的代理人一同拜见了时任英国首相的乔治 · 格仑维尔。格仑维尔解释说，向殖民地进行必要的征税是为了补偿当时与印第安人之间高昂的战争费用。那么，是否有更好的方式呢？富兰克林认为 “通常的宪政方法”更为合适，也就是说，由英国国王向各殖民地的议会提出请求，让它们决定是否能向殖民地征税。格仑维尔问道，富兰克林和其他代理人是否会说服各殖民地议会，让它们同意各自在税收总数中应承担的数额。富兰克林等人则无一做出承诺。

几天之后，富兰克林提出了另一个替代方案。这源自于他作为一个老练的经济学家，以及一个印刷工长久以来希望在北美殖民地增发纸币的愿望。富兰克林提议议会以6%的利息授权发行新的信用券。信用券可以像货币一样具有法律地位，并能够流通。实际上这样会增加北美殖民地的货币供应量，英国无须直接征收内部税就可以从中获利。“这其实是对殖民地征收一种通税，却不至于令其反感，”富兰克林说道，“掌握大部分财富的富人实际上将承担大部分费用。”但用富兰克林的话说，格仑维尔“沉醉于自己的印花税计划中”，对这一计划不屑一顾。实际上，这对富兰克林来说未尝不是一件好事，因为不久之后，他听说即使是他费城的朋友，也不赞同这种信用券的提议。

1765年3月，印花税法案得以最终通过，之后富兰克林又犯了一个因实用主义而造成的错误。他推荐自己的朋友约翰·休斯担任费城的税务官。“你接受此职的确会使自己的声望暂时受损，但只要你冷静、坚定地利用手中的权力为费城民众谋利，他们必将会与你重修于好，”富兰克林曾在给休斯的信中这样错误地认为，“同时，对国王的忠诚和对政府的忠诚永远是你我最明智的选择，无论民众有多么狂热。”富兰克林希望与英国的大臣们保持适当的联系，却严重忽视了北美殖民地民众的感情。

然而，托马斯·佩恩却聪明地利用了当前的局势。他拒绝派遣他的人担任税务官，并表示如果如此，“民众就会认为我们同意对他们的压迫”。约翰·迪金森，富兰克林的一个年轻的对手，也是宾夕法尼亚议会中领主一方的领袖，起草了一份声明以表达对通过印花税法案的不满。

这是富兰克林一生中最严重的政治误判之一。他对领主的憎恨使其忽视了费城民众反对英国再征收任何税的事实。“我已经尽我所能去阻止印花税了，”富兰克林向他费城的朋友查尔斯 · 汤姆森表示，即使不那么令人信服，“但我们所面对的力量太强大了。”富兰克林随后还从实用主义的角度对此事进行了分析：“我们很可能是螳臂当车，就像我们无法阻止太阳落山一样。我的朋友，既然太阳已经落山了，在它重新升起之前还有很长一段时间。我们应该竭尽所能地利用这段黑夜，也许我们应该把蜡烛点上。”

这封信公开之后，对富兰克林来说无疑是一场巨大的公共关系灾难。托马斯回信道，那些费城人不但不愿意点蜡烛，反而打算“放火”。到 9 月，民众的反抗之势已经十分明显。“所有民众都陷入到狂乱甚至疯狂之中，我担心在这场大火扑灭之前，很多人可能都会因此送命。”休斯在给富兰克林的信中惊恐地写道。而富兰克林正是使其深陷困境之人。

富兰克林的合伙人戴维 · 霍尔发出了同样的警告。“民众对任何他们认为的哪怕对印花税法案有一点儿支持的人，都恨之入骨，”霍尔写道，“愤怒的费城人认为你插手其中，因此很多人都成了你的敌人。”他还表示如果富兰克林返回费城，他对其人身安全表示担心。当时费城有一幅漫画，内容是一个魔鬼在富兰克林的耳边轻语：“富兰克林，你将会是我的全权代理。”

1765 年 9 月末的一个晚上，民众的愤怒到达了顶峰。当时一伙暴民在费城的一个咖啡馆集结，其带头者指责富兰克林鼓吹印花税法案，因此带领暴民去富兰克林的新家算账。而休斯等富兰克林的支持者也一同前往，“如果我能够活到明天的话，我将会告诉你详情。”休斯在日后寄给富兰克林的日记中写道。

德博拉把他们的女儿送到了新泽西去避风头，自己却与往常一样，拒绝离开。她的侄子达文波特带了20多个朋友来保护她。德博拉对于那晚的描述虽然触目惊心，却是对其勇气的证明。她在随后给自己丈夫的信中写道：

> 夜晚渐渐来临。我告诉他（达文波特）取一两杆枪来。我还让我的兄弟也带了枪赶来。我们把一个房间变成了弹药库。我吩咐在楼上筑起了防线。这么一来，我自己也能应付。有人劝我避一避，我说我相信你从未做过伤害别人的事，我自己也从未伤害过别人。因此我绝不会因为他人而感到不安，也绝不会搬家。

在一群自诩为“白橡树之子”的富兰克林支持者赶来与暴民对峙后，富兰克林的房子得救了。他们声称，如果富兰克林的房子被毁，那么牵涉其中的每一个人都脱不了干系。最后，暴民四散而去。“我对你展示出的精神和勇气表示钦佩，”听说此事之后，富兰克林在回信中写道，“决心要保护自己财产的女人配得上一栋好房子。”

印花税法案危机使北美殖民地局势发生了急剧转折。很多不甘于处于附庸地位的殖民地新领导人，站到了与英国对立的一面，弗吉尼亚和马萨诸塞尤其如此。尽管大部分北美殖民地人直到1775年才有国家意识并决心脱离英国，但当时英国统治者与殖民地之间的权力之争已经在不同方面有所显现。年仅29岁的帕特里克·亨利在弗吉尼亚议会挺身而出，谴责英国未经殖民地人民同意就对其征税。“恺撒与布鲁图，查理一世与克伦威尔，乔治三世……”他的话还没有说完，就被“叛国者”的喊声打断了。但当时，殖民地很多民众的态度已经十分严肃。不久之后，托马斯·杰斐逊也表明了相似的态度。在波士顿，一群自命为“自由之子”的民众在酿酒厂集结后，袭击了马萨诸塞的英国税务官和总督托马斯 · 哈钦森的住宅。热爱北美殖民地的民众越来越多，最终都成为大英帝国的反对者。其中就包括约翰 · 汉考克，一个年轻的商人；塞缪尔 · 亚当斯，一个慷慨激昂的鼓动者；以及约翰 · 亚当斯，塞缪尔的外甥，一个刻薄的律师。

在 1754 年的奥尔巴尼会议之后，北美各殖民地的领导者第一次行动起来，将北美殖民地视为一个整体。当年 10 月，北美殖民地的 9 个殖民地（包括宾夕法尼亚）在纽约举行会议。会议不仅要求撤销印花税法案，还否定议会在殖民地征收内部税的权力。他们所引用的座右铭正是 10 余年前富兰克林在一幅政治漫画中，用来号召大家在奥尔巴尼团结起来的名言：“要么团结，要么死亡！”

远在伦敦的富兰克林却对此持观望态度。“弗吉尼亚议会的轻率令人惊奇，”富兰克林在给休斯的信中写道，“然而，我希望我们的激情将会在远见卓识下得以适当的表达。”当时，富兰克林仍然对马萨诸塞的总督哈钦森表示同情，尽管其不久之后成为富兰克林的劲敌。富兰克林和哈钦森都是理性的人，都对暴民统治感到担忧，也都在此次事件中受到了惊吓。哈钦森在给富兰克林的信中写道：“当你我 10 年之前在奥尔巴尼的时候，我们所希望的北美殖民地联盟可不是这个样子。”

富兰克林的中庸来自于他的性格、他对英国的爱以及他那和谐帝国的梦想。因此，富兰克林本质上就是一个调停者，而不是一个革命者。他喜欢一边喝着马德拉酒，一边进行机智的探讨，他痛恨没有秩序和暴民的所作所为。然而，美酒与美食不仅加重了富兰克林的痛风顽疾，更模糊了他的双眼，没能看清北美殖民地对英国与日俱增的敌意。也许更重要的是，富兰克林仍在做最后一搏，试图将宾夕法尼亚置于英国国王的直接统治之下。

然而，这一直都是一项不可能完成的任务，在反对印花税的呼声如此高涨的情况下更是如此。宾夕法尼亚对英国国王统治的支持日渐消弭，伦敦对殖民地的支持也不断减弱。1765 年 11 月，就在富兰克林到达伦敦一年之后，并因对印花税法案夸夸其谈而导致声名受损之时，枢密院正式宣布推迟对富兰克林提交的反对领主的请愿书做出裁决。富兰克林最初认为（或起码公开声称）这只是暂时的挫折，但很快就意识到了其中的真正含义。正如托马斯 · 佩恩在给自己的侄子，费城总督约翰 · 佩恩的信中所言，枢密院的这一举措意味着这一问题被“永远”搁置了。

为国家辩护

1765 年年末，富兰克林那殖民地权利捍卫者的名声因为其在印花税法案上模棱两可的态度而受到损害，他也面临着有史以来最为严峻的政治公关危机之一。富兰克林开始通过书信来挽回颓势。在给其合伙人戴维 · 霍尔和其他人的信中，富兰克林坚决否认自己曾支持过印花税法案。他还让伦敦那些有影响力的贵格会教徒写信为自己辩护。“我敢断定本杰明 · 富兰克林已竭尽全力阻止印花税法案的通过，”约翰 · 福瑟吉尔在给费城朋友的信中写道，“他坚决维护北美殖民地的权利与特权。”霍尔则在《宾夕法尼亚报》上刊登了此信。

富兰克林认为迫使英国撤销该法案最好的办法，就是北美殖民地人坚决抵制从英国进口货物，并抵制任何会使用到印花的交易。这一观点也符合他“穷理查式”的节俭和自力更生。富兰克林认为这种方法能够获取因出口锐减而损失惨重的商人和制造业主的支持。此外，富兰克林还化名“霍姆斯潘”（朴素的意思）在英国的报纸上发表文章，讽刺那些认为北美殖民地人如果不从英国进口货物（如茶叶）就活不下去的想法。富兰克林说，如果需要的话，北美殖民地人甚至可以用玉米来造茶叶，“玉米的绿叶泡起来可是难以言表的美味”。

当时，富兰克林在三个月内至少发表了13篇抨击印花税法案的文章。而署名“霍姆斯潘”的只是其中两篇。在一篇署名为“一个旅行者”的恶搞文章中，富兰克林声称北美殖民地根本不需要从英国进口羊毛，因为“北美殖民地绵羊的尾巴上都是羊毛，而那些羊尾巴大得需要用四轮马车托住才不至于拖在地上”。在另外一篇署名为“偏向北美殖民地”的文章中，富兰克林又玩起了明褒暗贬的老把戏，表达对北美殖民地进行军事统治的不满：对北美殖民地使用武力很简单，只需要5万名士兵，每年也仅需耗费1 200万英镑。“有人可能会质疑这样做会毁了我们的殖民地，可能会杀害一半的北美殖民地居民，把另一半赶到山上去。还有人可能会质疑这会使我们丧失殖民地因进口我们的产品而产生的关税。但转念一想，我们就释然了。我们已经在欧洲损失了那么多，还在乎这一点儿吗？再说正是因为北美殖民地的需求不断增加，才导致产品的价格不断上涨。因此，把这方面的供应暂停一下，对我们所有人都将大有裨益，这样我们就能以低价购买自己的产品了。”而这样做对英国唯一的坏处就是，富兰克林写道：“会使那些因为饥饿而出来打工的人口成倍增加。”

（正如文中所示，富兰克林经常匿名或使用假名来发表文章，从青少年时期即是如此。他先后使用过“塞伦斯 · 杜古德”、“好事者”、“爱丽丝 · 艾德堂格”、“穷理查”、“霍姆斯潘”等多个笔名。富兰克林有时是完全匿名，有时则是半遮半掩。这种情况在18世纪并不罕见，实际上还十分平常，连艾迪生、斯蒂尔和笛福等人皆是如此。“当下出版的那些有价值的书，只有不到1/10用的是作者真名。”艾迪生曾经说。

尽管有一点儿夸张的成分但在当时，匿名写作被认为更聪明、更高雅、更不容易招致诽谤或遭受煽动的指责。当时的绅士们认为在作品上印上自己的名字是有失身份之举。而匿名也能够保证如果作品包含不同的政治和宗教观点，别人回应时也只会就事论事，而不会对作者本人进行人身攻击。）

富兰克林还画了一幅可与他当初那幅著名的“要么团结，要么死亡”比肩的政治漫画。画的内容是英帝国被血腥地肢解，每个部分都标上了殖民地的名字。画面下方写着：“给贝利萨留斯一便士。”贝利萨留斯是古罗马的元帅，当初对自己的行省进行压制，最后却死于贫困。富兰克林把这幅漫画印在了提示卡上，然后雇了一个人，在议会门口发放。富兰克林还寄了一张提示卡给自己的妹妹简，并告诉她说：“这幅画想要表达的意思就是殖民地可能会被毁灭，但英国也将元气大伤。”富兰克林还曾警告一个大臣说，推行印花税法案，将会在“两者之间产生根深蒂固的对立，并为以后彻底的分离埋下祸根”。

然而，富兰克林仍是一个忠诚的英国人，所以仍希望能够阻止这样的分裂发生。他所期待的解决方式就是在英国议会中增加殖民地的代表。在其为与大臣会面准备的备忘中，富兰克林写下了这样的理由：“增加代表有两点好处。它既可以为英国议会带来所需的知识与信息，同时也可以向远方的殖民地传达政府决策的原因……这一做法将使帝国永葆统一，否则将会以各种方式走向分裂。”

但富兰克林也警告说抓住这一机会的时机已过。1766年1月，富兰克林在给朋友的信中写道：“推行此事最好的契机是殖民地还认为此事大有裨益，并将在帝国议会中拥有议席视为荣耀之时。但现在则不同了，他们对此无动于衷。如果未来有这样的机会他们仍会接受，但不会主动要求。到最后，他们还会一口回绝。”

富兰克林写道，由于在议会中没有代表，“中上之策”就是需要每个殖民地议会同意再次讨论这一传统议题。在为与大臣会面准备的备忘中，富兰克林还提出了第三种解决之道，这实际上是向殖民地独立迈出的一大步：“授权每个议会向一个公共议会派出代表。”换句话说，北美殖民地将成立自己的联邦立法机构，而不是服从英国议会所指定的法律。而唯一能够将北美殖民地和英国本土这两个大英帝国的组成部分绑在一起的，就是对国王的忠诚。这一设想实际上脱胎于10多年前他在奥尔巴尼提出的北美殖民地联盟计划。

1766年2月13日，富兰克林得到了与议会直接交流的机会。富兰克林戏剧化的表现堪称议会游说的杰作，甚至可以算得上是一次精彩的舞台演出。当然，他也得到了议会中支持者的帮助。在举行听证会的那个下午，富兰克林成功地化身为北美殖民地的发言人，并恢复了其在北美殖民地的声誉。

当天下午，议会一共向富兰克林提出了174个问题。其中有不少都是由其信任的辉格党领袖罗金厄姆勋爵事先起草的。罗金厄姆勋爵对殖民地持同情态度，一直希望能够找到解决印花税法案的方法，但他对大多数其他问题仍是充满敌意。然而，从始至终富兰克林都保持了冷静，且很有说服力。最先提问的是一个因英美之间的贸易下滑而生意受损的商人，他问北美殖民地是否已经自愿向英国交税。“当然，而且是沉重的赋税。”富兰克林回答道。他还详细地历数了北美殖民地交税的历史（但是对很多关于对领主之地征税的争端避而不谈）。

一个持不同立场的人插了进来，反问道：“各殖民地不是很有能力支付印花税吗？”富兰克林则回答说：“我认为殖民地没有足够的金银来支付一年的印花税。”

印花税法案的提出者格仑维尔跳了出来，为法案进行辩护。他反问富兰克林，难道不同意殖民地应该为自己所得到的皇家军队的保护而付费吗？富兰克林则反击说，北美殖民地人一直是自己保护自己，也保护了英国在北美殖民地的利益。“在上一次战争期间，殖民地为25 000人提供了衣食和薪酬，耗资达数百万之巨，”富兰克林解释道，“而且只有一小部分得到了补偿。”

富兰克林强调，更重要的问题是如何促进大英帝国内部的和谐。法案的支持者格雷·库柏问道：“法案通过之前，北美殖民地对大不列颠怀有什么样的感情？”

> 富兰克林：“世界上最美好的感情！他们自愿服从王室统治，支付相关费用，在他们所有的议会里，都遵从英国议会的法案。……你们无须费心设置堡垒、要塞，不必有警卫部队或军队来迫使他们臣服。大不列颠只花费了些许笔、墨和纸张就统治了他们。他们被一根线引导着。他们对于大不列颠不仅是尊敬，更是爱戴。敬重它的法律、它的习俗和它的风气，甚至喜爱它的时尚，这些都极大地促进了商业的发展。”
>
> 库柏：“现在他们的感情如何？”
>
> 富兰克林：“啊，大大地改变了。”
>
> 库柏：“过去北美殖民地人是如何看待英国议会的？”
>
> 富兰克林：“他们把议会看作是伟大的堡垒和他们自由的保障。”
>
> 库柏：“他们已不那么尊敬议会了吗？”
>
> 富兰克林：“是的，早已大不如前。”

然后，富兰克林再次强调了内部税与外部税的区别：“我从未听说过任何反对通过制定关税来管理贸易的意见。但我不认为议会有权征收内部税，因为我们在议会中没有自己的代表。”

北美殖民地是否会妥协呢？富兰克林的答案是不会，这是关乎原则之事。那么只有动用军队才能确保印花税法案得以实施吗？

富兰克林回答道："我不知道有哪支军队能够以何种方式来实现这个目的。"

问："为什么不能？"

富兰克林："假设一支军队开进北美殖民地，却找不到一个武装人员，那时他们将怎么办？他们不能把印花税强加给一个选择不用印花的人。他们找不到一场叛乱，却可以制造出一场来。"

最后，印花税的支持者们试图混淆外部税和内部税之间的区别："如果殖民地成功地废除了印花税，难道日后它们就不会反对议会征收关税和其他外部税吗？"

"到目前为止不会，"富兰克林回答道，"最近，这里的许多论证被用来证明两者之间没有区别……目前他们尚没有理解这一点，但一段时间后，他们可能会被这些论证说服。"

这是一个戏剧性的结尾，也是一个不祥之兆。通过对内部税和外部税的区分，富兰克林再次试图寻找一个更为中庸、实用的解决方式。而北美殖民地很多新涌现的领导人，包括马萨诸塞议会中的大部分议员，都强烈反对英国对殖民地课以重税。8 年后，波士顿倾茶事件还是发生了。当议会决定撤销印花税法案时，大西洋两岸都陷入狂喜之中。但人们都没有注意到，议会实际上也为未来的冲突埋下了祸根。当时议会通过了另一法案，宣称"在任何情况下"都有权颁布对殖民地有效的法律。

富兰克林不卑不亢地展示出了自己的理性与决心。对于通常不愿在人前演讲的富兰克林来说，这是他一生中持续时间最久的一次雄辩。他的成功并非源自他的口才，而是极有说服力地使争论的重点放在了北美殖民地的现实上。据富兰克林回忆，事后他的一个死敌说："从那天起，他（富兰克林）所展示出的那种为自己国家辩护的精神，一直感动着我。"富兰克林在英国已经被视为一位知名的作家和科学家，现在，人们更将其视为北美殖民地最有效的代言人之一。实际上，富兰克林也成了北美殖民地的总大使：除了代表宾夕法尼亚之外，随后他还被任命为佐治亚、新泽西和马萨诸塞在英国的代理人。

在费城，富兰克林的名誉也完全得到了恢复。他的朋友斯特拉恩将听证会的实况记录下来，寄给了戴维·霍尔以供发表。斯特拉恩写道："正是这一考验，使得那个可憎的法案迅速地得以全面撤销，而你也从中受益。"一艘军舰被命名为"富兰克林号"，并鸣炮向其致敬。小酒馆向每一个从英格兰带来这一消息的人赠送酒水和礼品。"最后，你的敌人们开始为自己的含沙射影而感到羞愧，不得不承认殖民地应感谢你的业绩。"查尔斯·汤姆森写道。

富兰克林不愿回家

围绕印花税而进行的斗争使富兰克林想起了自己那远在北美殖民地的妻子的美德，至少使富兰克林对其感到了更多的愧疚。德博拉的节俭和自立正是北美殖民地的象征，宁愿牺牲自我也不愿向不公正的待遇屈服。既然印花税法案撤销了，富兰克林就给德博拉送去了满满一船的礼物作为补偿：14码[①]的蓬巴杜绸缎（他特意强调"11先令一码"）、两打手套、给萨莉的一件丝绸便装和衬裙、一张土耳其地毯、奶酪、螺丝钳，还有一些桌布和窗帘。富兰克林还礼貌地表示桌布和

① 1码≈0.9144米。——编者注

窗帘是史蒂文森太太挑选的。在随礼物一同寄回家的信中，富兰克林写道：

> 我亲爱的宝贝：
>
> 印花税法案终于废除了，我想你应该有一件新长袍了。但我想你已经猜到了我并没有买，因为我知道你不愿打扮得比自己的邻居更好，除非那些衣服是出自你的巧手。如果两地之间的贸易完全中止，我将再次骄傲地穿上那些我妻子亲手缝制的衣服，这将令我感到十分舒服。我一生中再也没穿过比这更好的衣服。我也知道，如果需要的话，我的妻子和女儿会再次拿起手中的针线做衣服。

或许，当若干年后富兰克林再次回到自己北美殖民地的家中，看到特意给自己留下的奶酪时，他会十分高兴。但实际上，尽管在反对印花税的斗争中度过了自己 60 岁的生日，且随着印花税的废除，他在英国的使命已经完成，富兰克林却仍不打算回家。相反，他还打算利用 1766 年的夏天与密友约翰 · 普林格尔爵士一道去德国。

德博拉写给丈夫的那些信，尽管有些许尴尬，却表达了她的坚强和孤独："我没有任何消遣，只是待在家中，痴痴地等待你的来信。"对于德博拉来说，唯一排遣寂寞、消除恐惧的方式就是做家务。德博拉说，她尽力（也许是听从富兰克林的指示）不让自己对政治的担忧扰乱富兰克林："我给你写了很多信，几乎一天一封。但我总是忍不住想在信里和你讲一些政治上的事情，所以我就把它们都烧了。于是，烧了再写，写了再烧。"在谈到新盖好的房子时，德博拉说她还没把富兰克林的画挂到墙上，因为未经允许，她不敢往墙上钉钉子："男人在家和不在家完全不同。不在家的时候，每个人都担心做错事，所以就什么也不做。”

然而，富兰克林的回信大多带着公事公办的味道，总是关注新家的细节。“我多希望厨房完工的时候可以在场，”富兰克林写道，“我知道你还不太会用那些抽油烟、排气的小发明，我还没向你介绍清楚。”富兰克林对房子的关心可以说是面面俱到，甚至连每个房间如何粉刷都一一说明，时不时地还拿自己回家说事：“如果铁火炉还没装好，那就不要管了，等我回去的时候带一个更方便的铜火炉。”

1766年年末，富兰克林和戴维·霍尔的印刷合伙人关系在历经18年之后终于结束了，虽然结局并不是很令人愉快。霍尔对利用《宾夕法尼亚报》对领主进行抨击越来越不感兴趣。富兰克林的两个朋友就找了一位新印刷商和一份新报纸，以刊登那些抨击领主的文章。霍尔认为这破坏了他与富兰克林之间的协议，尽管协议已经过期了。“虽然没有明确规定你不得插手此地的印刷生意，但协议中已经写得很明显了。”霍尔哀怨地写道。

富兰克林则从伦敦回信说，对于那个和霍尔竞争的新印刷店，“我并未插手其中，也没有提供智力支持，我第一次注意到它还是在你报纸的广告上看到的”。富兰克林公开表达了自己对霍尔的深情，并表示对霍尔的政治观点和办报风格绝无不满，尽管他的很多朋友都不甚满意：“我从不认为你属于哪一派，正如你从未指责过我在公共事务中的态度一样，我也从未因你与我立场不同而大放厥词。我认为每个人都有，也应该有表达自己态度的自由。”

然而，富兰克林认为那份原始协议并没有禁止自己参与其他的印刷生意，更何况协议已经过期，“18年前，我不可能预见自己会在协议终止之时，富有到不需要做任何生意”。随后，富兰克林还以貌似保证的口吻威胁霍尔说，有人一直邀请他合伙，但只要霍尔愿意延长协议，多给富兰克林一些应得的红利，他就不会参与其中。当谈到与霍尔的竞争者合作的可能性时，富兰克林表示，“我希望不会有机会如此”，“我知道很多顾客是因为我才付钱的，这还不是个小数目。所以我希望你能够拿出更多的钱来补偿我”。如果这样的话，富兰克林保证，这点钱和其他的收入就足以保证其退休了：“我的生活将十分富足，更何况我并不是一个奢侈的人。这样，我就没有任何重操旧业的理由了。”

协议到期使富兰克林每年损失大约650镑，这使他不得不重新考虑经济问题了。富兰克林在伦敦的生活是典型的中产阶级生活，既节俭，又放纵。尽管富兰克林并没有如他人所猜测的那样，过着一种与其身份相符的奢侈生活，但他的开销也的确不小。富兰克林喜欢旅游，甚至还有记载说他购买过30先令一桶的高档啤酒（这与他初到伦敦时的生活形成了强烈对比，那时他每天只吃面包和水）。富兰克林的精打细算大部分都用在了指导妻子如何安排生活上。1767年6月，富兰克林在信中写道：

> 我们的一项重要收入来源断了。如果我再失去邮政方面的职务……很有可能，我们就只能靠房租和利息过活了，这就意味着我们无法再负担那些习以为常的家用和娱乐了。我在不影响生活舒适的前提下尽量俭省，不请任何人吃饭。在家里用餐，我只吃一道菜就够了。但即使如此，在这儿的花费仍令我大吃一惊。而我发现你的花费也十分惊人。我知道我不在家，你肯定希望很多人来看望你，这是一笔难以避免的开销……当人们的收入减少时，如果他们不能相应地减少自己的开支，就必将变得贫困。

这封信显得特别冷酷无情。尤其是回复女儿恋爱，并希望征得父亲的同意而步入婚姻殿堂的来信时，更是如此。萨莉当时在费城已是一个风云人物，所有的舞会中都有她的身影，甚至还乘坐过富兰克林的死敌总督佩恩的马车。但是，她却爱上了一个人品和财务看起来都有问题的男人。

那个有问题的追求者理查德·贝奇是个英国移民，和自己的兄弟一起在纽约做进口生意，也是一个海事保险经纪人。不久之后，贝奇到了费城，在栗树街开了一家干货店。贝奇对女人很有一套，做生意却实在不怎么样。贝奇一度同萨莉最好的朋友玛格丽特·罗斯订了婚，但不幸的是，玛格丽特却患上了重病。在临死之前，玛格丽特恳请萨莉替自己照顾贝奇，萨莉欣然接受。

对于德博拉来说，在丈夫不在的情况下做出决定是一个天大的责任。“我必须又当爹又当妈，”她在给富兰克林的信中略带指责地说道，“我希望能令你满意。我已经尽我所能做出最好的判断了。”

面对这样的情况，富兰克林本应回到北美殖民地。然而，富兰克林却不为所动，仍待在万里之遥的伦敦。实际上，富兰克林唯一一次匆忙赶回北美殖民地是在儿子准备结婚的时候——而威廉在伦敦结婚。“我现在仍在考虑这个夏天是否要回北美殖民地，”富兰克林对德博拉写道，“如果你认为这桩婚姻合适，我不会耽误她的幸福。”为了让自己可以心安理得地在遥远的欧洲享乐，富兰克林随信给萨莉寄去了两顶夏帽。

几周之后，富兰克林寄来了一封长信，告诫家人要节俭。“别把婚礼办得太奢华，”富兰克林告诉德博拉说，“要节俭、经济行事，这也是我们的客观环境所决定的。”富兰克林还强调，德博拉必须告诉贝奇，他们会提供不错的嫁妆，但别指望会有多丰厚：

我希望他不要期待在我们死之前就得到丰厚的财产。如果他能够证明自己是萨莉的好丈夫、我的好女婿，他就会发现我也是一个好岳父。但现在我希望你同意，我们要提供的那些好的衣服和家具，总价值不能超过500英镑。

随后，又传来了更加令人不安的消息。根据富兰克林的要求，威廉对贝奇的财务状况进行了调查，结果发现不甚乐观。更糟糕的是，威廉还听说玛格丽特·罗斯的父亲也发现了这一点，所以拒绝自己的女儿与贝奇成婚。“贝奇先生总是试图向他（罗斯先生）隐瞒自己的情况，”威廉报告道，“简而言之，他就是个骗财的，希望可以与豪门联姻，获得支持，以改善自己的生活。”威廉最后在结尾写道：“看后即毁。”但富兰克林却没有这样做。

所以，结婚的事暂时就被搁置了。贝奇给富兰克林写了一封信，试图向他解释。贝奇承认自己正面临严重的财务危机，但他认为这不是他的错。因为北美殖民地民众抵制印花税，所以他不得不承受一船货物的损失。

“就像每个父母都爱自己的孩子一样，我也深爱我的女儿，”富兰克林回信道，虽然可能略带夸张，“但我已经告诉过你，我的财务状况也不好，我和我的妻子也是勉强度日……除非你能够让萨莉的朋友们相信你有能力让她过上好日子，否则我希望你不要再做无谓的坚持，这对你们两个都无益。”同一天，富兰克林写信告诉德博拉，说他觉得贝奇可能要打退堂鼓了。“最近他的生意很不顺，”富兰克林写道，“这就使他不至于那么快地结婚。”富兰克林还建议萨莉来英国散散心，这样就可能会遇到其他好男人，比如威廉·斯特拉恩的儿子。

尽管富兰克林的态度十分明确，但他写的那些信却没能阻止女儿结婚。也许富兰克林认为，因为他不愿回家亲自处理此事，所以他既没有道德权威，也没有发布任何实际指令的能力。离家万里之遥的富兰克林在感情上也与家人十分疏远。

事情已经够乱的了，史蒂文森太太却还决定插一脚，这更是乱上加乱。因为和富兰克林住在一起，史蒂文森太太觉得自己与德博拉性情相投，因此写信安慰她。史蒂文森太太在信中写道，富兰克林有时幽默得令人讨厌。她知道德博拉为富兰克林的臭脾气所伤，所以买了一些丝绸，给萨莉做了一件衬裙，尽管她们素未谋面。史蒂文森太太承认，实际上她对萨莉的婚礼十分高兴，原打算买更多的礼物，但因为富兰克林不让，只好作罢。她希望有机会能坐下来和德博拉聊一聊。她告诉德博拉说："我能理解你的感受，你希望能够时常看见富兰克林，像任何一个深爱自己丈夫的妻子一样。"

尽管费城的家里都快乱成了一锅粥了，但1767年8月，富兰克林仍然去了法国。"这个夏天我在英国待得太久了，现在十分希望能四处走走，这样才有利于我的健康。"富兰克林在给德博拉的信中写道。而在他给波莉的信中写道，自己一路上情绪都不好，因此"不断地和旅馆主人吵架"。富兰克林和他的旅伴约翰·普林格尔还感到十分沮丧，因为坐的马车实在不怎么样，无法欣赏路上的美景。富兰克林还抱怨说，那个赶车人的解释"甚至使我希望上帝要是没有赋予人类推理能力就好了，因为他们根本就不知道该怎么用"。

然而，在他们抵达巴黎之后，情况就好了很多。富兰克林对法国的女性如何化妆倍感好奇，甚至在给波莉（而不是自己的女儿）的信中进行了详细的描述："在一张纸上剪一个直径3英寸（约7.6厘米）的圆孔，然后把这张纸放在你的脸颊上，让孔的圆心正好在眼睛下方。用一把蘸了颜料的刷子对着那个孔涂你的脸，因此当那张纸被拿开后，就能在脸上留下和那圆孔同样大小的红印。”

富兰克林在法国可是个名人，因此大受欢迎。法国人甚至将电学家称作“富兰克林一样的人”。富兰克林和普林格尔还有幸被邀请到凡尔赛宫参加法国国王路易十五和玛丽王后所举行的盛大晚宴。“他（路易十五）兴致勃勃而又优雅地与我们交谈。”富兰克林在给波莉的信中写道。尽管他与英国大臣们斗得你死我活，但富兰克林仍然强调了自己对英国国王的忠诚：“我认为我们自己的国王和王后是世界上最好的，也是最可亲的。”

凡尔赛宫很壮观，可是维护不善，富兰克林写道：“破旧的半砖墙，窗户也破了。”另一方面，巴黎却有很多质朴的特点，与他的公益改善计划很相符。不像伦敦，巴黎的街道每天都有人打扫，所以“很适宜行走”。而水也“纯净得就像经过沙池过滤的最好的泉水一样”。当女儿没有父亲的陪伴，独自准备婚礼之时，富兰克林却在买新衣服和“一小袋假发”，正如他给波莉的信中写道，这使他看起来“年轻了20岁”。这次旅行对他的健康大有裨益，富兰克林甚至开玩笑说：“我甚至准备向我朋友的妻子示爱了。”

在从法国回来的路上，富兰克林就迫不及待地给波莉和其他红颜知己写信，却只给家里寄去了只言片语。德博拉的来信中很少提及女儿的近况，却一再对其婚姻的悬而未决表示失望。富兰克林对此似乎很恼火，他向德博拉表示自己“从法国回来之后，精神和身体都好了很多”，然后就询问起了萨莉的情况。

富兰克林还不知道，当时萨莉和理查德已经结婚了。1767年10月，正如《宾夕法尼亚新闻》（富兰克林所创办的《宾夕法尼亚报》的新对手）所记载：“本市的商人理查德·贝奇先生与萨莉·富兰克林小姐，著名的富兰克林博士唯一的女儿，一位品德高尚的年轻女士，喜结连理。明天，所有停泊在港口的船只都将升旗向他们致敬。”

但从未有记录显示富兰克林为错过自己独女的婚礼而感到后悔。当1767年12月，富兰克林的妹妹简写信祝贺他“深爱的女儿与其所爱的、也是唯一令其感到快乐的优秀绅士喜结连理”时，富兰克林的回应却显得很冷漠。1768年2月，富兰克林在回信中写道：“她令自己和她母亲十分高兴，我希望她将来也会如此。但我认为他们结婚之前应该好好考虑一下如何养家。”

随后的几个月里，富兰克林只给家里写了几封信。信中，富兰克林表达了自己对德博拉和萨莉的爱，却从未提及贝奇。直到1768年8月，富兰克林才给贝奇写信，承认他是家庭中的一员。“可爱的女婿，”这封信的开头似乎让人看到了一丝希望，但很快语气就变得冷酷了，“我认为你在事业尚处低谷，无法体面地养家之时就贸然组建一个家庭，实在是轻率鲁莽之举。”这也是为什么之前富兰克林没有回信的原因。“我实在不能表示同意。我没法把我真实的想法写出来，即使我不能给你们带来快乐，也不愿意给你们带来痛苦。”这封信只有寥寥数语，在最后，富兰克林的态度有所转变。“时间是治愈一切的良药，”他说道，“我向你致以最美好的祝福。如果你能够证明自己是个好丈夫、好女婿，你将会发现我也会是个好岳父。”在信的最后，富兰克林还附上了一句，表达了自己对萨莉最诚挚的爱，并告诉她自己寄去了一块手表作为礼物。

德博拉十分激动。她把富兰克林的信转给了在波士顿的贝奇，还附上一张便条。德博拉写道：“贝奇先生（我的女婿），告诉你一个好消息。尽管你们之间还没有那么亲密，但我希望你的岳父（请允许我这样称呼他）和你以后会相处得不错。”

1769年年初，德博拉甚至从富兰克林那里得到了更好的消息。富兰克林告诉她说，他的健康状况很不错，但“我深知根据自然规律，我可能活不了多久了”。那时，富兰克林已经63岁了。因此，他“对未来别无他求，只希望能够回到费城，在自己的朋友和家人身边安度晚年”。萨莉和她的丈夫甚至从波士顿赶回来，希望能够见到富兰克林。但实际上富兰克林仍然没有做好回家的准备，只是口头上说说而已。

连富兰克林在春天时得知德博拉发生了轻微中风后，他仍然没有回来。“这些都是以后危险的预兆。”德博拉的医生写信告诉富兰克林。富兰克林咨询了他的旅伴，皇后的御医约翰·普林格尔，然后给德博拉寄去了一些建议。对于自己这个任性的丈夫，德博拉的确有些许不满。德博拉对富兰克林的建议嗤之以鼻，声称自己的情况很大程度上是由于富兰克林长时间不在家给她带来的“失望、痛苦”造成的：“我无法继续忍受了，我觉得我可能再也站不起来了。”

甚至就连好消息，也不足以让富兰克林回到费城。夏天，富兰克林听说萨莉怀孕之后，给萨莉寄来了一些小小的奢侈品，6个“孕妇用来把红酒、面包和香料放在一起进行调制的酒杯”，以表达自己的欣喜之情。萨莉不会放过任何一个和富兰克林增进感情的机会。1769年8月，萨莉的孩子出生了，起名为本杰明·富兰克林·贝奇。富兰克林对自己的外孙比对自己的孩子还要亲。和自己的表兄一样，本尼·贝奇后来在富兰克林身边长大。富兰克林向自己的外孙送上了最诚挚的祝福，并叮嘱无论如何都要接种牛痘，以预防天花。

另一个家

在自己的家庭生活和此后的个人生活中，富兰克林从不做任何承诺。富兰克林需要家庭的舒适和思想的灵感，这也正是伦敦的那个家给予他的。这个位于克雷文大街的家中有费城缺乏的聪慧和精神。房东史蒂文森太太要比德博拉活泼，而波莉则要比萨莉聪明。1769 年 9 月，就在富兰克林刚从法国回来后不久，波莉身边出现了一个追求者，而这个追求者也比贝奇强得多。

对于 30 岁仍然未婚的波莉来说，威廉 · 休森是一个好选择。休森是医学研究者，还是一位讲师，前景一片大好。“他一定很聪明，因为他的思维方式和我们一样。”波莉在一封信中忍不住夸耀道。当时，波莉还和自己的姨妈住在郊外，“如果我和这个年轻人私奔，你和我妈妈可不要吃惊。虽然对于 30 岁的我来说，这个举动有些疯狂”。

波莉一边开着玩笑，一边仍向富兰克林暗送秋波，承认（或假装承认）自己缺乏与休森结婚的激情。“他也许太年轻了。”波莉告诉她那位年长的爱慕者。波莉在信中说她满心喜悦，却不能确定“到底是因为结识了新知己，还是听说老朋友（富兰克林）回到英国的缘故”。

一天之后，富兰克林就寄来了回信，里面没有太多的祝贺，仍旧是打情骂俏：“实话实说，我很嫉妒那个年轻的英俊大夫。”富兰克林表示宁愿“对真相视而不见”，自己安慰自己“波莉高兴的原因是听说自己安全回来”。

波莉和休森迟迟没有结婚，因为富兰克林不愿波莉接受休森的求婚。最后，1770 年 5 月，富兰克林写信告诉波莉说自己不再反对了，但这也并非完全发自肺腑。“我认为对于你自己的事，你自己更有发言权。”富兰克林写道。富兰克林还认为这段婚姻是“理性的”。至于波莉担心自己的嫁妆不够丰厚，富兰克林告诉她说：“我认为对于身无分文的我来说，你的嫁妆已经很丰厚了。”

尽管已经错过了自己一对儿女的婚礼，但富兰克林无论如何也不会错过波莉的婚礼。虽然决定在仲夏举行婚礼，这本应是富兰克林的时间，但他却仍然挽着波莉的手臂走入教堂，在婚礼中扮演起了父亲的角色。几周之后，富兰克林告诉波莉："你快乐，所以我快乐。"但又承认自己因为担心失去与她的友谊而"不时感到情绪低落"。幸运的是，这并未发生。富兰克林成为了这对新婚夫妇的密友。他和波莉维持了一生的友谊，通信超过 130 封。

几个月之后，波莉和休森就搬去与富兰克林同住了几天，当时史蒂文森太太去郊区访友。富兰克林和他们一道办了一份报纸《克雷文新闻》，记录了这个假期发生的点点滴滴。1770 年 9 月 22 日的报纸是关于"玛格丽特女王"的离开和富兰克林因此大发脾气："大个子（这么叫是因为他个头真的很大）今早很不高兴，尽管新任大臣承诺晚上给他做烤羊肩和烤土豆。"报上还说富兰克林十分不悦，因为"玛格丽特女王"把衣橱的钥匙带走了，所以他就找不到自己的蕾丝衬衫，因此也无法去圣詹姆斯宫参加加冕礼了。"他对此向女王陛下表示强烈抗议……尽管随后在别的地方找到了衬衫，但已经太晚了。"

报纸一共办了 4 天，内容都是拿富兰克林的种种缺点取乐：他如何违反了自己节约能源的信条，在所有人都出去的时候，却在卧室里生火；他是如何发誓修理大门，却最后放弃，因为他无法决定到底是该买一个新锁还是买一把钥匙；以及他发誓周末去教堂做礼拜。"那些不愉快的经历告诉人们，真的是知易行难，"周日的报纸写道，"尽管枢密院昨天郑重地下令，但今天还是没有一个人去教堂。情况似乎是那个大个子躺在床上的时间太长，早饭还没吃完，时间就已经来不及了。"而从中得出的结论颇有些"穷理查"的味道："从我们伟大同胞的身上可以看出，指望用罚款来实行改革是徒劳无功的。"

还有一条很有趣的新闻是关于一个住在附近的女人的，富兰克林对她大献殷勤，她却视而不见。富兰克林假装在那个周日登门拜访：

“胖博士在他的餐厅转了469圈，这距离正好和他走到可爱的巴韦尔女士那儿一样。而当他来到女士家门口的时候，却发现她并不在家，因此也就不会因为索吻而争执不休了。他就坐在安乐椅上，幻想已经得到了香吻。”而在史蒂文森太太离家的第三天，《克雷文新闻》就出现了胖博士“开始希望‘玛格丽特女王’回来”的内容。

最后一期报纸上登了一封独有的富兰克林式的来信。富兰克林化名“愤慨”，对伙食和条件大加抱怨，并对波莉和她的丈夫“大加谴责”：“如果这些恶棍继续掌权一个星期，这个国家就要毁了。要是女王再不回来的话，就得亡国了！或者女王陛下将他们撤职，让我和我的朋友接任。”而一个署名为“丑闻痛恨者”的人回应说，其实富兰克林的待遇很好，他们给他提供了牛肋脊，但他却十分嫌弃。“丑闻痛恨者”还说：“牛肉非但没有令他汗流浃背，反而使他后背奇痒。更令人恼火的是，他弄丢了抓痒挠上的那个用中国象牙做的小手，那可是‘玛格丽特女王’赐予他的礼物。”

在位于克雷文大街的家里，富兰克林可以为所欲为，毫无顾忌。每天清晨，富兰克林很早就起床，享受自己独特的“空气浴”：打开窗户，“坐在房间里，身上什么都不穿”。还有就是可以打情骂俏。著名的印刷商查尔斯·威尔森·皮尔还记得这样一个场景，有一次他突然去拜访富兰克林，结果却发现“有一个年轻的女士坐在富兰克林的腿上”。尽管皮尔并没有说明，但那个女士很有可能就是波莉。

后来，波莉和休森搬到了克雷文大街，还带着休森的那些骨骼标本——“成形的胎儿标本”，以及其他医学实验用品。不久之后，富兰克林和史蒂文森太太搬到同一条街上的另一幢屋子里去了。他们之间这种奇怪的关系，在一封富兰克林写给史蒂文森太太的信中体现得淋漓尽致。当时史蒂文森太太照例去郊外访友，富兰克林怒气冲冲地写了这封信，告诉她穷理查的名言“客久招人烦”，还命令她搭乘最早的车回来。但为了避免让她以为自己对她过于依赖，富兰克林说自己一个人很惬意。“我发现自己做主的生活很令人满意，我可以想去哪儿就去哪儿，想干什么就干什么，”富兰克林说道，“但这种幸福太强烈了，恐怕只有圣人和修士才能享受。而像我，或者说我们这样的罪人，就只能住在一起，彼此取笑了。”

希尔斯伯勒和汤森税法：富兰克林的立场

在其所做的反对印花税法案的精彩演讲中，富兰克林曾十分错误地认为北美殖民地人会认可英国议会有权征收关税、进口税等外部税（并不是由于国内交易而产生的）。1767 年 4 月，富兰克林以“两国之友”和“好心人”为名在伦敦的一家报纸上发表文章，再次表达了这一观点。为了缓和当时的紧张关系，富兰克林不断强调北美殖民地人民向来愿意为帝国的防务提供财政支持。“殖民地一直在为自己进口的货物缴纳关税，从未质疑过议会征收此类税赋的权力。”富兰克林写道。

新任财政大臣查尔斯 · 汤森则一直反对富兰克林所谓只接受外部税不接受内部税的说法。汤森认为，这种区别是“毫无意义的”，但他仍然决定假意取悦（或者说欺骗）殖民地，使其接受这一观点。汤森曾在半醉半醒的时候做了一个著名的演讲，这也使他被人们戏称为“香槟查理”。在演讲中，汤森提出要对殖民地进口的纸张、玻璃、铅、颜料、茶征税。更糟糕的是，所得税款中的一部分是属于直属殖民地总督的，这样他们就不必受到殖民地立法机构的约束。

就像当初的印花税法案一样，当 1767 年 6 月汤森税法最初通过的时候，富兰克林并没有太在意。他并没有意识到自己已经被殖民地的激进主义情绪远远甩在了后面。当时，港口城市波士顿对汤森税法的反对尤为强烈。在塞缪尔·亚当斯的带领下，“自由之子”围着一颗“自由树”翩翩起舞，极大地调动了人们的情绪。亚当斯还使马萨诸塞议会起草了一封给其他殖民地的信，呼吁大家联合起来反对该法案。但英国政府却要求马萨诸塞议会撤回此信，并在遭到拒绝之后向波士顿派遣了军队。

当北美殖民地强烈反对汤森税法的消息传到伦敦后，富兰克林仍然表现得相当克制。他写了一系列文章，号召双方“依礼行事”。富兰克林还向费城的朋友表示了对波士顿日渐兴起的激进主义的不满。在英国发表的文章中，富兰克林又竭力——实际上是竭尽全力地调停，试图找到一个万全之策。

富兰克林的这种伎俩在其发表的一篇文章中表现得尤为明显。这篇长文写于1768年1月，并在《伦敦新闻》上匿名发表，名为“北美殖民地人不满的原因”。这篇文章从一个英国人的立场出发，解释了为什么北美殖民地人认为自己的议会应该控制所有的税收政策。文中还略显古怪地表示：“我并非支持这些观点。”富兰克林宣称，他的目的是让民众知道“北美殖民地人是怎么想的”。为此，富兰克林进行了两方面的尝试：他首先警告英国议会，征税会激怒北美殖民地，并使其脱离大英帝国，随后又假装抱怨“我并不支持”这些“胡言乱语”。

当看到费城报纸上那些名为“一个宾夕法尼亚农民的来信”的匿名文章后，富兰克林的反应也极为相似。当时，富兰克林并不知道这些文章是出自约翰·迪金森的笔下。迪金森可是领主的支持者。迪金森的文章承认英国议会有管理殖民地议会的权力，但他认为在没有得到殖民地同意的情况下英国议会无权行使该权力。1768年5月，富兰克克林把这些文章编成了一个小册子在英国发行，还亲自写了简介。但富兰克林却不愿公开表示对文章的支持：“这些观点是对是错，暂时我还不想评价。”

那时，富兰克林已经开始意识到自己认为内部税和外部税有别的观点可能行不通。他在给威廉的信中写道：“我对这个问题的见闻、思考越多，越觉得没有折中的选择。”摆在面前的只有两条路：“要么议会拥有制定所有北美殖民地法律的权力，要么就压根没有。”富兰克林的态度开始向后者倾斜，但他却承认自己还不确定。

富兰克林在 1768 年上半年对于议会征税权这一问题表现出的摇摆不定，使世人（以及后来的历史学家）对他莫衷一是，弄不清他到底持什么样的立场，或到底想干什么。实际上，当时有很多因素都在富兰克林的脑海中纠结：他的确衷心地希望通过克制和理性重新恢复英国与殖民地之间的和谐关系，但他也想让宾夕法尼亚摆脱领主的控制，还想在英国政府的支持下获取更多的土地。最重要的是，正如他在很多信中所言，他仍然举棋不定，试图最终确定自己的立场。

此外，还有一个复杂的因素。富兰克林期待解决问题，也夹杂着自己的盘算，因为他希望自己能被英政府任命为负责殖民地事务的官员。当时，希尔斯伯勒勋爵刚刚被任命为首任殖民地大臣。富兰克林（错误地）认为他会对殖民地持友善态度。“我并不认为这个贵族是北美殖民地的敌人。”富兰克林在 1768 年 1 月给朋友的一封信中写道。而在给自己儿子的信中，富兰克林则坦承了自己的抱负：“别人告诉我，有传言说我可能被任命为仅次于希尔斯伯勒勋爵的负责殖民地事务的官员。”但他也承认自己的机会非常渺茫：“不可否认，我太北美殖民地化了。”

这正是富兰克林两难处境的关键所在。正如在给朋友的信中写道，富兰克林“在英国被认为太北美殖民地化了，而在北美殖民地则被认为太英国化了”。当时，富兰克林仍然希望大英帝国可以变得和谐、富强，仍希望自己可以兼顾北美殖民地和英国的利益。“我生在北美殖民地，却在英国长住，和英国有很多愉快的联系，我希望彼此都能繁荣。”富兰克林表示。因此，富兰克林致力于（或者说希望）获得一个英国政府里的职位，这样就可以将大英帝国的两个部分紧密联系起来。

时任殖民地大臣的希尔斯伯勒被任命为贸易委员会主席，在其权力得到加强之后，富兰克林成功地获得了其他英国大臣的支持。这些人认为应该让富兰克林担任一个政府职位，这样可以与希尔斯伯勒相抗衡。其中最有名的就是在汤森死后继任英国首相的诺斯勋爵。富兰克林在 6 月与他见了面，并坦承自己有了回北美殖民地的机会。然而，富兰克林也表示：“如果我能对政府有所帮助，无论任何方面，我都会欣然留下。”诺斯当然知道其中的含义，于是开始鼓动大家支持对富兰克林的任命。

但事与愿违。富兰克林希望在英国政府中任职的希望在 1768 年 8 月与希尔斯伯勒勋爵进行了一次长时间的争论之后戛然而止。希尔斯伯勒公开宣称不打算起用富兰克林，相反，他准备让约翰 · 波纳尔，一个忠诚的官员，担任自己的副手。富兰克林对此十分不满。波纳尔“看起来对我们有着强烈的偏见”，富兰克林在给宾夕法尼亚议会中的盟友约瑟夫 · 加洛维的信中写道。雪上加霜的是，希尔斯伯勒还一劳永逸地宣布，不会再考虑将宾夕法尼亚从领主手中接管过来的提议。富兰克林的两个目标都以失败告终，于是准备放弃自己的中立态度。这是一个重要的转折点。

北美殖民地爱国者：难以维持的平衡

一旦打定了主意，富兰克林就拿起了手中的笔，写了一系列文章抨击希尔斯伯勒和汤森税法。富兰克林大部分的文章都是匿名的，但这次却没怎么掩饰自己的身份，甚至有一篇文章直接署名为“弗朗西斯·林恩”（富兰克林的谐音）。富兰克林认为，北美殖民地和英国的关系一直很友好，“直到英国大臣的脑子里冒出了利用议会授权对北美殖民地征税的想法”。他声称殖民地并没有背叛英国国王的打算，但是那些不知所谓的大臣却计划“将数百万忠诚的子民变成叛贼，仅仅是因为获取议会对万里之外民众征税的权力”。“难道英国就没有一个明智的好人站出来，想点办法来铲除这个祸根吗？”在另一篇文章中，富兰克林假借一个对此事关心的英国人之口，提出了“那些支持对北美殖民地人民采取坚决行动的绅士”应该考虑的 7 个“疑问”，其中之一就是“为什么要在没有得到同意的情况下剥夺他们的财产？”至于希尔斯伯勒，富兰克林则称他是“我们的新哈曼”。

随后，他的对手开始还击。一篇署名为“马基雅维利”的文章将北美殖民地民众“在报纸上连篇累牍地发表文章以及将树奉为自由之象征”的行为称作“滑稽的爱国主义”，并指出某些人一边大加抱怨英国政府对其征税，一边却推荐自己的朋友担任职务，还“试图让自己担任要职”。文中还列出了一份有 15 个伪君子在内的名单，而担任邮政总长的富兰克林首当其冲。富兰克林则（匿名地）回应道，北美殖民地人攻击的只是议会，而不是英国国王：“北美殖民地人都忠诚于国王的主权，因此他们都是良民，有权利像苏格兰人和英格兰人一样担任政府的职务。”

1769 年，富兰克林越来越担心这样的情况会最终导致北美殖民地与英国的决裂。富兰克林认为，英国使用武力无法让北美殖民地臣服，北美殖民地很快就会强大起来，赢得独立。到那个时候，英国就会后悔痛失维持帝国和谐的良机。为了表明自己的观点，1770 年 1 月，富兰克林发表了一篇寓言，讲的是一只小狮子和一条大狗一起乘船旅行的故事。那条狗总是欺负小狮子，“经常靠武力把它的食物夺过来”。有一天，狮子终于算总账了，“一声巨吼”之下，把狗撞到了一边。狗则一直在“后悔当初应该与其交友而不是与其为敌”。富兰克林还特意注明，谨以此文献给希尔斯伯勒勋爵。

很多英国议员也在试图寻找一个两全之策。提议之一就是撤销大部分的汤森税法，仅保留茶叶税，以此表明议会对贸易和关税的管理权。若是放在以前，这样一个实用的解决方法对富兰克林而言很有吸引力。但现在，富兰克林的态度则十分坚决。“问题的关键并不在于税款的多少，而是这一行为本身。”他在给斯特拉恩的信中写道。这样的处理方式将“使事情变得更加复杂”，会导致“一些疯狂的行为”，甚至会不断升级，最终导致“完全分裂”。

实际上，分裂主义情绪已经在北美殖民地，特别是波士顿蔓延开来。1770 年 3 月 5 日，一名学徒侮辱了一名被派驻殖民地执行汤森税法任务的英国军人，结果爆发了一场冲突。一大群愤怒的波士顿民众手持武器走上街头，冲着英军大喊：“开枪呀，该死的！”结果英军开火，打死了 5 名民众，这一事件被称为“波士顿惨案”。

英国 议会很快做出了反应，撤消了除茶叶税之外所有的汤森税法，试图平息北美殖民地的民愤。对此，富兰克林给费城的朋友查尔斯 · 汤姆森写了一封信，这封信很快传遍了北美殖民地。富兰克林号召北美殖民地人民继续抵制所有英国生产的商品。他认为，北美殖民地必须“肯定并坚持自己的决心”。

这样，富兰克林终于融入了这场席卷北美殖民地、尤其是马萨诸塞的爱国主义大潮中。在写给波士顿的牧师塞缪尔·库珀的信中，富兰克林宣称议会无权对殖民地征税，也无权向北美殖民地派兵："实际上，他们并不具备这样的权力。他们的声明是对殖民地权力的篡夺。"

然而，和很多北美殖民地人一样，富兰克林还不希望与英国彻底决裂。他认为解决之道应该是一种新的体制，殖民地议会仍然向英国国王效忠，却不再从属于英国议会。正如他对库珀所言："让我们继续对国王效忠（国王对北美殖民地的态度最为和善，并在北美殖民地拥有庞大的家族利益），这样才是最好的办法——使我们免受那个腐败的、自以为打压我们就可以从中得利的议会之淫威。"这也是公共治理的良策之一。当然，这一论断的前提是与议会相比，英国国王对殖民地的权利更为同情。然而，这仅仅是一种未经证实的假设。

富兰克林给库珀的信在殖民地广为流传，因此他被马萨诸塞下议院任命为其驻伦敦的代理人。当时他已经是好几个殖民地的代理人了。1771 年 1 月，富兰克林拜访希尔斯伯勒，递交新的任命书。希尔斯伯勒虽然身着正装，还是愉快地邀请富兰克林到卧室一叙。当富兰克林提到了自己的新职务时，希尔斯伯勒嘲笑道："我必须提醒你，富兰克林先生，你并不是什么代理人。"

"勋爵阁下，我不明白你的意思，"富兰克林说道，"任命书就在我的口袋里。"

希尔斯伯勒则坚持马萨诸塞总督哈钦森已经否决了议会对富兰克林的任命。

"没有什么法案，"富兰克林说道，"这是议会表决的结果。"

"议会无权任命代理人，"希尔斯伯勒狂怒地回应，"只有那些经议会通过法案并得到总督批准的代理人，才会得到我们的承认。"

希尔斯伯勒的质疑毫无根据。富兰克林已经得到了议会的任命，虽然没有得到总督的批准。希尔斯伯勒此举实际上是否认民众拥有选举自己的代表的权利。富兰克林对此十分震惊："我实在难以想象，我的勋爵，为什么人民任命自己的代理人还需要得到总督的同意？"

此后，两个人的交流越发尖锐。希尔斯伯勒脸色苍白，长篇累牍地表示自己的"坚定"对于恢复那些叛乱的殖民地的秩序是多么的必要。富兰克林则对此出言讥讽："我觉得任命是否得到承认没什么意义。就目前而言，对任何一个殖民地来说，代理人都没有什么用处。所以我不会再给勋爵大人您找什么麻烦了。"说完，富兰克林转身离去，回到家中把发生的一切都记录了下来。

希尔斯伯勒"对我最后的话暴怒不已，他认为这十分粗鲁、粗俗"，富兰克林在给塞缪尔 · 库珀的信中写道："因此，我发现他并未误解我的意思。"

最初，富兰克林装作对希尔斯伯勒的敌意毫不介意。"对我来说，他和他的同僚没有任何区别。"富兰克林在给库珀的信中写道。而在另一封信中，富兰克林将其描述成一个"骄纵、傲慢、对自己的政治才华（假如有的话）极为自负的人"，他"对任何奉承他的人喜笑颜开，对那些直言不讳的人则冷言冷语"。而希尔斯伯勒至今还执掌大权的唯一原因，就是其他大臣"不知道应该如何处理这个头脑混乱却精力充沛的对手"。

尽管如此，公然与希尔斯伯勒摊牌，很快就令富兰克林感到沮丧。他的朋友斯特拉恩注意到富兰克林变得"非常拘谨，这对生性本不活跃的富兰克林来说更是雪上加霜，没什么能够让他提起兴趣了"。这也使富兰克林对北美殖民地与英国之间日渐紧张的关系越发悲观。人们可以清楚地看到，议会的法案中"播下了让两个国度彻底决裂的种子”，富兰克林在给马萨诸塞委员会的信中写道：“这一流血的斗争不是在对北美殖民地的绝对奴役中结束，就是以英国因失去殖民地而遭受损失告终。”（这也显示出了他更为激进的一面。）

尽管十分悲观，但富兰克林仍然希望能够从中协调。富兰克林要求马萨诸塞议会不要做出任何“公开否定、抵制”英国议会权威的行为，相反，要采用“循序渐进，逐步消除所谓英国议会对北美殖民地的权威”这一策略。他甚至还建议库珀“要充分考虑到祖国对其荣誉的关切”。此外，富兰克林还继续鼓吹对国王的忠诚，即使是对议会不忠。

这就给他的敌人们提供了可乘之机。他们公开指责富兰克林过于绥靖。“富兰克林博士并非一时糊涂，而是充当了希尔斯伯勒勋爵背信弃义的工具。”雄心勃勃的弗吉尼亚人阿瑟·李在给他的朋友塞缪尔·亚当斯的信中写道。李还指责富兰克林希望保全自己和儿子的职位。而所有的一切都解释了“富兰克林在北美殖民地事务中总是见风使舵的原因”，李说道。

然而，李的动机也不纯，他希望取代富兰克林成为殖民地在英国的代理人。但富兰克林仍然得到了马萨诸塞大部分爱国者的支持，其中包括（起码到目前为止）塞缪尔·亚当斯。亚当斯对李的来信视而不见，甚至还将其泄露出去。这样富兰克林在波士顿的朋友，包括托马斯·库欣和塞缪尔·库珀，就可以采取行动表示对富兰克林的支持。库珀写道，李的来信只是“再次确定了你的重要性，同时也显示了他的卑鄙”。但这也凸显了富兰克林试图在一个忠诚的英国人和一个北美殖民地爱国者之间保持平衡所面临的巨大困难，正如其在印花税法案期间的作为一样。

Benjamin Franklin

An American Life

第十一章

背叛（伦敦，1771~1775 年）

1771 年之旅：排解压力

1771 年临近夏天的时候，富兰克林决定暂时放下所有公共事务的烦扰，好好放松一下。所有的政治任务已经令其心力交瘁——至少在当时如此，如与领主及议会之间的斗争，以及他对北美殖民地土地及英国政府职务的追求。但富兰克林仍没打算回家，相反，却以他最喜欢的方式去排解政治带来的压力。富兰克林好好地出去游历了一番，直到当年年底才结束：先是在 5 月去了工业发达的英国中部和北部，然后 6 月和 8 月在南部一个朋友的庄园待了好一阵子，最后在秋天的时候去了爱尔兰和苏格兰。

在 5 月的旅途中，富兰克林曾到访了克拉彭。那里有一个大池塘，当时风很大，水面很不平静，富兰克林灵机一动，准备测试一下自己关于油可以使水面平静的理论。仅仅用了一茶匙的油，富兰克林就欣喜地发现“产生了立竿见影的效果”，最后“1/4 的水面，大概有半英亩（约 2 023 平方米）那么大的面积，平静得就像玻璃一样”。

尽管富兰克林继续从科学的角度对此进行研究，但同时他也乐得把自己的发现变成一个小魔术用于在人前展示。“随后，我设计了一个底端中空装满油的竹拐杖，并一直随身携带。”富兰克林写道。有一次，富兰克林和一群朋友去拜访谢尔本伯爵，其中包括著名的表演艺术家戴

维 · 加里克和来访的法国哲学家阿贝 · 莫雷莱。富兰克林告诉朋友们，自己能够让水面平静下来，他走到上游，把自己的竹拐杖放在水里搅了三下，结果水面马上平静下来了。所有人都大为惊奇，随后，富兰克林向朋友展示了拐杖的玄机，并向大家解释了其中的奥妙。

在两位当地科学家的陪同下，富兰克林完成了自己的英格兰中北部之旅。而这也给他提供了研究当地日渐兴起的工业革命的良机。富兰克林在罗瑟勒姆参观了一家生产铁、锡的工厂，在伯明翰参观了金属铸件铺，还在德比参观了一个有 63 700 个卷轴的丝绸厂。富兰克林惊奇地发现 “工厂里都是 5~7 岁的童工”。在曼彻斯特，富兰克林还“乘坐了一艘用马拉动的奢华的船”。船的主人是布里奇沃特公爵，这一听就是个贵族的名字。他们乘船游览了一条横穿河流、连接煤矿的水渠。在利兹附近，他们还去拜访了科学家约瑟夫 · 普里斯特利。普里斯特利为他们“展示了一些很棒的电学实验”，并向他们描述了其所发现的不同气体。

之前，富兰克林就谴责过英国压制殖民地制造业发展的商业贸易法，认为（虽然有点儿口是心非）英国无须担心北美殖民地成为其工业上的对手。然而，在其 1771 年之旅所写的信中，富兰克林却详细地提出了殖民地应该发展丝绸、服装和金属业，以实现自给自足的建议。富兰克林在给马萨诸塞的朋友托马斯 · 库欣的信中写道，他“越来越认为”，英国无法满足北美殖民地日益增长的服装业需求，“因此，我们必须，也应该有这个远见，从我们自己的工业中寻找资源”。

6 月初，富兰克林暂时回到了伦敦，以便“按时出席国王的生日庆典”。尽管对议会的税收政策十分不满，但富兰克林仍是英国国王乔治三世忠实的支持者。他在那周给库欣的信中写道：“虽然我们对议会越权十分不满，但我仍希望民众能够对国王和王室保持强烈的忠诚。”

在伦敦待了两周之后，富兰克林去了英格兰南部，拜访了自己的朋友乔纳森 · 希普利，在他那座都铎式的庄园里待了一段时间。希普利的庄园位于特怀福德，就在温切斯特的边上。希普利是一位本应在威尔士任职的圣公会主教，但他大部分时间却待在特怀福德，和自己的妻子与 5 个可爱的女儿在一起。这段经历是如此的愉快（对于富兰克林来说，这个住着 5 个可爱的年轻姑娘的乡下庄园无疑是智力的源泉，他深得其乐），以至于当一周后他不得不回伦敦参加北美殖民地联系人会议时抱怨不已。在给希普利一家的感谢信中，富兰克林抱怨他不得不“去呼吸伦敦的雾霾”，并表示希望自己能够在夏天回来，并好好待上一段时间，呼吸“特怀福德甜蜜的空气”。

富兰克林自传：开创先河

时年 65 岁的富兰克林开始越来越多地思考自己家族的事情。尽管他的住处离亲戚家很远（也许如他自己所言），富兰克林对他们的感情却是与日俱增。在给自己唯一健在的妹妹简的一封长信中，富兰克林称赞她和费城所有亲戚都相处得很好，还特地告诉她“远亲好相处”的道理：“我们的父亲是一个有智慧的人，他曾提到人们不在一起时相处融洽，住在一起时却渐生嫌隙，这样的例子屡见不鲜。”富兰克林还写道，他们的父亲和伯父本杰明就是最好的例子。当本杰明在英格兰时，“我虽然只是个小孩子，但我仍然记得他们通信时感情是多么的深厚”。但当本杰明搬到波士顿之后，他们就开始陷入“争执和误解之中”。

富兰克林还在给简的信中提到了和他一起生活的萨莉 · 富兰克林。萨莉只有 16 岁，她是富兰克林一位堂兄的独女。这位堂兄住在莱斯特郡，也是富兰克林家族中唯一一个仍然从事染色生意的人。富兰克林随信还寄去了一张族谱，描述了他们与埃克顿的富兰克林家族祖先的关系，还特意提到萨莉是富兰克林家族在英国年龄最小的成员。

而富兰克林在造访最喜欢的伦敦二手书店时的偶然发现，更加激发了他对自己家族的兴趣。店主向富兰克林展示了一些写满注释的小册子，富兰克林惊喜地发现这些竟出自他的伯父本杰明之笔。“我认为这些东西是他在离开英国之前卖掉的。”富兰克林在给自己另外一个堂兄的信中写道。因此，富兰克林毫不犹豫地买下了它们。

因此，在7月末，当他终于可以毫无顾忌地回到特怀福德并在希普利家长住时，富兰克林陷入了深思之中。他把自己的事业暂时放在一边，开始思考自己家族的历史。就这样，他开始着手撰写其文学作品中最有名一部——《富兰克林自传》。

“亲爱的儿子。”自传的开头这样写道。这看上去就像是一封给儿子威廉的家书，尽管当时他们已经7年未曾见面。而这种书信的形式也使他能够以一种聊天的轻松口吻进行写作。富兰克林假装这只是一封家信，而不是文学作品，起码最开始的时候如此。当读完自己第一天写下的那些稍显凌乱的有关家族的内容后，富兰克林写道：“我本应写得更有条理，但人在参加私人聚会时的打扮是与参加公共舞会时截然不同的。”

难道自传真的仅仅是写给其子威廉的？当然不是。从开始写作的那一刻起，富兰克林就已经打定了公开发表的主意。家族信息中最可能令威廉感兴趣的那部分被省略掉了，也就是关于威廉生母的身份和描述。富兰克林也没有在普通的信纸上写这封所谓的“家书”，而是用了对开纸。他在左面的部分进行写作，右面的部分留白用以修订。

在第二天的写作中，他一开始就列出了其个人生涯的概况，这也充分显示了他准备写一份完整回忆录的打算。此外，在第二天早上，他在第一页的右侧留白处加上了一大段话——“老年人都喜欢谈论自己”，来为自己写自传这一决定的“虚荣”辩解。富兰克林称，自己的目的是告诉大家他是如何从一无所有到取得现在的成就的，希望能够以此提供一些借鉴，供他人参考。

这样看来，此书的目标人群明显是民众，而不是当时已年满40岁并担任新泽西总督之职、早已功成名就的儿子。然而，书中的潜台词却是关于威廉的：自担任总督以来，威廉就开始装腔作势，他远比自己的父亲更喜欢贵族的腔调和社会地位。这本自传可以说是一种提醒，让威廉不要忘了自己卑微的出身。同时，此书也是对勤奋、节俭、经商美德以及勤劳的中产阶级的赞歌，而不是对效仿世袭精英的鼓吹。

在三周的时间里，富兰克林白天写作，晚上则向希普利一家朗诵自己的写作成果。因为作品是以书信的形式写成，还需要当众宣读。富兰克林的自传采取了散文的写法，就像一位可爱的老者将自己的故事娓娓道来。没有比喻，也没有诗一样的语言，只是讲述那些逸闻趣事并使人有所启发。而当他偶尔发现自己对某一事件过于赞赏时，就会加上一段谦虚的评论或者自嘲，就像那些善于在茶余饭后讲故事的人一样。

因此，就诞生了富兰克林所塑造的最生动的文学形象之一：年轻时的自己。约翰·厄普代克曾明确地称此书是“收放自如、游刃有余的著作，充满了令人愉悦的矛盾和幽默的纠结，他满怀喜爱他回顾并以历经风雨的淡然调侃那个年轻时雄心勃勃的自己”。

带着超脱的嘲讽和顽皮的自知之明，富兰克林成功地与自己笔下的人物保持了一定的距离，这样既可以适当地展现自己，又不至于深陷其中不能自拔。在那些启发性的逸闻趣事中，富兰克林很少涉及内心的痛苦，没有灵魂的挣扎，也没有心灵深处的感受。与其说内容深刻，倒不如说这些回忆极有意义，给人提供了一种愉悦而简单的对待生活的方式，告诫人们帮助同伴就是侍奉上帝。除了佯装对矫揉造作取乐之外，此书没有任何的矫饰。这部自传是一个善于交际、喜欢回忆的人平静地讲自己的故事，希望能够对人有所帮助，揭示那些显而易见的道理。

对于某些人来说，这种简洁正是它的缺陷所在。伟大的文学评论家查尔斯·安格夫就声称："此书几乎缺乏一本真正伟大的纯文学著作应有的一切特质——文辞高雅、人物魅力和令人深思。"但说此书缺乏人物魅力，的确是无稽之谈。正如历史学家亨利·斯蒂尔·康马杰所言，此书"自然的简洁和明晰、亲切的风格，以及清新和幽默都使其历久弥新"。实际上，公正地说，此书的确令人愉悦，也是美国乡土文学的开山之作。《富兰克林自传》一共有数百个版本，几乎被翻译成世界上每一种语言，可谓是迄今为止最受欢迎的自传。

在当今这个信息爆炸的时代，必须要提醒大家的是，富兰克林的自传开创了很多当时的先河。圣奥古斯丁的《忏悔录》主要写的是其宗教信仰的转变，而当时卢梭的《忏悔录》尚未付梓。"在富兰克林之前，几乎没有著名的自传，富兰克林也没有任何先例可循。"卡尔·范·杜伦写道。实际上这并不确切。当时已经有很多人出版过各种形式的自传，其中包括本韦努托·切利尼、赫伯特勋爵以及吉尔伯特·伯内特主教。但范·杜伦认为富兰克林"为几乎没有人代言的中产阶级写作"的观点无疑是正确的。《富兰克林自传》是通过自我奋斗而取得成功的人所做自传中的杰作。就写作风格而言，与此书最为接近的应该是约翰·班扬的《天路历程》，这也是富兰克林最喜欢的书之一。但富兰克林的书讲述的是现实世界中一个清教徒的真实故事，尽管是一个堕落的清教徒。

当8月中旬不得不离开特怀福德之时，富兰克林已经完成了后来为人所知的《富兰克林自传》4章中的第一章。富兰克林回忆了自己作为一个年轻的印刷匠从事公益事业的过程，到1731年建立费城图书馆及其分支为止。直到该部分的最后，富兰克林才提到了几句政治。他写道："这些图书馆改变了北美殖民地人的谈吐，使得一般的商人和农民也能和其他国家的大多数绅士一样拥有智慧，也许在某种程度上，他们对全殖民地人民纷纷奋起保卫自身权益也做出了贡献。"然而，直到13年之后，富兰克林才在朋友的恳求下，重新拿起笔，并完成了自传。

无论在何处发现合适的人，富兰克林都希望将其变成自己大家庭中的一员。因此，富兰克林将希普利家的小女儿，11岁的凯蒂带到了伦敦上学，并亲自照顾。一路上，他们在谈论凯蒂的姐姐们将会嫁什么样的男人。凯蒂觉得自己的姐姐们嫁的不是富商就是贵族。至于她自己，凯蒂有些卖弄风情地承认："我喜欢老男人，我真的喜欢，不管怎么说，所有老男人都喜欢我。"富兰克林则建议，她也许可以嫁给一位年轻一点儿的男人，"然后执子之手，与子偕老，你会发现自己对他的爱越来越深"。凯蒂则说她宁愿嫁给一个老男人，"那样，你知道，我可以成为一个富有的年轻寡妇"。

于是，另一段持续终生的感情随即诞生了。富兰克林让自己的妻子从费城寄来一只小松鼠作为宠物送给希普利家的女孩们。但是一年后，小松鼠却惨遭不幸，被一只狗咬死了。富兰克林给松鼠写了一篇华丽的悼词，随后还加上了一个简单却为全世界所知的墓志铭："斯克格在此，躺着很舒适，像个小精灵，盖着厚毯子。"富兰克林对凯蒂的喜爱从未改变，直到15年后，富兰克林已是80岁高龄，仍然给凯蒂写了一篇短文——《做好梦的艺术》。

在特怀福德的最后一个晚上，希普利一家坚持要为富兰克林远在费城的外孙，2 岁的本杰明 · 富兰克林 · 贝奇举办一个生日晚会。“这样他就会和自己的外祖父一样出色。”希普利太太在祝酒时说道。富兰克林则回答，实际上他希望自己的外孙要比自己强得多。希普利主教还说：“即使他没有那么棒，我们仍然为他高兴。”

尽管如此喜欢自己的外孙，但奇怪的是，富兰克林还未曾见过他，甚至也没有这样的打算。他甚至都没有见过孩子的父亲，自己的女婿。但当时，理查德 · 贝奇已经来到了伦敦，打算拜见自己著名的岳父大人。当贝奇突然出现在克雷文大街富兰克林的住所时，史蒂文森太太高兴地对其表示了祝福。然而富兰克林却已经离开了伦敦。他只在伦敦待了不到两周的时间，就又开始了另一段旅程。

爱尔兰和苏格兰：如何借鉴

1771 年 8 月，富兰克林与费城在英国的另一个代理人理查德 · 杰克逊一道，离开伦敦前往爱尔兰和苏格兰，开始了为期三个月的旅行。此行的目的之一就是考察苏格兰、爱尔兰与大英帝国之间的关系，看看是否能为处理北美殖民地与宗主国之间的关系提供借鉴。其中的确有很多可圈可点之处。他们造访了爱尔兰议会，作为英国议会议员的杰克逊，本身拥有旁听权。而当看到著名的富兰克林时，爱尔兰议长提议，富兰克林作为北美殖民地立法机构的代表，也应该享有同样的权利。“议会上下一致大声表示赞成，”富兰克林向库欣报告说，“我认为这是对北美殖民地的尊重。”

另一方面，富兰克林在爱尔兰的很多见闻都令其深感沮丧。英国一直对爱尔兰的贸易进行严格管制，英国的地主苛刻地压榨爱尔兰的佃农。“他们住在泥草屋里，衣不遮体，主要以土豆为食。”富兰克林写道。他对爱尔兰这种悬殊的贫富差距感到震惊，因此更为北美殖民地形成了生机勃勃的中产阶级感到自豪。富兰克林认为，北美殖民地的中坚力量就在于那些令人骄傲的产权保有者和商人，他们有权对公共事务发表自己的看法，有能力养家糊口。

在都柏林时，富兰克林碰巧遇到了他的死对头——希尔斯伯勒勋爵，其家族的封地就在爱尔兰北部。令人惊讶的是，希尔斯伯勒坚持邀请富兰克林和杰克逊顺道前往苏格兰。富兰克林对此十分矛盾。他在给一个朋友的信中写道："这可能给我提供了一个机会，就北美殖民地事务表达自己的看法，所以我决定接受他的邀请。"但在随后给儿子威廉的信中，富兰克林又"决定不去"。最终的结果则是，由于杰克逊坚持，富兰克林又找不到另一个好向导，因此只好与他一同前往。

这是一次友好得令人难以置信的经历。在希尔斯伯勒的豪宅中，一周之内，富兰克林几乎被"热情地挽留了 1 000 次"。希尔斯伯勒"看起来竭尽所能地让我住得更加舒适、惬意"，甚至"当我外出时，给我披上了他自己的外套，以免我感冒"。

在谈及爱尔兰的贫困问题时，希尔斯伯勒将其归结为英国对爱尔兰制造业的限制。富兰克林则反问道，难道英国对北美殖民地的政策不是一样的吗？希尔斯伯勒给出了令富兰克林满意的答复，认为"北美殖民地的制造业不应被限制"。他甚至提议要给北美殖民地的丝绸业和造酒业提供补贴。而当听到富兰克林就此以及如何对纽芬兰进行治理的"观点和建议"时，希尔斯伯勒也深感欣慰。那么，富兰克林会考虑这些问题，并在其回到伦敦之后"对他有好感吗"？

"难道所有的一切对你来说不矛盾吗？"富兰克林在给儿子的信中写道。在给托马斯·库欣的信中，富兰克林建议他应该对此进行更冷静的分析。希尔斯伯勒的所作所为也许"仅仅是像当人们勒紧缰绳，深刺马刺时，通过轻拍与爱抚让马不要过于受惊一样”。也或者是“他知道风暴即将来临，因此希望减少旧敌”。

在一个周六的晚上，富兰克林顶着狂风暴雨，趟过洪水，来到了爱丁堡，在一个小旅馆度过了“痛苦的一夜”。“但是那个坚持教义的优秀基督徒戴维·休谟收留了我，我现在和他住在一起。”富兰克林第二天写道。他的老朋友休谟建了一所新宅，自称他府上的厨子做的羊头汤是欧洲最好的。他们在桌边进行的谈话也同样令人嫉妒：哲学（休谟刚在巴黎与卢梭成为了朋友）、历史以及北美殖民地的困境。

10天之后，富兰克林继续向西，前往格拉斯哥拜访与自己惺惺相惜的另一个苏格兰哲学家卡姆斯勋爵。卡姆斯也是一个伟大的植物学家，培育了大量的树木。而当时富兰克林栽下的那些树一直活到了现在。在返回爱丁堡的路上，富兰克林还特地参观了卡伦钢铁厂，也就是当初瓦特发明蒸汽机的地方。因此，富兰克林就继续了其对工业革命的研究。他们当时看见了重达32吨的加农炮，很多在几年后被用于殖民地战争中。

在返回了休谟位于爱丁堡的家中后，富兰克林花了几天的时间和当地的知识分子进行交流。他与亚当·斯密进行了会面，斯密向富兰克林展示了其正在撰写的《国富论》的前几章。也许是觉得日后无缘与富兰克林再见，休谟为其举行了一个盛大的告别晚宴，邀请了很多富兰克林喜欢的苏格兰科学家和作家，其中就有卡姆斯勋爵。

与贝奇会面

富兰克林本计划在休谟家多待几天，但追至此处的两封信却令其改变了想法。其中一封来自的他女婿理查德·贝奇。贝奇在信中写道，他在伦敦没有见到富兰克林，所以就去普雷斯顿看望自己的父母了。普雷斯顿是英格兰北部、曼彻斯特附近的一个城市。另一封是波莉的，她在信中写道："贝奇先生现在正在普雷斯顿，他在那儿等你回来，期待能够与你见面。我们都很喜欢他。"因此，富兰克林决定即刻赶往伦敦，并顺路看看自己的新女婿。

不出所料的是，萨莉·富兰克林·贝奇正在费城为自己的丈夫和父亲到底会相处得怎样而忐忑不安。她在给理查德的信中写道："如果我父亲没能像我希望的那样对你热情相待，看在我的份上，请尝试一下，尽量争取他的尊重和友谊。"事实证明，她的担心有点儿多余。"我特别高兴地告诉你，他张开双臂欢迎我，对我表示出想象不到的友好。"贝奇在给德博拉的信中兴奋地写道。令其尤为高兴的是，每个人都说他长得很像富兰克林。

实际上，极富魅力的富兰克林获得了贝奇家中每个人的好感，特别是贝奇的母亲——玛丽·贝奇。玛丽一共生了20个孩子，是一位"庄严"、"高贵"的68岁的寡妇。在富兰克林来访期间，她每天都与富兰克林谈到深夜。几周之后，富兰克林给她寄来了一封感谢函、一些牡蛎以及他的一尊塑像（看来富兰克林的自负还是丝毫未减）。贝奇夫人走到哪儿都带着它，无论是客厅还是餐厅，这样她就可以时刻看到它。"它很像您本人，您可能都想象不到我们有多喜欢它。我们都觉得这雕像既像我儿子，又像您。"

贝奇和富兰克林一道返回伦敦，并和他一起在克雷文大街住了一段时间。贝奇竭尽全力去讨好自己的岳父。"他在这所做的一切让我很满意。"富兰克林告诉德博拉说。但他对贝奇的喜爱却不足以让自己帮助其获得一个政府的职位，如海关监察员等。"我个人认为任何职业都比做一名政府职员强……因为无须面对那些反复无常的上级。"相反，富兰克林建议贝奇回家，做一名“现款交易”的商人，这样就可以“永远待在自己老婆的身边”。必须提醒大家的是，这样的建议居然出自一个离家万里之遥、15 年未曾见过自己妻子、一直专注于自己邮政总长职务之人。

至于萨莉，富兰克林则建议她必须要学习会计知识（这几乎是个永恒的主题），这样就可以帮助自己的丈夫：“如果在住的地方开店，你就可以像当初你妈妈帮我一样帮助他，我相信你有这种能力，也希望你不要过于得意。”实际上，萨莉和贝奇一直与德博拉同住，用富兰克林位于市场街的房子开了家店,“现款交易”各种各样的丝绸和布料，他们也自得其乐。当这个纺织品商店开始不景气，正如贝奇向富兰克林所抱怨的“令人烦恼”之时，贝奇又转行做了“酒和杂货店”，生意仍然冷清。对于萨莉那样接受过教育的女人和贝奇那样有事业心的男人来说，这并不是他们应该过的生活。但他们严格遵守了富兰克林的指令，并未抛头露面从事政治。

德博拉经常给富兰克林写信，谈论他们的外孙本尼，以至于富兰克林的回信中不得不提醒德博拉要注意一些事情：“我能看得出来你很喜欢他，你看到他就很高兴。”富兰克林还赞扬德博拉，在萨莉试图管教本尼时没有与其争论：“我担心你会对他过于纵容，甚至是溺爱。”

然而，对于波莉 · 史蒂文森新出生的儿子威廉 · 休森，富兰克林的态度就截然不同了。威廉是在那年春天出生的。“请让他拥有自己想要的一切，”富兰克林在给波莉的信中写道，“这会给孩子一个开心的环境……这样他才会变得漂亮。”在同一封信中，富兰克林还乐观地回应了波莉说她母亲有了一位新男友的调侃。“我已经习惯有对手了，”富兰克林说道，“在我的一生中，几乎每个我爱的朋友或情人也都为他人所爱。”

在这两年里，威廉·休森被富兰克林视作自己的另一个外孙。在回复德博拉关于他们自己外孙的来信时，富兰克林写道："你已经告诉很多关于你外孙的事，现在该我告诉你一些我外孙的故事了。他现在已经21个月了，非常结实，也很健康，已经能说一些话，甚至都会唱歌了。上周他和我们待了几天，我发现他越来越喜欢我。如果我不在的话，他都不愿意坐下来吃早饭。"然而，他也有意地加上一句，看到比利"使我渴望能够在家和本一起玩"。

继续科学探索

当富兰克林在克拉彭把一茶匙的油倒进池塘，发现油的扩散面积竟有半英亩时，他已经接近了另一项发现：分子的大小。如果将茶匙中油的体积（约2立方厘米）与其所覆盖的半英亩面积（约2 000平方米）相除，就会得出一个大致正确的油分子直径（$1/10^7$厘米）。这样，分子的体积这一问题就不至于要在一个世纪之后才被算出来。正如查尔斯·唐福德在其著作《富兰克林平息波浪》中所言："富兰克林实际上已经正确地计算出了分子的大小，但他没有意识到自己就是第一人。"

相较于理论分析，富兰克林更善于实际应用。相较于计算分子的大小，他更愿意发掘油水实验的用处何在。通过向海洋中倒油，能够将船只从惊涛骇浪中解救出来吗？在皇家学会三个朋友的协助下，富兰克林决定去朴茨茅斯一试究竟。然而"实验并没有我们想象的那么成功"。水面的涟漪的确平静了，但水面下仍然波涛汹涌（此处可能又是一个比喻）。不过，富兰克林所提交的失败的实验报告仍然很有用处，在皇家学会的《哲学通讯》上发表了。

在富兰克林旅居英国期间，只要一有时间从政治压力中摆脱出来，就会继续进行科学探索。当富兰克林给圣保罗大教堂安装了避雷针之后，皇家军械局的负责人也请他出谋划策，以使军火库免受雷击的威胁。然而此项使命也使富兰克林陷入了另一场争端之中，那就是避雷针到底应该是尖头还是圆头呢？富兰克林坚持避雷针应该是尖头的，但英国国王却在美国独立战争之后将其改成了圆头（可能是出于政治的原因）。富兰克林还改进了下议院的供暖系统。

在伦敦期间，富兰克林在科学和发明方面所取得的成就还包括：

感冒的原因：尽管当时尚未发现细菌与病毒，但富兰克林很早就认为感冒和流感“可能是由于接触而传染”，而不是着凉。“我曾好几次在严冬时节出去旅游，有时都觉得自己快要冻僵了，但发现这并没使我感冒，”富兰克林在1773年给费城医生本杰明·拉什的信中写道，“通常，人们患病的原因是来自他人的传染，当他们待在密闭的房间、车厢中，吸入了病人呼出的空气。”而最好的预防就是呼吸新鲜的空气。因此富兰克林一生都喜欢保持空气流通和开窗户，即使在最冷的时候也是如此。

锻炼的研究：富兰克林认为预防感冒的方法之一就是经常锻炼。而衡量锻炼是否到位的标准并不是锻炼时间的长短，而是“身体内产生热量的多少”。这也是最早将锻炼与卡路里联系起来的理论之一。富兰克林还举例解释道，爬一英里的楼梯所产生的热量是在平地上走一英里的5倍。在运动中，富兰克林还注意到自己的心跳由每分钟60下增至100下。此外，富兰克林还正确地发现“当心跳加快时，通常都会产生热量”。

铅中毒：作为一名印刷工，富兰克林注意到经常接触热的铅字会导致身体僵硬或中风。他还注意到从事某些特定职业的人容易患上一种名为“干肚疼”的重病。而他的一个朋友也提供了另外一条线索，由某种带有金属管的蒸馏器制成的朗姆酒也容易使人患病。富兰克林是发现此病的人之一，在某种程度上扮演了病理学家的角色。“那些经常接触铅的商人容易患此病，此外还有上釉工、管工、陶瓷工、铅粉工和印刷工等。”富兰克林还建议，制酒蒸馏器所使用的金属管必须由纯锡制成，不能再使用含铅的锡合金。

运河中的船速：当富兰克林和他的朋友皇家学会主席普林格尔访问荷兰的时候，有人告诉他们，在运河水位较低时，船速会比水位高的时候要慢得多。富兰克林推测，这是因为船在航行的时候必须将相当于它吃水体积的水排出，而排出的水经过船的两侧或船底再到船身的后面。在水浅的时候，船底将排出更多的水流经船的两侧，使船速放慢。这是一条具有重要实际意义的科学理论。富兰克林开始采取行动。“我决定做一个实验。”富兰克林在给普林格尔的信中说。富兰克林做了一只14英尺（约4.3米）长，宽、高均为6英寸（约15厘米）的水槽，然后往里面放了一只小船。小船的一头系着一条丝带。丝带的另一头连接在一个小滑轮上，还系着一枚硬币，通过硬币的重量可以拉动小船前进。他在不同的水深中反复试验了若干次，并记下了时间。结果发现船在浅水中所需的力量或时间要比在深水中多20%。

海洋含盐的原因：当时，人们对海水为什么是咸的是这样解释的：他们认为其实海水本来是没有味道的，但是流入海洋的河水中却含有盐和其他矿物质。经过数百年的积累，海水也就变成咸的了。然而，富兰克林却在给哥哥彼得的信中推测，有证据表明海水含盐另有原因："地球上所有的水原本都是咸的，而我们所发现的泉水和河水等淡水都是经过净化的结果。"实际上，富兰克林的推测并不正确。数百年后，海水是越来越咸了。

玻璃口琴：富兰克林最有意思的发明之一就是一种乐器，他称之为玻璃口琴。这一发明的原型也很有趣，当时很多无聊的宴会宾客和一些音乐家用湿润的手指在玻璃杯的杯口摩擦，发出一种响声。富兰克林曾在英格兰参加了一场用酒杯演奏的音乐会。1761年，富兰克林改进了这一设想，他将37个不同大小的玻璃杯连在一起，像纺锭一样将其横串起来。富兰克林又做了一个脚踏板，通过脚踏板来控制杯子的转速，这样只要用湿手摩擦旋转的酒杯边，就会发出不同的音色。在给一位意大利电学家的信中，富兰克林详细地描述了这一发明。"这是一种乐器，"富兰克林说道，"看起来似乎特别适合演奏意大利音乐，特别是那种轻柔、悲伤的音乐。"富兰克林的发明风靡一时。玛丽–安托瓦内特曾学习如何演奏，莫扎特和贝多芬也曾专门为其谱曲。玻璃口琴这种令人难忘的音色使其成为婚礼上的必备之物。但似乎玻璃口琴会导致抑郁症，大概是由于其中含有的铅可能会引发铅中毒的缘故，所以它最终退出了人们的视线。

中产阶级哲学：努力改变命运

多年以来，富兰克林形成了一种独特的社会观，集自由主义、平民主义和保守主义等思想于一身，这也成为美国中产阶级哲学的原型之一。富兰克林推崇努力工作、个人精神、勤俭和自助，同时，他又提倡民间合作、社会激情以及基于自愿的社会计划。他既不迷信精英也不信任乌合之众，既不盲从世袭的权力也不推崇暴民的蛮力。富兰克林秉承着自己作为一个商人的价值观，厌恶所谓阶级的排斥。富兰克林骨子里就坚信社会的流动性，认为通过个人勤奋的努力可以改变自己的命运。

早在1753年其与彼得·克林逊的交流中，富兰克林就已经对政府干预和提供福利持保留意见。当时，富兰克林质疑法律是否应该“强迫富人赡养穷人却不教会他们如何学会独立”以及“鼓励懒惰”。

对于克林逊，这些仅仅只是问题而已。但对于富兰克林来说却并非如此。在他18世纪60年代末到70年代初所发表的文章中，富兰克林多次强调了自己的保守观点。其中最有名的一篇文章是《论劳动的穷人》，署名是“米蒂尔斯”，也就是拉丁语“中间”的意思。该文于1768年发表于伦敦的《绅士杂志》。文中，富兰克林谴责了那些认为穷人的窘境是富人压榨造成的观点。“难道你不认为这有些荒谬吗？”富兰克林问道。他认为英国穷人的条件已经是全欧洲最好的了。为什么这么说呢？因为英国有帮助穷人的相关立法。“这一法律并非是由穷人自己制定的。立法者都是富人……他们自愿贡献出自己和他人的财产来缴纳税款，供养穷人。”

这些法律本身的确是出于善意。但富兰克林也警告说，这可能会产生意想不到的后果，并鼓励懒惰：“我担心人们在年老或生病时会更容易依赖别人（尽管人们在年轻或健康时会勤奋节俭），在这一法律的鼓励下，会更加激发人们懒惰的天性，鼓励民众游手好闲，最终使贫困愈演愈烈，而这却是法律本想要根治的弊端。”

富兰克林不仅提出了对福利依赖的警告，还提出了自己的财富转移理论。他认为富人和社会赚的钱越多，转移至穷人那里的钱也就越多。“富人并不工作……他们或他们的家庭使用、消耗的每种产品都需要从劳动的穷人那里购买。”富人花钱购买衣服、家具和珠宝的同时，也会使劳动的穷人获利。“我们国家那些劳动的穷人，无疑会从整个国家的收益中获利。”富兰克林还反对提高工人工资的设想：“如果通过法律提高工人的工资，制造业的成本就会提高，在国际市场上就没有竞争力了。”

富兰克林在经济上虽然持保守主义观点，但是其基本的道德信仰却认为判断行为的正确与否，必须要以能否造福公众为标准，这实际上就形成了一种制衡。富兰克林认为那种鼓励勤奋劳动的政策就是好政策，这不是因为其会增加私人财富，而是因为会导致整个社会财富的增加，使每个有理想的人更有尊严。而那些获得财富较多的人则有责任帮助他人，建立一种公共制度，为他人的成功奠定基础。詹姆斯·坎贝尔认为：“富兰克林的理想代表了当时日益发展的、坚持民主平等的中产阶级的观点。那些在生活中获得了巨大经济成功的人有责任帮助真正需要帮助的人，而那些不愿为社会公益尽一份力的人也不要指望会得到社会的帮助。”

富兰克林这种复杂的价值观中还包括了其日益增长的关于个人权利和自由的观点，并带有英国传统自由主义色彩。但是，富兰克林关于奴隶制的观点还未最终转变。当英国人攻击奴隶制是对殖民地人民要求自由的莫大嘲讽时，作为很多殖民地，特别是蓄奴的佐治亚的代表，富兰克林发现自己为殖民地的辩护十分无力。

1770年，富兰克林匿名发表了《论奴隶制》，试图针对“虚伪”这一指控为自己辩护。富兰克林提出，在北美殖民地，“只有1/100的家庭”使用奴隶，而且“很多人对待奴隶极为人道”。他还质疑英国那些劳苦工人的生活状况“与奴隶有点儿相像”。富兰克林的某些观点还带有明显的种族主义色彩：“也许你会认为黑人性情温和、极为温顺，当然他们中有一部分的确如此。但实际上大部分黑人很有心计、内心阴暗、郁郁寡欢、十分恶毒、小肚鸡肠、极为残忍。”

富兰克林急于为北美殖民地辩护，甚至有点儿强词夺理，这堪称其一生中逻辑性最差的辩论之一。甚至连他摆出的事实都是错误的：当时美国蓄奴家庭的比例远不止1/100，而是接近1/9（1790年，美国一共有410 636户家庭，其中拥有奴隶的为47 664户）。除了事实不清，富兰克林的论证还有道德上的缺陷，他甚至将拥有奴隶归结为精神失常。实际上，富兰克林家也使用奴隶。尽管他第一次到英国时带的那两个黑奴已经离开他了，但德博拉在费城还有一两个黑奴。

然而，富兰克林的观点也在不断进化。就在其写完《论奴隶制》两年之后，富兰克林开始与费城激进的废奴主义者安东尼·贝尼泽特通信。在1772年其在《伦敦新闻》发表的一篇文章中，富兰克林引用了很多贝尼泽特的观点，用有史以来最为强力的语言谴责了“血腥残忍地贩卖肉体和灵魂这一人类自古就有的丑恶行为”。富兰克林甚至开始赞同贝尼泽特的观点，认为不仅要废除奴隶贸易，甚至连奴隶制本身也要废除。“当听到北美殖民地反对奴隶制的呼声日渐高涨，我很欣慰，”富兰克林在给贝尼泽特的信中写道，“我希望立法机构能够及时考虑这种观点，并以法律的形式将其确立。”

富兰克林还在给其朋友，费城的本杰明·拉什医生的信中也表达出同样的观点：“我希望那些关注自由和人性的朋友能够及时采取行动，不再让我们的国家和宗教蒙羞。”特别值得关注的是，无论是在给贝尼泽特还是拉什的信中，富兰克林都提到了一个非常重要的词——“及时”。对于富兰克林来说，对完全废除奴隶制的支持（而不是仅仅废除奴隶进口）只有在独立战争之后才能及时到来。

击败希尔斯伯勒

希尔斯伯勒勋爵在爱尔兰对富兰克林的诚挚热情，尽管一度使富兰克林迷惑，但很快就烟消云散了。“可我回到伦敦时还稍有困惑，”富兰克林在给儿子的信中写道，“我登门拜访，希望当面为他在爱尔兰的款待表示感谢。”但是门童却告诉富兰克林，大臣“不在家”。于是富兰克林留下一张名片，几天后又来拜访，却得到了同样的答复，尽管富兰克林知道希尔斯伯勒那天的确见了别的客人。富兰克林又尝试了几次，却同样无果。“最后一次是在一个会见日，当时他门前停满了马车。我的车夫驱车载着我前往，并下来为我打开车门。这时门童看见了我，走了出来，粗鲁地训斥车夫没有让其确认勋爵在不在家就打开车门。然后，门童转过头来对我说‘勋爵不在家’。因此我再未接近过他，我们只是远远地互相诋毁对方。”

希尔斯伯勒“对我置之不理，就像对待一个已经挤不出果汁、毫无价值的橘子一样。”富兰克林抱怨道。富兰克林再一次考虑回费城的事宜。“我越来越想家了。”富兰克林告诉自己的儿子。但还有一个因素使其不能就这么愤怒地离开英国。尽管困难重重，富兰克林仍希望能够使自己（以及朋友、家人和伙伴）在北美殖民地西部的俄亥俄附近获得一大片土地。

为了实现这一目标，富兰克林参加了很多合伙计划，其中包括伊利诺伊公司和印第安纳公司等，但都没有获得英政府的支持。1769年夏，富兰克林帮助组建了一个强大的联盟，也就是大俄亥俄公司，他确信其足以压制希尔斯伯勒的反对力量。大俄亥俄公司的股东中包括了很多英国的富商和显要，其中最著名的就是托马斯 · 沃波尔和理查德 · 沃波尔，因此又称“沃波尔集团”。沃波尔集团一度极为接近成功，但 1770 年夏，希尔斯伯勒成功地以“有待继续研究”为名将此计划搁置下来。

然而，沃波尔集团却没有就此放手，而是将很多高层要员作为股东拉了进来，其中包括大法官和枢密院主席，从而使这一计划欲罢不能。1772 年春，希尔斯伯勒无法将此计划再拖延下去了。甚至连英国国王也向希尔斯伯勒表态，希望详细考虑这一问题。4 月，贸易委员会向枢密院提出了土地申请，并附上了一份处理意见，建议否决此事。但两个月后，枢密院却就此召开了听证会，富兰克林、沃波尔和很多有影响力的股东都出席了此次会议。希尔斯伯勒扬言若计划获准，他就辞职。但结果很可能对其不利，因为正如富兰克林所言，枢密院的很多成员都希望“修理他”。他们也的确这么做了。土地授权获得批准，希尔斯伯勒也宣布辞职。

实际上由于当时英国和殖民地之间的关系日渐紧张，富兰克林和朋友们从未拿到自己的土地许可。“关于许可的事项有所进展，但十分缓慢，”富兰克林在 1773 年给朋友的一封信中写道，“我脑海中突然出现了这样的场景。几个水手准备把缆绳从原来的地方抬到船上。其中一个说：‘这太长、太沉了，我希望看看这个头到底在哪儿。’另一个则说：‘该死，如果这东西有头的话，我早就把它砍了。’”

然而，富兰克林却成功地罢免了自己的敌人。“我们终于摆脱了希尔斯伯勒勋爵。”富兰克林向自己的儿子欢呼道。而作为回应，希尔斯伯勒则称富兰克林是“英国最乐于恶意中伤的人之一”。他们虽然内心彼此敌视，但表面上还时不时地装作十分热情，这的确有些奇怪。第二年夏天，当他们在牛津偶遇时，两个人还是和好了。希尔斯伯勒向富兰克林鞠躬致敬并对其大加赞扬。“而为了回应这种过于夸张的言行，”富兰克林告诉威廉说，“我对他儿子在剧场的演出赞不绝口，尽管实际上十分普通。因此问题就解决了。正如人们在生气时常说‘以牙还牙’，但我有时更愿意说‘礼尚往来’。”

哈钦森信札：与英国彻底决裂

“这些信最近落到了我的手中，我有理由相信其即使不是我们现在所处困境的全部根源，也是其重要的基础。”这些具有重大影响的话出现在1772年12月富兰克林给自己的马萨诸塞支持者库欣的信中。富兰克林也因此掀起了一场狂风暴雨，最终导致了其与英国的彻底决裂。当时随信附上的还有一些信札，其中有6封出自马萨诸塞总督托马斯·哈钦森的笔下。哈钦森是一名生在传统清教徒家庭中的波士顿商人，一度是富兰克林的朋友，1754年他们曾在奥尔巴尼会议上一道支持建立一个北美殖民地联盟。这些信是一名匿名的英国议员悄悄交给富兰克林的，富兰克林则又将其转给了库欣，并警告其不得发表。

哈钦森的信中都是关于如何镇压殖民地反抗的建议。“必须对所谓的英国式自由来一番改变。”哈钦森写道。因此，当这些信件在波士顿被公开发表时（在托马斯·库欣的默许下，约翰·亚当斯和塞缪尔·亚当斯认为这些信必须发表，尽管富兰克林请求他们不要这么做），激起了当地激进爱国者的极大愤慨。

这与富兰克林的初衷背道而驰。富兰克林的本意是告诉库欣及殖民地其他领导人，英国的错误政策是由于哈钦森等人的错误建议造成的，而非出自对北美殖民地的敌意，借此使殖民地的反叛情绪冷静下来。富兰克林认为这些信也许能够增强“和解的趋势”，这也正是富兰克林稍后所声称的“我真心所愿”。

实际上，1773 年年初富兰克林所写的大部分信件的本意，的确是希望缓解英国和北美殖民地之间紧张的对立局面。“我希望我们务必小心翼翼地使人民冷静下来，”富兰克林在 3 月给库欣的信中写道，“实际上我们的敌人最希望看到的就是叛乱，这样我们就给了他们一个好借口，他们就可以在北美殖民地增兵、更加苛刻地压制我们。”当马萨诸塞议会通过决议宣布不再服从英国议会时，富兰克林也同样要求英国人不要反应过激。“我个人认为，最好、最明智的方法就是对其视而不见，”富兰克林在给接替希尔斯伯勒出任殖民地事务大臣的达特茅斯勋爵的信中写道，“他们只是说说而已。”

为了更好地表达自己的观点且同时不激起更多的敌意，富兰克林重拾其年轻时的最爱——针砭时弊，1773 年 9 月，他在英国的报纸上发表了两篇匿名的宣传文章。第一篇名为“大英帝国规模变小之指南”。文章写道，当初有“一位先贤”（指的是希腊海军将领、统治者地米斯托克利）自称知晓如何将城市由小变大的秘密，此文则列出了如何将一个帝国由大变小的 20 种方法。其中包括：

首先，绅士们，要认识到大帝国就像大蛋糕一样，外围最容易消亡。

要对那些没有被纳入母国的行省特别小心。他们没能享有同样的权利和同样的商业特权，他们甚至被施以更严苛的法律进行统治，而这些都是你们所强加的，甚至在议会中都没有他们的代表。

尽管殖民地已经对政府表示顺从，显示出对你们利益的关切，甚至忍辱负重，但你们仍认为他们会叛乱，并采取了相应措施。在殖民地部署 1/4 的军队，而这些军队的无礼将激起更多的暴民进行反抗……就像丈夫如果怀疑妻子便会虐待她一样，你们这样做必然会将怀疑变成现实。

当这些受伤害之人到首都进行申诉时……对他们置之不理，使其付出高昂的费用，并做出对那些施暴者有利的最终判决。

对他们征收各种各样稀奇古怪的税款。也许他们会向你们的议会抱怨，那些决定对他们征税的机构中没有一个他们自己的代表，这是与最基本的权利相违背的……就让议会装作没听见……以极大的轻蔑对待那些请愿书。

所谓的这些方法，反映出了英国对北美殖民地极其轻蔑的态度，还包括：派遣"挥霍无度的人"和"目光短浅的律师"对他们进行统治，"以无数苛刻的规定对其商业进行管制"，任命"傲慢无礼之人"担任税务官，把军队部署在自己家中而不是更危急的前线。文章还总结道，如果你按照这些方法行事，你就会"摆脱统治他们的烦恼"，最后还以哲学思辨的方式表明文中所列的种种已经发生了。文章的署名是"Q · E · D"，拉丁短语"事实如此"的简写。

两周之后，富兰克林发表了一篇更长的文章《普鲁士国王敕令》，讽喻英国统治北美殖民地的方式。文章以显而易见的戏谑方式，模仿了普鲁士国王腓特烈二世颁布的一道敕令。鉴于他们很早之前在英国建立了第一批殖民地，且在上一场战争中保护其免受法国的侵害，于是决定"向英国的那些殖民地征税作为回报"。普鲁士对英国所有进口和出口的货物征收 4.5%的关税，并禁止英国未来继续发展制造业。敕令还决定"释放"普鲁士监狱中所有的重刑犯，将其派往英国，"以提高该国的人口质量"。文章在最后还特意强调这些措施都是"公正合理的"，因为其正是模仿英国议会对北美殖民地的做法。

文章见报的那天，富兰克林正在勒 · 德斯潘塞勋爵的家中做客。

德斯潘塞时任英国邮政大臣，是富兰克林的上司，也是他的朋友。用范·杜伦的话说，德斯潘塞是一个“理智的老罪人”。据说，他修缮了一个旧修道院，却用来召集朋友进行亵渎上帝之事，甚至还时不时地纵酒作乐。富兰克林是在1772年与其成为朋友的。当时德斯潘塞的行为已经体面多了，他帮助富兰克林编辑了一本更简洁的、自然神论的《公祷书》（从改进的角度出发，富兰克林不久前还编写了“更加简洁”的《主祷文》）。

富兰克林正和勒·德斯潘塞及其他客人在餐厅聊天，一个客人举着当天的报纸“上气不接下气”地冲了进来，高喊：“看这儿，普鲁士国王正向我们这个王国大提无礼要求呢！”而当他向所有人大声朗读这篇文章的时候，富兰克林却摆出一副很无辜的样子。

“去他的厚颜无耻吧！”另一位客人说道。

但当文章快念完的时候，有人开始意识到了这是一个恶作剧。“如果这不是你对我们开的北美殖民地式玩笑，就让我被吊死。”他对富兰克林说道。但文章刚读完，“在座各位早已是笑声一片，还有一位将军称这是公平的一击”。

在给威廉的一封信中，富兰克林骄傲地向其描述了他所写的这些文章。富兰克林自己对《指南》一文尤为赞赏，因为它“质量极高，富于变化，每段的结尾都很有启发性”，但其他人则比较推崇《敕令》。富兰克林吹嘘道：“只有一两个朋友知道我是此文的作者，而即使这样，对此文的赞誉之声在很长时间内仍不绝于耳，认为其极为犀利，一针见血。”

然而，富兰克林给威廉的这封信并非从头到尾都充满着喜悦。实际上，作为日益激进的殖民地代理人的富兰克林和作为与英国高层交往密切的皇家总督威廉之间，已经渐生隔阂。“国会无权制定任何禁止殖民地作为的法律，”富兰克林在信中写道，“我知道就这些问题而言，你我的立场截然不同。你就是个彻头彻尾的英国官员。”

斗鸡场：波士顿倾茶的影响

“我急切地想知道茶叶是如何处理的。”1773 年年末富兰克林焦急地在给朋友的信中写道。当时，英国议会变本加厉地通过法案，授予腐败的东印度公司对北美殖民地茶叶贸易的垄断权。虽然富兰克林一再呼吁对此克制，但波士顿的激进主义者在萨姆 · 亚当斯和“自由之子”的带领下，采取了过激的行动。1773 年 12 月 16 日，50 多名爱国者在老南教堂举行集会，然后化装成印第安人来到码头，将价值 10 000 英镑的 342 箱茶叶全部倒入海中。

当听到“我方采取暴力的不公正行为后”，富兰克林深感震惊。虽然富兰克林对殖民地的遭遇深表同情，但他对暴民的行为更持保守态度。富兰克林声称，东印度公司的股东“不是我们的敌人”，“毁坏私人财物”是不对的。

正当波士顿茶党采取行动时，英国却为哈钦森信札的泄露闹得不可开交。富兰克林对“自己名字没有牵涉”其中表示惊讶，并表示希望“自己仍可以置身事外”。但是该年 12 月，当有人指责另外一个人泄露信札后，这两个人决定在海德公园就此事进行决斗。而当两人即将再次进行决斗时，富兰克林觉得自己该站出来了。“是我一个人得到有关信件，并将其转寄到波士顿的。”富兰克林在给《伦敦新闻》的信中写道。但富兰克林并没有打算道歉。它们“不是朋友间的私人信件”，富兰克林声称，而是“由政府官员写给政府高官的”。而且这些信的本意在于“激怒母国反对其自己的殖民地”。

富兰克林在此事中所起到的作用给了那些视其为麻烦制造者之人一个很好的攻击借口。1774 年 1 月初，富兰克林被传唤参加枢密院就此事举行的听证会，地址选在著名的“斗鸡场”，因亨利八世在位期间经常在这个房间举行斗鸡而命名。表面上，此次会议的原因就马萨诸塞议会要求撤除哈钦森总督职务的请愿书进行听证。然而，问题的焦点很快就转移到富兰克林所提交的作为证据的哈钦森信札是否属于私人信件，以及它们是如何落入富兰克林手中的。

当富兰克林发现听证会的政府代理人由亚历山大 · 韦德伯恩担任时大吃一惊。韦德伯恩是一个下流的、野心勃勃的检察官，反对废除印花税法案，（用首相诺斯勋爵的话说）“他所谓的良知就是见风使舵”。当时的情况很明显，听证会的焦点已由是否同意撤除哈钦森总督一职变成了对富兰克林将信件公之于众的法律指控。韦德伯恩——或者说是英国政府，公然声称，有“权力调查它们是如何被富兰克林获取的”。

“我认为这是一个政治问题，而不是个法律问题，”富兰克林对听证委员会说道，“而且现在并没有我的律师在场。”

“富兰克林先生可以有律师的协助。当然，如果他愿意的话，也可以不请律师。”枢密院的一位勋爵说。

“我希望律师在场。”富兰克林回答道。当被问及需要多久来准备此案时，富兰克林回答道：“三周。”

这三周的时间对富兰克林来说并不轻松。当时波士顿茶党的相关消息已经传到了伦敦，英国民众对北美殖民地的同情进一步减弱。富兰克林被称作“煽动者”，“报纸上到处都是对我的抨击”，甚至有人提议把他送进监狱。沃波尔集团中的其他股东则担心富兰克林卷入此事会对他们获得土地许可带来麻烦，所以富兰克林写信告诉他们：“我希望你们将我的名字从股东名单中划去。”（值得一提的是，这封信的用词十分聪明，因此实际上富兰克林并没有辞去该集团的股东职务，他仍是一名没有投票权的秘密股东。）

1774年1月29日，当枢密院在“斗鸡场”重新召开会议时，一决生死的气氛令当初在此发生的争斗（斗鸡）显得不值一提。富兰克林回忆道：“所有的朝臣都得到了邀请，如同出席一个招待会。”那些出席会议的众多枢密院成员中有坎特伯雷大主教，还有复仇心切的希尔斯伯勒勋爵。富兰克林的朋友却寥寥无几，无法给予其精神上的支持，虽然他的朋友埃德蒙德·伯克、勒·德斯潘塞勋爵和约瑟夫·希普利都到场了。

伶牙俐齿的韦德伯恩在长达一小时的指控中，表现得既聪明又冷酷。他将富兰克林称作鼓动反对英政府的“主要策划者”（策划者与导体是同一个词，借此影射富兰克林在电学上取得的名望）。韦德伯恩并没有关注马萨诸塞议会提出的请愿是否合理，而集中在那些被泄露的信件上。“私人信件是神圣的，”韦德伯恩狂怒地宣布，“他玷辱了社会和人的尊严。”韦德伯恩还讽刺道：“这个人可能从此将诽谤他人的人称为写信人。”此外，韦德伯恩还痛斥富兰克林。伯克称韦德伯恩的攻击是“狂怒的猛烈攻击”，另外一个旁观者则称之为“如潮水般的恶毒谩骂”。

除了愤怒之外，韦德伯恩的指控中还是有很多合理之处的。富兰克林辩称哈钦森不想把这些信公之于众，实际上也就是承认其中有事要隐瞒。但韦德伯恩对此嗤之以鼻，他指出富兰克林将自己牵涉此事的秘密保守了一年之久。“他一直置身事外，直到他最近意识到可能会导致一场谋杀。”韦德伯恩说道。（所谓的谋杀指的是海德公园发生的决斗。）韦德伯恩重重地捶了一下桌子（据杰瑞米·本瑟姆所言），指责富兰克林自己想担任总督一职。

围观者欢呼雀跃，但富兰克林却丝毫不为所动。他穿着一件曼彻斯特出产的蓝色天鹅绒长袍，静静地站在房间的角落里。富兰克林的朋友爱德华·班克罗夫特（日后在巴黎监视其行动之人），是这样描述富兰克林当时的样子的："博士穿着曼彻斯特出产的蓝色天鹅绒长袍，卓尔不群地站在那里，一动不动。他面部的表情如此平静，就像事先雕刻好了一样，自始至终丝毫没有改变。"

最后，韦德伯恩召唤富兰克林作为证人上前，宣布"我要对其进行质询"。听证会的官方记录写道："博士依然保持沉默，但让其律师宣布不接受质询。"沉默一直是富兰克林最有力的武器，使其看起来睿智、温和、安宁。这次，沉默使富兰克林看起来比自己的劲敌更强大，是对敌人的轻蔑至极而不是自我忏悔，是屈尊与会而不是胆怯害怕。

果不其然，枢密院拒绝了马萨诸塞反对哈钦森的请愿，称其"毫无根据、无中生有、诽谤"。第二天，富兰克林就收到了他的老朋友勒·德斯潘塞勋爵的一封信，通知他"有必要"解除其邮政总长之职。这激怒了富兰克林，因为他耗尽心血，将殖民的邮政系统变得更有效率、盈利颇丰，他自己也为此深感骄傲。富兰克林甚至还给威廉写了一封信，建议其辞去总督一职回家当个农民："（农民）更诚实，更值得尊重，因为无须趋炎附势。"在给妹妹简的信中，富兰克林显得更深思熟虑："我被解职了，不要因此而不安。你我都快走到人生的尽头了。我们现在都离家有点儿远，但口袋中的钱足以支付回家的费用。"

由于担心会被逮捕或自己的文章被查抄，在听证会几天之后，富兰克林乘船沿泰晤士河而上到切尔西的一个朋友家待了几天，还带着满满一箱子自己的文章。风声一过，富兰克林就又回到了克雷文大街，继续会见宾客。"我发现自己并未失去一个朋友，"富兰克林写道，"所有人都不断邀请我去做客，并保证对我就像以前一样尊重。”富兰克林还在朋友们的请求之下写了一篇关于哈钦森事件的详尽长文，但并未发表，因为“我通常沉默以对”。

但富兰克林却继续发表匿名文章。他以一种非典型但在当时的环境下却能为人理解的自夸，写下了一篇半匿名的文章（署名是“写信人”，正是当初韦德伯恩对其攻击之词的双关）。文章表示“当富兰克林博士在英国仰慕者那里听到韦德伯恩先生称其是贼的时候大吃一惊”。他还写道，法国人也称他是贼，只不过是在其刚出版的著作前言中：“他教会人们从天堂窃取火焰。”富兰克林还在波士顿的一家报纸上发表了一篇描述听证会情况的匿名文章，他宣称“博士对于能够得到这些信件十分荣幸，而他将信件寄给北美殖民地的动机也是高尚的——为了缓解英国与殖民地之间的对立”。

富兰克林的嘲讽和挖苦也越来越尖刻。在一篇写给新任总督盖奇将军（以接替哈钦森）的文章中，富兰克林建议英国“应毫不迟疑地在北美进行完全、彻底的军事统治”。这将会“恐吓北美殖民地人”，让他们高高兴兴地缴纳各种赋税。“当殖民地的人民被榨干最后一个先令，”富兰克林写道，“就可以把他们卖给出价最高的买家”，比如西班牙或法国。在另一篇写给盖奇将军的文章中，富兰克林还建议其采取一项举措，可以确保北美殖民地不再有叛乱出现：“阉割所有的男性。”此外，诸如约翰 · 汉考克和萨姆 · 亚当斯等“匪首”“必须尽快割除”。这些还会带来一些其他利益，比如可以对歌剧有帮助，并减少从英国移民到北美殖民地的人数。

于是，问题再一次出现了：为什么不回家呢？富兰克林妻子的生命即将走到尽头，他自己的政治生涯也遇到了瓶颈。而他再一次下决心回家，并告诉朋友说，只要自己结清作为邮政总长的账目，他就会回家。他对理查德·贝奇的承诺是 5 月回家。最终，他再一次食言了。在 1774 年剩下的时间里，富兰克林待在英国无事可做，没有任何官方的事务需要他去处理，也没有大臣需要他去游说，甚至连英国国王也对此感到奇怪。

“富兰克林博士在哪里？”那年夏天，英国国王向达特茅斯勋爵问道。

“陛下，我相信此刻他就在城中。据说他要回北美殖民地，但我认为他不会走。”

“我听说他要去瑞士。”英国国王说道。

“我的确听到过此种说法。”达特茅斯勋爵回答道。

实际上，富兰克林就待在克雷文大街附近，很少外出，除非是去看望好朋友。正如他在 9 月给自己妹妹的信中写道的：“自从 1 月以来，我没见过任何大臣，也没有和他们通过信。”

与威廉决裂：站在哪一边

英国和北美殖民地之间迫在眉睫的冲突，不可避免地预示着富兰克林和忠于英国的威廉之间的矛盾。富兰克林对英国与北美殖民地之间的冲突深感痛苦，却对与儿子之间的矛盾冷酷无情。

另一方面，威廉也很可能在为人子尽孝和为人臣尽忠之间痛苦挣扎。在听证会后写给自己父亲的信中，威廉希望通过赞赏、肯定以及甜言蜜语诱骗他回家来，以获得父亲对自己的好感。“您在这个国家的受欢迎程度远超过您的想象，尽管可能也有部分质疑之声，”威廉在 5 月写道，“您完全可以相信，待您返回此地之时将会受到民众的尊敬和喜爱。”但是，威廉清楚地表明了自己不打算辞去总督一职，尽管他父亲时常劝他如此。

夹在中间左右为难的则是威廉 · 斯特拉恩。他是富兰克林在英国的密友，后来也成为威廉的知已。斯特拉恩劝威廉要忠于自己，坚持自己忠于王室的立场，让那些大臣们了解他父亲的观点不会干扰他对政府的忠诚。

威廉听从了这一建议。在给自己的父亲写了那封信后不久，他就给时任殖民地事务大臣的达特茅斯勋爵写了一封信。“我向陛下保证，将会尽我所能保持新泽西的安宁。”他承诺道。威廉还表示：“没有任何关系能够使我改变对国家的责任。”翻译过来就是：他对父亲的忠诚不会干扰到他对英国的忠诚。达特茅斯勋爵马上回信肯定威廉：“我不认为你的性格和所作所为会使你做出不忠于国王的事。”

威廉不仅仅是向英国表示忠诚，他还与达特茅斯勋爵进行“秘密而又彼此信任”的通信联络，并提供北美殖民地的相关信息。他警告说，全北美殖民地都开始支持马萨诸塞反对英国封锁波士顿港的决定。而9月份各殖民地的代表计划在费城召开会议（也就是后来的第一次大陆会议），威廉也表明了自己的立场。他声称，这一会议“如果不能代表整个大陆，那就是荒唐的”。他还担心这会导致殖民地对英国商品的大规模抵制。

而富兰克林对这一切却并不赞同。一年多来，他一直强烈建议召开一次大陆会议，认为应该号召殖民地民众抵制英国商品，并信心满满地认为这必将实现。因此，他兴高采烈地给威廉写信：“现任大臣必须要警醒了。”他还责骂威廉贪恋总督之位，尤其是金钱及权力。富兰克林自己也知道，威廉需要总督这份工作的薪金，不然他永远都还不清欠自己父亲的钱。此外，不断变化的政治环境意味着“你会发现自己的处境不再轻松，希望你能够尽快地让自己解脱”。而信的署名也十分简单——“B · 富兰克林”。

尽管富兰克林知道英国当局最终会知晓信的内容，他还是强烈要求北美殖民地支持者采取坚定的立场。富兰克林写道，大陆会议必须“马上投票阻止与这个国家（英国）有关的一切商业活动，无论是出口还是进口……直到我们获得补偿为止”。现在正是生死攸关的时刻，这将决定“北美殖民地人以及他们的子子孙孙到底是能够享受人类的基本权利，还是比东方那些奴隶的境遇更悲惨”。

尽管当时一封越洋的信件需要耗时两个月之久，但这段时间，富兰克林和威廉仍然通了很多信。威廉仍然继续劝说自己的父亲，大陆会议是个坏主意：“这样的一个会议不会有任何结果。”相反，波士顿人应该赔偿他们所毁掉的那些茶叶，到时“他们的港口在几个月之内就会重新开放”。

实际上，几个月之前，富兰克林已经表达过相似的观点，认为波士顿人应该明智地赔偿茶党造成的损失。“这样的行为将会去除不少对我们的偏见。”当年 3 月富兰克林在给库欣的信中写道。然而，让自己的儿子给自己上这样一课，令其狂怒不已。于是，在 9 月，富兰克林给威廉写了一封信作为强硬的回应，一一反驳了威廉的观点。英国已经从殖民地“敲诈了数万英镑”，“他们应该用这笔钱来赔偿（东印度公司的）损失”。富兰克林的争论以攻击作结：“但是，你这个彻头彻尾的朝臣，是用英国政府的眼光来看待一切的。”

10 月，富兰克林又给威廉写了一封信，除了表达了很多相同的观点之外，还有不少私人问题：富兰克林尖锐地指出他的儿子迟迟未能归还欠自己的钱，并表示如果他执意忠于英国的话，就要立刻还钱。

好长一段时间，富兰克林都没有收到威廉的来信。直到 1774 年圣诞前夕，威廉给自己的父亲寄来了一封令其悲痛欲绝的信。德博拉去世了，在富兰克林不在其身边的时候。

“我上周四到这儿来参加我那可怜的老妈妈的葬礼，她于上周一去世了。”威廉在信的开头写道。

富兰克林那恭顺的、逆来顺受的妻子，自5年前中风以来便日渐憔悴。1772年，她在给富兰克林的信中写道：“我发现自己老得很快，越来越虚弱。”而1774年的大部分时间里，她甚至虚弱得无法写信。然而富兰克林对此却毫无察觉，仍然给她写着那些不痛不痒的短信，有些像伙伴，有些则甚至是公事公办，不断地抱怨自己的身体，转达史蒂文森一家对她的祝福，抱怨她没给自己写信。

“很多当地人都参加了葬礼。”威廉继续写道。他描述了自己10月最后一次见到德博拉的情景，明显是希望让自己的父亲感到愧疚：“她告诉我，除非你这个冬天回来，她觉得自己再也见不到你了。她很确信自己活不到明年夏天。我真心希望你这个秋天回来，我认为她的失望使其身心俱损。”

在信的最后，威廉悲伤地乞求自己的父亲离开英国。“在那个国家，人们都用邪恶的眼光打量你，你随时都会因为自己的政治行为而深陷麻烦，”威廉警告道，“趁你现在的身体还能承受奔波之苦，你最好回到民众仍然尊重你的家乡。”威廉也十分渴望看到自己的儿子——14岁的坦普尔，他恳请富兰克林把坦普尔也带回北美殖民地：“我希望能在春天看到你和他，这样你们就能够和我一起生活一段时间了。”

豪–查塔姆秘密谈判：革命一触即发

当1774年12月自己的妻子生命垂危之时，富兰克林却与在伦敦刚结识的一位时髦女士下棋调情。但这并不仅仅是社交游戏，而是议会中的一些辉格党人试图秘密地进行最后一搏，以阻止殖民地发生革命。

实际上，这一过程始于8月，当时有人请求富兰克林去拜访一下查塔姆伯爵。查塔姆伯爵就是老威廉·皮特，他曾两度出任英国首相，被称为“伟大的平民”，而这一称谓最后却因其不明智地接受了“查塔姆伯爵”这一封号而告终。这位伟大的辉格党演说家是北美殖民地坚定的支持者。1774年，他因身体不佳辞去公职，却决定继续投身公共事务，公开反对诺斯勋爵及其镇压殖民地的政策。

查塔姆伯爵热情地接待了富兰克林，表示将全力支持殖民地抵制英国的税赋，并表示“希望他们能够坚持下去”。富兰克林则回应，希望查塔姆能够联合其他辉格党“智者”罢黜“现有的无能大臣们”，成立一个新政府，以恢复“英国和殖民地之间的团结与和谐”。

查塔姆则表示这不大可能。当时有很多英国人认为不能再妥协，因为“北美殖民地希望建立一个独立的国家”。

“北美殖民地并不寻求独立，”富兰克林声称，“我向他保证，我曾不止一次地穿越整个北美殖民地。我有很多不同的朋友，和他们一起吃饭、饮酒、自由地交流，我从未听说过类似的话，无论在清醒还是喝醉的时候，他们从未表达过希望分离的愿望。”

富兰克林实际上并不坦诚。他上一次在北美殖民地游历已经是10年前的事了，他也深知有一小撮儿越来越激进的殖民地人民，无论是喝醉的还是清醒的，都希望独立。他甚至已经开始通过幻想这种可能性来自娱自乐了。小乔赛亚·昆西，一位热心的波士顿爱国者，富兰克林一位老友的儿子，在秋天拜访了富兰克林，告诉他人们已经讨论了殖民地“完全解放”的可能性，认为这将是事态发展的结果。

事情的进一步发展全因一位交际很广的女士向富兰克林发出了奇怪的邀请。她邀请富兰克林与其一起下棋。这位女士就是卡罗琳·豪——海军元帅理查德·豪和威廉·豪将军的妹妹。虽然理查德和威廉最终在美国革命期间分别担任了英国的海军和陆军司令，但当时他们都对北美殖民地有所同情。（他们的妹妹是其一位远方表亲理查德·豪的遗孀，因此人们称她为豪夫人。）

当富兰克林在12月初拜访豪夫人时，他发现这位女士“谈吐通情达理，举止优雅迷人”。他们一起下了几盘棋，富兰克林“毫不迟疑”地接受了邀请，几天后再次和这位女士下棋。但这次，话题偏移了。他们开始谈论豪夫人对数学的爱好，富兰克林称“这在女士中不太寻常”。随后，豪夫人就将话题转向了政治。

她问道：“对大不列颠和殖民地之间的争端该如何是好？”

“他们应该互相亲吻，成为朋友。”富兰克林回答道。

“我经常说希望政府能够任命你来解决争端，”她说道，“我确定没人能比你更出色，你不认为此事可行吗？”

“毫无疑问，女士，如果双方都打算和解的话，”富兰克林回答道，“它们之间没有根本的利害冲突。”这件事“理智的人在半个小时里就可以解决”。但是，富兰克林又表示：“大臣们决不会想派我去做这样有益的工作，他们宁愿诽谤我。”

“没错，”她表示同意，“他们那样对待你真是可耻。实际上他们中有些人已经为那么做而感到羞愧了。”

就在当天晚上，富兰克林与两个老朋友，贵格会教徒约翰·福瑟吉尔和戴维·巴克利，共进了晚餐。他们也希望富兰克林可以从中调停，要求富兰克林“动起笔来”，起草一份和解的计划。

富兰克林也的确这样做了。他起草的《对话要点》包括17项条款，具体包括：马萨诸塞将赔偿损失的茶叶，废除茶叶税，放松对殖民地制造业的管制，所有贸易关税的收益都必须上交殖民地财政，未经殖民地立法机构同意英政府不得驻军，征税权属于殖民地议会而不是英国议会。富兰克林的朋友们问他是否同意将此文交给一些“中立者”看，富兰克林表示同意。

然而，12 月中旬，这些私人的谈判受到了干扰，当时富兰克林终于收到了第一届大陆会议通过的决议。在费城举行并持续至 10 月下旬的大陆会议上，再次确认了北美殖民地对国王而不是对议会忠诚。此外，会议还通过决议，如果英国不撤回那些强制性的法案，就抵制英国商品。

很多身在伦敦的殖民地代理人都拒绝与这些决议发生瓜葛。因此，富兰克林和马萨诸塞的其他代理人决定亲自将其呈交给达特茅斯勋爵。勋爵“告诉我们这是份体面、合适的请愿书，乐于将其收下并呈给国王陛下”。

就在圣诞节那天，富兰克林去拜访了豪夫人，打算再和她一起下棋。富兰克林一到，豪夫人就提到自己的兄弟海军元帅理查德·豪勋爵想见他。“你愿意随我一道去见他吗？”豪夫人问道。

富兰克林欣然同意。于是很快他就听到了豪勋爵对他大加赞扬。“没有人比你更能够调和我们的分歧了。”将军告诉富兰克林。他希望富兰克林可以提供一些建议，这样他就可以将其转达给某些合适的大臣。

为了不让自己夹在中间左右为难，富兰克林表示大陆会议已经清楚地表明了殖民地到底想要什么。但他同意一周之后以下棋为名，再进行一次秘密会面。

这次会面就没那么友好了。豪勋爵问富兰克林，如果英国向北美殖民地派出使者去和解是否有用。富兰克林回答，可能“十分有用”，只要这个人“出身高贵，品行高尚”。

豪夫人突然插话，提议让其兄弟担任此职，隐约暗示当时有传言让她的另一个兄弟威廉·豪将军执行一项不太安全的任务。“我希望，兄弟，你能够被派任此职，”她说道，“相比于威廉被派去统领北美殖民地的军队，我更喜欢你担任这一职务。”

富兰克林尖锐地指出：“夫人，我认为他们应该给豪将军提供一些更令人尊敬的工作。”

随后，豪勋爵拿出一张纸，问富兰克林是否知情。这是一份富兰克林所准备的《对话要点》的副本。富兰克林说他本想对自己起草此文的事保密，但现在已经做好准备承认此文出自己的笔下。豪表示发现这些是富兰克林的观点后，他“十分遗憾”，因为大臣们不会接受这些建议。他要求富兰克林重新考虑这些建议，并提出一个“可接受”的新计划。由豪夫人亲自誊写，这样就没人知道作者到底是谁了。豪还暗示，如果富兰克林照做，他可以“期望政府力所能及的任何回报”。

富兰克林被这一贿赂的暗示激怒了。“这对我来说，就像法国人所说的‘往汤里吐痰’一样。”他后来写道。然而，富兰克林发现自己很信任豪勋爵，并决定假意合作。“我喜欢这一方式，”富兰克林写道，“发现自己倾向于信任他。”

第二天，富兰克林交给豪夫人的文章并没有做任何实质性的让步。相反，文中再次明确了北美殖民地的立场，并声称这是“巩固联盟”的必需之举。整个2月，富兰克林都在与豪勋爵继续进行会谈，但大部分内容都是关于豪希望出任英国使节的，他们几乎从未达成任何协议。

与此同时，富兰克林也参加了其他不同的秘密会谈与协商，其中最重要的就是与查塔姆伯爵进行的会谈。当时，这位前首相邀请富兰克林去其庄园一叙，并向其展示了自己准备向议会提出的一系列建议。随后，他还造访了富兰克林位于克雷文大街的住所，与其进行了两个小时的会谈。查塔姆伯爵屈尊光临富兰克林的寒舍，他的马车夫就在门外狭窄的街道上等候，这在邻居中引起了轩然大波。富兰克林承认："这样一位伟人亲自来访，讨论这样一个重大事项，使我的虚荣心得到了极大的满足。"实际上，这对富兰克林来说相当体面，因为查塔姆伯爵造访的时间正好是枢密院在"斗鸡场"对其进行羞辱的一年之后。

当两人坐在史蒂文森太太家的小客厅时，查塔姆提出了自己的妥协建议，要求允许议会管理帝国内部的贸易并可以向北美殖民地派兵。但只有北美殖民地人可以在北美殖民地征税，而大陆会议将成为永久性的官方机构。尽管富兰克林并不赞成所有条款，但他仍很快答应了在查塔姆 2 月 1 日向上议院提交此计划时，会出席现场以对其表示支持。

查塔姆为此计划进行了精彩的发言，达特茅斯勋爵则代表政府表示这些建议"很有分量，十分重要，应仔细考虑"。富兰克林因此一度认为自己的秘密谈判和游说即将奏效。

这时桑德维奇勋爵站了出来。他是海军中的第一位勋爵，一直对殖民地事务持强硬态度。他发表了"暴躁而激烈的讲话"，对查塔姆的提案进行攻击，并将矛头指向了富兰克林。他说他不相信这个计划是出自英国人的手笔。相反，它看起来应该是北美殖民地人的杰作。正如富兰克林回忆道："他把脸转向了我，说他认为自己已经看到了起草这个计划的人——这个国家迄今为止最歹毒、最凶恶的敌人。这使许多贵族的目光纷纷落到我的身上。但是……我的脸上毫无表情，仿佛它是用木头雕成的。"

查塔姆则回答说这一计划是他自己写的。但是，他毫无愧色地承认曾咨询过“一个熟知全部北美殖民地事务的人，他常常暗示并毫无恶意地仔细回忆每一个细节”。他随后还对富兰克林大加赞扬，称“整个欧洲因他的知识和智慧而对其高度赞扬，并将其与我们的牛顿和波尔等人相提并论；他不仅是英国的荣誉，更是人类的骄傲”。富兰克林后来在给自己儿子的信中写道，或许带着些许虚伪的谦虚：“比起前面过分夸张的诽谤，我发现自己更难以承受这言过其实的赞扬。”

但查塔姆不仅早已淡出权力中心，更与人交往甚少。达特茅斯勋爵很快就放弃了自己最初的开明，同意桑德维奇的建议，表示要马上否决这一提案。最终的结果也的确如此。富兰克林在给费城的一位朋友的信中写道：“查塔姆提案所遭到的轻蔑就像对待一个醉汉所唱的民歌一样。”

随后的几周里，富兰克林忙于参加各种会议，希望能够达成妥协。但直至 1775 年 3 月初，当他最终准备离开英国时，他的耐心已经耗尽。富兰克林给达特茅斯勋爵写了一封言辞激烈的请愿书，要求英国赔偿封锁波士顿港造成的损失。当富兰克林将请愿书给他的朋友兼土地交易的伙伴托马斯 · 沃波尔看时，“他看看它，再看看我，反复几次，就好像他认为我疯了一样”。富兰克林恢复了自己的理智，决定不提交这份请愿书。

实际上，富兰克林仍然在一个最终的口头请愿中起到了一点儿作用。3 月 19 日，富兰克林和伟大的辉格党演说家、哲学家伯克在一起待了一下午。3 天后，伯克在议会发表了著名的演讲《论与北美殖民地的和解》，但没能奏效。伯克声称：“一个伟大的帝国和渺小的思想一同江河日下。”

那时，富兰克林已经从朴茨茅斯出发，登上了西去费城的邮船。

他在伦敦的最后一天是与他的老朋友、科学上的伙伴约瑟夫·普里斯特利一起度过的。普里斯特利写道，那些不认识富兰克林的人有时会发现他很拘谨，甚至很冷酷。而那天，当他们谈论可能发生的战争并读到报纸上的内容时，富兰克林却变得十分感性。他的泪水一度夺眶而出，无法继续读下去。

Benjamin Franklin

An American Life

第十二章

独立（费城，1775~1776 年）

立场：富兰克林何去何从

就像当初他的儿子威廉帮助富兰克林进行那个著名的风筝实验一样，如今，他儿子的儿子——坦普尔，也帮助富兰克林把自制的温度计放进海里测量海水的温度。他们每天测量 3~4 次，然后把结果记在一张表格上。富兰克林当时已经从楠塔基特岛的表兄，捕鲸船船长蒂莫西 · 福尔格那里知道了湾流的成因。于是，在从英国返回北美殖民地的为期 6 周的航程中，除了详细回忆自己徒劳的协商过程，富兰克林把精力全部放在了测量海水的温度上。富兰克林当初出版的地图和温度图可以在美国国家航空航天局的网站上看到，人们惊奇地发现，其与现代通过卫星采集的红外数据惊人的相似。

富兰克林回北美殖民地的旅途十分平静，但酝酿已久的风暴却开始席卷整个北美殖民地。1775 年 4 月 18 日夜，正值富兰克林还在归程途中之时，一队英军从波士顿向北行进，准备逮捕茶党的领导人塞缪尔 · 亚当斯和约翰 · 汉考克，并收缴其支持者暗藏的武器。保罗 · 列维尔得知后赶忙跑去报信，当然还有很多不那么知名的人也去送信。因此当英军抵达列克星敦的时候，70 个北美殖民地民兵已经等在那里了。

“散开，你们这些叛乱者！”英军的指挥官命令道。一开始，这些民兵的确照做了，但英军却开了火。在接下来的战斗中，有 8 个北美殖民地人被打死。当得胜的英军继续进军至康科德时，正如爱默生所写的："严阵以待的农民站了出来，打响了震惊世界的枪声。"（然而，爱默生史诗般的描述中并没有那些可怜的列克星敦战士的身影，正如朗费罗的名作《保罗 · 列维尔策马报信》中也忽略了威廉 · 道斯和其他报信者一样。）英军只好向波士顿撤退，在三天的撤退中，一共有 250 余名官兵被北美殖民地民兵击毙或击伤。

因此，当 5 月 5 日，富兰克林和 15 岁的孙子坦普尔抵达费城时，各地的代表已经再次集结准备召开第二次大陆会议。人们敲响了钟声庆祝他的回来。"看到我们已经武装完毕并为最糟的情况做好了准备时，富兰克林博士十分高兴，"一位记者写道，"他认为除此之外，别无他法能将我们从最可怜的奴役状态中解救出来。"

北美殖民地的确已经在武装自己，积极备战。在费城的人群中，有富兰克林的老战友，整装待发的乔治 · 华盛顿。在与法国和印第安人的战争结束之后，华盛顿成为了一个弗吉尼亚农场主。当时随他抵达费城的还有 1 000 多名步兵和骑兵，甚至在他的队伍进城时还有军乐队演奏爱国歌曲。但当时代表们仍没有就此次战争后应彻底独立还是从属大英帝国，以及寻求北美殖民地的权利保障达成共识，当然，马萨诸塞代表团中那些激进的爱国者除外。实际上，解决这个问题花了一年的时间，虽然对富兰克林来说并非如此。

在抵达的第二天，富兰克林就被选为大会的代表之一。当时他已经年近 70 岁，是代表中年纪最大的一位。而 40 年前富兰克林开始在宾夕法尼亚议会任职时，此次会议 62 位代表中的大多数，如弗吉尼亚的托马斯 · 杰斐逊和帕特里克 · 亨利以及马萨诸塞的约翰 · 亚当斯和约翰 · 汉考克等人都尚未出生。

富兰克林搬到了市场街的房子里居住，这个家由他亲手设计，而他却几乎一无所知。过去10年中，德博拉在没有他陪伴的情况下一直居住在这里。他的女儿萨莉负责照顾他的饮食起居，而他的女婿理查德·贝奇对他十分孝顺。他的两个孙子本和威尔，则负责给他带来欢乐。“威尔有一把小枪，他带着枪骄傲地行进，一边还吹着横笛。”富兰克林写道。

那时，富兰克林仍没有就是否支持独立表态，他从不去那些代表们晚上经常聚会的酒馆参与这一话题的讨论。他只是勤快地参加各种大会和委员会议，很少发言，然后回家和家人共进晚餐。在此期间，爱唠唠叨叨而又雄心万丈的约翰·亚当斯开始了与富兰克林长期但又冲突不断的合作。亚当斯甚至抱怨，这个老者即使“静静地坐在椅子上就像快睡着了一样”，也能获得人们的尊敬。

那些更加年轻、脾气更加暴躁的代表中，很多人还未曾见识过富兰克林沉默的技巧和他一言不发就像圣人一般的把戏。他们只是听说过富兰克林成功地与英国议会对峙、反对印花税法案的英勇事迹，还没有意识到富兰克林并不是天生的演讲家。因此一开始就有传言：他到底想干什么？他是不是个秘密的保皇主义者？

威廉·布拉德福德就是质疑者之一。他的父亲是富兰克林的第一个赞助人以及后来的竞争者，当时他已经接管了其父的印刷生意和报纸。他向年轻的詹姆斯·麦迪逊表示，一些代表“开始怀疑富兰克林是个间谍，而不是我们的朋友，他的目的就是发现我们的弱点，然后和英国的大臣们媾和”。

实际上，富兰克林把5月的大部分时间都花在了劝说两个人上。这两人与他的关系都很密切，他希望能够让他们首先加入北美殖民地的阵营中。其中一个是约瑟夫·加洛维，他是富兰克林反对领主斗争中的老朋友，也是过去10年其在宾夕法尼亚议会中的副手与代理人。第一次大陆会议期间，加洛维提出要建立一个拥有和议会一样的权力、忠于英国国王的北美殖民地议会。这一提议实际上与富兰克林在奥尔巴尼会议上提出，并在后来坚持的帝国内部联盟的设想如出一辙，但当时的议会却断然拒绝。一气之下，加洛维拒绝了议会的任命，不愿担任第二次大陆会议的代表。

实际上在1775年年初，富兰克林就已经意识到实施加洛维所倡议的那种计划为时已晚。但富兰克林却仍然试图劝说加洛维加入自己的阵营，担任大陆会议的代表。富兰克林在给他的信中写道："当人民急需你的能力时，放弃公共生活是错误的。"最初，他也没有向加洛维就自己关于独立问题的立场表态，就像他对其他人一样。"人们似乎搞不清他的立场到底何在。"加洛维后来回忆道。

而另一个富兰克林希望说服其投身革命的人，与他的关系更为紧密。

特莱沃斯会面：父子彻底决裂

新泽西的总督威廉·富兰克林当时仍然效忠英国政府，并身陷与新泽西议会的争端之中。他从报纸上得知了父亲回到北美殖民地的消息。威廉在给斯特拉恩的信中写道："这令我大吃一惊。"他希望与父亲见面，把自己的儿子坦普尔带回自己身边。但首先，他必须参加5月15日新泽西议会在其要求下举行的一次特别会议。在这次会议不欢而散后不久，富兰克林家族的三代人——父亲、儿子以及夹在中间左右为难的孙子，终于见面了。

富兰克林和儿子选择了一个中立的地方进行会面。地点定在了特莱沃斯，约瑟夫·加洛维在巴克斯县的大庄园里，这座石头房子就在费城的北边。令人吃惊的是，虽然这次会面充满了浓郁的感情色彩，但他们两人和加洛维都没有就此留下任何记录。具有讽刺意味的是，唯一透露了此次会面内容的，竟然是托马斯·哈钦森的日记。哈钦森正是那个自己的信被富兰克林泄露出去的马萨诸塞前总督。哈钦森的日记中记载了信札事件三年之后加洛维对此次会面的回忆，当时他们都是流亡英国的保皇党人。

当天晚上的气氛最初很尴尬，他们互相拥抱，交谈并不多。威廉一度将加洛维拉到一边告诉他，到目前为止，自己都在避免和父亲严肃地谈论政治。但不久之后，在这些人“四处举杯”并喝了不少的马德拉酒之后，他们之间的政治争论就开始了。“那么，加洛维先生，”富兰克林向他长期以来的盟友问道，“你真认为我应该促成和解吗？”

加洛维实际上正有此意，但富兰克林一点儿也听不进去。富兰克林这次带来了他在回家途中给威廉写的长信，详细描述了他为促进和解而进行了谈判，以及在这一过程中所遭受的挫折。尽管加洛维之前已经听过其中的部分内容，但富兰克林仍然将信的大部分内容高声朗读出来，告诉儿子自己所遭受的不公。加洛维也讲了自己的恐怖经历——因为提议挽救英国与殖民地之间的关系，而收到激进分子匿名寄来的绞索。他强调，革命将会有致命的危险。

威廉称他们最好保持中立，但富兰克林却不为所动。正如哈钦森后来所记载的那样，富兰克林“表明了自己的立场，宣布赞同争取独立的举措”，并指责“英国政府腐败、挥霍”。威廉生气地反击，却仍关心父亲的安危，他表示，如果富兰克林真的打算“将殖民地置于火堆之上”，就必须“小心不要让自己被火焰烫伤”。

因此，威廉沮丧地骑马回到了新泽西，继续履行他作为皇家总督的职责。和他一起回去的还有他的儿子坦普尔。富兰克林和威廉在特莱沃斯唯一达成的共识就是坦普尔这个夏天将和威廉一起待在新泽西，然后返回费城就读富兰克林创建的学校。威廉本来希望能把坦普尔送到纽约的国王学院（现在的哥伦比亚大学），但富兰克林坚决反对，因为那里是培养保皇派的温床。坦普尔很快就陷入这两个人争夺自己忠诚的角力之中。他很希望能左右逢源，但命运注定这是不可能实现的。

反叛者富兰克林：选择北美殖民地

很难说出一个确切的时间，即北美殖民地到底是何时觉得应该、也希望从大英帝国中完全独立出来的。而对于具体的人来说，更难确定其转变的具体时间。富兰克林过去10年中，一直自欺欺人地认为北美殖民地与英国的分裂不会发生，却在特莱沃斯的家庭会面中宣布了自己的立场。1775年7月初，正好是他的那些北美殖民地爱国者同伴正式表明自己态度的前一年，富兰克林已经做好公开自己立场的准备。

实际上，使富兰克林最终走上反叛英国政府这条路的因素有很多：受到的蔑视，希望的破灭，遭遇的背叛以及英国那些敌对性法案的日积月累。但是，我们仍要注意富兰克林转变的主要原因，以及从更广的意义来说，其作为一个人而起到的示范作用。

像他父亲那样的英国人当初移民到这片新大陆时，一种新的阶层就已经开始孕育了。正如富兰克林在信中向儿子所不断强调的，北美殖民地不应该复制旧世界的那种统治结构、贵族体制以及基于出身而非道德的封建社会秩序。相反，北美殖民地的力量应在于建立一个骄傲的中产阶级，一个由勤劳、节俭的店主和商人组成、深知自己的权利并对自己的社会地位深感自豪的阶层。

和很多新北美殖民地人一样，富兰克林痛恨权威，这也是当初他从波士顿自己哥哥的店铺逃走的原因。他也不敬畏现有的精英，无论是马瑟家族、佩恩家族还是上院中的贵族。他文笔犀利，行为叛逆，接受了启蒙运动的思想，认为自由和容忍是市民社会的基础。

长期以来，富兰克林一直希望英国和北美殖民地能在一个不断扩张的大帝国的框架下共同繁荣发展。但他感觉到这只能在英国停止操控商业贸易以及不再对北美殖民地进行压榨的前提下才能实现。而一旦英国仍想继续控制殖民地，那么唯一的选择就是独立了。

1775 年 6 月发生的邦克山战役及英军火烧查尔斯顿，进一步激起了富兰克林等爱国者对英国的敌视。然而，大陆会议中的大部分代表仍未下定革命的决心。很多殖民地议会，包括宾夕法尼亚议会，指示自己的代表抵制任何号召独立的倡议。而为首的正是富兰克林长期以来的对手约翰 · 迪金森。当时他仍拒绝在自己的房顶上安装避雷针。

7 月 5 日，迪金森推动大陆会议通过了给英国国王的最后一份请愿书，也就是《橄榄枝请愿书》，将英国与北美殖民地之间的矛盾归咎于那些“令人讨厌”、“欺下瞒上”的大臣们的背信弃义，“恳请”英国国王亲自解救北美殖民地。会议同时还通过了《关于拿起武器的原因和必要性》的宣言，文中声称：“我们的目的不是解散长期以来在我们之间愉快存在的同盟，而是真诚地想使其恢复到正常状态。”

像其他代表一样，为了避免分歧、达成共识，富兰克林也在《橄榄枝请愿书》上签了名。但就在同一天，他却公开发表了自己的反叛声明。富兰克林选择的方式很特别，他给自己伦敦的老友兼印刷合伙人威廉 · 斯特拉恩写了一封信。富兰克林在信中不再称呼他为“亲爱的斯特拉尼”，而是语气冷酷、充满愤怒：

斯特拉恩先生：

你是英国议会议员，是那些决定要毁灭我们家园的多数派之一。你们已经开始焚烧我们的城镇，杀害我们的人民。看看你们的双手吧，上面沾满了你们同胞的鲜血！你我曾是多年挚友，但现在你是我的敌人，我是你的敌人。

本 · 富兰克林

尤为奇怪的是，富兰克林传阅发表了这封信，却从未将其寄给斯特拉恩。事实上这不过是富兰克林向北美殖民地同胞表明自己立场的技巧而已。

实际上，两天之后富兰克林给斯特拉恩写了一封更友好的信，并寄了出去。“言辞与争论现在毫无用处，”富兰克林的语调中遗憾远大于愤怒，“所有的一切都显示要分裂。”正如富兰克林没有寄出那封愤怒的信一样，他也没有保留这封更温和的信。

（最终，富兰克林与斯特拉恩仍然是密友。斯特拉恩 4 年前就宣称：“尽管我们彼此不同，但我们并无分歧。”就在富兰克林写那封没有发出的信的当天，远在伦敦的斯特拉恩也给富兰克林写了一封信，抱怨即将爆发的战争很可能会彻底毁灭“现存的最伟大的社会结构和宗教政府”。1775 年，他们仍在继续通信。斯特拉恩希望富兰克林能够“带着和解的建议”回到伦敦。10 月，富兰克林则回信建议斯特拉恩：“如果你选择和解，就请给我们公正的和平建议，我比其他人更愿意推动它为我们所接受。我给自己定了一个规矩：不把私人情感和公共事务混杂在一起。”富兰克林的署名则和斯特拉恩一样，都是“你忠实而谦卑的仆人”。一年之后，当富兰克林作为北美殖民地代表来到巴黎的时候，他还收到了斯特拉恩从伦敦寄来的斯蒂尔顿奶酪作为礼物。）

7月7日，富兰克林还给另外两位英国密友写了信。在给希普利的信中，富兰克林指责了英国企图激起奴隶和印第安人的不满情绪以对付殖民地的伎俩。随后，他又为自己信中的愤怒情绪而道歉：“老年人的情绪通常冷静而镇定。如果连他们都被激怒了，你应该庆幸信中只是表达了一丁点儿这样的感情。”

在信中，富兰克林还抱怨《橄榄枝请愿书》注定要被拒绝：“我们又向国王递交了一封谦卑的请愿书，又给了英国一次机会，一次恢复其与殖民地友谊的机会，但他们缺乏利用它的理智。所以我认为英国将永远地失去自己的殖民地。”给希普利的信中，还提到了富兰克林每天的工作情况以及殖民地节俭的风气：

> 我每天的时间都排得满满的。早上6点，我就赶到安全委员会工作，大会任命我负责此地的防务。大约工作到9点，我要赶到大会现场，一直工作到下午4点……现在，节俭和勤劳在这里蔚然成风。那些每顿饭通常要吃两三个菜的绅士，现在却自豪地仅仅以牛肉和布丁充饥。通过以上种种方式，以及不再购买英国的商品，我们就能攒钱捐款，支持我们的军队了。

与自己儿子的私下决裂以及与斯特拉恩的公开决裂，使富兰克林得到了解放。他成为大陆会议中最热忱的英国反对者之一。他当时受命为一个委员会起草一份以华盛顿将军的名义发表的宣言，用词十分激烈，以至于大陆会议不敢将其通过或发表。宣言很明显地出自富兰克林之笔，其中包含了他曾经驳斥英国建立殖民地防务的用语（“一派胡言、恶意中伤”）。文章的最后，还严肃地将北美殖民地和英国之间的关系与英国和萨克森（“英国的母国”）之间的关系进行了对比。而这一对比也是出自他之前所发表的《普鲁士国王敕令》。富兰克林还起草了一份更为犀利的针对英国私掠船的决议，而由于其言辞过于激烈，甚至都未被提交给大会讨论。富兰克林在文中指责英国“尽贪婪和掠夺之所能，只是借议会通过法案来宣称我们的财产就是他们的，然后公开抢掠”。

不久之后，人们就对富兰克林的立场形成了共识，即使是那些贬低他的人也不得不承认。如同很多弗吉尼亚人一样，麦迪逊急于知道富兰克林的近况，因此他给布拉德福德写信询问关于富兰克林立场摇摆不定的传闻是否还存在。“最近是否还有关于富兰克林博士的消息？”布拉德福德坦承人们的看法变了：“大家对富兰克林博士的怀疑逐渐消散。他的意图已经十分明显，我相信他现在选择站在我们这边。”

同样，约翰·亚当斯也写信告诉自己的妻子阿比盖尔，富兰克林现在坚定地加入了革命的阵营中：“对于我们那些最大胆的措施，他不再犹豫，甚至看起来他还似乎认为我们过于优柔寡断。”但这个心怀嫉妒的演讲家仍没能抑制住自己的怨恨，抱怨英国人居然认为北美殖民地的背叛“完全归功于”富兰克林：“我猜测那些英国文人将会把大陆会议的全部成果都归功于他。”

富兰克林的支持

对于那些即将与英国决裂的北美殖民地来说，他们需要按照一个全新的国家标准来进行自我设计。在从英国独立出来的同时，它们要确保彼此间相互依赖。作为游历北美殖民地最多、眼界最为开阔的殖民地领导者之一，富兰克林自1754年提出自己的奥尔巴尼计划以来，就一直支持某种形式的邦联。

那个未被采纳的计划则提出要建立一个忠于国王的殖民地议会。

而现在，1775 年，富兰克林又提出了这一建议，但有一个很大的区别：尽管计划中保留了新议会作为大英帝国一部分的可能性，但即使在帝国分裂后，它仍将发挥作用。

7 月 21 日，富兰克林向大陆会议提交了《邦联和永久联合条例》。与奥尔巴尼计划一样，其在概念上的伟大突破，将对日后美国的联邦体系产生决定性的影响。它提出要在中央政府和各州政府之间实行分权。富兰克林的视野和见识远超过当时的人们。富兰克林建议中央政府拥有强大的权力，这实际上比新的中央政府（在大陆会议一年后以《邦联条例》为基础而建立的）更有力。

建议中的很多内容可以追溯到 1643 年在马萨诸塞和康涅狄格定居点所起草的《新英格兰邦联计划》，但其内容和效力却是之前任何一个计划都无法比拟的。"邦联可定名为'北美联合殖民地'，"富兰克林长达 13 页的详细计划是这样开头的，"联合殖民地是由各殖民地组成的友好联盟，它们以及其财产将紧密联系在一起，共同御敌，共同负责防务，共同捍卫自由与财产，共同保护殖民地的人民及其家园，以及共同的财富。"

富兰克林建议邦联议会只有一个议院，代表名额则根据各殖民地人口在邦联中所占的比例进行分配。议会有权征税、宣布战争、管理军队、与外国结盟、解决殖民地之间的争端、建立新的殖民地、发行统一货币、建立邮政体系、管理商业，以及通过"大众福祉必需的"法律。富兰克林还建议由议会成立一个由 12 人组成的"执行委员会"来管理国家，而不是选举一个总统，委员会成员的任期仅为三年。

最后，富兰克林以一项例外条款作为结尾：如果英国接受了北美殖民地的全部要求，并对其所造成的全部损失进行赔偿，邦联就可以解散。否则，"邦联将永远存在下去"。

富兰克林深知，这样一个对于英国来说完全独立并使殖民地深度联合的声明，在哪一方都无法得到广泛的支持。因此，他只是向大会宣读了计划，并没有要求对其进行表决。他乐于待在原地，等待历史和大陆会议的其他代表追赶上他的脚步。

8 月末，到了坦普尔该从新泽西返回费城的时候了。威廉试探性地提出，自己能否陪伴儿子回费城。但富兰克林担心在召开反对英国的大陆会议这一背景下，儿子的到来会引起不必要的麻烦，所以坚持自己去新泽西接孙子回来。

坦普尔当时快 15 岁了，又瘦又高，还很爱玩。之前，威廉给他写了很多信，向其表示道歉，试图弥合二人之间的关系。正如他的继母所言："你生在这个家庭实在是太不幸了。"在所有写给坦普尔的信中，威廉一直试图制造一种家庭和睦的假象，对富兰克林大加赞扬。威廉也尽力满足坦普尔越来越多的金钱要求。在父亲和祖父争夺自己的斗争中，坦普尔所接受的勤俭教育要比富兰克林家中的任何一个人都要少。

富兰克林再一次身处自己所喜爱的舒适家庭生活中。他的女儿、女婿，以及他们的两个孩子（6 岁的本尼和 2 岁的威廉），还有坦普尔，最后连自己唯一健在的妹妹简也和他在一起生活。但当时富兰克林的信中却没有一封提到德博拉——市场街上的生活仿佛从未没有过她的存在。

富兰克林当时已经开始实质性地或者象征性地减少与伦敦那个家的联系。他给史蒂文森太太寄去了 1 000 英镑作为其所欠房租的补偿，并语气生硬地告诉她要投资土地，而不是买股票。"英国已经开始同我们打仗了，我认为这场战争不会很快结束，"他写道，"我认为那些股票有可能会暴跌。"

对史蒂文森太太而言，却因极度希望富兰克林重回伦敦而"神志疲弱”。她的一位朋友在给富兰克林的信中写道：“她知道不能指望与你共度余生，实际上她十分可怜。”然而，富兰克林却高兴地再次提议联姻，这次轮到了他的外孙本尼和波莉的女儿伊丽莎白 · 休森。

坎布里奇之旅：亲自调查民兵队伍

当北美殖民地走向革命之时，富兰克林一直充当着与其年龄相适应的角色为国家服务：外交官、年长的政治家、圣人以及打瞌睡的代表。但他仍然保有亲身实践的喜好和天赋，希望能亲自组织并将其付诸实践。

富兰克林当时是担任新邮政委员会主席之职的不二人选，目的是筹建一个新的邮政系统。7 月，富兰克林也的确被选为北美殖民地新一任邮政总长。这一职位的薪俸很丰厚，每年高达 1 000 英镑。但这次，富兰克林的爱国热情却战胜了自己的节俭，他将工资都捐了出来，用以照顾那些在战争中受伤的士兵。“那些和我们一起的人像你们英国人那样勤奋，每年可以赚几千英镑，但他们热心公益，”富兰克林在给普里斯特利的信中写道，“这就是一个清廉的新国家和那些腐败的旧国家的区别所在。”但富兰克林对裙带关系的热衷仍未改变。理查德 · 贝奇担任了新邮政系统的财政监察官。

富兰克林还被任命负责创建纸币，这也是其长久以来一直热衷的事情之一。同以往一样，富兰克林事无巨细地参与其中。他还利用自己的植物学知识，从植物叶子的脉络中得到启发，给不同面值的纸币设计了不同的背景图案，增加了伪造的难度。而贝奇也再一次从中受益，被富兰克林任命为监督印刷的官员之一。

富兰克林还承担了很多其他任务，如筹集制造军火所需要的铅，研究生产火药的方法，在印第安委员会和贸易委员会任职，负责处理与印第安人的关系以及促进北美殖民地与英国之间的贸易。此外，富兰克林还被选为宾夕法尼亚防务委员会的主席。在担任此职期间，富兰克林监督建造了一个秘密的水下障碍系统，以阻止敌船沿特拉华河而上。富兰克林还提出了具体的建议（其中有很多古老的方法），如使用长矛和弓箭以弥补殖民地当时火药不足的缺点（这一点令人想起了其于1755年提出的使用猎犬的建议）。使用弓箭这一建议看起来有些奇怪，但富兰克林在给纽约的查尔斯·李将军的一封信中对其进行了详细的阐释。他提出的理由包括："弓箭的杀伤力和普通的滑膛枪不相上下……退膛再上一枚子弹的时间，可以射4支箭……弓箭从上方呼啸而来，可以令敌人感到恐惧，干扰敌人的注意力……无论弓箭射中了敌人的哪个部位，都会使其失去战斗力，直到弓箭被拔出。"

鉴于富兰克林年事已高和日渐衰弱的身体状况，人们一直希望他舒舒服服地待在费城，提供一些智力支持就可以了。但富兰克林却愿意——实际上是渴望——从事具体的实践工作，而不是理论指导。而无论他年轻时，还是现在作为一个70岁的老者，他一直喜欢旅行，只要一旅行就会变得生龙活虎。因此，他于1775年10月和1776年3月分别接受了大陆会议所赋予他的任务，外出公干。

1775年10月的那次公干实际上是应华盛顿将军的邀请，华盛顿当时正受命指挥马萨诸塞的民兵。这些民兵的素质参差不齐，而华盛顿试图将其与来自其他殖民地的、毫无组织的边民一道整编成一支真正的大陆军。当时，队伍的给养不足，士气低落，华盛顿能否把队伍拢在一起熬过冬天都是个问题。因此大陆会议任命了一个委员会去调查实际情况——这实际上也是它能做的全部努力，富兰克林则被任命为委员会主席。

在出发前夕，富兰克林给他的两个英国朋友写信，强调北美殖民地必将取得胜利。“如果你自欺欺人地认为必将打败我们，使我们屈服，那只能说明你既不了解北美殖民地，也不了解这里的人民。”富兰克林在给戴维·哈特利的信中写道。而在给约瑟夫·普里斯特利的信中，富兰克林甚至还给这位老朋友算起了算术：“在这场战争中，英国耗费300万英镑，只杀死了150个北美殖民地人，平均每个人2万英镑……而与此同时，却有6万个婴儿诞生。从这些数据不难算出，要杀死全部北美殖民地人所需耗费的时间和金钱吧。”

富兰克林带着两位委员与华盛顿将军一道在埃布里奇待了一周的时间。纪律的确是个大问题，而富兰克林则一如既往地以其缜密的方式列出详尽的方法和程序（正如20年前他为费城民团所制定的一样）。他列出的具体惩罚措施包括，哨兵站岗睡觉要被处以20~39下的鞭刑，军官无故缺席要扣除一个月津贴，士兵无故缺席要禁闭7天，且这7天只能以水和面包充饥，叛乱则要处以死刑。富兰克林甚至还规定了每个人每天的给养定量：一磅牛肉或咸鱼、一磅面包、一品脱（约为0.569升）牛奶、一夸脱（约为1.13升）啤酒或苹果酒等，甚至连肥皂和蜡烛的配额也列了出来。

正当富兰克林等人准备离开时，华盛顿恳请委员会向大陆会议强调“源源不断地定期提供军饷的必要性”。这也是当时殖民地所面临的最大问题。富兰克林则提出了一个自己的见解，他认为人民只需要更节俭，每年就可以省下120万英镑。“如果50万个家庭每周都少花一先令，”富兰克林向贝奇解释道，“钱就够了，而且根本不会对他们的生活造成影响。不喝茶就可以省出3/4的钱，而50万个妇女每周自己做价值3便士的纺织活，剩下的1/4也就出来了。”富兰克林自己则捐出了作为邮政总长的收入，以及史蒂文森太太在伦敦帮助北美殖民地伤者所筹集的100英镑。富兰克林还从马萨诸塞议会那儿得到了他担任驻英国代理人期间所拖欠的工资，并攒了起来。

在路上，富兰克林还与约翰·亚当斯的妻子阿比盖尔共进了晚餐。虽然阿比盖尔日后对富兰克林十分不屑，但当时她却被其迷住了。在写给丈夫的信中，阿比盖尔表现出对富兰克林行为的了解，但实际上对其宗教信仰却看走了眼：

> 当他谈到有用的观点时，我发现他很善于沟通，却没有夸夸其谈。他很庄重，却也令人感到亲切。你知道我对面相有一些了解，我认为我能够通过他的脸看到他的内心。在他的内心深处，爱国主义散发着眩目的光彩，还有一个基督徒的所有美德：一个真正的爱国主义者肯定也是个虔诚的基督徒。

在回费城的路上，富兰克林在罗得岛稍作停留，和自己的妹妹简会面。当时，简已经离开了英国人占领的波士顿，在富兰克林的老友凯瑟琳·雷和她丈夫的家中避难。凯蒂的家中挤满了来避难的亲友，富兰克林担心简"对这个好客的家庭来说是个大负担"。实际上，正如克劳德–安妮·洛佩斯所言："虽然简和凯蒂年龄相差很大，生长的环境和脾气秉性也截然不同，但她们之间的关系却令人吃惊的融洽。"就像富兰克林习惯于给自己找"女儿"一样，简也将凯蒂当成了自己的女儿。（"上帝赐我一个这样的女儿吧。"简在给凯蒂的信中写道。尽管她自己也有一个女儿，但她们之间的关系却早已疏远。）

富兰克林则投桃报李。当他接上简的时候，也劝服了凯蒂把10岁的儿子雷托付给他，由他带往费城，与坦普尔一起上学。他们乘马车经过康涅狄格和新泽西，最终回到费城。对简来说，此次旅程十分愉快。"和我亲爱的哥哥谈话，比任何能想到的好天气还要棒。"她在给凯蒂的信中写道。这种感觉是如此的强烈，以至于当他们在珀斯安博伊稍作停留，并在总督官邸中与威廉会面时，都忽视了政治所带来的种种不快。

这实际上是他们倒数第二次见面。最后的一次要等到10年后，富兰克林才在英国与威廉进行了一次气氛颇为紧张的交谈。但当时他们并不知道这一点，见面的时间也很短。“我们很愿意多招待他们几天，”威廉的妻子给坦普尔的信中写道，“但爸爸却急着离开。”

富兰克林等人回到了费城。当时费城正在组建海军，试图夺取英军的军需船。富兰克林注意到其中一名鼓手在自己的鼓上画了一条响尾蛇，旁边还加了一句话——“别践踏我”。富兰克林写了一篇匿名的文章，文中充满了大胆的幽默和对英国的明显敌意。富兰克林提议，将鼓手画的响尾蛇和那句话作为北美殖民地的战斗标志和口号。富兰克林写道，响尾蛇没有眼睑，因此“被尊为警惕的象征”。响尾蛇从来不主动攻击别人，但一旦开战，绝不投降，“因此也被视为宽容和真正勇敢的象征”。而鼓上所画的那条响尾蛇有13个响节，“正好和北美殖民地的数量相同，我也正好想到响节是蛇的身体中唯一可以增加数量的部分”。而来自南卡罗来纳的代表克里斯托弗·贾德森则响应富兰克林的号召，并设计了一面黄色的旗，上面画着一条响尾蛇，还写着那句口号——“别践踏我”。1776年，这面旗成为美国第一支海军舰队的军旗，后来也成了其他部队的军旗。

加拿大之旅：最后一次为国尽忠？

富兰克林接受1775年10月的任务前往波士顿是可以理解的：此次任务的目的地是他的出生地，所以再容易不过了。但当大陆会议再次决定派其去执行另一项任务时，富兰克林也欣然接受，不过这就难以解释了。1776 年 3 月，年已 70 岁的富兰克林乘船前往魁北克，接受挑战。

当时一支北美殖民地联军（其中部分是由当时仍然爱国的贝内迪克特 · 阿诺德率领）已经对加拿大发起了进攻，希望阻止英军沿哈得孙河行进并对各殖民地袭扰。但他们不幸中了埋伏，被包围起来。士兵们饥寒交加，恳请大陆会议进行支援。而大陆会议的回应则又是派出了一个委员会，主席仍是富兰克林。

出发的第一天，富兰克林和同伴们从珀斯安博伊的北面经过。当地的抵抗运动已是风起云涌，但表面上威廉仍然维持统治。富兰克林没有去看威廉，因为他的儿子现在已经成为自己的敌人。实际上，威廉也向英国表示了自己的忠心：他将自己所能收集到的关于他父亲此次使命的所有信息都报告给了伦敦。“富兰克林博士，”他写道，“计划劝说加拿大人和其他殖民地一道加入邦联。”然而在给坦普尔的信中，威廉却流露出自己的遗憾与担忧：老人的身体是否能够承受此次旅途之苦？有没有方法能够阻止他去加拿大？“他接受任务前往加拿大，给我带来了莫大的痛苦。”

当一行人抵达萨拉托加，必须停下来等待湖面上的冰都融化才能继续前进时，富兰克林意识到，自己恐怕要不久于人世了。“我现在极为疲劳，这对我这个年纪的人来说难以承受，”富兰克林在给乔赛亚 · 昆西的信中写道，“因此我坐下来给几位朋友写信，作为自己的诀别。”但富兰克林却顽强地坚持下去了。经过一个月的艰难跋涉（他们一度还睡在废弃房屋的地板上），富兰克林等人终于到达了蒙特利尔。路上，富兰克林偶然得到了一顶貂皮帽（这顶皮帽子也成为他日后担任驻法使节时的著名标志）。他戴上帽子，看起来就像一个朴素的边远地区的圣人。

尽管自己的军队混乱不堪，但贝内迪克特·阿诺德仍然热情地招待了富兰克林等人，举办了一个盛大的晚宴，还有很多年轻的法国姑娘作陪，但富兰克林却无心享用。“我的身上长满了大疖子，”富兰克林后来写道，“而我的腿也浮肿了起来。”

当时的军事局势同样不甚乐观。被困部队本希望委员会能够带来所需的资金，但当他们发现实际上并不是那么回事时，便大失所望。而另一方面，富兰克林的代表团希望部队可以在当地自筹资金，这也被证明并不可行。最后，富兰克林从自己的口袋里拿出了353英镑给阿诺德。这虽然给其赢得了一些人气，但也于事无补。

大陆会议一直指示富兰克林要设法劝说魁北克加入北美殖民地反抗英国的斗争中来，但他最终决定放弃这一尝试。“除非有钱，否则不可能使其与其他殖民地站到一起，”富兰克林报告说，“我们在这儿的朋友不多，他们也不愿冒险一试，除非我们的信用能得以恢复或在这儿有足够的军队。”

当更多的英国军舰正赶往此地的消息传来，加拿大就更不可能对北美殖民地表示友好了。因此，委员会得出了这样一个必然的结论：“如果没有钱来支撑这里的部队，也无法获得令民众尊重而不是令其憎恨的荣誉，我们再次重申我们坚定的、全体一致的立场，即最好马上将部队撤回。”

1776年5月，筋疲力尽的富兰克林带着深深的挫败感，花了一个月艰难地回到了费城。“我发现自己日渐衰弱。”他写道。当他回到费城时，他的痛风是如此的严重，以至于好几天都没出门。看起来，好像此次加拿大之行是他最后一次为国尽忠。

但在华盛顿将军前来拜访，以及有迹象表明大事即将发生这些好消息的刺激下，富兰克林逐渐恢复了健康。他在 6 月 21 日给华盛顿的信中写道，我糟糕的身体状况“使我几乎在你离开我们之后就一直没能参加相关会议，所以我对相关情况知之甚少，只知道正在准备《独立宣言》”。

《独立宣言》之路

直至 1776 年，大部分的殖民地领导人都相信（或礼貌地装作相信）北美殖民地的争端是北美殖民地与英国国王那些被误导的大臣之间的矛盾，而不是与国王或者王权发生冲突。然而为了宣布独立，他们必须要使北美殖民地人民和自己相信争端属于后者，从而迈出这历史性的一步。而帮助他们实现这一目的的方法之一，就是于当年 1 月发表的一本只有 47 页、名为《常识》的匿名小册子。

如富兰克林的文章一样，这篇文章也采用了散文的形式，朴实无华却极富力量。作者质疑“国王与民众之间并没无任何天然或宗教方面的区别”。世袭统治在历史上一直为人所憎恶，“一个忠实于社会、忠诚于上帝的普通人比世界上所有头戴王冠的恶棍都更值得尊重”。因此，对美国人来说只有一条路：“一切都自然而然地显示，它应该与英国分裂。”

小册子在费城出版后的几周内，销量就达到了惊人的 12 万册。很多人认为富兰克林就是此文的作者，因为文章充分反映出了他对腐败的世袭权力的憎恶。实际上，富兰克林的作用是间接的，此文的真正作者是一名来自伦敦的年轻、大胆的贵格会教徒托马斯 · 潘恩。潘恩曾做过裁缝、税务书记员，但都不成功，后来被引荐给了富兰克林。不出所料，富兰克林对其十分欣赏。当潘恩决定移民北美殖民地当一名作家时，富兰克林给予其很大的帮助，并于1774年写信给贝奇，要他帮潘恩找一份工作。很快，潘恩就在费城的一家印刷店找到了工作，并逐渐磨砺出一名作家应有的技能。潘恩将《常识》的手稿拿给了富兰克林，富兰克林则对其全力支持，并稍微提出了一些修改意见。

潘恩的小册子激励了那些主张彻底革命的力量。那些小心翼翼的殖民地议会也受到了鼓舞，放松了对参会代表的限制，允许代表们讨论独立的问题。6月7日，富兰克林的身体已经恢复，来自弗吉尼亚的代表理查德·亨利·李（富兰克林昔日及未来的敌人阿瑟·李的兄弟）提议："这些联合的殖民地有权也应该成为自由、独立的国家。"

尽管大陆会议将此提议搁置了几周后才进行表决，但它却直接向独立迈出了一步，这对富兰克林家族产生了重大影响：大陆会议下令废除殖民地所有忠于英国的政府。各殖民地的爱国议会宣布已掌管相关权力。1776年6月15日，新泽西的爱国议会宣布总督威廉·富兰克林是"这个国家自由的敌人"。出于对富兰克林的尊重，逮捕威廉的命令建议对其"谨慎、柔和处置，要考虑到他只是为了自己的利益才会那样"。

但威廉本人却不想谨慎、柔和行事。6月21日，当接受审判时，他发表了一篇言辞轻蔑的演讲，其中一位法官甚至称他的演讲"无不显示出他高贵的出身"。这实际上是在讽刺他私生子的身份，而不是指他的父亲是一位名人。然而，就富兰克林来说，他的举动也不太像父亲应有的行为。就在他儿子被审判的同一天，富兰克林给华盛顿写了一封信，说《独立宣言》正在准备之中，却对自己的儿子受审之事绝口不提。甚至当三天之后大陆会议就是否将威廉关在康涅狄格进行表决之时，富兰克林也没有为自己的儿子做些什么。

因此，威廉在被关押前夕写信给自己儿子——被富兰克林牢牢监护的坦普尔，读起来有一种令人心痛的慷慨："上帝保佑你，我亲爱的孩子。要听你祖父的话，照顾好他。你亏欠他太多了。"随后，他装出一副乐观的样子说道："如果我们能在暴风骤雨中活下来，我们也许能够相见，好好地享受和平的甜蜜。"

实际上，他们的确在暴风骤雨中活了下来，也的确再次见面了，却无法共享和平的甜蜜——1776 年的伤害实在是太深了。

修改《独立宣言》：意义重大的微小改动

当大陆会议准备就独立的问题表决时，指定了一个委员会起草一份宣言，以解释宣布独立这一决定的原因。现在看来，这一任务具有重大的历史意义，虽然当时他们没有意识到。委员会由 5 个人组成，包括富兰克林、托马斯 · 杰斐逊、约翰 · 亚当斯、康涅狄格的商人罗杰 · 谢尔曼和纽约律师罗伯特 · 利文斯顿。

为什么 33 岁的杰斐逊就能有幸担当起草《独立宣言》的重任呢？在委员会成员中，他排名第一，这意味着他就是委员会的主席。原因之一在于其所获得的选票最多，之二则在于他来自弗吉尼亚——正是弗吉尼亚提议设立这样一个委员会的。另外，其他 4 位委员同时还身兼他职，他们认为那些职务比这个委员会重要得多，却没人意识到这一文件日后将会成为美国独立的脚本。

就亚当斯而言，当时他错误地认为自己已经在历史上留下了个人印记——他起草了 5 月 10 日那份号召废除殖民地所有忠于英国政府的权威决议。他声称这份决议将会被历史学家认为是"北美殖民地有史以来最重要的决议"。数年之后，他也曾吹嘘杰斐逊本打算让他来起草宣言，却被他谢绝了，并劝杰斐逊自己享受这份荣誉。他对杰斐逊说："首先，你是个弗吉尼亚人，而弗吉尼亚应该率先垂范。其二，我口碑不好，受人怀疑，不受欢迎，你则不同。其三，你写的能比我好10倍。"然而，杰斐逊对此的回忆却截然不同，他写道："委员会一致推举我独自起草宣言。"

至于富兰克林，当委员会召开第一次会议时，他仍躺在床上深受痛风和疖子的折磨。此外，他随后告诉杰斐逊说："我有一个规矩，无论何时我都尽力避免起草需要公共团体审查的文件。"

因此，杰斐逊就独自享受了《独立宣言》作者这一历史荣耀。他在自己设计的一个小桌上完成了宣言的起草。很多历史上最为著名的段落，则是他在离富兰克林家只有一个街区之遥的市场街上，自己家中二楼的一个房间里独自完成的。"在人类事物的发展过程中……"他那著名的开头这样写道。随后，他就对英国的国家化身（国王），而不是英国政府发起了攻击。历史学家波林·梅尔写道："质疑国王只是一种宪政形式。这就是英国人宣布革命的方式。"

实际上，杰斐逊起草的文件在很多地方与富兰克林将要写的内容十分相似。它包含了一个极为具体的针对英国的清单，正如富兰克林经常做的一样，它回忆了尽管英国人坚持不肯让步，但北美殖民地人仍然试图努力和解的细节。的确，杰斐逊的言辞在很多地方与富兰克林不久之前起草却从未发表的决议内容遥相呼应：

> 然而，当国王不愿再承担自己应有的责任——保护子民的生命和财产安全，却损害它们之时，国王就不再是国王，而是暴君。国王与人民之间所有忠诚的纽带也不复存在。我们在此庄严宣告，无论何时此种情形发生在我们身上——无论是已经在北美殖民地的国王的军队和战舰，或者根据国王的敕令今后将派往此地的军

队和战舰，胆敢毁灭北美殖民地的任何城镇或居住区，或下令雇用那些野蛮人伤害我们可怜的殖民地人民及其家人——只要大不列颠王国仍属于国王或其子孙，我们就将不再效忠于大不列颠。

杰斐逊的写作风格与富兰克林截然不同。杰斐逊的文章语言优雅，极富韵律，充满诗意却饱含力量。此外，杰斐逊还有富兰克林所欠缺的哲学深度作为背景。杰斐逊的语言和思想深受英国和苏格兰启蒙运动思想家的影响，其中最重要的就是约翰·洛克天赋人权的思想。他至少读了三遍洛克的名著《政府论（下篇）》。因此，他所起草的《独立宣言》要比富兰克林的文章更有深度，认为政府的统治必须要基于人民的同意。

值得一提的是，杰斐逊还大胆借用了不少他人的思想，其中包括由乔治·梅森新近起草的弗吉尼亚新宪法中的很多内容。如果放在现在，这会给他带来剽窃的质疑，但在当时，这却被认为是正确且应该学习的。实际上，三年后，古怪的约翰·亚当斯出于对杰斐逊所取得的声望的嫉妒，就曾质疑《独立宣言》其实并无新意，而且很多都是从别人那儿抄袭来的。杰斐逊的回应则是："我并不认为我必须完全创新或避免使用任何前人表达过的观点。"

当完成初稿并根据亚当斯等人的意见进行修改后，杰斐逊在 6 月 21 日（周五）的早上将草稿送到了富兰克林处。他在封面写道："不知富兰克林博士能否拨冗阅读此文，并根据您更广博的见识提出一些宝贵的修改意见？"当时，人们对幕后的编辑是相当尊重的。

富兰克林只做了少许改动，其中一些由其亲笔写在杰斐逊所谓的宣言"草稿"上（这份珍贵的文件现藏于美国国会图书馆，在其网站上也可查询到）。其所做的最重要的修改虽然很小，但意义重大。富兰克林用其常用的重重的反斜线符号划去了杰斐逊所写的“我们认为以下这些真理神圣、无可辩驳”的最后几个字，改成已被载入史册的：“我们认为以下这些真理是不言而喻的。”

“不言而喻”（自证）的真理这一概念与其说是来自杰斐逊最喜欢的哲学家约翰·洛克，不如说是受到了艾萨克·牛顿的科学决定论以及富兰克林的好友戴维·休谟的分析经验主义的影响。在著名的“休谟之叉”（休谟对知识的两分法）中，伟大的苏格兰哲学家休谟和莱布尼茨等哲学家发明了一种理论，将人类认识的对象分为两类，即“综合真理”——也就是描述客观事物的事实（如伦敦比费城大），以及“分析真理”——也就是通过推理和定义自证的真理（如三角形三个角之和是180度）。杰斐逊使用了“神圣”这个词，无论是有意还是无意，他认为其所讨论的问题（人类的平等以及天赋人权）是基于宗教的主张。而经富兰克林修改之后，则将其变成了基于理性的主张。

与此处修改相比，富兰克林的其他修改则没有这么恰当了。比如富兰克林将杰斐逊的“将他们置于专制的权力之下”改为“将他们置于专制暴政之下”。他还将杰斐逊更有文学色彩的“将我们淹没在血泊中”变成更朴实的“侵略并消灭我们”。而还有一些修改看起来有卖弄学问之嫌，比如将“薪金的数额”改成了“薪金的数额和支付”。

7月2日，大陆会议终于迈出了历史性的一步，对独立进行表决。宾夕法尼亚是少数几个抵制到最后一刻的殖民地之一，直到7月，宾夕法尼亚议会还指示其代表“断然拒绝”任何“可能引发或导致与我们的母国分离”的行动。但迫于越来越大的压力，这些指示也最终得以更改。在富兰克林的带领下，宾夕法尼亚代表团和其他殖民地一道对独立投了赞成票（但保守的约翰·迪金森弃权了）。

投票一结束，大陆会议就开始全体讨论杰斐逊所起草的宣言。和富兰克林所做的修改相比，他们的修改并没有太大意义。大段的内容被删除，其中最重要的一段是批评国王纵容奴隶贸易。但值得赞扬的是，议会将草稿中最后5段杰斐逊贬低文件效力的内容砍掉了近一半。

杰斐逊几乎要发狂了。“我坐在富兰克林博士旁边，”他后来回忆道，“他觉察出我对这些改动很有想法。”但除了改进这份伟大的文件之外，这一修改过程也产生了令人愉悦的成果。富兰克林给杰斐逊讲了一个他最著名的小故事，试图宽慰他。当富兰克林还是个年轻的印刷工时，一个做帽子的朋友准备开自己的店，并希望他来写个招牌。故事的内容是这样的：

> 他编了这样的话：“约翰·汤普森，帽商，制作并现金出售帽子”，还画了一顶帽子。但他认为应该让朋友们看看，听听他们的建议。第一个朋友认为既然后面有“制作帽子”的字样，前面的“帽商”两字就有点儿多余，应该删去。于是那两个字就被划掉了。下一位朋友认为“制作”二字不如略去，因为顾客不会在意帽子是谁制作的。他又把那两个字划掉了。第三位朋友说，他认为“现金”两字多余，因为当地没有赊账的传统，每个买帽子的人都会付钱。这两个字又被划掉了。招牌现在变成了：“约翰·汤普森出售帽子。”“出售帽子？”下一位朋友说：“为什么？没有人认为你会白送。那这两个字有什么用？”它们又被划掉了。接下来“帽子”两个字也被划掉了，因为牌子上已经画了一顶帽子。这样，他的招牌最后被简化为“约翰·汤普森”和一顶帽子。

在8月2日对正式版本进行表决时，大陆会议主席约翰·汉考克以他著名的花体签下了自己的名字。“我们不能四分五裂，”他说道，“我们一定要团结一致。”根据美国历史学家贾里德·斯帕克斯的记载，富兰克林的回应是："是的，实际上我们必须团结一致，否则就有可能被一一吊死。"他们的生命，以及他们神圣的荣誉，被紧紧地联系在了一起。

宪法应如何设想[①]

既然已经宣布北美殖民地是一个新国家，第二次大陆会议现在就需要白手起家，建立一个新的政府系统。因此，开始着手制定后来的《邦联条例》。实际上，直至 1777 年《邦联条例》才最终完成。而此后为得到各殖民地的批准，更是又耗费了 4 年的时间。但其基本的原则却是在会议宣布独立之后的几周内确定的。

早在一年前所提交的有关邦联的设想中，富兰克林就提议建立一个强有力的中央政府，并由基于人口比例普选产生的议会负责管理。由于性格和教育背景使然，富兰克林是殖民地领导者中最民主的人之一。虽然他的大部分设想都没有体现在新的《邦联条例》中，但他在争辩时（大陆会议召开的同时，宾夕法尼亚议会也在召开会议制定自己的宪法，争论就发生这次会议上）表达出的观点却最终影响深远。

争论的核心之一，也是贯穿美国历史的一个重大问题，就是到底应该建立一个由有主权的州组成的邦联，还是建立一个单一的统一国家。更具体地说：是每个州在议会中都有平等的一票，还是根据人口比例分配代表的名额？不出所料，富兰克林更倾向于后者。这并不是因为他所来自的宾夕法尼亚人口众多，而是由于富兰克林觉得议会的权力应该来自人民，而不是来自各州。此外，如果较小的那些州拥有

① 鉴于大陆会议于 1776 年正式宣布北美殖民地是一个新国家。以此作为时间分界线，从本节开始交替使用"美国"和"北美殖民地"。——编者注

同样的代表权，那些较大的州会觉得不公平。“基于这种不公正原则的联盟不会持续太久。”富兰克林极富远见地预测道。

当争论不断升温时，富兰克林试图令其更为诙谐、轻松一些。那些较小的州质疑如果按人口比例分配代表名额，它们的意见就会被大州所压制。富兰克林的回应则是，当初苏格兰和英格兰建立联盟时，有些苏格兰人担心重蹈约拿（《圣经》中的人物）的覆辙，被鲸鱼所吞，结果却是很多苏格兰人在政府谋得了职位：“他们发现，最后是约拿吞了鲸鱼。”杰斐逊记录道，参会的人当时都会心地笑了，因此恢复了幽默的气氛。不过，大会仍然投票通过了保持一州一票的体系。富兰克林最初威胁称要劝说宾夕法尼亚不参加联盟，但最后撤回了这一威胁。

另一个问题就是奴隶是否应该被记入一州的人口总数，以确定该州应该缴纳的税额。一位来自南卡罗来纳的代表明确表示反对，他认为奴隶不是人而是财产，就像绵羊一样。这激怒了富兰克林：“他们和绵羊之间还是有区别的，绵羊从不会造反。”

在大陆会议就新的《邦联条例》进行争论的同时，宾夕法尼亚也正在举行自己的制宪会议，而且就在同一幢大楼里。大会一致推选富兰克林担任主席，而他的主要贡献在于强烈要求建立一个只有一院的立法机构。富兰克林声称，所谓主张建立一个间接选举产生的“上院”以制衡直接选举的立法机构，实际上是美国所反对的贵族和精英体制的残余。富兰克林还将两院制的立法机构比作一条“虚构的”两头蛇：“它想去溪边喝水，途中要经过一道灌木树篱，一根树枝挡住了它的去路。一个头决定从右边绕过去，另一个头却要朝左，双方一直僵持不下。最后，在做出决定之前，可怜的蛇已经渴死了。”宾夕法尼亚的官员如果想得到任命，就必须征得富兰克林的同意，富兰克林的指纹被列为必须要满足的条件之一。与其他州不同，官员没有财产数额的限制，但必须要“坚持正义、中庸、节欲、勤奋与节俭”。

富兰克林对一院制立法机构的偏好最终为宾夕法尼亚和美国所抛弃，却在法国深受欢迎，并在法国大革命之后被付诸实践（却产生了令人质疑的结果）。富兰克林向宾夕法尼亚会议提出的另一个极端民主的建议是，本州的权力宣言中要将拥有大量的财产或财富的集中称为“人类幸福的危险”。同样，这也因为过于激进而未被会议采纳。

除此之外，富兰克林还在大陆会议的很多委员会中任职。例如，他再次与杰斐逊和亚当斯一道，参与设计了新国家的国玺。杰斐逊提议国玺的图案应该是以色列儿童被指引穿过荒野的场景，而亚当斯则建议采用赫拉克勒斯的形象。富兰克林的建议是正面刻上“合而为一”，背面则配以法老被红海吞没的装饰以及一句格言——“背叛暴君就是服从上帝”。杰斐逊对富兰克林的设计大加赞赏，而这一方案中的很多设想也为大陆会议所采纳。

徒劳无功的和谈：与豪勋爵会面

虽然富兰克林在伦敦与海军将领理查德·豪的谈判最后以失败告终（这些谈判始于1774年年末，当时富兰克林装作与豪的妹妹在其家里下棋），但两人彼此间的尊重却从未减少。北美殖民地与英国之间的僵局使豪勋爵无法担任和平使者前往殖民地，这使他感到非常挫败。1776年7月，理查德被任命为驻北美殖民地的英国海军总司令，而他的兄弟威廉·豪则被任命为驻北美殖民地的陆军总司令。此外，他也实现了自己的愿望，被任命为英国的代表，试图促成北美殖民地与英国的和解。因此，他带来了一份详尽的提议，包括双方停战、宽恕叛乱的领导人（这正是约翰·亚当斯内心所希望的），并承诺奖励任何帮助恢复和平的北美殖民地人。

当时英国并不承认大陆会议的立法机构地位，所以豪勋爵不确定应将其提议直接提交至何处。因此当他抵达新泽西的桑迪胡克时，给富兰克林写了一封信。信中，豪称其为“我最值得尊重的朋友”，并声称：“希望自己能为促进殖民地间建立持久的和平与联盟尽一点儿微薄之力。”

富兰克林向大陆会议宣读了此信，并被授权以个人的名义进行回复。富兰克林于 7 月 30 日写了给豪的回信。这是一个机智、雄辩的回复，表明了美国希望保持独立的决心，但在情绪上却试图避免全面革命的发生。

“我安全收到了阁下友善的来信，希望您能接受我的谢意。”富兰克林首先表达了必要的礼貌。但他很快就变得激烈起来，甚至使用了其所划掉的杰斐逊《独立宣言》草稿中的“将我们淹没在血泊中”这样的表达：

> 给予受到伤害的各殖民地直接的宽恕，实际上表达了认为我们愚蠢、卑微、迟钝的观点，而这正是您那无知又傲慢的国家长久以来拿我们取乐的原因所在。但除了增加我们的怨愤之外，这别无其他效果。这样一个肆无忌惮、野蛮、残酷的政府在隆冬时节焚烧我们不曾设防的城镇，挑动野蛮人屠杀我们温和的农民，唆使我们的奴隶杀害他们的主人，甚至带来外国雇佣军将我们的居民点淹没在血泊之中。要让我们向它屈服，那是不可能的。

然而，富兰克林却娴熟地使自己的信并非仅仅以愤怒结尾。带着极大的遗憾和辛酸，富兰克林回忆起了他们当初如何共同努力，阻止发生不可挽回的分裂的。“长久以来我怀着真挚、不倦的热忱努力阻止大英帝国这只精美、高贵的瓷花瓶破碎，因为我知道，它一旦破碎，各个碎片就不可能保有它作为整体时的力量和相应的价值，”富兰克林写道，“阁下可能记得，在令妹位于伦敦的家中，当您曾给了我不久将会达成和解的希望时，喜悦的泪水布满了我的面颊。”

也许这是富兰克林在暗示，和谈可能有用。但实际上这是不可能的，因为这就要求豪愿意将英国和美国看作“不同的国家”，而富兰克林表示他怀疑豪是否有这样的权力。但如果英国愿意与一个独立的美国和解，富兰克林表示：“我认为一个那样的条约并非完全不可行。”最后，富兰克林以优雅的私人口吻作结：“请允许我表达对阁下您永远的尊敬和喜爱。”

我们不难想象，豪被富兰克林回复的内容惊呆了。信使报告说，当时豪的脸上写满了“吃惊”，并说他的老友非常亲切地表达了他的观点。当信使问他是否要写一封回信时，豪谢绝了，表示博士太亲切了，如果他完全表达自己的观点，只会令富兰克林痛苦，而这是他不愿看到的。

当英军在长岛打败华盛顿部队的同时，豪等了两周才给他“值得尊敬的朋友”写了一封措辞谨慎、极为礼貌的回信。信中，豪承认自己无权“与北美殖民地协商重新联盟之事，除非北美殖民地重回大不列颠王国的怀抱”。因此，他建议以大陆会议一年前提交的《橄榄枝请愿书》为蓝本进行和谈，即承认殖民地所有的自治权，但仍作为大英帝国的一部分。尽管他不愿意“在自己的公开声明中”表态，但他可以明确其所希望的和平将“兼顾两国的利益”。换句话说，北美殖民地将被视为帝国框架内的一个独立国家。

这实际上是富兰克林多年来一直持有的想法。然而，这个提议在

7 月 4 日之后才到来，未免显得太迟了。这不仅是富兰克林个人的感觉，激进阵营中的约翰 · 亚当斯等人的感觉也是如此，甚至更为强烈。因此，大陆会议内部花了大量的时间商讨富兰克林是否应该继续与豪保持通信。而当豪释放了一个被俘的美军将领，并让其到费城带信，邀请大陆会议委派一个非官方的代表团“在决战来临”之前进行和谈时，大陆会议发现此事已无法再回避了。

因此，会议指定了一个三人组成的委员会去豪那里听听他到底怎么讲，成员有富兰克林、亚当斯和来自南卡罗来纳的爱德华 · 拉特利奇。而亚当斯的任务之一就是防止富兰克林回到和谈的老路上。（用其传记作者戴维 · 麦卡洛的话说，亚当斯警告大陆会议，豪放回的信使是“诱使大陆会议放弃独立、重新回到英国怀抱的诱饵”。）

具有讽刺意味的是，富兰克林提议会议在珀斯安博伊的总督官邸（最近他儿子那里空出来了）或斯塔滕岛举行。豪选择了后者。在去那里的路上，委员会在新不伦瑞克停留了一晚。当时他们住的旅馆已经客满，因此富兰克林和亚当斯被迫挤在一张床上。根据亚当斯在日记中的回忆，这是一个可笑的夜晚。但这却使我们得以一窥富兰克林的个性以及之后多年富兰克林和亚当斯这种奇怪关系的全貌。

亚当斯当时正患感冒，因此当他们睡觉时，他关上了房间的小窗户。富兰克林说：“哦！别关窗户，我们会被闷死的。”

亚当斯则回答，他怕晚上的风太冷。

“房间里的空气质量很快就会——实际上现在已经比外面的空气差了，”富兰克林回答说，“快！打开窗户，到床上来。我会告诉你为什么。我相信你还不知道我关于感冒的理论。”

亚当斯重新打开了窗户，“跳到了床上”。接下来的一幕我们可不能错过。亚当斯承认自己已经看过富兰克林认为没有人是因受寒而患上感冒的文章，但他觉得这一理论与自己的实际经验不符。富兰克林又将如何解释呢？

亚当斯以自己少有的讽刺语气写道：“博士开始了长篇大论，大谈特谈空气与感冒、呼吸与出汗。在他的催眠下，我很快就睡着了，把他和他的理论晾在了一边。”除赢得是否应该开窗的争论外，值得注意的是，富兰克林并没有被传染上亚当斯的感冒。

豪将军派了一艘平底船将美国代表团接到斯塔滕岛。他命令自己的军官留在代表团的驻地作为人质，但富兰克林等人却将军官一道带了过来，对豪的名誉表示信任。尽管豪让客人们从两列黑森士兵中走过，但9月11日那场三个小时的会谈却有着热情友好的气氛。美国人被盛情款待，宴会上有上好的红酒、火腿、口条和羊肉。

豪保证殖民地将获得其在《橄榄枝请愿书》中要求的所有权利：对自己的立法机关和税收的控制权，以及“修改任何对殖民地人民不公的法律”。豪说英国人仍然对美国人十分友好：“当一个美国人倒下，英国感同身受。”而他也有同感，甚至更为强烈。他说如果美国倒下了，“我会觉得就像失去了一个兄弟，并为其感到难过”。

亚当斯记录下了富兰克林的驳斥：“富兰克林博士神情自若、十分镇定，轻轻地鞠了一躬，面带微笑，以其交谈和写作中所特有的质朴回应道：‘阁下，我们将尽最大努力，不让您蒙受那样的羞辱。’”

豪坚持认为引发这场可怕战争的争端，仅仅是关于英国应使用何种方法从美国征税的问题。富兰克林则回应道：“我们从未拒绝缴税，只要向我们提出请求。”

豪还表示美国为帝国提供了其他的力量之源，比如“人民”。实际上，对于富兰克林关于人口增长的文章，豪已经烂熟于心。富兰克林则表示赞同：“我们的人口增长得很快。”

豪接着问道，那么为什么不可能“停止这些毁灭性的极端手段”呢？

富兰克林的回答是，任何希望恢复美国对国王忠诚的和平尝试，都已经太迟了。“军队被派来了，城镇被烧毁了，”富兰克林说，“现在我们不可能指望在大不列颠统治下会有幸福。先前所有的忠心、爱戴早已一笔勾销。”同样，亚当斯也“强烈表达了自己绝不放弃独立的决心”。

他们建议豪向英国申请授权，在美国作为一个独立国家的基础上与之进行谈判。豪回答，这是个“空”想。

“那好，阁下，”富兰克林说道，“鉴于美国只被期待无条件屈服而……”

豪打断了富兰克林的话，称自己并不是要求美国投降。但他也承认，事实上不会达成任何和解，起码目前如此。所以他向委员会表示了歉意：“各位绅士远道而来却徒劳无功。”

最危险、最复杂，也最吸引人的任务

当富兰克林同豪的会面结束，回到费城两周之后，大陆会议的一个秘密委员会任命他去执行其一生中最危险、最复杂，也最吸引人的公务。富兰克林需要再次远渡重洋到法国担任使节，诱使现在正享受与英国难得的和平的法国站在美国一边。如果没有法国的援助与结盟，美国是不可能取得胜利的。

这个任命很奇怪。富兰克林年过七旬，身体也不好，现在终于可以安顿在自己的家中，与家人颐享天年了。但对于大陆会议来说，做这样的决定有它的道理。尽管只去过两次法国，但富兰克林却是在法国最有名也是最受尊敬的美国人。此外，作为大陆会议秘密通信委员会的一员，在过去的几年中，富兰克林与很多法国的调解人进行了亲密的交流，其中就包括法国国王路易十六的私人代表朱利安·德·邦武卢瓦。1775 年 12 月，富兰克林曾三次与其会面，并留下了这样的印象，虽然邦武卢瓦小心谨慎，但法国愿意支持（至少是秘密支持）北美殖民地独立。

大陆会议所任命的另外两个使节是赛拉斯·迪恩和托马斯·杰斐逊。迪恩是参加会议的康涅狄格代表，他是一位商人，在 1776 年 3 月已经被派驻法国。杰斐逊则以家庭为由拒绝此项任务，取代他的是来自弗吉尼亚的、脾气暴躁的阿瑟·李，正是他接替富兰克林担任北美一个殖民地驻英国的代理人。

富兰克林承认自己并不愿意接受这一任务。他告诉当时在大陆会议上坐在自己身边的朋友本杰明·拉什说："我太老了，一无是处。但就像那些店主们对剩余布料的称呼一样，我就是个布头，任由你们处置。"

其实富兰克林还是很喜欢这一使命的，要知道他热爱旅行，喜欢新的挑战，喜欢欧洲，以及（也许）希望能够摆脱现在的窘境。而且有证据表明富兰克林曾试图获得此项任命。在上个月委员会就此事进行探讨之时，他曾经写了一篇拟提交给英国的《和平建议概述》，但最终委员会并未采纳。在文稿中，富兰克林显示出了他希望回到英国的意愿：

> 这样的提议或与英国有关方面探讨和平的可能性，可以为本杰明·富兰克林回到英国提供一个很好的借口。富兰克林在英国有很多的朋友和熟人，其中不少都是议会上下两院中最好的作家和能力最强的演说家。他认为即使这些建议不被接受，他也可以在那儿造成英国内部意见的分化，进而极大地削弱其反对的力量。

就在起草了这一提案之后，富兰克林与豪勋爵进行了会晤。然而此次会面使其回英国的希望变得渺茫，尤其是与去法国的可能性相比，更是如此。富兰克林之前有去法国的经历，他喜欢法国，特别是当战争结果尚未明了的情况下，去法国要比待在美国安全得多（当时豪已经逼近费城）。一小撮富兰克林的敌人，其中包括英国驻法大使以及少数保皇党人，认为他这是给自己找个借口溜之大吉。甚至连富兰克林的朋友，亲美的哲学家和议员埃德蒙德 · 伯克也是如此认为："我决不会相信他一向光辉四射的人生会以如此愚蠢、不光彩的逃跑而收场。"

实际上这样的担心是杞人忧天。如果富兰克林真的那么在乎自己的安危，他就不会在年已 70、深受痛风和肾结石折磨的情况下，乘船通过敌人控制的海域远赴法国了。正如富兰克林做过的所有前往欧洲的决定一样，这一次也充满着复杂的感情和想法。此次任务除了他之外无人能胜任，以及能够在巴黎生活并享受热情的招待，这些就足以解释富兰克林做出决定的原因了。当他准备启程前往巴黎时，富兰克林从自己的账户取出 3 000 英镑，借给了大陆会议，希望美国能够战斗到底。

那个夏天，富兰克林的孙子坦普尔正在新泽西照顾自己的继母。威廉的被捕使正值壮年的伊丽莎白虚弱不堪，精神几近崩溃。她在 7 月给自己的小姑子萨莉 · 贝奇的信中写道："我每天除了叹气就是哭，我的手抖得如此厉害，甚至连笔都拿不住。"在恳求坦普尔回来陪她的信中，伊丽莎白抱怨那些包围她庄园的士兵简直"无法无天"："他们对我十分粗鲁、无礼，甚至可以说是虐待，吓得我几乎精神失常。"她还说那些士兵试图偷坦普尔的宠物狗。

7 月底，坦普尔到了继母家中，还在路上丢失了一些衣服。（他的祖父在给他的信中写道："似乎在从费城到安博伊的路上，你的行李被弄丢了。”）富兰克林还顺便给伊丽莎白送去了一点儿钱，但伊丽莎白的要求不仅如此，她还希望富兰克林能“签署一个假释令”，让威廉回到自己的家中：“我亲爱、敬爱的先生，看在我为之求情的是您儿子和我最爱的丈夫的分上。”但富兰克林却断然拒绝，还驳斥了她对自己困境的抱怨，因为其他人在英国人手里受的苦难比这要多得多。甚至在前去与豪勋爵会面的路上经过安博伊时，富兰克林也没打算去看她。实际上，自从伊丽莎白与威廉结婚以来，富兰克林就没打算和她成为朋友、去看望她、给她写信，更别说像和别的年轻女性一样打情骂俏了。

坦普尔则更同情他的父亲和继母。早在9月初，他就打算去康涅狄格，这样就可以去看望自己被囚禁的父亲，并把伊丽莎白的一封信捎给他。但富兰克林却不允许他前往，告诉他费城的学业更要紧。坦普尔一再恳求，但他的祖父依然不为所动。“你要是以为我是担心你会给你的父亲通风报信，你就错了，”富兰克林指责道，“你应该知道我这是关心你的幸福。”富兰克林还说，如果伊丽莎白想给自己的丈夫写信，可以通过康涅狄格的总督转交，他甚至还拿出了一些免邮费的信笺供其使用。

实际上，富兰克林意识到坦普尔想去看望自己的父亲是另有目的，当然其中只有一个不太好，剩下的还都不错：“我知道你想去的原因是你想闲逛而不愿意去上学，当然你也想看望那个值得你深爱的父亲，对此我并不指责。”居然没有指责坦普尔想去看自己的父亲？说威廉值得深爱？对于富兰克林来说，对威廉持这样的态度的确令人有些吃惊，甚至会觉得他刻薄。然而，它们的确是出自一封不让威廉的儿子去看望自己父亲的信中。

不到一周，这样的争论就变得毫无意义了。富兰克林小心地保守着自己被任命为驻法使节这一秘密，即使在写给坦普尔、要他回来的信中也没有明确告诉他这一消息。“我希望你能够马上回来，而你母亲也应该不会反对，”富兰克林写道，“这里提供的一些东西对你非常有利。”

在决定带坦普尔去法国的过程中，富兰克林从未和伊丽莎白商量过。这个可怜的女人在一年后去世，再也没能见到自己的丈夫和继子。他甚至也没通知威廉，而当威廉得知他唯一的儿子离开的消息，则是在一年之后了。这也显示出富兰克林在家庭事务上的权力。实际上，本杰明·富兰克林是一个经常对家人麻木不仁的男士。威廉也只好痛苦地接受了这一现实。“如果那个老绅士把孩子带在身边，”威廉给自己那可怜的妻子写道，“我唯一的希望就是让他在国外上大学。”

富兰克林还决定带上另一个外孙——本尼·贝奇。因此，在1776年10月27日启程的快艇“复仇号”（这个名字是多么的恰当）上，就出现了这样一个奇怪的三人组：一位马上年满71岁、焦躁不安、喜欢冒险的老人，身体不佳但仍然雄心勃勃，他正从故土前往一片不太友好的大陆，而他自己则确信再也无法回来了；陪着他的是一个精力充沛、举止冒失的16岁男孩，以及一个刚满7岁，正在成长、乐于讨好别人的男孩。富兰克林希望对自己的孙子们来说，这次欧洲之旅将是有益的，也希望他们的陪伴能令自己感到安慰。两年之后，富兰克林谈到了为什么将坦普尔（实际上是两个孙子）带在身边的原因：“如果我死了，我希望孩子帮我合上双眼。”

Benjamin Franklin

An American Life

第十三章

朝臣（巴黎，1776~1778 年）

世界上最有名的美国人

尽管“复仇号”开得很快，横跨大西洋只花了30天的时间，但严冬时节的海上生活却“差点要了我的命”，富兰克林后来回忆道。腌牛肉使富兰克林的痛风和疖子复发，其他食物对年迈的他来说又实在太硬，难以咀嚼。而他们所乘坐的这艘快艇在浩瀚的大海上颠簸得如此厉害，使富兰克林几乎难以入睡。因此，当他们抵达法国的海域，刚刚能看到布列塔尼的时候，筋疲力尽的富兰克林已经再也不愿意坐船了，于是就让一艘渔船将他和两个晕头转向的孙子送到了小渔村欧赖。待他乘马车到了巴黎之后，富兰克林写信告诉约翰·汉考克说，他将避免“抛头露面”，试图保持低调，并“认为当前的第一要务，是了解王室是否已做好准备并愿意公开接受来自大陆会议的使节”。

然而，法国并不是富兰克林这个世界上最有名的美国人可以轻易隐藏之地。当富兰克林的马车抵达南特时，当地居民马上安排了一个盛大的舞会向其致敬，并称赞富兰克林为著名的哲学–政治家，坦普尔则对女士们精心装饰的发型的高度大为惊奇。在看到富兰克林所戴的那顶皮帽子后，南特的女士都带上了模仿其帽子的假发，这一款式后来被称为“富兰克林发型”。

对于法国人来说，这位不期而至并挑战闪电的科学家和自由领袖，还是卢梭理想中的自由及伏尔泰所提倡的启蒙运动之理性智慧的象征。在未来8年多的时间里，富兰克林将自己的作用发挥到了极致。他通过一种聪明而细致的方式，以法国人所喜爱的风趣和生活态度，将美国的事业赋予其个人的特征，把它塑造成自然之国与腐败之国、启蒙之国与非理性的旧秩序之间的斗争。

这样，美国革命的重任就被托付给了富兰克林、华盛顿等人。除非富兰克林能够获得法国的支持（法国的援助、认可以及海军力量的协同），否则美国是很难战胜英国的。作为当时美国最伟大的科学家和作家，富兰克林展示出的纯熟技巧将使其成为美国历史上最伟大的外交家。他一边表现出自己的浪漫，一边表现出自己的理性，深深吸引了法国的哲学家；一边展示出自己对美国自由的喜爱而博得法国公众的支持，一边又冷静地计算国家利益以打动法国的大臣们。

法国有440年的时间都与英国处于战争状态，因此是一个成熟的潜在盟友，尤其是法国当时正急于报不久前结束的“七年战争”的一箭之仇，以弥补自己在美国的损失。就在富兰克林离开美国之前，法国已经同意通过一家商业公司（作为掩护）秘密给予美国一些援助。

但劝说法国给予美国更多的帮助绝非易事。当时法国正处于财政危机和与英国短暂的和平中，因此十分谨慎，不愿在即将失败的一方身上押重注（当时华盛顿从长岛贸然撤退）。此外，无论是路易十六还是他的大臣们，一直就对美国放弃世袭君主制的想法（这一想法后来被证明具有极大的传染性）持怀疑态度。

富兰克林可用的筹码之一就是他的名声。他与黎塞留、梅特涅、基辛格等伟大的政治家一样，都认识到名声可以产生威望，也可以带来影响。他有关闪电的理论在法国于1752年得到了证实，他的选集也于1773年在法国出版，而最新版的穷理查《致富之路》也在其抵达不久后出版，并在两年内再版达 4 次之多。富兰克林在法国的声名是如此显赫，以至于当他在 1776 年 12 月 21 日来到巴黎时，人民在街道两侧列队欢迎，只为亲眼一睹他本人的风采。

在几周内，貌似所有时尚的巴黎人都希望能够亲眼目睹富兰克林温和的表情。有各种大小的富兰克林像章，每个法国人的家里都有他的画像或塑像，甚至连鼻烟壶和图章戒指上也都印有他的画像。“它们的销量令人难以置信，”富兰克林告诉自己的女儿萨莉说，“这些东西以及画像、塑像和印刷品（一次又一次的被翻印，以至于到处都是）使你父亲的脸就像月亮一样为人所熟知。”这一风尚传播得如此之广，甚至令路易十六本人都深受其扰，不过也为其提供了消遣。当时戴安·德·波利尼亚克伯爵夫人经常在他耳边为富兰克林大唱赞歌，令其不胜其扰，因此，路易十六就送给了她一个塞夫勒出产的、里面刻有富兰克林肖像的瓷夜壶。

“他比莱布尼茨、弗雷德里克或伏尔泰还要有名，他的性格也更迷人、更值得尊敬，”多年之后，当亚当斯对富兰克林盛名的嫉妒逐渐减退之后，如此回忆道，“无论是农民、市民、男侍从、马车夫、男仆、女服务员还是厨师，富兰克林的大名几乎是无人不晓。”

法国人甚至试图声称富兰克林是法国人的后裔。正如本书开始所提到的，富兰克林经常说他的姓氏来自英国拥有土地的自耕农——当然这一说法几乎完全正确，但是当时《亚眠新闻》却声称富兰克林的这一姓氏在法国的皮卡第省很普遍，而很多姓富兰克林的家庭移民到了英国。

除了伏尔泰和卢梭的门徒之外，还有很多法国其他学派的哲学家认为富兰克林的思想深受本派影响。其中最重要的就是重农学派。重农学派是经济学的拓荒者之一，后来发展为自由主义。这一学派成了富兰克林新加入的俱乐部之一，他经常为其月刊撰稿。

皮埃尔–萨米埃尔 · 杜邦 · 德 · 内穆尔是最著名的重农主义学者之一（他于 1799 年移民美国并与儿子一道创立了著名的杜邦公司），他对其朋友富兰克林的描述听起来就像神话一样。“他的眼神流露出一种完美的镇定，”杜邦写道，“他的嘴边挂着永远平静的微笑。”其他一些人则对他衣着朴素、从不戴假发的行为崇敬有加。“他身上的每一处都显示出淳朴道德的简单和纯真。”一个巴黎人惊奇地称赞道。他们对富兰克林的沉默致以法国式的最高礼赞：“他深知如何不粗鲁地无礼。”

富兰克林的沉默寡言和朴素的装扮使很多法国人误以为他是个贵格会教徒。就在富兰克林抵达法国后不久，一个法国牧师说道：“这个贵格会教徒身着该教的礼服。他相貌英俊，戴着眼镜，头发很少，还喜欢戴一顶皮帽子。”对于这一印象，富兰克林并不想过多地纠正，因为他知道当时很多法国人都喜欢贵格会教徒。在《英国书信集》中，伏尔泰有 4 封信都对清教徒平和的简单大加赞美，并为世人所熟知。正如卡尔 · 范 · 杜伦写道：“巴黎崇拜贵格会温和、刚毅的品质。”

富兰克林深知自己创造出来的形象，并自得其乐。他曾给一位朋友写信形容自己：“衣着简朴，戴着一顶上好的皮帽子，却仍然盖不住自己一头浓密的灰色直发，头发从前额一直垂到了眼镜上。想一想这样的一个人出现在巴黎那些精心打扮的人群中会是什么样。”这一形象与其 1767 年第一次到法国时截然不同。那时他在给波莉的信中说，他买了“一小袋假发”，让裁缝“把我打扮成一个法国人”。

实际上，富兰克林朴素的新造型只是这个美国第一位伟大的形象设计师和公关大师所摆出的姿态的一部分。他戴着那顶在前往加拿大途中偶然得到的皮帽子，出现在大部分的社交场合。甚至当他刚到巴黎不久，参加德方侯爵夫人所举办的文学沙龙时，也是如此。这顶帽子如同卢梭戴的那顶一样，成了富兰克林的朴素纯洁和新世界道德的象征，就像他一直戴着的眼镜（这也是他的形象特征之一）是其智慧的标志一样。帽子帮助他扮演起了法国人想象中的角色：一位来自美国西部的哲学家、一位来自边远之地的圣人。不过，他的大部分时间都是在费城和伦敦度过的。

富兰克林也向法国人对自己的喜爱投桃报李。“我发现法国人很和善，很适合与其一起居住，”富兰克林在给乔赛亚 · 昆西的信中写道，“一般人认为西班牙人比较残忍、英国人比较傲慢、苏格兰人比较无知、荷兰人比较贪婪……但我认为法国人整体而言没有什么缺点。他们的举止有些轻浮，但无伤大雅。”正如他给波士顿一个亲戚的信中写道：“这是世界上最平民化的国家。”

富兰克林的帕西“宫廷”

在英国时，富兰克林通过一个所谓的“家”，聚起了令人感到舒服的“一家人”。在法国，富兰克林很快就建立起了一个小宫廷，而不仅仅是一个家。富兰克林的宫廷位于巴黎的沙龙和凡尔赛的宫殿之间（无论是就地理位置还是象征意义而言）。不久之后，它的规模就不仅限于必要的“新家人”，还包括前来拜访的同僚、代理人、间谍、学者、朝臣和与其打情骂俏的女性崇拜者。

富兰克林所统治的“宫廷”位于帕西村。帕西位于布洛涅森林的边缘，距巴黎市中心有三英里之遥，到处是别墅和庄园。其中最好的一个庄园属于雅克-多纳西安 · 勒雷 · 德 · 肖蒙。他是一位商业新贵，在东印度群岛做生意赚了一大笔钱。而现在，出于对美国真挚的同情以及盈利的考虑，他将自己与美国的事业联系在了一起。他为富兰克林和他那一群人提供了房间和食宿，最初甚至都没收房租。而他那帕西的院子则成为美国第一个驻外使馆。

对于富兰克林来说，这是一种田园般的生活。他有一座“好房子”，“一个可供散步的大花园”，以及“一大堆熟人”，富兰克林在给史蒂文森太太的信中写道。而唯一欠缺的就是“在你指导下的家庭秩序和经济”。这实际上是富兰克林希望她能来法国重新成为其家人、伴侣的暗示，虽然不十分明显。但富兰克林并非提出建议，因为他发现自己在一群新家人和新女伴中如鱼得水。“我从未见过我祖父的身体如此之好，”坦普尔在给萨莉的信中写道，“帕西的空气和一周三次的热水澡又让他变成了一个小伙子。他令人高兴的玩乐使每个人都爱上了他，特别是那些女士，经常让他亲吻自己。”

肖蒙的主宅（富兰克林也为这里装上了一个避雷针）坐落于一大堆楼阁、整齐的庭园、庄严的门廊，以及一个八角形池塘中间，从那里可远眺塞纳河。肖蒙家的正餐通常在下午两点开始，一般有7道豪华的美味。富兰克林还修了一个酒窖，里面很快就装满了波尔多红酒、香槟和雪利酒，有1 000多瓶。于是，机智的肖蒙夫人就扮演起了“女主人”的角色，而她的大女儿则成了富兰克林口中的“我的女士”。富兰克林甚至还喜欢上了帕西领主的女儿，当时她还只是个小姑娘，他满怀希望地称其为他的“情妇”。多年之后，当这个小姑娘最终嫁给了德·托纳尔侯爵时，肖蒙夫人语带双关地说道：“富兰克林先生所有的避雷针也不能阻止闪电击中这位小姐。”（在法语中，“闪电”与“托纳尔”是同一个词。）

通过自己的贸易公司，肖蒙成为了法国援助美国的中介，当时法国的很多援助都通过肖蒙的公司发往美国，其中包括硝石和军装。他实际上效仿了穷理查的那句格言“行善诸事顺”，但很多人质疑他的动机。“如果可能的话，他会把13个殖民地的贸易都抓在自己手里。”有一家报纸这样写道。

肖蒙还担任了富兰克林宣传员的角色。他委托当时意大利伟大的雕塑家乔瓦尼·巴蒂斯塔·尼尼制作了一系列富兰克林的纪念章，还委托宫廷御用的肖像画家约瑟夫–希弗雷德·迪普莱西为富兰克林绘制了很多庄严的油画。其中，富兰克林最爱的一幅现藏于纽约大都会博物馆（其他的则分别藏于华盛顿国家肖像美术馆等地）。

本尼就读于附近的一所寄宿学校，在那儿他很快就掌握了法语。每周日他都会与外祖父共进晚餐，有时还会带来几个美国的同学。乔纳森·威廉姆斯——富兰克林的一个侄孙，也从英国赶来。他还一度被富兰克林任命来监督商业贸易。坦普尔则成为了富兰克林忠实的助手，尽管并不十分称职。他有点儿花花公子的味道，显然还没能掌握其祖父所列出的13项美德中的大部分。

而一直忙于全力应付武器运输和商业贸易等复杂局面的富兰克林显然需要忠诚与家庭的支持。但他很快就会发现自己是与这样的几个人共事：一个腐败透顶的同事、一个憎恨所有人的同事、一个实际上是间谍的秘书、一个盗用公款的厨子，还有一个希望牟取暴利的房东。

在这帮乌合之众中，富兰克林最喜欢的是那个腐败的同事。他实际上与富兰克林十分投缘，而且还算不上不诚实。来自康涅狄格的赛拉斯·迪恩是1776年7月到的法国，比富兰克林早了5个月，而法国第一批秘密援助就是经他之手安排的。那时，与他合作的是一个最不可能的中间人：对外交一窍不通的皮埃尔–奥古斯丁·加隆·德·博马舍，也是一个未来的唯利是图者。博马舍是世界知名的剧作家，当时刚刚完成了《塞维利亚理发师》，马上就要撰写自己的另一部作品《费加罗的婚礼》。和博马舍一样，迪恩喜欢雁过拔毛，记的账看起来也像天书一样。一年后，他就被大陆会议召回、审判并最终坐了牢。但富兰克林仍然对其十分友好。

在这些人中，对于迪恩以及后来的富兰克林来说，最大的对手就是美国派出的第三个使节，来自弗吉尼亚的阿瑟·李。他怀疑身边的每个人，有点儿妄想狂的味道，但实际上很多时候还是有他的道理的。自从与富兰克林共事，担任驻伦敦的殖民地代理人（后来成为富兰克林的大俄亥俄公司的竞争对手的股东之一）以来，李就一直对富兰克林心生妒忌。他与其兄弟威廉·李及理查德·亨利·李，是很多质疑富兰克林忠诚及个人品质的谣言的幕后推手。

当言之有据地成功揭露出迪恩通过贸易中饱私囊之后，李却在没有任何根据的情况下发起了一场对富兰克林的攻击。“我越来越感觉到那个老博士牵涉其中。”李在给自己兄弟的信中说。他后来还写道，这次稍微有些根据了，富兰克林“比任何一个身处他现在位置的年轻人都更沉溺于享乐”。

正如曾经认为富兰克林对待英国过于软弱一样，李现在也认为富兰克林对法国的态度值得怀疑。他还坚信几乎帕西的每一个人不是间谍就是骗子，对大事小事都很操心，包括发往美国的制服的颜色以及迪恩的房间离富兰克林更近。

富兰克林和李偶尔也会把彼此间的敌意放在一边，共同讨论他们的美国大业。在帕西的时候，有一天晚上，富兰克林向李详细讲述了1776年7月发生的大事。当时李家所有的兄弟都在伦敦，而富兰克林在日记中虔诚地将其记了下来。这是“人类历史上的奇迹”，富兰克林回忆道，将会产生“世界有史以来最伟大的革命”。

然而，1778年年初，李和富兰克林彼此间已经很少说话了。当时李给富兰克林写了很多充满怨恨的信，却没能得到回复，于是他又怒气冲冲地写道："我有权知道你为什么这样对我。"富兰克林最终给他回信了，措辞极为愤怒，前所未有：

> 先生：我的确没有回复你的一些来信。我不愿意回复任何怒气冲冲的来信。我讨厌争论。我现在老了，活不了多久了，可还有很多事情要做，没时间争吵。如果我经常收到并忍受你专横的批评、指责却没有回复，请不要想歪了。这些都是出于我对我们此次使命的荣誉和成功的关切，而我们之间的争吵将会使其颇为受损。同样，还出于我对和平的热爱，对你品德的尊敬，以及对你病态心理的同情。你总是折磨你自己，嫉妒、怀疑、幻想别人认为你有病，误解你或对你不够尊敬。如果你不能及时改变这一状况，你最后就会发疯，你现在的症状就是先兆，我已经看过很多这样的例子。上帝保佑！希望你不要成为这样的恶魔。而看在上帝的分上，求求你让我安静点吧！

如同另一封著名的怒气冲冲的信一样（就是称他的朋友斯特拉恩为敌人的那一封），富兰克林也没把这封信寄出去。尽管信中的确都是他想说的话，但富兰克林却一如既往地不想与人先起争执。而现在，正如他自己所说，自己太老了，吵不动了。于是，在第二天，他又给李写了一封更加温和的信。在信中，他再一次承认对于李的一些来信的确没有回复，"特别是那些怒气冲冲的、对我横加指责、妄下断定，就好像我是你的家人一样的信"。实际上，富兰克林说自己把这些信都烧了，因为"我认为我们正确对待彼此十分重要"。富兰克林还向迪恩抱怨道："我为了我们的使命，耐心地忍受了他所有的指责，这对我来说的确有点儿难。"

李还吸引了那些和他想法类似、后来也被证明同样讨人嫌的人。

他的兄弟威廉被作为使节派往奥地利，但奥地利却拒绝接受他，最后也来到了巴黎。拉尔夫·伊泽德也是如此，他是一个来自南卡罗来纳的富有且小心眼的种植园主，并作为使节被派往托斯卡纳，却发现自己在那儿不受欢迎。当伊泽德选择站在李氏兄弟一边时，富兰克林写了一篇匿名的讽刺文章《字母Z的请愿书》作为回敬。其中，字母Z抱怨被“放在了字母表的最后”，“智慧这个词中也根本没有自己的影子”。

谁是间谍

阿瑟·李经常辱骂美国代表团的秘书爱德华·班克罗夫特。实际上，在代表团中，班克罗夫特是一个有趣的角色。他于1744年出生于马萨诸塞，年轻时受过赛拉斯·迪恩的指导，19岁时到圭亚那的一个种植园中工作。在圭亚那，班克罗夫特写下了很多关于热带植物的东西，还发明了一种利用当地的黑槲树皮对织物进行染色的方法并申请了专利。1767年，23岁的班克罗夫特来到了伦敦，成为一名医生和股票投机商。在伦敦，他与富兰克林成为了朋友。在富兰克林的帮助下，他被选为皇家学会的会员。富兰克林还付钱雇其收集英国领导人的情报。当1776年3月迪恩准备离开英国去法国之时，富兰克林告诉他：“以住在伦敦附近的特恩海姆公园的格里菲斯先生之名义给班克罗夫特先生写封信，设法与他见一面，劝他与你一起走。”于是正如迪恩一样，班克罗夫特也在7月抵达了巴黎，开始为他的前导师工作。

富兰克林到了巴黎后，便任命班克罗夫特为美国代表团的秘书。但他所不知道的是（历史学家也是在一个世纪之后才在英国的一些解密文件中发现），班克罗夫特最近刚被招募为英国间谍，而且极为活跃。

在1777年时，英国的情报机构每年几乎花费20万英镑用于收集情报。其负责人是反应灵敏的威廉 · 伊登，也就是后来的奥克兰勋爵。而其在法国的负责人是一个名叫保罗 · 温特沃斯的新罕布什尔人。温特沃斯在18世纪60年代搬到了伦敦，通过在投资股票和在西印度群岛与南美购买土地大发横财。而班克罗夫特在圭亚那工作的那个种植园也是他名下的财产。

随后，温特沃斯将班克罗夫特招募为其在巴黎众多的间谍之一，并与1776年12月与其签署了一份正式的协议。协议中班克罗夫特的代号是“爱德华 · 爱德华兹博士”，这实在是太假了。协议的开头是这样写的：“爱德华兹博士应向P · 温特沃斯先生定期写信汇报以下方面的情况。”随后，花了10页纸的篇幅详细列出了班克罗夫特应提供的信息范围，具体包括：

> 与法国的条约及所希望获得援助的进展情况……关于其与西班牙及欧洲其他任何一个王室的同样信息……获取援助的方式、效果、金额、渠道以及代理人的姓名……富兰克林和迪恩与大陆会议秘密通信的内容……关于船只和货物的情况，出发时间以及抵达的港口……还有来自北美的情报。

表面上看起来友好、温文尔雅的班克罗夫特每周都会以所谓的“情书”为掩护，通过隐形墨水向英国提供秘密报告。英国间谍组织的负责人再用一种特殊的化学试剂将其内容显示出来。每周二晚上9点半，班克罗夫特都会把情报放在瓶子里，用一根绳子拴着，然后放在都伊勒斯花园南门廊附近的一个树洞里。然后英国使馆的一个信使就会将其取走。关于如何把瓶子放在树洞里的规定也十分具体：“瓶子必须密封，然后在颈部拴上一根约半码长（约46厘米）的绳子，绳子的另一端要固定在一个木钉上……木钉位于西面的地面上。”一开始，班克罗夫特每年会得到 500 英镑作为回报。但他的表现实在是太出色了，不久之后就涨到了 1 000 英镑。而他作为代表团的秘书，每年最多也就能赚 1 000 英镑。班克罗夫特还利用所掌握的内部信息在股票市场上牟利。

班克罗夫特一共向英国发出了数百份密报，内容都是敏感的信息，包括驻帕西的美国代表团的贸易往来、美国代表团与法国大臣会谈的内容、向美国运送军火的日程以及其他内容。例如，他曾告诉英国，拉法耶特将于 1777 年 4 月前往美国，还列出了陪同的法国军官的名字，并透露其将从西班牙的圣塞巴斯蒂安港出发，“直接抵达皇家南卡罗来纳港”。他还警告说法国人正“命令 8 或 10 艘军舰在法国沿海地区保护殖民地的商船，驱逐英国的巡洋舰”。1777 年 9 月，他报告说“4 艘战舰正驶离土伦前往布雷斯特”。1778 年 4 月，班克罗夫特又报告说法国海军将领德埃斯坦公爵正坐船离开土伦前往美国加入战斗，“并指挥一支由 17 艘战舰组成的舰队摧毁或抵御英国舰队”。而在其下一周所写的信中，他又报告“布雷斯特港的舰队已经整装待发”，并提到了“布罗利奥公爵将对英格兰发动入侵”的可能性。

富兰克林和迪恩非常信任班克罗夫特，他们经常让其秘密前往伦敦搜集资料。而班克罗夫特会利用这样的机会将一些极为机密的消息报告给英国人，回来的时候则会告诉富兰克林一些看起来很有价值但实际上却是由他的上司精心编造的假情报。英国人十分注意保护他的身份，甚至当 1777 年 3 月他前往伦敦时，假装将其逮捕并以美国间谍的名义关了几天。“班克罗夫特博士因与我们通消息并对我们提供帮助而在伦敦被捕。”迪恩心烦意乱地向大陆会议报告道。他还加了一句：“我对班克罗夫特博士的感情难以用言语来表达。”而看起来颇为神奇的是，班克罗夫特在几周后就被放了出来，回到帕西继续工作。

阿瑟·李很快对就班克罗夫特的忠诚表示了怀疑。“我想你十分清楚班克罗夫特博士作为一名股票经纪人臭名昭著的本性，”1779 年 2 月，当阿瑟·李听说自己被派往伦敦执行另一项秘密使命时，他给富兰克林和亚当斯写道，“他公开违背道德和宗教，你不是不知道，更不要提他对我的敌意。”更严重的是，李还引用了一些材料暗示班克罗夫特是个间谍：“我有证据表明班克罗夫特博士是美国的罪人。”

但由于李几乎怀疑过每一个人，因此他对班克罗夫特的质疑也被忽略了。然而，李的疑心还是不够重，他竟然没有发现自己的秘书实际上也是个间谍。在大英图书馆的资料中，就藏有很多李的秘函的誊本，以及一份向间谍组织头目报告他们的特工如何“将李的日记偷出，抄写相关信息”的备忘录。

然而，富兰克林从始至终就对身边有间谍这种可能性持乐观态度，他来法国不久时，一位住在巴黎的费城女士就向其提出了警告。“你身边都是间谍，他们监视着你的一举一动。”她写道。富兰克林给这位女士写了一封著名的回信，虽然除了能让我们再次称颂他的美德之外，对解决这一问题毫无意义：

> 长久以来，我一直奉行这样的原则，它防止了我由于这样的行为而感到不便。原则很简单：避免将那些不该公开的事公之于众，除了间谍能够看到的事，什么都不做。如果一个人的行为是公正并值得尊敬的，那么别人知道得越多，他的名声也会随之增长和巩固得越多。而即使我确信我的贴身男仆是一个间谍——我想他有可能是，但如果他有其他方面值得我尊敬，我想我很可能不会解雇他。

从某种方面来看，富兰克林的回答十分天真，要知道班克罗夫特的背叛使美国的船只处于危险的境地（事实上，并没有直接的证据表明因此造成了损失：拉法耶特平安抵达，英国人没能及时采取行动阻止德埃斯坦通过直布罗陀海峡，布罗利奥也没有入侵英国）。然而另一方面，富兰克林却是精明的，当正式协商开始后，他就收起了所谓周围没有间谍的假设，挑拨英国与法国作对。

美国的力量：现实主义与理想主义

法国的外交部长韦尔热纳伯爵是一位衣着邋遢的职业外交官，体态臃肿，毫不做作。但用苏珊·玛丽·艾尔索普的话说："他是一个性格温柔的人，对人的判断很准。"（艾尔索普的著作《宫廷中的美国人》是对那段历史的生动再现。）实际上，韦尔热纳对富兰克林很热情，对富兰克林的性格也的确判断得很准。韦尔热纳在路易十六时期从未被王室完全接受，因为他的妻子出身中产阶级而非贵族。但他非常赞赏妻子身上的中产阶级品德，并认为也会在富兰克林身上发现同样的特质。

就国际关系观而言，韦尔热纳是一个典型的现实主义者。他曾在1774年声称："国家的影响要根据其内在的力量来衡量。"这是对自己的观点进行了简明的总结。同时他也是个狂热的反英分子，这也有助于其对美国的事业持同情态度。

1776年春，就在富兰克林抵达法国之前，韦尔热纳给法国国王提出了一系列建议，以平实的语言阐述了法国应该采取的政策："英国是法国的天敌。这是个贪婪的敌人，野心勃勃，行为不公，充满了邪恶的想法。其政策最终、也是最重要的目标，就是羞辱和毁灭法国。"他还表示美国需要法国的帮助来取得胜利。支持美国这一新兴的国家以削弱英国是法国的利益所在，无论从经济还是从政治方面来看。韦尔热纳在凡尔赛宫那富丽堂皇的会议室里，向路易十六及内阁（其中包括财政大臣安–罗伯特–雅克·杜尔哥，后来成为了富兰克林的朋友和支持者）提交了自己的建议。

杜尔哥和其他大臣担心法国财政紧张且缺乏准备，所以建议谨慎行事。而路易十六最终批准了一个折中的方案：法国将向美国提供一些支持，但只是秘密进行。此外还决定将韦尔热纳关于此方面内容的信以口授形式告诉他 15 岁的儿子，再由他的儿子誊写出来，这样即使信件落在坏人之手，也无法辨认出是谁的字迹。

1776 年年末，实际上是 12 月 28 日，就在抵达巴黎几天之后，富兰克林在一次秘密会议上第一次与韦尔热纳见了面。当时，迪恩和李也在场，富兰克林极力想促成美法联盟，当然也许有点儿太心急了。韦尔热纳对富兰克林的学识和机智大加赞赏，却没做出任何承诺，只是说如果富兰克林能就此提交一份研究资料，他将好好考虑一下。在当晚的日记中，他称富兰克林“聪明而谨慎”。在其给法国驻英大使的信中，他也写道：“他的谈吐温柔、诚实，看起来像非常有天赋的人。”

富兰克林接受了韦尔热纳的建议，写了一份备忘录。其中，富兰克林特意强调了现实主义权力制衡的逻辑，他知道韦尔热纳一定会欣赏这一点。如果法国和盟友西班牙加入到美国的事业中，英国就会失去它的殖民地以及在西印度群岛的领地，“曾经使其富裕强盛的商业”也将受损，这样英国就会被削弱成一个“虚弱、屈辱的国家”。美国将愿意“最坚定地保证”法国和西班牙可占有英国所失去的西印度群岛的任何领地，那时，美国也“不需要通过和谈来结束与英国的战争了”。而“如果稍有耽搁，就会造成致命的影响”。

但是富兰克林也认识到，利益仅仅是影响决策的因素之一。富兰克林比美国历史上大部分外交官厉害的地方，就在于他知道美国在世界事务中的力量将来自一种独一无二的现实主义和理想主义的融合。当二者结合在一起，正如日后从门罗主义到马歇尔计划等所体现出的那样，它们就成为了美国弹性外交政策的基本框架。历史学家伯纳德·贝林写道："美国历史上光芒四射的时刻都发生在现实主义和理想主义结合在一起的时候，而没有人比富兰克林体对此体会得更深了。"

正如他将在法国所证明的，富兰克林不仅知道如何像一个最好的现实主义实践者一样精心地进行权力制衡，也知道如何扣人心弦地展示美国例外主义的魅力——美国之所以与众不同，是因为其道德本质的与众不同。富兰克林意识到，无论是来自战略威力的硬性实力，还是来自其理想和文化吸引力的软性实力，都在施加同样重要的影响。正如作家兼数学家孔多塞（日后成为富兰克林最好的法国朋友之一）所言，在外交上，富兰克林也是一个"相信理性力量和道德现实"的人，正如在他自己的生意上一样。

因此，在给韦尔热纳写了一份饱含经典外交现实主义色彩的备忘录之后，富兰克林在帕西定居下来，设法从美国的理想主义中获取力量。他精心安排，将来自美国的那些鼓舞人心的文件（包括其为宾夕法尼亚制定的宪法）在法国等地翻译、出版，从而赢得了人心与思想上的支持。"整个欧洲都在支持我们。"他在一封给秘密通信委员会解释为什么要出版这些文件的信中写道。随后，富兰克林对美国理想主义的魅力进行了一次经典的阐释："暴政在世界其他地方肆虐，而美国则为全世界热爱和平的人提供了避难所，这实在是令人欣喜。我们的事业就是全人类的事业。"他以"山巅之城"这一比喻作为文章的结尾，而从约翰·温斯罗普到罗纳德·里根，那些伟大的美国例外主义者无不对此呼应。“我们为人性的尊严和幸福而战，”富兰克林宣布，“被上帝赋予这样的荣誉是美国人的骄傲。”几周之后，他给波士顿一个朋友的信中写下了类似的观点，并得出以下的结论：“在这里，大家都认为我们的事业也是全人类的事业。我们在保卫自己自由的同时，也是在为他们的自由而战。”

富兰克林的公共外交战略实在令韦尔热纳摸不着头脑。“我真不知道他在这儿想干什么，”韦尔热纳写道，“最初我们认为他有种种事情要做，而突然间他就把自己关进了哲学的密室中。”韦尔热纳拒绝了美国马上结盟的请求，对进一步的会面也百般推脱，并在几个月内一直对富兰克林敬而远之，只是静观战争的走向。然而，他也悄无声息地向美国提供了一些援助：法国将为美国提供另一笔秘密贷款，并允许美国商船使用法国的港口。

如同在英国一样，富兰克林在法国也通过发表一些匿名的文章进行公共关系方面的努力。其中影响最大的是一篇冷酷的模仿之作，其沿袭了《普鲁士国王赦令》的故事情节，就写在与韦尔热纳第一次会面不久之后。文章模仿了一位德国伯爵写给一位驻美的黑森部队指挥官的信。被伯爵派往美国的士兵战死之后，伯爵就会得到赔偿。而由于英国决定不赔偿伤者，只赔偿死者，因此伯爵就鼓励指挥官说，士兵死得越多越好。

> 我并不是说为此你必须暗杀他们，我们应该仁慈，我亲爱的男爵。但你或许可以得体地暗示那些军医，那些因受伤而残疾的人实际上是对他们专业能力的指责。当士兵已经不适合战斗，没有比让他们都去死更明智的做法了……因此，你应该对那些敢于冒险的士兵许诺晋升，劝说他们在危险中寻找荣耀。

富兰克林还运用自己的机智来回避英国大使斯托蒙特勋爵所散播的宣传报道。当有人问其对其中一篇报道的看法时，富兰克林反驳说："这不是事实，只是一个斯托蒙特。"此后，富兰克林和那些时髦的巴黎人就开始将大使的名字当作一个动词，"斯托蒙蒂尔"（撒谎的意思）。这是一个小小的双关，在法语中，"说谎"这个词的发音就是"蒙蒂尔"。

当时关于富兰克林在法国所使用的不同策略和计划有着诸多谣言。一个英国间谍（并非班克罗夫特）报告说富兰克林正在准备"一大堆反光镜"，打算把它们架设在加来的海岸边，将阳光反射到英国军舰上，以摧毁英国舰队。此外，富兰克林还打算架设一个跨海的铁链，通过它来电击英国，扰乱整个英格兰。《新泽西通讯》更不靠谱，说富兰克林正在发明一个能够移动大陆的电动仪器，以及利用油来使一个地方的水面宁静而让另一个地方波涛汹涌。

哎，实际上富兰克林当时进行的活动要比人们传说中的平淡得多，比如对付那些申请加入美军担任军官的欧洲人。他所收到的400多封信中有不少这样的请求，其中有一些是真的勇士，还有一些则是沽名钓誉之人。"每天除了收信之外，还有一大堆渴望从我这儿得到点什么的来访者，"富兰克林抱怨道，"你都想象不到我有多疲倦。"其中有母亲来向其献上三个儿子的，有荷兰人想要研究被炸碎的尸体的，还有本笃会的僧侣表示只要富兰克林帮他还赌债就为美国祈祷的。富兰克林最喜欢的是一个母亲寄来的很直接却情真意切的推荐信，信的开头是这样的："先生，在你们美国，有没有人知道如何改造一个总是令家人感到痛苦和厌恶的角色……"

有这样一个事例可以说明富兰克林在面对请求时很难说不，却常常因此受骗。有一个住在巴黎的名叫威廉·帕森斯的爱尔兰人给富兰克林写了一封令人同情的信，信里描述了他不幸的遭遇并恳求富兰克林能推荐他加入美国军队。富兰克林并没有给他写推荐信，却借给他15几尼。帕森斯拿着这笔钱逃到了英国，把自己可怜的妻子留在了这儿。当那个可怜的女人寄信来指责富兰克林是他丈夫离开的罪魁祸首时，富兰克林否认曾给过她丈夫任何鼓励，并告诉她那15几尼欠款的事，还给了1几尼让她买吃的。接下来的三个月，她不断地给写信苛责富兰克林，希望得到更多的钱。

并不是所有的申请者都是游手好闲之人。在那些希望得到任命的人中，富兰克林成功地发现了几个伟大的军官并把他们推荐到美国，其中包括：德·拉法耶特侯爵、冯·施托伊本男爵（富兰克林急切想把他推荐给华盛顿将军，以至于夸大了其在普鲁士军队中的军衔）以及普拉斯基伯爵——著名的波兰勇士，一位后来成为美国准将的英雄。然而，华盛顿很快就对富兰克林推荐有抱负的军官到美国这件事不耐烦起来。“我们部队的建制应十分完整，军官已经满编了，”华盛顿写道，“每一个新来的人对大陆会议和议会来说都只是麻烦，对他们自己来说则是失望和懊恼。”

因此，富兰克林尽量拒绝那些前来谋职的人，或只给他们回复这样的话：“如果不听我的建议，费用自理。”而为了对付那些仍然前来恳求的人——或许仅仅为了拿他们取乐，富兰克林还写了一封公式化的信函并印刷备用。“持有此信前往美国之人，一直催促我给他一封推荐信，尽管我对他一无所知，甚至都不知道他的名字，”信中写道，“我必须将他的品格和优点提请您处理，通过这些，您将会比我更好地了解此人。”

1777年9月，富兰克林和其他代表一道去敦促韦尔热纳以获取法国对美国的承认，并要求得到7倍于之前的援助，仿佛是故意显露出其身处弱势一样。这是一次不详的会面。之所以这么说，有两方面的原因。早在会议之前，班克罗夫特这个间谍就将美国要提出的请求的详细内容透露给了英国驻法大使斯托蒙特，而斯托蒙特则据此向韦尔热纳表示抗议。韦尔热纳因此指责美国人不够谨慎。此外，就在此次会面后不久，英国将军豪攻陷费城的消息传来了。

豪的胜利对富兰克林本人来说是一次沉重的打击。其位于市场街上的住宅被一个叫约翰 · 安德烈的英军上尉据为自己的指挥部。当时萨莉和贝奇带领家人去了郊区避难。安德烈把富兰克林的所有财产都窃为己有，包括电学实验用具、书籍、乐器以及 1759 年本杰明 · 威尔逊为富兰克林所做的一幅考究的肖像画。（1906 年，英国将此画归还给美国，现悬挂于白宫的二楼。）

对美国来说，当时正面临着更为严重的威胁。豪已经占领费城，伯戈因将军则正沿着哈得孙河顺流而下。如果双方会师，新英格兰就会被孤立起来，与其他殖民地失去联系。

然而，富兰克林仍然一如既往地保持了镇静。当有人告诉他豪胜利的消息时，富兰克林回应道：“你弄错了，不是豪占领了费城，而是费城俘获了豪。”这听起来很像一句巧言善辩的名言。然而就另一个层面来讲，这又是一个敏锐的判断——如果伯戈因前进受阻，而豪又没能及时北上接应，他们两个就都被孤立起来了。

阿瑟 · 李试图利用当前美国的敏感处境向法国人发出最后通牒：要么马上与美国结成军事同盟，否则美国将被迫与英国妥协。“富兰克林博士对此则有不同意见，”李在日记中写道，“他认为这样做可能会令法国人抛弃我们，使我们陷入绝望或愤怒中。”富兰克林认为美国最终将获得优势，到时法国出于自身利益的考量，就会自己提出结盟。

富兰克林是正确的。就在 12 月 4 日中午，一个美国来的信使跑进了帕西的院子里，带来了前线的消息。富兰克林问，是否如自己所听说的那样，费城陷落了。“是的，先生。”信使回答道。富兰克林转过了身。

“但是，先生，有比那个更大的消息，”信使说道，“伯戈因将军和他的军队全都投降了。”伯戈因在萨拉托加大败，现在豪实际上已经孤立无援了。

那个很戏剧化的剧作家博马舍当时就在帕西，他急于利用这一内部消息在股票市场上获利，因此马上跑回巴黎。他的心情太过急切，以至于在路上翻了车，摔伤了胳膊。而班克罗夫特也匆忙离开，赶往伦敦与他的上级商量对策。（他其实也想在股票市场上捞一把，但不幸的是，在他抵达伦敦之前，消息就传回去了。）

富兰克林远比他那些古怪的朋友冷静得多。他写了一则消息，既充满详尽的细节，也不乏夸大的成分：“事情发生34天之后，消息从费城传到了帕西富兰克林博士的寓所处。10月14日，伯戈因将军被迫放下武器，9 200名英军或被击毙或被俘获……豪将军现在被困在费城，其与舰队的所有联系均被切断。”

实际上豪并未被包围，美军也并未对胜利唾手可得。然而，英军在萨拉托加的投降的确是美国战场上的一个重大转折，同时也是富兰克林外交努力的重大转折，因为他深知战场上的胜利才能增加在谈判桌上的底气。而当天下午他写给韦尔热纳的信，则要比这则新闻实事求是得多。“我们荣幸地通知阁下，”信的开头这样写道，“伯戈因将军所率领的部队遭受重创。”

两天之后，路易十六于凡尔赛宫在韦尔热纳为其准备的一张镶金边的纸上盖上了自己的大印，并邀请美国人重新提交一个建立正式联盟的申请。在传达这个消息时，韦尔热纳的秘书补充道：“当时机成熟时，肯定会水到渠成。”

改变世界力量的平衡：美法联盟的缔结

在对联盟的提议被搁置整整一年之后，1777 年，法国人突然变得急于达成协议。他们之所以变得这样急切，不仅是因为得知了美军的萨拉托加大捷以及本国的海军扩军计划，更是由于富兰克林采取了一个新策略。富兰克林当时开始挑拨法国和英国的关系，以从中渔利。他在这里利用到了他身边所潜伏的那些间谍，让法国和英国都知道另一方是多么急切地想与美国达成协议。

12 月 7 日，富兰克林重新起草了一个关于美法联盟的建议书，并让坦普尔于次日递交给法国方面。不到一周的时间，三位美国代表与韦尔热纳进行了会谈。法国人很快就同意完全承认美国的国家身份，并与美国签署同盟和贸易协定。但由于 1761 年法国与西班牙签署了《波旁家族条约》，承诺彼此协调行事，所以法国还需要得到西班牙的同意。韦尔热纳向西班牙派出信使，并向美方承诺三周内会给他们一个答复。

与此同时，英国向法国派出了他们所能找到的最值得信任的使节——能干的情报头目保罗 · 温特沃斯。当时，温特沃斯对他的秘密间谍班克罗夫特在将情报发给他之前，就透露给其股票投机伙伴的行为大为恼火（当然，温特沃斯自己也是个股票投机商）。当时英国国王乔治三世被英国间谍所汇报的坏消息弄得心烦意乱，称这些人都是不值得信任的股市操控者，但他最后还是不情愿地批准了温特沃斯的秘密和平使命。

温特沃斯于 12 月中旬抵达巴黎，当时美国人正与韦尔热纳举行会谈。温特沃斯给赛拉斯 · 迪恩写了一封无愧于自己英国间谍这一身份的信，信中说一位绅士想要同他会面，地点可选在通往帕西路上的马车里，或不久后卢浮宫的一个展览上，也可以是塞纳河畔的公共浴室里，到时迪恩将得到具体的消息。而迪恩则回复了一封无愧于美国人这一身份的信：他就在自己的办公室里，乐于接待任何希望来访的人。

温特沃斯在与迪恩共进晚餐时，提出了一个英国与殖民地之间和解的计划：美国可以有自己的议会，只有在外交和贸易事务方面才需要服从英国议会，而1763年以来通过的所有侵害美国利益的法案都将被废除。他还向迪恩或任何愿与英国政府就此方面进行合作的美国人提出了极为优厚的条件——封爵、贵族身份、职位以及金钱。

最初，富兰克林拒绝与温特沃斯见面。但不久之后，西班牙对美法联盟这一提议的反馈传了回来——令人吃惊的是，西班牙拒绝了这一建议，并宣称西班牙没有理由承认美国。如果法国执意如此，它只能单方面采取行动。

因此，在1778年的第一周，富兰克林就开始施加压力了。他故意向媒体透露英国密使就在城中，如果法国不马上与美国使节签署协议的话，英国就将与美国签署协议。而协议的内容包括，美国将支持英国夺取法国在西印度群岛的领地。富兰克林还同意1月6日与温特沃斯会面，并让温特沃斯承诺不会提供任何贿赂。

温特沃斯向伦敦方面发回的报告是用略显笨拙的密码写的，正好与他作为一个试图在浴室与人接头的间谍身份相吻合："昨天我拜访了72（富兰克林），发现他正和他侄子（可能是乔纳森·威廉姆斯，更有可能是坦普尔）一起在忙。随后，富兰克林让他出去，我们一起谈了两个小时，直到51（迪恩）进来加入其中。"温特沃斯还提到已经给富兰克林发了一封匿名信，探讨"不完全107（独立）"的可能性。"（富兰克林）说这是一封很有趣、很明智的信，"温特沃斯报告说，"并对其中坦率、明智的判断以及仁慈的精神大加赞赏。"但随后他又加了一句牢骚："没早点儿来真是很遗憾。"

富兰克林并不确定身边的人到底谁是间谍，于是就采取了一年之前在给那位女士的信中所描述的貌似天真但实则极其明智的做法。让英国发现（他们也的确通过班克罗夫特发现了）美国已十分接近与法国达成协议，对富兰克林来说非常有利。而让法国发现（他们也的确通过自己长期潜伏在温特沃斯身边的间谍发现了）美国正与英国密使进行会谈也对其十分有利。他对温特沃斯所说的每一句话，都乐于让法国人知道。正如耶鲁历史学家乔纳森·达尔写道："英国政府的笨拙给富兰克林提供了一个最大限度发挥自己外交作用的机会，那些天真的人未必真的像看上去那么天真。"

实际上，富兰克林与温特沃斯的会面似乎真的刺激到了法国人。两天后，韦尔热纳的秘书拜访了美国使团。他只提出了一个问题："如何能让美国人满意，而不再听取英国提出的和解建议？"在富兰克林的智慧和萨拉托加大捷的双重作用下，法国人终于像美国人一样渴望建立联盟了。

富兰克林很快就亲自告知了答案："使团早已提议签订友好贸易条约，但至今仍没有完成。立即签定该项条约可即刻消除他们在这一问题上的疑虑，使其可以依靠法国盟友，坚决反对英国向其提出的、不以美国完全自由和独立为基础的和平建议。"

这就是法国人现在需要听到的答复。富兰克林得知，即使没有西班牙的支持，法国国王也会批准相关条约（一个友好贸易条约和一个军事联盟条约）。但法国人也提出了一个条件：将来未经法国同意，美国不得与英国讲和。于是，友好条约和联盟条约就这样最终达成了。

条约有一点非常重要：其并未违反富兰克林和其他人所秉持的理想主义观点，即美国应避免陷入与外国结盟或受欧洲影响的羁绊中。

美国所赋予的商业权利是对等的、非排他的，允许对其他国家开放和自由贸易。“我们的贸易中不存在垄断，”富兰克林在给大陆会议的一封信中写道，“我们所授予法国的和我们授予其他国家的一样多。”

1778年2月5日，美国使节在巴黎会面准备签署条约。然而，韦尔热纳得了感冒，因此签字仪式被推迟了一天。在这两天，富兰克林没有穿平时常穿的棕色外套，而是穿了一件旧的曼彻斯特出产的蓝色天鹅绒礼服，礼服已经有点儿褪色，甚至都破洞了。赛拉斯·迪恩发现了这令人疑惑之处，问富兰克林为什么。“为了小小的报复，”富兰克林回答道，“当年在白厅被韦德伯恩谩骂时，我穿的就是这身衣服。”自从他在“斗鸡场”受辱以来已经4年了，富兰克林一直保留着这件衣服，就是在等待这一天的到来。

站在富兰克林身边，随时准备提供协助的是他所认为的“忠实”的秘书爱德华·班克罗夫特。这个英国间谍偷偷地取出了盟约，抄了一份，雇专人在42小时之内就将其送到了伦敦的那些英国大臣手中。实际上早在两周之前，他就用密显墨水在密信上列出了条约可能包括的内容，还包括一支由三艘船和两艘武装帆船组成的法国护航舰队准备从基伯龙出发将相关文件提交给心急如焚的大陆会议。他还表示：“我们刚收到了一封来自普鲁士大臣的信，表示普鲁士国王愿意紧随法国之后承认美国的独立。”

数年之后，当班克罗夫特和英国政府就他的欠薪讨价还价时，他给英国外务大臣写了一封信说：“对于那些投机商而言，他们愿意给这些情报付的钱比自己从政府得到的要多得多。”实际上，班克罗夫特也的确利用这些情报在市场上投机获利。他曾给他英国的股票合伙人塞缪尔·沃顿（一个出生在费城的商人）寄去了420英镑，并告诉他条约即将签署的消息，让他用这笔钱进行短线投机。“那些看涨的人恐怕要遇到麻烦了。”他在给沃顿的一封用密显墨水写的密信中写道。但这封信被英国情报机构截获了，而其他的信却成功地寄到了沃顿和他们的另一个合作人，英国银行家托马斯·沃波尔手中。最后，班克罗夫特在这些交易中获利1 000英镑。

3月20日，路易十六在凡尔赛宫接见了美国使团，正式认可了法美条约。在凡尔赛宫里，富兰克林即将经过的所有门的两侧都挤满了人，只为一睹那个著名的美国人的真容。当富兰克林的马车从镶金的门经过时，他们高呼“富兰克林万岁”。

根据苏珊·玛丽·艾尔索普的研究，当时在凡尔赛宫中有一些“神气活现的门童”，他们向来访者出租进入宫殿必须携带的装饰用宝剑。其他的美国使节每人都租了一柄带上，还穿上了正式的宫廷着装。但富兰克林却没有。他认为自己没有理由放弃长期以来一直感觉良好的简单衣着。他穿一件普通的棕色外套，戴着他那著名的眼镜作为唯一的装饰。他没有携带宝剑，甚至当他发现他带来的假发不合适时，干脆连假发都不戴了。其中一位在场的女士写道：“我差点把他当成一个老农民”，“他和其他外交官的反差是如此之大，那些人都涂脂抹粉，一身正装，穿金戴银，系着丝带，闪闪发光。”

富兰克林对这一场合唯一做出的迎合时髦的让步就是没有戴他那顶皮帽子，而是把一顶纯白色的帽子夹在了腋下。“那顶白帽子是自由的象征吗？”德方侯爵夫人问道。富兰克林曾在她的沙龙中戴着自己的皮帽子。但无论富兰克林是否故意为之，白帽子很快就在巴黎的男性中流行开来，就像富兰克林的任何东西都会流行起来一样。

招待会结束后，富兰克林于中午进入了国王的寝宫，路易十六摆出了一副祈祷的姿态。“我希望这对我们两国都好。”路易十六说。这就意味法国王室已经正式承认美国是一个独立的国家。而就个人而言，他表示："我对你抵达我的王国之后的行动非常满意。"

在参加完韦尔热纳在下午三点左右举办的一个宴会后，富兰克林有幸（甚至可能是高兴地）被允许站在王后——著名的、傲慢的玛丽－安托瓦内特身边。当时王后正在玩牌。在凡尔赛的人群中，她似乎并不欣赏那个曾经当过"印刷工头"的男人（有人这么告诉她）。正如她曾轻蔑地说过："在欧洲，有这样一个背景的人是不可能取得现在这样的成就的。"我想富兰克林对此也会骄傲地表示赞同。

富兰克林在外交上取得的胜利将帮助确保美国革命的胜利。它也将改变世界力量的平衡——并不仅限于法国与英国之间，还包括共和主义与封建主义之间（这一点是法国不想看到的）。

正如卡尔·范·杜伦写道："富兰克林在外交上取得的胜利可与萨拉托加大捷相比肩。"耶鲁历史学家埃德蒙德·摩根则评价更高，称其为"美国有史以来取得的最大的外交胜利"。实际上可能除了北约之外，这一评价并不为过，尽管其忽视了美国在谈判桌上所取得的其他成功，如第一次世界大战后在凡尔赛或越南战争后在巴黎的成果。但至少可以这样认为，富兰克林的胜利使美国在独立战争中直接取得胜利成为可能，而不必受困于阻碍其成为一个新国家的羁绊中。

在条约达成的消息传到费城前，大陆会议一直在争论是否应该考虑英国方面提出的和平建议。在深思熟虑了两天之后，大陆会议反而批准了美法联盟。"你无法想象与法国的条约给所有真正的美国人带来的快乐。"富兰克林的朋友塞缪尔·库珀在马萨诸塞写道。

Benjamin Franklin

An American Life

第十四章

交际圣手　饕餮食家（巴黎，1778~1785 年）

轻蔑又嫉妒：富兰克林与亚当斯

1778 年 4 月，就在美法条约签署之后不久，约翰 · 亚当斯抵达巴黎，接替被召回的赛拉斯 · 迪恩，担任驻法的三名使节之一。法国人对这一更替并不兴奋。“迪恩先生在这儿很受尊敬，但其继任者亚当斯先生却并不受信任。”爱德华 · 班克罗夫特向伦敦的情报头目报告说。班克罗夫特还报告说亚当斯自己也并不高兴：“亚当斯发现万事俱备，真心地感到失望，正在讨论回国之事。”

当初他们在大陆会议共事时，亚当斯从一开始就不信任富兰克林，随后又经历了一系列复杂的感情：困惑、愤恨、尊敬以及妒忌。在一同前往斯塔滕岛与豪勋爵进行谈判的路上（他们挤在一张床上，还开了窗户），亚当斯发现富兰克林令人又喜又恼。因此，当抵达巴黎时，他和富兰克林之间不可避免地（实际上也的确如此）享受并忍耐一种复杂的关系——彼此轻蔑却又怀着嫉妒之情欣赏对方。

有人可能觉得这种关系实在令人困惑：亚当斯到底是怨恨还是尊敬富兰克林？富兰克林觉得亚当斯十分讨厌还是与其相处融洽？他们到底是喜欢还是不喜欢对方？答案并非那么令人困惑，正如很多伟人之间的关系一样，以上种种他们都有，甚至更多。

两人都很聪明，但个性却截然不同。亚当斯十分严谨、心直口快、喜欢争论。富兰克林则充满魅力、不苟言笑、喜欢打情骂俏。亚当斯的道德观和生活习惯十分刻板，富兰克林则是出了名的爱开玩笑。亚当斯学习法语是通过研读语法书、背悼词。富兰克林（一点儿也不在乎语法）则是通过慵懒地靠在他那些女性朋友的枕头上，以及给她们写一些有趣的小故事。亚当斯喜欢当面与人对峙，而富兰克林则喜欢循循善诱。他们在处理国家间的关系上也是如此。

亚当斯刚到法国时才 42 岁，比富兰克林小 30 岁，甚至比富兰克林的儿子威廉还小 5 岁。他对各种所谓的“冒犯”更敏感（无论是想象中的还是真实存在的），因此，他对富兰克林的态度比富兰克林对他的态度更加强硬。他经常为富兰克林的心不在焉和自我放任而分心。“他妒忌、怀疑那些处事圆滑、在上流社会游刃有余的人。”美国加州大学伯克利分校的历史学家罗伯特 · 米德尔科夫在其所著的《本杰明 · 富兰克林与他的敌人》中写道。戴维 · 麦卡洛对亚当斯的态度则更为同情、中肯，在其为亚当斯所著的堪称大师之作的传记中这样写道，他“不会摆出一副轻松的姿态，也学不会其他人在生活中常用的那些伪善的小把戏”，麦卡洛同样描述了亚当斯对富兰克林复杂的态度。

亚当斯对富兰克林的大部分愤恨是由那些明显的妒忌引起的，他恨自己被富兰克林的光芒所掩盖。到巴黎几个月之后，他就给朋友写了一封信，抱怨富兰克林“在这儿的威望无人能及，而他也愿意显示自己的威望”。当我们看到亚当斯所写的那些对富兰克林不甚友善的话时，我想提醒诸位的是，亚当斯对他见过的所有人都恶言相向（例如，他曾经称乔治 · 华盛顿为“傻瓜”）。尽管他们之间存在私人矛盾，但亚当斯和富兰克林仍然因他们共有的爱国主义以及对美国独立的狂热紧密地联系在一起。

在帕西时，富兰克林对亚当斯极为照顾。他把 10 岁的约翰 · 昆

西 · 亚当斯送到了本尼 · 贝奇就读的那所寄宿学校。富兰克林出席所有的社交和文化场合时都带着亚当斯，甚至连在法兰西学院与伏尔泰见面那样伟大的场合也不忘自己的这位新同伴。亚当斯到帕西的第一天，富兰克林就带着他去前财政大臣雅克 · 杜尔哥的家中共进晚餐，随后几天，又带着他参加了很多有各类法国女性在场的沙龙，这些女性的魅力令富兰克林着迷，却让亚当斯感到惊骇。

对于一本正经的亚当斯来说，更令其感到惊骇的是富兰克林的生活和工作风格。他对美国使团在帕西的奢华生活所要产生的费用十分担心，而当听说雄心勃勃的肖蒙不收房租时，则更为苦恼。

> 我发现如果我不做的话，我们使团的事就无法完成……富兰克林博士的生活就是不断地休闲……他吃早饭的时候就已经很晚了，而早饭刚吃完，就有一大堆马车挤进他的院子里来拜访他……有哲学家、法兰西学院院士、经济学家；还有一些在文学上对其敬仰、被其雇来翻译其作品（如穷理查等早期作品）的朋友，但最多的是女士和孩子，他们只是希望能一睹富兰克林的真容，并希望能亲耳听到富兰克林讲述关于自己简朴和秃头的故事……
>
> 富兰克林每天都有饭局，而且他从不拒绝，除非我们也受邀一起出席。我经常和他一道受到邀请，直到后来我接到邀请时表示自己无法出席的歉意，这样我才有时间学习法语、完成自己的工作。富兰克林先生总是在自己的口袋里放一本备忘录，记录着所有赴宴邀请。李先生则说这是他唯一能按时进行的事情了……富兰克林把下午和晚上都花费在这些令人愉快的、重要的消遣和娱乐上，他通常是晚上9点到12点之间才会回来。

富兰克林的一个法国朋友则对他的工作习惯进行了正面的宣传："他吃饭、睡觉、工作都是根据自己的需要，在自己认为合适的时间进行，因此没有比他再不慌不忙的人了，尽管他肯定是有一大堆的事要办。"这两种对富兰克林不同的描述反映出的不仅是对富兰克林不同的看法，更是两种不同的工作观。富兰克林一直很勤奋，在美国他就因勤奋和做出一副勤奋的样子而出名。而在法国这个休闲看起来更为重要的国家，富兰克林知道应如何适应这种风格。正如克劳德–安妮·洛佩斯所言："在美国，无所事事是种罪孽，但在法国，忙忙碌碌则显得粗俗。"

有一次，一个法国人问亚当斯他是否对富兰克林从不参加宗教仪式感到吃惊。"不，"亚当斯笑着回答说，"因为富兰克林先生没有……"因为不想亵渎上帝，亚当斯把剩下的话咽了回去。

"富兰克林先生只崇敬大自然，"那个法国人说道，"这一点吸引了很多男男女女，他们都对其表示赞同。"

"是的，"亚当斯回答道，"所有的无神论者、自然神论者、自由思想者，以及所有的哲学家和女士，都紧跟他的步伐。"

"是的，"法国人继续道，"他被认为是美国最伟大的科学家和立法者。"

亚当斯无法再抑制自己的愤恨了。"他是一个伟大的哲学家，但作为一个美国的立法者，他却贡献寥寥，"亚当斯告诉那个法国人，"在法国、英国，乃至整个欧洲，富兰克林在电学方面所取得的成就以及在美国革命中起到的作用可以说家喻户晓，但实际上这是一种无稽之谈……他甚至都没有制定出一部好的宾夕法尼亚宪法。"（亚当斯并不是一个像富兰克林那样的民主主义者，他认为必须要对民众的权力进行抑制，强烈反对一院制的议会。）

几年后，富兰克林终于对亚当斯感到了厌倦，称他"有时，在某些事情上完全疯了”。但就当时而言，他仍然觉得亚当斯是可以忍受的，有时甚至是值得尊敬的。他非常乐于将亚当斯带入自己的社交生活中，尽管对方并不热心。

戏剧性的知己：富兰克林与伏尔泰

与富兰克林一样，法国的哲学家更愿意学以致用，而非沉溺于晦涩的理论中。狄德罗主编的《百科全书》就是他们世俗生活中的圣经，其中收入了杜尔哥关于经济学方面的文章、孟德斯鸠关于政治上的论述、卢梭关于艺术方面的文章、孔多塞关于科学方面的文章以及爱尔维修对人性的论述。其中扮演其国王或者上帝角色的则是伏尔泰（或许两者都不是，因为伏尔泰对这两者都持怀疑态度）。伏尔泰实际上为《百科全书》做出了很大贡献，只是鲜为人知，但他对法国人精神生活所起的作用却十分显著。

至少在法国人看来，富兰克林与伏尔泰是知己。他们两个人都是启蒙运动智慧和理性的化身，都很幽默，愿意写一些尖锐的讽刺性文章，毫不留情地揭露正统观念的伪饰，并且都信奉自然神论、推崇包容、倡导革命。因此，不仅两人间的会面不可避免，而且这些会面比富兰克林与法国国王之间的会面更吸引法国人的眼球。

1778年年初，伏尔泰已是84岁高龄，身体也每况愈下，甚至有传言说他已经去世了。（伏尔泰的回应远比马克·吐温面临相似情况时的表现要高明，他说这些传闻所言不虚，只是还早了点。）当年2月，富兰克林去伏尔泰家中进行了一次礼节性的拜访，并请求他给7岁的本尼·贝奇送上自己的祝福。在20个心怀敬畏的门徒流着“慈爱的眼泪”的注视下，伏尔泰把自己的手放在了本尼的头上，用英语说道："上帝与自由。"根据当时在场的见证者之一孔多塞的描述，伏尔泰还说："这是对富兰克林先生的外孙唯一合适的祝福。"

一些人对这一历史性的场景表示了嘲笑。当时巴黎一家刻薄的报纸称伏尔泰和富兰克林 "上演了一出愚蠢谄媚的戏"。而当马萨诸塞前总督哈钦森听到"上帝与自由"这一祝福时，表示"很难说这两个词哪个用得更不合适"。然而，欧洲大部分媒体还是对此次会面进行了充满敬意的报道。

1778 年 4 月 29 日，富兰克林和伏尔泰还在法国皇家科学院进行了一次更富戏剧性的会面。当时富兰克林一身标志性的简朴打扮：简单的外套，没戴假发，除了眼镜之外没有任何装饰。伏尔泰则面容消瘦，身体极度虚弱（此次会面一个月之后，他就去世了）。当时在场的人要求他们来一次法国式的拥抱。用孔多塞的话说，他们的这一举动引发了"巨大的喝彩，就像梭伦拥抱了索福克勒斯一样"。这个将富兰克林和伏尔泰比作两位古希腊先贤的比喻（梭伦是古希腊的政治家、法学家，而索福克勒斯则以戏剧闻名于世）很快就传遍了整个欧洲。正如当时也在场的约翰 · 亚当斯以其标志性的敬畏和愤恨写道：

> 当时在场的人都要求伏尔泰先生和富兰克林先生互相介绍一下。但实际上仅此并不能令人满意，还应该做得更多。然而当时两位哲学家似乎都没能领会在场者的期望：他们只是互相握了一下手。但这是不够的，人们继续大喊："来个法国式的拥抱。""于是，两个老演员就站在这个哲学和娱乐的大剧场上互相拥抱，彼此亲吻了对方的面颊，喧闹才逐渐减退。随后，突然有人高呼（这一呼喊很快就传遍了法国，我认为响彻了整个欧洲）："能亲眼见证梭伦拥抱索福克勒斯是多么令人陶醉啊。"

法国皇家科学院是富兰克林与法国知识精英交往的据点之一。另一个则是以希腊神话中的女神来命名的共济会支部——著名的“九姐妹会所”。共济会在法国已经超越了单纯的商人社交俱乐部的范畴，成为哲学家和其他自由思想者所领导的挑战教会和君主制权威运动的一部分。克劳德–阿德里安 · 爱尔维修——一位思想极为自由的哲学家，最早提出了在巴黎建立一个由最伟大的作家和艺术家组成的超级共济会支部的设想。他去世之后，他的妻子爱尔维修女士（我们很快就将在后文中多次提及）则于1776年帮助其完成了这一设想。

1778年4月，富兰克林和伏尔泰加入了“九姐妹会所”，这也正是他们在法国皇家科学院会面的那个月。“九姐妹会所”为富兰克林赢得了很多有影响的支持者，富兰克林也在那儿度过了很多个令人愉快的夜晚。但这是有一定风险的，无论国王还是牧师，都对这个叛逆的组织十分警惕，而富兰克林正是其中的一员。

1778年11月，围绕着“九姐妹会所”的争论到达了顶峰。当时它为纪念5月去世的伏尔泰，邀请了牧师为其举行最后的仪式。一些朋友，如孔多塞和狄德罗，认为不参加此次纪念仪式才是明智之举。但富兰克林不仅出席了，而且还参与其中。

当时整个大厅都被装点成了黑色，只有昏暗的烛火在闪烁。在场的人通过歌唱、演讲、诗歌来抨击教会和各种形式的专制主义。伏尔泰的侄子拿出了一个乌东为伏尔泰所做的塑像（乌东也是共济会的成员之一，并制作了一个富兰克林的塑像，现藏于费城艺术博物馆）。在昏暗的烛光下呈现出一张巨幅画像，画像中伏尔泰被代表真理和包容的女神从坟墓中带去了天堂，达到了人生的顶峰。富兰克林将头上的共济会花环摘下，庄严地将其放在了画像的脚下。随后，所有人来到了宴会厅，为富兰克林（“将闪电俘获于脚下”）和美利坚合众国干了第一杯酒。

尽管路易十六自己也是一名共济会成员，但对此举大为恼火，遂令其他共济会支部排挤“九姐妹会所”。这一对抗持续了好几个月，直到“九姐妹会所”重新改组，富兰克林担任起该支部的领导。在此后的几年里，富兰克林将很多美国人引荐到该支部中，包括他的孙子坦普尔、间谍爱德华·班克罗夫特以及海军勇士约翰·保罗·琼斯。他还帮助在其内部建立了一个类似于北美殖民地哲学会的组织，名为“阿波罗会”。

巴黎的情人：富兰克林与布里永夫人

尽管共济会会员和哲学家们对富兰克林十分着迷，但富兰克林似乎在法国女性中更有名。据传，富兰克林是一个传奇的、好色的、在巴黎有很多情妇的风流老者。但实事求是的说，事实并非那么让人兴奋。他那些著名的女朋友只是他思想和精神的“情人”，而他们之间的关系则再简单不过了。

我们要谈到的第一个这样的女性朋友是布里永·德·茹伊夫人。她是富兰克林在帕西的邻居，很有天赋，也很感性。布里永夫人是一个娴熟的音乐家，善于演奏大键琴和当时在法国日渐流行的钢琴。当她在 1777 年春天第一次见到富兰克林时，一度担心自己过于羞涩而没能给他留下一个好印象。于是她就请他们一个共同的朋友给富兰克林带去了几张苏格兰乐谱，她知道富兰克林肯定会喜欢。“我将会试着演奏它们，并尽量谱写几个同样风格的曲调，”布里永夫人写道，“我希望能带给那位伟人片刻的轻松，也希望自己能有幸见到他。”

这样，两人就开始了密切的交往。不久之后就有传言说两人超越了一般的男女友谊，成为当时人们八卦的题材。当布里永夫人说她有“坐在你腿上这样甜蜜的习惯”，以及听到他们经常一起待到深夜时，亚当斯和其他人都惊呆了。布里永夫人的丈夫甚至有一次在给富兰克林的信中写道：“我听说你亲了我太太。”

然而，布里永先生在信中接着说：“我亲爱的博士，让我亲吻你作为补偿。”富兰克林与布里永夫人之间的关系，和他与很多女士之间的关系一样，十分复杂，并未走到最后一步。正如克劳德–安妮·洛佩斯精妙描述的那样，他们之间只是“知己”的关系，而富兰克林只是扮演一个“亲爱的爸爸”的角色，尽管是一个奇怪的、爱打情骂俏的爸爸。

遇见富兰克林时，布里永夫人只有33岁，此后就一直处在矛盾的激情和各种各样情绪的困扰中。她的丈夫比她大24岁（但比富兰克林小14岁），十分富有，对她百依百顺，但并不忠诚。她有两个唱歌很好听的女儿，住在帕西最高档的庄园之一，但她却经常陷入失望和自怜中。尽管她不会说英语，但在她与富兰克林长达8年的交往中，他们一共通了130多封信。布里永夫人不但可以迷惑他，还可以操纵他。

布里永夫人是通过以下方式达到这种效果的：她为他作曲、演奏音乐，围绕他建立一个沙龙，用法语和第三人称给他写些打情骂俏的信。布里永夫人声称：“对她来说，能够令富兰克林先生愉悦是非常高兴的事。她爱富兰克林先生，尊敬富兰克林先生，而他则受之无愧。”当美国人赢得萨拉托加之战时，她甚至还写了一首欢庆胜利的序曲《起义军进行曲》（时至今日，有时仍会演奏它），并在一场私人的音乐会上为其演奏。他们还在棋盘上调情。“她现在还有点儿生气，”布里永夫人揶揄地写自己，“下了6盘棋，他居然毫无人性地都赢了，她警告他说自己将不惜一切代价复仇。”

1778 年 3 月，在这种只涉及音乐和下棋的单纯关系持续了几个月之后，富兰克林准备让他们之间的关系再进一步。然而，布里永夫人被富兰克林一些大胆的观点，以及恳求她拯救自己灵魂的请求惊呆了。这次，她没有用游刃有余的第三人称，而是用第一人称直接写道：“你是如此善良，相信我并和我进行这样的交谈。”她的建议带有承诺，甚至是暗示的意味。“我知道向我忏悔的人的弱点。我完全可以包容！只要他爱上帝、爱美国、爱我胜过一切，我可以宽恕他所有的罪过，无论是过去、现在还是将来。”

布里永夫人接下来谈到了七宗罪，并仁慈地表示富兰克林已经在其余六个方面做得非常好了（从傲慢到懒惰）。当谈到第七宗罪——色欲时，她显得有点儿腼腆：“第七宗罪，我不想提到它的名字。所有伟人都不能免俗……我亲爱的兄弟，你爱着别人；你一直是这样的亲切、可爱，你也一直被人所爱。该死的，我都说了些什么？”

“她答应沿着一条美妙的道路引领我上天堂，”富兰克林欢欣鼓舞地给她回信，“当我想到未来可能犯下的罪过时，心里一阵狂喜。”随后，富兰克林又谈到了十诫。他认为十诫中其实还应该包括两项内容：在大地上繁衍生息以及互相爱恋。富兰克林质疑说，自己对这两项一直遵守得很好，“难道不足以补偿没有遵守一诫的罪过吗？我指的是不淫邻人妻子，（我承认）这一诫律我一直都在犯”。

哎，布里永夫人居然把这当成了要求自己控制情感不要偷情的暗示。“如果不与那个偷情者的丈夫商量一下，我不敢做出判断。”她写道。这里，偷情者的丈夫指的就是她自己的丈夫。布里永夫人还解释道，有一个双重标准她自己必须遵守：“你是一个男人，而我是一个女人，即使我们想的是一回事，但说出来和做出来就不一样了。一个男人有欲望并为欲望所驱使，并不会对他造成多大的伤害，但当一个女人有欲望时，她却必须要保持理性。”

实际上她并不知道自己的丈夫也在采用这一双重标准。在富兰克林的引领下，在布里永家“和一大堆男男女女”共进晚宴之后，亚当斯再次详细记下了当时令人震惊的场景。在亚当斯看来，布里永夫人是“法国最漂亮的女人之一”，而他的丈夫看上去就像“一个粗俗的土财主”。在人群中有一个“长相非常普通且十分粗鄙”的女人，亚当斯写道：“此后我分别从富兰克林博士和他外孙口中得知这个女人是布里永先生的女朋友。”这次实际上弄错了，布里永夫人是和另一个邻居有染。“我十分震惊，这些人居然还可以貌合神离地生活在一起，而不是拿刀割断彼此的喉咙。我真是不了解这里的人情世故。”

一年之后，布里永夫人发现了她丈夫与那位年轻的“粗鄙”女人，即他们孩子的家庭教师朱潘小姐有染。于是她将其赶了出去，随后又开始担心她会去富兰克林那儿做管家。富兰克林则在自己的办公室关起门来，向她保证自己没有雇那个女人的打算。然后，布里永太太给富兰克林写了一封如释重负的信：“我的心灵冷静下来了，我亲爱的爸爸，它一直在为你担心。但现在不必了，我不用再怕J小姐（朱潘小姐）可能和你坐在一起，成为你的痛苦了。”

而在这段妒忌产生之前，布里永夫人已经开始讨伐富兰克林，不让他把注意力转移到别的女人身上，尽管她仍不愿意满足富兰克林的激情。“你四处留情，即便如此，我对你的友谊却从未减退。但从现在开始，我将会试着更严厉地对待你的缺点。”她威胁道。

富兰克林写了一封强有力又充满诱惑的回信。他质疑布里永夫人没有权力占有他。“你宣称放弃并排除我们感情中所有可能的肉体关系，只是让我礼节性地、贞洁地亲一亲你，就像你让你那些小外甥亲你一样，”富兰克林指责道，“为什么要特别苛责我，不让我以这样的方式对待他人呢？”

在信中，富兰克林提出了一个两人之间的“和平、友谊与爱”的条约，一共有9项条款，首先是布里永夫人将会接受的条款，其后则是自己应该接受的条款。布里永夫人的条款包括：“无论她何时召唤，F先生必须随叫随到”，以及他必须“一直待到她高兴为止”。而他的条款则包括“他可以随时离开B夫人的房间，只要自己愿意”，以及“他可以不在她身边，爱多久就多久”。条约中的最后一个条款是关于富兰克林自己的：“他可以爱任何自己觉得合适的女人。”然而，富兰克林又加上了一句，自己对布里永夫人接受这个条款“不抱太大希望”，而且无论如何“我都会失望地发现，自己不会再这样温柔地爱上其他人了”。

在描述自己的情欲时，富兰克林甚至变得相当直接：“我可怜的小男孩，你本应该珍惜他的，他并不像你优雅的画中那样胖胖的，时刻感到快乐。他很不高兴，渴望得到那些被你拒绝的照顾。”布里永夫人则继续他们之间的交流，称富兰克林是一个“渴望得到丰满、圆润之爱的”享乐主义者，而自己则是一个“试图将他射出的爱神之箭弄钝”的柏拉图主义者。在另外一封挑逗的信中，富兰克林给她讲了一个男人不愿将自己的马借给邻居的故事，而他自己却并非如此：“你知道，我随时准备牺牲我那些美丽的高头大马。”

在经过了类似的数十次香艳刺激的试探和回应后——起码在纸面上是如此，布里永夫人最终一劳永逸地拒绝了富兰克林提出的身体之爱的要求。而作为回应，她也不再坚持禁止富兰克林在别处留情。“柏拉图主义并不是一种快乐的派别，但它对男女都是一种很方便的保护，”她写道，“因此，那位女士建议那位绅士可以在别的餐桌上寻找自己最爱的美食，因为她自己只能为其贪婪的胃口提供一些粗鄙的食物。”

这封以邀请富兰克林第二天来喝茶作结尾的信并未给他们之间的关系画上一个句号。实际上，这段感情以另外一种形式延续了：布里永夫人称从今以后她希望扮演一个爱慕他的女儿的角色，她希望富兰克林能够成为一位慈爱的父亲：

以下是那温柔可爱的女儿对父亲的表白：我曾经有一位父亲，他是最好的男人，也是我第一个同时也是最亲密的朋友。但不幸的是，我很快就失去了他。你经常问我："难道我就不能取代那些曾使你后悔的人？你也曾经告诉过我有一些野蛮人有这样仁慈的习惯，他们会接纳那些战俘，将他们当作自己死去的亲人。你已经在我心里占据了那个父亲的位置。"

富兰克林正式同意了，到底是出于欲望还是必须这样，我们不得而知。"亲爱的朋友，我十分愉快地接受你亲切的将我视为你父亲的提议。"他写道。随后，他又谈起了哲学。正如谈起本尼和坦普尔一样，富兰克林表示自己现在与费城那"挚爱的女儿"天各一方，因此让一些孩子在他身边"照顾我的余生，在我离开人世之时帮我闭上双眼"，这一点十分重要。富兰克林承诺，自己将努力扮演好这一角色："我会全身心地爱你，就像一个父亲一样。实际上，我内心有时的确希望能够走得更远，但我会努力控制自己。"

他们的这种关系转变促使富兰克林写出了其最有智慧、也最为真情流露的小品之一。文章的名字叫"蜉蝣——人生的一个象征"，是在他们的一次花园散步之后所写的。（这一主题的灵感来源于50年前其在《宾夕法尼亚新闻》上发表的一篇文章。）富兰克林写道，自己碰巧听到了这个短命的小飞虫的抱怨，它意识到自己在这个世界上只有7小时的生命即将走到尽头。

我已经见证了好几代人出生、繁衍、死亡。我现在的朋友都是我年轻时那些朋友的儿子和孙子，而他们自己已经不在人世了。我不久肯定会随他们而去，尽管我现在还很健康，但终究逃不过自然的规律。我现在收集这片叶子上甘美露珠的辛勤劳作是多么有益啊，可惜我享受不了多久了！

我的朋友们安慰我，即使我离开，也可以在世上留名。他们还告诉我，我已经活得够久了，经历了成长和荣耀。但对于像我这样一个不久于人世的蜉蝣，名望又有何用呢？

对我来说，在洗尽铅华之后，已经没有什么能让我感到持续的快乐了，除了此生无憾的回忆，与几个要好的雌蜉蝣明智的交流，还有一直和善的布里兰特的微笑和音乐（在最初的法文版中，最后几个字更清楚地表明了此文的对象：永远温柔的布里永）。

在剩余的法国岁月以及回到美国之后的信中，富兰克林仍然在情感上表示出对布里永夫人的依恋。他们间所谓的“父女关系”，可以使富兰克林与他们共同的一个朋友在布里永夫人的浴室里下棋下到深夜，而她则泡在浴缸里一直观看。尽管如此，他们之间却是清白的，当时浴缸上罩着一块木板。“让你泡在浴缸里那么长时间，恐怕让你感到不舒服了吧。”第二天富兰克林道歉道。随后他又加上了一个奇怪的小保证：“下次我绝不会同意和邻居在你的浴室里下棋了。你能原谅我这次的鲁莽吗？”她当然能够原谅。“不，我亲爱的爸爸，你昨天并未令我感到不适，”她回应道，“看着你令我非常高兴，只是在浴缸里泡的时间有点儿长，我感觉有点儿累。”

他们放弃了尘世之爱的可能性，却承诺在天堂彼此爱恋聊作消遣。“我答应你，”她有一次开玩笑道，“我将在天堂里成为你的妻子，只要你在等我的时候别和太多女人纠缠在一起。我想要一个忠诚的丈夫，我将从一而终。”

布里永比其他任何人都了解富兰克林为什么这样令女士着迷的原因：“快乐和殷勤使所有女性都爱上了你，因为你也爱她们。”她还半洞察半喜爱地说：“你将最仁慈的心、最有意义的道德教育、活泼的想象力和稀奇有趣的调皮结合起来，证明了最聪明的男人能让自己的智慧冲破一切女性所设置的障碍。”

在之后的日子中，富兰克林帮助布里永夫人度过了一次次的失望和沮丧，他也曾试图（正如我们所见）撮合坦普尔和她的一个女儿在一起。但到 1779 年，他却逐渐将自己的注意力转向了另一个女人。她生活在相邻的奥图村，且更加迷人。

停止变老：富兰克林与爱尔维修夫人

安妮-凯瑟琳·德·理尼卫·德奥特里库尔出生在洛林的一个显赫的贵族之家，但她是 20 个孩子中的第 10 个，所以没有太丰厚的嫁妆。当她 15 岁，到了谈婚论嫁之时，被送到了一个女修道院。正如事实证明的，她并没有过隐居生活所必需的那种性格，也没有足够的资金。因此，当她 30 岁用光身上的钱时，便离开修道院，来到了巴黎，和自己的一个姑姑生活在一起。她的姑姑是一个小说家，离开自己的丈夫并创建了一个沙龙，参加者都是聪明又稍有放荡的知识分子。

在那儿，安妮-凯瑟琳的活泼和美貌很快就吸引了众多追求者，其中最有名的就是经济学家杜尔哥。杜尔哥比她小 8 岁，后来成了法国的财政部长兼富兰克林的朋友。杜尔哥很有魅力，却不够富有，因此她就嫁给了一个更富有的男人，克劳德-阿德里安·爱尔维修。

爱尔维修是法国50多个总包税官之一，所谓的包税局是皇家授权的收税、持有租约的机构，因此包税官这个职业收益颇丰。而一旦有了钱，爱尔维修就开始实现自己社交和才智的抱负。于是富有的金融家娶了穷贵族，并如上文所提，成为了一位著名的哲学家还提出创办共济会“九姐妹会所”的设想。他的著作《论精神》体现出一种有争议的、无神论的享乐主义，认为愉悦是人类行动的为力所在。在他周围则聚集了启蒙运动的群星，包括狄德罗、孔多塞、休谟（他偶尔会从爱丁堡来到巴黎）和杜尔哥（尽管曾作为安妮的追求者而遭人轻蔑，但仍为爱尔维修所尊重）。

当爱尔维修在1771年去世（富兰克林抵达法国5年前），其遗孀安妮–凯瑟琳，也就是爱尔维修夫人，将自己的两个女儿许配给了她们自己选择的男士，并给每人送了一座家族的古堡。她自己则在帕西附近的奥图买了一个布局凌乱的农场。爱尔维修夫人生性活泼外向，正如她出生高贵但坎坷的成长经历一样，有一点儿思想自由、放荡不羁的味道，喜欢乡土气息。有这样一个评论常常被谈起，虽然其出处众说纷纭，但第一次语惊四座很可能是出自作家丰特内勒之口。当时丰特内勒已经90多岁了，却仍然经常参加她所组织的沙龙。看到爱尔维修夫人更加随意的赤身状态，他说道：“哦，又回到了70岁！”

在奥图，爱尔维修夫人培育了一个没有任何法国式繁文缛节和充满自由精神的花园。她养了一大堆鸭子和狗，建立起一个吵闹、混杂的动物园，并组织了一个与其性质类似的沙龙。朋友们纷纷来到这里，并给她带来了珍稀的植物、罕见的宠物和种种有趣的观点，而她也一一笑纳。她的宅院也被戏称为“奥图学院”。

和爱尔维修夫人住在一起的是两位神甫和一位修士，他们是：

安德烈·莫雷莱神甫，著名的政治经济学家，《百科全书》的撰稿者之一，在自己生命的最后40年中，其第一次与富兰克林成为朋友是在1772年。当时在英国的家庭聚会上，富兰克林展示了用自己的魔杖将水静止下来的把戏，他们都喜欢红酒、音乐、经济理论和实用的发明。

马丁·勒费布尔·德·拉罗谢神甫，在其生命的最后30年中，这位前本笃会修士，（用莫雷莱的话说）“爱尔维修勉强将其世俗化了”。

皮埃尔–让–乔治·卡巴尼斯，20岁之前是个诗人，翻译荷马的诗作，并学习医药，写过一本关于医院的书。他十分敬畏富兰克林，虔诚地记下了他所有的故事和逸闻。

“我们讨论道德、政治和哲学，”拉罗谢回忆道，“奥图的圣母玛利亚对于你的卖弄风情十分兴奋，而莫雷莱神父则就奶油争执不休，还用他的论辩来证明我们并不相信的东西。”

第一次将富兰克林带到此地拜访爱尔维修夫人的正是杜尔哥。那是1778年，当时他仍为爱尔维修夫人着迷。爱尔维修夫人虽然已年近60岁，却仍然活泼可爱。她家里的动物园（这里指的是沙龙）充满了欢笑和无拘无束，很合富兰克林的胃口。不久之后，富兰克林就给她写了一封信，详细描述了她的魅力：

我一直试图以自己的方式找出你为何有如此多形形色色朋友的答案。我看见政客、哲学家、历史学家、诗人以及各种背景的人都缠着你不放，就像围绕在一块上好琥珀旁边的稻草一样……我们在你那个可爱的社团中看到极富魅力的善意、对他人和蔼的关照，以及希望愉悦他人的同时也令自己高兴的性格，这是在其他社团中不常见的……在你的陪伴下，我们不仅因你而愉快，更因为彼此和自己而惬意。

不出意外，当富兰克林带着亚当斯去拜访爱尔维修夫人时，亚当斯再次为这位女士和她的家所惊呆了。在他的日记中有这样的一段："我估计那两个神甫宽恕别人罪过的能力应该和自己犯下罪过的能力差不多。"他还对爱尔维修夫人家中那种道德"荒谬"评论道："在这样的国家风俗下，不可能产生任何的共和政府。"而日后，当他的夫人阿比盖尔前来拜访之时，则更为震惊。她以一种幸灾乐祸的口气对爱尔维修夫人进行了描述：

她一头卷发，戴着一顶小草帽，帽子后面还别着一块脏纱巾……她一直是谈话的中心，经常与富兰克林博士手挽着手，有时还把自己的胳膊放在两旁绅士的座椅扶手上，随后还有意无意地搂着博士的脖子……我对此十分厌恶，永远也不会希望结识这样的女士。晚宴后，她慵懒地躺在长靠椅上，不光露着自己的脚。她有一只宠物狗，是仅次于博士的最爱。她亲吻着狗，而当小狗尿湿了地板时，她居然用自己的裙子去擦。

富兰克林与爱尔维修夫人可不止打情骂俏。1779 年 9 月，他充满激情地向她求婚了，虽然还算比较严肃，但仍保持了一种略带讽刺的超脱以保护二人的尊严。"如果那位女士愿意与他朝夕相处，他也愿意与那位女士日夜相伴，"他借卡巴尼斯的名义写道，"尽管他知道自己没有多少日子可以许诺，却已经陪伴了她很多个白天，但她却对此无动于衷，从不愿陪他一个夜晚。每天夜晚的大好时光就这样虚度，没有人因此而高兴，除了那条小狗。"

爱尔维修夫人则向他暗送秋波："我希望你在写了这么美好的事情之后，能够亲口向我表白。"富兰克林便继续以其聪明但又幽默的超脱方式向其表白，很时髦地给她写了两个小故事。第一个是关于他住所中的苍蝇的。这些苍蝇抱怨在帕西不得不面对来自蜘蛛的危险，所以很感谢爱尔维修夫人帮富兰克林打扫了蜘蛛网。这些苍蝇最后说："我们仅剩的唯一愿望，就是你们能组建一个家庭。"

杜尔哥对富兰克林妒火中烧，劝爱尔维修夫人不要接受他的求婚，而她也的确这样做了。尽管如此，富兰克林仍写了一篇著名的文章《天堂乐土》，再次向她求婚。在文中，富兰克林回忆起自己的一个梦，他梦见自己到了天堂，见到爱尔维修先生和自己的妻子德博拉，并和他们讨论自己打算续弦之事，结果却发现爱尔维修先生和德博拉在天堂里结了婚。在盛赞爱尔维修夫人要比自己死去的妻子强很多之后，富兰克林建议他们两个结婚，作为对去世的另一半的报复：

> 你昨晚明确宣称自己将终生不嫁，以示对死去丈夫的尊敬，这一残忍的决定令我痛苦不已。我回到家，躺在床上，结果发现自己死了，来到了天堂……爱尔维修先生热情地欢迎了我。他说久仰我的大名已经有一阵子了。他问了我很多关于战争的情况，以及当前法国的宗教、自由和政府的状况。"你怎么没有问你亲爱的朋友爱尔维修夫人的情况啊？她现在仍然非常爱你，我一小时以前刚从她那儿回来。"我问道。
>
> "哦，"他说，"你让我想起了我从前的幸福。但是我必须忘了她，因为我想在这儿幸福地生活。刚离开人世的时候，我的脑海里只有她。后来我便释然了。我现在已经另有爱人，她是我能够找到的最像爱尔维修夫人的了。尽管没那么漂亮，但是

她也很有智慧，精神也更高尚一点儿，并且很爱我。她一直在学习如何取悦我，希望让我开心。她一直和我待在一起，很快你就会看到她。”

……话音刚落，新任爱尔维修夫人带着美酒出现在我面前：我很快就认出了她就是富兰克林太太，我在美国的老友。我希望她重新回到我身边，她却冷酷地告诉我说：“我给你当了49年零4个月的好妻子，几乎是半个世纪了。就此满足吧。我在这里已经有了新的伴侣，我们的结合将是永恒的。”

被我的欧里狄克拒绝后，我十分不快。我突然决定离开这些不知感恩的灵魂，回到这个大好世界来，重新看到太阳和你。我来了！让我们为自己报仇吧。

在这些看似戏谑的言语之下掩藏着一颗真诚的心。富兰克林的那些朋友认为如此，甚至连杜尔哥也承认这一点。富兰克林采用这样的一种方式，的确是明智、安全之举。富兰克林展示出了其堪称完美的若即若离的手腕。如果是私下求婚，会显得过于正式，也可能会给他带来危险。但富兰克林反其道而行之，偏偏在众目睽睽之下进行，几个月后他还让自己的私人印刷所刊印了这个故事。这样，他就把自己的心思公之于众，你可以认为这是真诚之举，也可以认为是自嘲的玩笑，从而给他自己留下了充分的余地。“不知什么原因，富兰克林从不全身心地投入爱情中，”克劳德–安妮 · 洛佩斯写道，“他总有一部分藏在背后，嘲讽地静观其变。”

然而对爱尔维修夫人来说，这些都太过火了，不光是富兰克林的严肃态度，这个公众玩笑也开得太大。因此，1780年的6月，她逃离了奥图，到图尔去消夏。根据杜尔哥给他们共同的一个朋友写的信，爱尔维修夫人希望借此可以“忘掉折磨她的所有不快，如果可能的话。”杜尔哥还说爱尔维修太太的此次旅行“不仅能够使她恢复平静，对那个一直冲动的头脑（指富兰克林）来说也是最佳的选择”。

对于富兰克林来说，虽然他那娴熟的半正式的调情没能得到回应，却使他的身体和精神重新恢复了活力。“我发现自己停止变老了，”1780年春天，他在给朋友的信中写道，“我已经70岁了，若沿着以前的道路走下去，肯定要进坟墓了。我突然停了下来，转过身，背道而行。我已经这么做了4年，所以你现在可以认为我只有66岁。”

打情骂俏的成果：通俗文学大师

富兰克林在帕西和奥图打情骂俏的成果之一，就是写了很多寓言和故事，如上文提到的《蜉蝣》《苍蝇》和《天堂乐土》等。这些文章都是他用来取悦朋友的。富兰克林将这些文章称为小品，原意是指那些轻快短小的乐章，而其中的很多篇都发表于其在帕西创立的报纸上。这些文章与富兰克林过去写的那些小故事，如《波莉·贝克的审判》很相似，但在帕西写的很多文章都有些许法国特色。

富兰克林所做的这些小品一直是某些文学评论家奉承的对象。艾德礼就曾说道：“富兰克林的小品将娱乐和道德的真谛结合在了一起，堪称是世界通俗文学的大师之作。”这一说法其实并不确切。这些小品的价值在于，为我们了解富兰克林的性格提供良机，而就所谓的文学价值来讲，它们还略显单薄。对富兰克林来说，它们是一种精神游戏，就像指法练习一样有趣。尽管其中一些试图给人以道德教育的文章略显笨拙，但大部分仍显示出富兰克林典型的、机智的自我意识。

其中最有趣的一篇是《富兰克林与痛风的对话》，这一文章实际上是Alka Seltzer（一种胃药）关于一个男人被自己的胃所背叛这一广告的原型。1780年10月，富兰克林痛风复发，卧床不起。布里永夫人给他写了一首诗《患痛风的圣人》，暗示他的病是由他对“一位漂亮夫人，有时甚至是两位、三位、四位”的爱造成的。其中有几句写道：

“克制，亲爱的博士，”痛风说道，
“难道就没有你应该坚持的美德吗？
你喜欢美食，喜欢女士们的甜言蜜语，
本应该出去走走的时候，你却在下棋。”

富兰克林则写了一段痛风与自己之间欢乐的长篇对话作为回应。在对话中，痛风指责他纵欲过度，要他多锻炼、多呼吸新鲜空气（这也显示出富兰克林好为人师的特点）：

富兰克林：“啊！啊！啊！我到底干了些什么，而要受这样的惩罚？”

痛风：“太多了！你口无禁忌，暴饮暴食，而且太懒了，不去锻炼。”

富兰克林：“是谁在指责我？”

痛风：“是我，就是我，痛风。”

富兰克林：“什么？我身体里的敌人？”

痛风：“不，我不是你的敌人”。

富兰克林：“我再说一遍，我的敌人。你不仅将我的身体折磨到死，甚至还毁了我的好名声。你指责我是个饕餮食客和酒鬼。现在全世界都知道了，他们都会这么认为了。”

痛风：“世界爱怎么想就怎么想，它总是对自己很殷勤，有时对朋友也是如此。但我却深知，一个经常运动的男人能吃的肉和能喝的酒的数量，然而对不运动的人来说可就太多了……

如果你每天都坐着工作，那么至少应该多参加一些娱乐活动和锻炼。你应该散散步，骑骑马，或者如果天气允许的话，打打台球。但让我们看看你每天的生活。早上那么长，你有大把的时间可以去散步，可你都干了什么？为什么不是起来后锻炼身体，好让自己早餐时有个好胃口，而是看书、看报、看小册子自娱自乐，其中多半还不值得一看。而且你的早餐还过于丰盛：4杯加奶油的茶，一两块抹了黄油的吐司，还有好几条熏牛肉，这些都是不容易消化的。

然后你就马上坐在桌前写作，或与那些找你的人谈话。就这样一直到下午一点，中间没有一点儿身体锻炼。你可能会说，这就是我的工作状况啊！但你吃过午餐后又干了什么呢？不是像一个理智的人那样，在你那个朋友家美丽的花园里散步，而是在棋盘旁坐下来，一坐就是两三个小时。

……你知道布里永夫人的花园，它们是多么适合散步啊，你也知道从天台到草坪上有100个台阶。你每星期要在下午去拜访这个和蔼可亲的家庭两次。你还自己编格言说，一个男人爬1英里楼梯顶得上在平地上走10英里。这是多好的锻炼机会啊！你是否抓住了？又是多久进行一次呢？”

富兰克林：“我不能马上回答你的问题。”

痛风：“我替你回答，一次也没有。”

富兰克林把这篇文章和一封信同时交给了布里永夫人，信中还颇有些无赖地对她诗中的指控进行了反驳，说“对于这疼痛难忍的痛风，那些夫人都有份”。正如富兰克林所指出的那样：“我年轻时对女性的兴趣远大于现在，但当时并没有患上痛风。因此，如果帕西的女士们能对我有多一些基督教的仁慈，就像我经常劝你却徒劳无功一样，我现在就不会受痛风之苦了。”那时，对于富兰克林来说，性已经成为谈笑戏谑的话题，而不是令人紧张的禁忌。“我会本着基督教的仁慈精神，尽可能的善待你，”布里永夫人回信道，“但不会是以你所谓的基督教的仁慈。”

富兰克林还将这些小品作为提高自己语言技能的途径之一。他会将这些文章从英文翻译成法文，再从法文翻译成英文，然后把它们拿给拉罗谢神父那样的朋友看，再将他们的修改意见综合进去。例如，富兰克林曾将自己童年时为一个哨子付出惨痛代价的故事写在两栏里，左边是法语版，右边是英语版，四周还留有空白以供修改。因为布里永夫人不会说英语，富兰克林就给她看自己写的法语文章，还经常让她看别人的修改意见。

相较于文章的寓意，布里永夫人对语法并不在意。“这些修改会毁了你的作品的，”她就拉罗谢神甫对《痛风》一文做出的修改评论道，“就让你的文章保持原貌，就用那些足以表意的单词，不用理会语法学家，他们的修改会使你的语句逊色。”富兰克林经常会自己造一些新的法语，比如“放纵者”（意思就是放纵的人），而他的朋友们则经常会将这些修改过来。但布里永夫人却认为这些新词用得很好。“少数咬文嚼字之人可能会对我们吹毛求疵，这些家伙只会按部就班地评价所用的词，”她写道，“既然你能比那些语法学家更有力地表达自己的观点，我的结论就是赞同你的做法。”

富兰克林发现掌握法语词汇阴性和阳性的区别尤为困难。当他抱怨为什么要查字典以确定具体的词性时，富兰克林甚至开玩笑将“阳性”这个词写成了阴性形式，把“阴性”这个词写成了阳性形式。“60年来（从我16岁开始），阴性和阳性的事物总是给我带来一大堆麻烦（我在这指的不是语法），”富兰克林嘲讽地写道，“如果有人告诉我，所有的这样的区别都不存在了，我会不胜欢喜。”

那么到底富兰克林的法语水平怎么样呢？1780年，他已经能够用华丽的辞藻和不同的风格进行交流和写作了，尽管发音和语法还不够精准。这对于他大部分的法国朋友尤其是女性来说，很有魅力。但不出所料的是，却令亚当斯十分不悦。“据说富兰克林博士的法语说得非常好，但我却不得不尖锐地指出，他说的法语语法不够准确，”亚当斯指责道，“他对我承认，自己对语法毫不在意。而他的法语发音，尽管法国的绅士和夫人们给予很高的评价，他自己也认为相当不错，但我很快就发现，那也很不精确。”

富兰克林的法国朋友们最欣赏的一篇小品是《伯爵》，那是关于宗教包容的一则寓言。故事讲的是一个即将不久于人世的法国官员对自己梦的回忆。梦中，他来到天堂的大门前，看到圣彼得正在询问人们信仰的宗教。第一个人回答说自己是个天主教徒，圣彼得说道：“站到天主教徒中间去。”接下来，一个圣公会教徒和一个清教徒的经历也差不多。等轮到这个官员时，他说自己不信仰任何宗教，圣彼得表现得十分宽容：“不管怎样，你也能进来啊，随便给自己找个地方吧，只要你能找到。”（富兰克林似乎对初稿进行了好几次修改，以便更清楚地表达自己宗教包容的观点，在其中一稿中，富兰克林的表达更有力：“不管怎样，进来吧，爱站哪儿就站哪儿。”）

这篇文章和富兰克林之前写过的很多通俗文章一脉相承。尽管随着富兰克林年纪的增长，他越来越认为上帝是包容的，但法国的知识分子十分赞赏其并不信仰任何宗教的观点。“我们的自由思想者对富兰克林的宗教观早有定论，”富兰克林的一个熟人写道，“他们坚持认为富兰克林和自己是一类人，根本不信仰任何宗教。”

下棋与放屁：富兰克林的爱好与科学恶搞

富兰克林最有名的爱好之一就是下棋，这可以从他曾在布里永夫人的浴室里下棋到深夜这件事得到证明。他认为下棋就像外交和生活一样，这一点在他 1779 年写的小品《棋品》中得到了充分的表述。此文是在其 1732 年为《宾夕法尼亚新闻》所撰写的一篇文章的基础上修改而成的。“下棋并非仅仅是一种无聊时的娱乐，”富兰克林一开始就写道，“很多有价值的思想品质，以及人生中有益的品德，都可以通过下棋养成或加强。生活就像一盘棋，我们经常需要得分，需要与竞争者或对手斗智斗勇。”

他认为，下棋可以让人知道有远见、思虑周密、小心谨慎以及不能气馁的重要性。此外，还可以学习重要的礼节：永远不要伤害你的对手，不要以为抓住了一个漏洞就可以欺骗对手，获胜时也永远不要幸灾乐祸。“要抑制自己想要战胜对手的欲望，即使自己输了也要保持微笑。即使你的对手想悔棋，你也要保持冷静，欣然接受——也许你可能会因此输掉这盘棋，但你将赢得对手的尊重。”

在帕西，有一次富兰克林和别人下棋下到半夜，一个信使拿了一封来自美国的急件进来。富兰克林挥手示意让信使离开，直到此局结束才让他进来。还有一次，他和与其水平相当的波旁公爵夫人下棋，公爵夫人漫不经心地下了一步，把自己的“王”露了出来。富兰克林没有按照规则，直接把公爵夫人的“王”给吃了。公爵夫人说道：“啊哈！我们可不是这么吃王的。”富兰克林却俏皮地回应：“在美国，我们是这么做的。”这也成了一句名言。

还有一天晚上，富兰克林正全神贯注地下棋，蜡烛突然熄灭了。富兰克林坚决不肯就此作罢，让对手出去找蜡烛。那个人很快就回来了，满脸惊讶，告诉他天已经亮了。富兰克林打开了百叶窗。“你是对的，现在已经是白天了，”富兰克林说道，“那就去睡觉吧！”

这件事给了富兰克林灵感，后来他写了一篇小品，说自己惊讶地发现早上6点，太阳就已升起，不断发出光芒。但在当时那个年纪，我们应该注意到，富兰克林已经不再坚持穷理查早睡早起的观点了。他声称自己的这一发现将会令读者感到惊讶：“那些和我在一起的人，从未见过上午的阳光。”而他从中得出这样一个结论，如果人们早起的话，就能省下一大笔蜡烛钱。他还假装科学地算出，如果巴黎人都在夏天改变自己的作息时间，早睡一个小时，那么这项“经济工程”将会节约970万里弗尔（法国古代的货币单位）：“这可是一笔大数目啊，如果巴黎每年夏天都能以阳光来代替蜡烛的话。”

最后，富兰克林表示自己将把这一创意无偿地与大众分享，不要求任何荣誉或金钱的回报。他声称：“我只希望人们记住我是发明人就够了。”但实际上他所获得的荣誉远比自己想象的要多：人们普遍将“夏令时”这一节约能源的设想归功于富兰克林的这篇文章，尽管那只是他的戏谑之言，而且从未想过把时钟拨快一个小时。

这篇对人类习惯和科学论文的恶搞之作（和他年轻时的文章一样），体现出富兰克林深受乔纳森·斯威夫特的影响。“如果斯威夫特能够和爱尔维修夫人以及布里永夫人等女士们一起待上5年，他肯定也能写出类似于《一个谦虚的建议》这样的文章。”艾德礼写道。

另一篇貌似科学的恶搞之作，是富兰克林假装建议布鲁塞尔皇家学院对放屁的原因和治疗方法进行研究。这篇文章更有趣，也更有名

（或者说更臭名昭著）。富兰克林注意到学院的领导人希望寻找一些科研课题，并声称要“重视实用性”，因此他就提议进行一项无愧于“这个启蒙时代”的“认真的研究”：

> 众所周知，在食物消化的过程中，人类的肠道内会产生大量的气体。而将气体排出体外时会产生一股恶臭，冒犯到身边的人。因此有教养的人为了不冒犯身边的人，通常会强迫自己忍着不放屁，但这是违背自然规律的。而这一违背自然规律的做法，不仅会给人带来巨大的痛苦，还可能在未来造成严重的后果……
>
> 如果不是因为放屁时会产生难闻的臭味，有教养的人就可以随意放屁，就像吐痰或擤鼻涕一样。因此，我的好建议就是发明一种有益健康且不令人讨厌的药，可以混在我们日常的食物或调料中，服用之后，我们所排出的气体就不仅不会冒犯别人，反而会像香水一样怡人。

接下来，富兰克林装出一副科学严谨的样子，解释了不同的食物和矿物质是如何改变屁的气味的。像石灰那样的矿物质能否使屁的味道变得好闻一些呢？“这绝对值得研究！”富兰克林还说，谁最终完成这项研究，便绝对可以获得“不朽的荣誉”，因为此项发现绝对远比“科学史上任何一个让科学家流芳千古的发明都更有实际意义”。富兰克林表示，即使是亚里士多德和牛顿的著作也无助于解决屁所带来的烦恼。“笛卡尔的漩涡理论也不能令一个自己肠子中有漩涡的人感到满意”，而放香水屁的发明可以使主人们随意地放屁来取悦客人。富兰克林还语带双关地说，与这一奢侈的发明相比，之前所有的发明“加起来，都不值一提（不值一个屁）”。

尽管富兰克林在自己位于帕西的私人印刷所里把这篇文章印了出

来，但很明显，他对文章本身还是有顾虑的，从未将其公开发表。然而他却将此文寄给了自己的朋友，并特意提到有一位朋友可能会对此感兴趣。那个人就是著名的化学家、气体学家约瑟夫·普里斯特利，“一个爱给自己气体（摆架子）的人”。

此外，还有一篇科学恶搞之作。那是一封写给莫雷莱神甫的信，信中大赞酒的神奇以及人类胳膊肘的光荣。

> 我们都知道耶稣在迦拿的一次婚宴中把水变成酒的神迹。在上帝的庇佑下，这一神迹每天都在我们眼前发生。看那些从天堂降下的、浇到我们葡萄园中的雨水，在那里，它们汇成酒的源泉，随后变成了酒。这是上帝爱我们、乐于见到我们快乐的明证。而唯一的问题就是如何能加快这一转变的过程。

至于胳膊肘，富兰克林解释道，正确的位置对我们来说至关重要，否则人们就很难品尝到美酒的味道。如果造物主把胳膊肘放到胳膊的远端，那么小臂就很难接触到嘴唇。而如果胳膊肘的位置太高的话，小臂就太容易伸到嘴唇之外了。“但真实的情况是，我们能够自如地喝酒，酒杯正好可以到我们的嘴边。因此，让我们举起酒杯，为造物主善良的智慧祝福吧！让我们心怀感激地畅饮吧！”

距离：富兰克林与家人

富兰克林的“新家人”和他真正的家人，其不同之处在哪儿呢？就在于距离。富兰克林的女儿萨莉深爱着自己的父亲，1778 年 5 月英军撤出费城之后，她重新回到他们的房子里，并给富兰克林写信讲述自己是如何勤劳地重新整理他们的家的。尽管他那些法国的女性朋友们在给他的信中都称其为“我亲爱的爸爸”，但他自己的女儿却显得更加拘谨，称其为“亲爱的、尊敬的先生”，富兰克林的回信则称她为“亲爱的萨莉”，有时也称她为“我亲爱的孩子”，信的内容大部分都是关于他对外孙所取得成就的喜悦。但有时他的赞美中也夹杂着一些建议，他有一次写道：“如果你知道你的信令我多么高兴，我想你肯定会写得更勤。”

1779 年年初，萨莉在信中提到美国的物价是如何的高，自己又是如何卖力地推销自己的桌布。然而，却犯了一个错误，提到自己被邀请去参加一个为华盛顿将军所举行的舞会，并从法国获得了一些饰针、蕾丝和羽毛，好让自己看起来更加时尚。“我从未有过这么多漂亮的衣服和乐趣。”萨莉狂喜地告诉自己的父亲。她还告诉富兰克林说，希望他能寄来一些首饰，这样她就可以骄傲地打扮自己了。

当时，富兰克林正在给他的法国朋友们写自己那些甜蜜的小品文，还答应波莉 · 史蒂文森，如果自己的彩票中了奖，就给她买一对钻石耳环。但他给萨莉的回信却对她想要几件饰品的请求表示震惊。“你想要黑色的长饰针、蕾丝和羽毛！这令我震惊，就像往我的草莓里放了盐一样，”富兰克林指责道，“你把推销桌布的事放在一边，却每天操心自己的打扮好去参加舞会！我亲爱的女儿，貌似你并不知道，懒散是世界上代价最高的。”富兰克林按照她的要求给她寄去了一些“有用和必要”的物品，又以其特有的幽默感加上了几句对那些没有必要的华丽衣饰的质朴忠告：“如果你像我一样穿着细布花边（的衣服），不在意上面那些破洞的话，它们总有一天会变成蕾丝的。至于羽毛，我亲爱的女儿，美国每只公鸡的尾巴上都有啊。”

萨莉显然是受到了伤害，她于是给富兰克林回信，详细地描述了自己是如何的勤奋和节俭。她还试图重新赢得他的青睐，给他寄去了一些自家纺的丝绸，请他转献给玛丽–安托瓦内特皇后。萨莉知道父亲希望推广美国当地的丝绸业，便写道："这可以展示美国能生产怎样的产品。"

这是一个可爱的姿态，其中包含了能够吸引富兰克林的所有元素：勤劳、自力更生、推销美国产品、对法国的感恩之情。但不幸的是，在寄来的路上，丝绸被海水染色了。而更糟的是，她的父亲对她的整个计划嘲弄了一番。"我想知道你是怎么想出要给一位皇后送布料的，"富兰克林回信写道，"我试试染色能不能遮住这些斑点，然后用这些布料给我自己、坦普尔和本尼做几件夏天的衣服。"然而，信的结尾附上了一个和善、温柔的说明："鉴于你仍是一个好姑娘，我会给你寄去你想要的所有东西，继续编织你自制的袜子吧！"

而当谈到外孙和外孙女时，富兰克林的感情就细腻多了。1779 年年末，萨莉生了第 4 个孩子，为了取悦富兰克林，她以法国国王的名字给这个男孩取名为路易斯。在当时的北美，这个名字很罕见，以至于人们都纷纷打听这是男孩还是女孩。有一次，当她的儿子威利做噩梦后向赫拉克勒斯祷告时，萨莉写信给自己的父亲问道："是应该教他宗教的祈祷文，还是让他以自己的方式向赫拉克勒斯祷告呢？"富兰克林则略带幽默地回答说，她应该教他"崇拜一些正确的偶像，因为赫拉克勒斯现在已经过时了"。萨莉听从了他的教导。不久之后，她写信说威利《圣经》学得很好，对所有文学作品都有"非凡的记忆力"，"他已经学过了安东尼在恺撒葬礼上的演讲，而每次念的时候都忍不住潸然泪下。"萨莉还说她的女儿伊丽莎白非常喜欢看外祖父的画像："她经常拿着一个苹果派在画像前面晃，希望你能够从框里面走出来和她一起玩，那可是她最喜欢的东西了。"

萨莉还发现一件事可以赢得富兰克林的赞许。1779 年 12 月，当时华盛顿军队的军装十分短缺，于是她就发动费城的妇女捐款、买布料，给那些饥寒交迫的大陆军做了 2 000 件棉衣。“我现在忙于剪裁、做棉衣……给我们的战士。”她报告说。而当华盛顿准备付钱买更多的棉衣时，这些妇女拒绝了，继续免费给战士们做棉衣。“我希望你能够赞同我的做法。”她在信中写道。当然，这分明是想获得父亲的夸奖。富兰克林当然对此表示赞同。他回信对萨莉的“爱国心”大加赞赏，还写了一篇关于她的事迹的文章在法国发表。

萨莉的儿子本尼也感受到了富兰克林的喜怒无常，尽管这孩子是富兰克林从他父母那儿夺走陪他到欧洲的。本尼先是上了一所寄宿学校，每个星期只能见富兰克林一次。两年之后，这个安静的 9 岁男孩被送到日内瓦继续上学，而在日内瓦，他更是 4 年没有见到富兰克林。尽管富兰克林很喜欢法国，但他认为法国这样一个天主教的封建国家不适合教育他的外孙。他在给萨莉的信中写道：“我希望他成为一个新教徒和一个共和主义者。”

因此，本尼就被菲利波特 · 克雷默——一个法国外交官，带到了日内瓦。克雷默是伏尔泰的出版商之一。本尼渴望得到爱，渴望有一个父亲，因此对克雷默极为依赖。不幸的是，几个月之后，克雷默就去世了。于是他就和克雷默的遗孀凯瑟琳生活了一段时间，随后被交给加布里埃尔 · 路易斯 · 德 · 马里尼亚克照顾。马里尼亚克以前是一名诗人和军官，现在则负责管理本尼所就读的学校。

本尼实在是太孤独了，所以恳求他的哥哥威廉或者他在帕西时的同学约翰 · 昆西 · 亚当斯能过来陪他。或者至少能得到一幅富兰克林的画像和一些消息。富兰克林十分乐意地给他寄去了一幅自己的肖像，还告诉他萨莉成功地给华盛顿的部队提供军装的消息。“你必须要勤奋学习，这样你才能为祖国服务，才配得上这样一位好母亲。”富兰克林写道。富兰克林还告诉本尼他在帕西的同学中有4位死于天花，因此他应该为小时候接种过疫苗感到庆幸。然而，他所表达出的爱意中还包含着另一种可能性。在一封信的结尾，富兰克林写道："只要你继续做个好孩子，我对你的爱就不会改变。"

在日内瓦求学的第一年，本尼做得相当不错，甚至还赢得了将拉丁语译成法语的翻译奖状。富兰克林给他寄去了一些钱，让他按照传统招待同学。富兰克林还让当时仍在伦敦的波莉·史蒂文森给本尼挑了一些英文书，因为那时他的英文已经开始退步了。波莉显然知道如何取悦她的朋友，便给本尼挑了一本提到富兰克林的书。

但本尼还是逐渐沉沦于失望的青春期恐惧中，这也许是因为富兰克林从未去看他，坦普尔也没有去过，而他在假期也没有被带回过帕西。根据克雷默夫人的说法，他开始变得害羞、懒散。但她仍然十分关心本尼："他的心地很好，明智、理性，也很严肃。但是他既不快乐也不活泼，很冷酷，对什么都提不起兴趣，也没什么憧憬"。"他不玩牌，甚至不打架，从未显示出任何'天才'或'激情'的迹象"。（这点上，克雷默夫人可是看走了眼，因为本尼后来成了一个激情洋溢的报纸编辑。）当她提醒本尼他曾经获得过翻译奖，有成为一名好学生的潜质时。"他冷酷地认为当时只是走运。"她在给富兰克林的信中写道。甚至当她向本尼许诺，帮其从富兰克林那儿要更多的零花钱时，他也没表示出任何兴趣。

本尼的父母也十分担心，理查德·贝奇甚至小心翼翼地建议，也许富兰克林能抽空去看看他。"如果您能愿意去日内瓦看他，我们将不胜欣喜。"贝奇写道。还提醒"旅途可能对您的健康造成损害"。但这也只是个试探性的建议，贝奇甚至还因此而道歉。"我想您还有更重要的事要做。"贝奇随后写道。而克雷默夫人则从自己的角度出发，建议富兰克林至少给本尼多写点信。

富兰克林抽不出时间去日内瓦，却给本尼写了一篇教育性的短文，赞扬教育和勤奋的美德。富兰克林写道，那些学习刻苦的人可以“舒适地住在豪宅里”，而那些懒惰、不愿学习的人则“贫穷、肮脏、衣衫褴褛、愚昧无知、邪恶，只能挤在可怜的木屋和阁楼里”。富兰克林非常喜欢给本尼上的这堂课，甚至还抄了一份给萨莉寄去。萨莉则热情地表示“本尼会记在心里的”。然而，本尼甚至都没提过自己曾收到这篇文章。于是，富兰克林又给他寄去了一份，让他翻译成法文寄回来，以确保他确实读过。

最后，本尼找到一个朋友帮助自己走出了困境，这个人就是塞缪尔 · 约霍诺特，富兰克林在费城的故友塞缪尔 · 库珀的孙子。约霍诺特是一个“骚动的、好捣乱”的男孩，被帕西的学校开除了，于是富兰克林就安排他去日内瓦的学校读书。他是一个聪明的学生，在班里名列第一，还刺激本尼考到了班级第三。

约霍诺特在本尼的社交方面所发挥的作用更为明显。那时，本尼开始显露出富兰克林家族反叛的特征。一次，一只猫咬死了他们养的日内瓦宠物猪，因此他们决定杀一只猫（随便一只猫）来报仇，而他们也的确这样做了。本尼还第一次参加了舞会，当时他对此深感焦虑，以至于碰巧附近着火而让舞会无果而终时，他觉得如释重负。但本尼随后参加了第二次、第三次舞会，最后终于可以应付自如。本尼给自己的外祖父写信，告诉他自己现在过得很快乐，告诉他自己如何捉蝴蝶、摘葡萄，最后还大胆地暗示自己的零花钱应该多一点儿。并说到自己需要一块表，“一块上好的金表”。他向外祖父表示这块表非常有用，甚至还许诺将会好好保管它。

富兰克林的回应和当初对萨莉希望得到蕾丝和羽毛的请求一样。

“我不可能给孩子买金表，”他写道，“你不应该逗我，让我给你买那些昂贵的却对你用处不大的东西。”而当年轻的约霍诺特问他自己和本尼能否回巴黎时，富兰克林大为震惊。他给约霍诺特（实则是给这两个男孩）发出了严肃的忠告：“现在是你们应该考虑学习如何像男子汉一样坚强的时候了。”

富兰克林还给他另一个孙子坦普尔下了一道禁令。坦普尔到法国本来是为了继续学业，但他既没有在学校就读，也没学习其他课程。坦普尔为美国代表团所做的工作的确尽心尽力，但他却把大部分时间花在了打猎、骑马、聚会和追求女性上。为了帮助坦普尔得到一份好嫁妆和好工作，富兰克林提议让自己无赖的孙子坦普尔和布里永家的大女儿克内贡蒂结婚。

这可不是什么新鲜事了。作为一个从未成功却屡教不改的媒人，富兰克林一直试图（经常是半开玩笑地）撮合他的儿孙辈和他朋友的儿孙辈在一起。然而，这次他是完全认真且非常诚挚的。他写了一封信正式提出自己的建议，用未经朋友们修改而显得蹩脚的法语。富兰克林说布里永夫人是他的女儿，并希望也将她的女儿当作自己的女儿看待。他说坦普尔（布里永家称他为富兰克林内特）已经同意了他的提议，特别是当富兰克林承诺如果他们结婚，他就会“在法国度过余生”之后。富兰克林再次表达了希望“自己离开人世时，有孩子在旁边帮我闭上双眼”的愿望，并对坦普尔的品德大加赞赏，称他“没有任何缺点”，“具有（能及时）成功的潜质”。

布里永一家太了解坦普尔了，因此对富兰克林的评价不敢苟同。他们当然不会答应这桩婚事，而给出的主要借口则是坦普尔不是天主教徒。这就给了富兰克林一个口实，正如他之前所做的一样，让他大谈宗教包容的必要性以及所有宗教在本质上都是一样的观点。（富兰克林在信中列出了5条，其中有一条是他自己的宗教信仰：“与人为善就是侍奉上帝。”）

在回信中，布里永夫人表示同意“实际上只有一个宗教、一种品德的观点”。然而，她和她的丈夫仍然拒绝这桩婚事。“我们应该遵从我们国家的习俗。”布里永夫人说道。布里永先生当时正打算从总包税官的位置上退下来，希望找一个能够继承他职位的女婿。“这一职位是我们最重要的财产，”她写道，显然忘记了她经常向富兰克林抱怨，自己当初是因为经济上的原因才不得不接受安排的婚姻，“它需要一个熟知我们国家法律和习俗的人，一个信仰我们宗教的人来继承。”

富兰克林显然意识到了布里永夫人的反对绝不仅仅是因为坦普尔的信仰。“他应该还有其他原因，但没有告诉我，”他在给布里永夫人的信中写道，“我不应该给他找麻烦。”坦普尔在一年中先后和不同身份的女人有染，其中包括一个法国女伯爵和一位意大利女士，最后却突然和布里永家年仅15岁的小女儿恋爱了，尽管时间很短暂。这次，布里永夫人看起来已经准备同意这桩婚事了，甚至还准备提供一份嫁妆和工作。但善变的坦普尔早已移情别恋，甚至还包括和一个有夫之妇有染。而最终，这位情妇也使坦普尔成了富兰克林家族中第三代有私生子的人。

Benjamin Franklin

An American Life

第十五章

和平缔造者（巴黎，1778~1785 年）

全权公使

到了1778年夏，美国驻法使团中的三位代表都意识到了必须要有一个主要负责人。根据富兰克林向国会的报告，这不仅是因为三个人难以就政策达成共识，他们连在一起共事都困难重重，甚至他们的仆人也互相吵架。此外，法国委派了一名驻美的全权公使，根据美法两国相关协议中的对等原则，美国也必须委派一名级别相当的代表。阿瑟·李毛遂自荐，并同他的兄弟们相勾结，试图获得这一职位，约翰·亚当斯则大度得多，向朋友表示富兰克林才是最佳人选，尽管对他的工作习惯和对法国的"软弱"态度仍不敢苟同。富兰克林没有公开地表示对此项任命的热情，却在1778年7月向国会强烈地表示，请"把我们分开"。

法国人帮富兰克林进行游说。他们向美国方面表达了自己的想法：富兰克林才是他们的选择。国会则顺水推舟，于当年9月以12∶1的票数选举富兰克林为驻法全权公使。当时唯一对此表示异议的是宾夕法尼亚州，富兰克林的对手们对富兰克林及他的孙子坦普尔（被囚禁的前总督之子）的忠诚表示质疑。

然而战争和寒冬延迟了报信的美国船只的行程，因此这一任命的消息直至1779年2月才传至法国。消息传来，阿瑟·李出离愤怒，拒绝将手中的资料移交给富兰克林。至于亚当斯，其传记作者戴维·麦卡洛写道："这一任命正是亚当斯推荐的结果，因此他比以往都更加痛苦。"亚当斯很快就离开了巴黎，至少暂时如此，开始了返回马萨诸塞州的旅程。

富兰克林当时正深受痛风的折磨，因此无法马上递交新国书。3月末，富兰克林才以驻法全权公使的身份拜见了法国国王和大臣们。为了顾及亚当斯的情绪，富兰克林竭力试图维护他们的关系。富兰克林给亚当斯写了一封礼貌而又有趣的信，在信中描述了凡尔赛宫会谈的场景，并抱怨说："我的腿脚似乎无法承受这种劳累，差点又耽误了我一个星期。"亚当斯在回信中则保持一种同事的客套，甚至在某种程度上支持富兰克林对法国深深的忠诚，尽管他本人对于与法国走得太近持怀疑态度。"我对你以新身份在王室中受到的欢迎感到十分欣慰，"亚当斯回信道，"对于你认为法国对美国的好意是无可非议的观点，我也表示赞同。"

然而，当富兰克林和法国人决定将本打算用来送亚当斯回国的那条船，编入约翰·保罗·琼斯计划对英国作战的舰队中时，亚当斯那虚伪的淡然终于露陷了。富兰克林深知在南特港等待启程回国的亚当斯的心烦意乱，因此向其表示了歉意，甚至让权倾朝野的法国海军大臣安托万·德萨尔坦给亚当斯写了一封信解释原因。富兰克林还承诺，一旦时机允许，就派另一条船将他尽快送回美国，并安排新任法国公使与其同船前往。

亚当斯假意对此表示理解："私人的便利与否不应凌驾于公务之上。有幸与法国新任大使同行足以弥补我无法及时返乡的遗憾。"亚当斯显示出了其少有的伪善，甚至"烦请"富兰克林"转达我对布里永夫人和爱尔维修夫人这两位令人尊敬的女士的赞美"。

但随着在南特港耽搁太久，亚当斯变得越发尖刻。与琼斯共进晚餐之后，亚当斯竟称其是一个“古怪、反常”的人，他越来越怀疑是琼斯与富兰克林沆瀣一气给他回家制造障碍，并对此越发愤怒。“很明显我将要忍受种种屈辱，”他在日记中写道，“那些人是在蔑视我，还是在惧怕我？”他不可避免地开始认为富兰克林动机不纯。自视甚高的亚当斯质疑富兰克林故意阻挠自己回国，是因为担心他会讲出“危险的真相”。“老魔术师担心我会在国会里发声？”亚当斯在日记中写道，“他的确有理由这么做，正如他经常听到的，我令那些坏蛋心惊胆战。”

然而富兰克林却心情极佳，对亚当斯的腹诽毫无察觉，他甚至继续在信中表达对亚当斯的善意和友好。“我一定留心转达你对那些品质高尚的夫人们的敬意。”富兰克林愉快地承诺。在亚当斯提出三个尖锐的要求后，富兰克林仍同意新安排的船只将直达波士顿，而不是先到对于法国大使来说更为便捷的费城。但这根本没什么用。亚当斯的脑子里已经装满了对富兰克林的不信任，而当来年亚当斯重返法国之后，他们之间的关系注定会受到影响。

就在亚当斯勉强压制自己的怒火时，阿瑟·李和他的兄弟们则在美国向富兰克林公开挑战。李写了一封信并将其广为流传，指责富兰克林“搞小阴谋”，“四处传播他们意见不合”。他还将自己与拉尔夫·伊泽德在年初所写的质疑富兰克林名誉的一系列谴责信让国会一一过目。

富兰克林的女婿理查德·贝奇给其写信，提醒他要注意这些阴谋诡计，但富兰克林却没有将李兄弟的这些愤恨放在心上。“我那巨大的名声，”富兰克林写道，“令这些不快的先生们心生怨恨。他们那愤怒、猜疑、妒忌和怨恨，阴暗而不安的强烈负面情绪，都是因我而起的。”

然而，当贝奇告诉他李和他那一伙人对坦普尔这个富兰克林宠爱的孙子大加攻伐时，富兰克林受到的伤害要严重得多。“伊泽德和李那伙人，”贝奇写道，“对你任命你的外孙担任私人秘书的事大加指责，他们认为其不值得信任，因为他父亲站在英国那边的。”随后，贝奇还暗示：“他们打算提议解除他的职位。”在另一封信中，萨莉透露说，理查德很担心是否要将反对坦普尔之事告诉富兰克林，因为他知道这会令其感到沮丧。

事实也的确如此。“就我看来，将一个宝贵的年轻人从沦为一名托利党人的危险中拯救出来，实际上是一个善举。”富兰克林在给理查德的信中写道。随后，他对坦普尔可能被召回一事表达了自己的愤怒：

> 我失去自己的儿子就已经够受的了，难道还要搭上我的孙子？我是一名70岁的老人，在国会的命令下，为了公益，就带着自己的孙子冒着寒冬远赴重洋。我现在仍在异乡。如果我病了，他的悉心照料将使我感到欣慰。而如果我死了，我身边得有个孩子帮我合上眼，料理我的后事。

与此同时，富兰克林还给萨莉写了一封信，再次表达了这些观点，并表示把坦普尔从他身边夺走这一设想极其残忍，但必将徒劳无功：“我坚信，无论那些懦夫或恶棍做出怎样的提议，明智、善良的国会都不会考虑以那样的方式对待我。”国会也的确力挺富兰克林，并没有将解除坦普尔职务一事认真地提上日程，坦普尔仍是美国代表团的秘书。

当时坦普尔19岁，仍是个淘气的青年，虽然工作努力，但除了他祖父之外很少人对其真心尊重。就在1779年夏天，围绕他的争论甚嚣尘上时，坦普尔决定奋发图强，与拉法耶特一道冒险，对英国本土发动突袭。

那个只比坦普尔大三岁的年轻法国将军刚从乔治·华盛顿将军的

麾下回到法国。当时，美国革命陷入前途未卜的僵局之中。亨利·克林顿爵士率领的英军仍然占据纽约，但除了时不时出来骚扰一下，再无其他作为。因此拉法耶特一到巴黎，就提出对英国本土进行攻击这一大胆的计划，并就此与富兰克林和法国军方进行了探讨。“我很敬佩你思想的活跃，”富兰克林写道，“英格兰和苏格兰的海岸线肯定是缺乏防守且无力的。”但富兰克林承认自己对军事知之甚少，因此无法“指望其提出建议”。但他却鼓励拉法耶特：“历史上很多事例都证明，在战争中那些貌似不可能的想法最终都因为无人能够预知而变成了现实。”

拉法耶特急切地希望坦普尔能够站到他那一边。“在整个战役中我们都将待在一起，这是我的荣幸。”他给坦普尔写道。对于坦普尔这个花花公子来说，担心的则是他的级别、头衔、任务和制服。坦普尔希望能担任一名军官，而不仅仅是一名志愿兵。坦普尔还坚持要像军官一样佩戴肩章，尽管拉法耶特建议他不要如此。就在他们为这些问题不停争执时，对英国本土发动地面进攻的计划被法国军方推迟了。

富兰克林承认自己很失望。在给拉法耶特的信中，富兰克林写道：“我本以为他（坦普尔）能从你那将名震天下的壮举中沾一点儿光。”而坦普尔为自己赢得名声的机会又一次胎死腹中。

进攻英国本土：暴躁的指挥官

对英国本土进行攻击这一计划中的一部分的确被付诸实践了，这也使富兰克林的生命中出现了一个有趣的角色。早在拉法耶特构思这一计划时，富兰克林就告诉他计划成功与否“很大程度上决定于是否有一名审慎、勇敢的，并熟知英国海岸线情况的海军指挥官”。然而，最后他们却勉强选择了一个勇敢多于审慎的人，也就是富兰克林的熟人——约翰·保罗·琼斯。

约翰·保罗·琼斯原名约翰·保罗，父亲是苏格兰的一名园林设计师。他 13 岁就出海，在一艘运奴船上当大副，并很快担任了自己商船的船长。但琼斯这个人脾气暴躁，在其职业生涯中多次因此激起下属的不满。担任船长之后不久，他就陷入麻烦中。琼斯鞭打了一名船员，后来这名船员死了。好不容易被无罪释放，他又拿剑刺死了另一名声称要造反的船员。因此琼斯就逃到了弗吉尼亚，改名为约翰·保罗·琼斯，并在美国革命之初，在由海盗和冒险家组成的鱼龙混杂的美国海军中谋得了一个军官的位置。到 1778 年，琼斯因在英国和苏格兰海岸线附近进行大胆的攻击为自己赢得了不小的声誉。

有一次，琼斯准备绑架一个苏格兰伯爵。但不巧当时那个人去了巴斯，因此琼斯的手下就要求伯爵夫人交出所有的银器。可能是出于负罪感，琼斯决定从手下那儿买下所有的赃物并将其归还原主。他给伯爵写了一封辞藻华丽的信，表明了自己的用意。琼斯还抄了几份，在不同的朋友圈中传阅，其中就有富兰克林。富兰克林当时也负责对美国海军的私掠船进行监督。他试图帮助琼斯解决这个问题，却陷入了与愤怒的伯爵和困惑的伯爵夫人没完没了的书信往来之中，因此这批银器直至战争结束之后才最终物归原主。

富兰克林认为，如果这个脾气暴躁的船长在海峡群岛附近进行劫掠，就能多做点好事，或者可以少做些伤天害理之事。“泽西岛的私掠船给我们造成了极大的伤害，”1778 年 5 月富兰克林在给琼斯的信中写道，“有人告诉我，如果能获得你的相助，将使我们免受其害。”富兰克林还暗示这一建议来自“高层”，意指当时的法国海军大臣安托万·德萨尔坦。

然而琼斯并非那么容易上钩，他回信说自己的船“游击兵”号“太破、太慢”，因此需要获得更多的回报，这样他才能劝说自己的船员去执行更多的任务。但琼斯也知道如何取悦富兰克林，他给富兰克林寄去了一份作战日志的副本，而富兰克林读起来则如获至宝。因此，在没有获得美国使团其他成员或法方允许的前提下，富兰克林就任命琼斯为指挥官，负责一艘在阿姆斯特丹为美国新造的军舰。然而，当时仍试图保持中立且十分焦虑的荷兰人却破坏了这一计划，特别是当英国通过其间谍班克罗夫特得知此事并对荷兰施加了压力之后。

最终，1779年2月，富兰克林帮助琼斯获得了一个职位，担任“杜拉斯”号的舰长。“杜拉斯”号是一艘装有40门火炮的旧军舰。琼斯随后就将其重新命名为“博诺姆·理查德”号，以向其赞助人表示敬意。琼斯还十分激动地去帕西拜访了富兰克林及房东肖蒙，感谢他们为其提供资金和支持。其实，此次造访帕西可能还有另外一个原因：琼斯与肖蒙夫人有私情。

在帕西期间，发生了这样一件事，看上去就像一出法国闹剧。肖蒙家园丁的妻子，一个满脸皱纹的老太太声称琼斯试图强暴她。富兰克林在随后给琼斯的信中暗示了此事，但琼斯却会错了意。他以为富兰克林所说的“你小心提及的那个秘密”是关于他早年曾杀死造反船员的事情。于是，他就给富兰克林写了一封长信，痛苦地描述了自己的苦楚。

看到琼斯对那件事的详细描述，富兰克林真是丈二和尚摸不着头脑，但又觉得有些好笑。富兰克林回信说自己从未听说过此事，并告诉琼斯所谓的“秘密”指的是园丁的妻子指控琼斯“试图强暴她”，时间是“你离开前的晚上7点”，地点则是在庄园的灌木丛中。那个妇人详细回忆了当时的恐怖场景：“有些细节我不适宜一一列出。”妇人的三个儿子发誓“一定要杀了你”。但琼斯不必为此担心：帕西的所有人都把此事当成天大的笑话，从未当真。富兰克林写道，“这件事有些好笑”，“那个老妇人粗鲁、鄙俗、肮脏、丑陋，可以算得上是极品了”。而对琼斯的品味十分了解的肖蒙夫人却摆出一副事不关己高高挂起的样子，声称“此事使我们深刻地了解了欲望的力量和美国人的勇气”。

富兰克林向琼斯保证，所有人都认为这肯定是弄错了。在狂欢节上，曾经有一个女孩穿上琼斯的制服，打扮成他的样子。因此，他们认为这其实是那名女孩和园丁的妻子开的一个玩笑。但如果说园丁的妻子这样容易就被作弄了，即使傍晚将至、天色昏暗，也实在是不合情理。甚至连他们的朋友博马舍都试图在《费加罗的婚礼》中加上一幕换装强奸的戏。但这个解释却足够了，在随后的信中他们并未再提起此事。

此事正发生在富兰克林帮助策划在琼斯和拉法耶特的带领下，对英国发动攻击之时。当时琼斯和拉法耶特都在帕西，两人在富兰克林焦虑的注视下，花了数小时谨慎地打量对方。这两个人都很自负，很快就因为大大小小的事争执起来，从到底谁应该负责哪些方面，到他们的人应不应该同桌吃饭。富兰克林试图以其最擅长的、间接的方式安抚琼斯。“陆、海协同作战经常因指挥官之间的妒忌和误解而流产。”富兰克林指出。随后，他又言不由衷地表示：“据我对你们个人以及对你们在此种情况下思考方式的了解，我确信你们之间不会出现类似的现象。”但富兰克林却明确表示了对琼斯脾气的担心，这也的确可以理解。富兰克林表示，琼斯必须要“冷静、审慎行事”，并且谨记拉法耶特的级别要比他高，而此事也将成为“在需与他人协调合作的情况下，对（你的）能力和脾气秉性的一次考验”。

在给琼斯的正式指令中，富兰克林甚至明确命令其要保持克制，特别是鉴于他的手下曾抢掠过那位苏格兰伯爵的银器："尽管英国人曾肆无忌惮地烧毁美国很多全无防备的城镇，但你切不可效仿其行事，除非合理的赎金要求被拒绝。在这种情况下，你自己的慷慨以及这一指导将使你时不时地想起自己的初衷。因此首先疏散那些病人、老人，以及妇女和儿童。"琼斯则回信说："你开明、高尚的指导将会使胆小者勇敢起来。"

在拉法耶特对英国发动地面进攻的计划被抛弃之后，富兰克林和法国人决定由琼斯单独对英国发动海上进攻。1779 年 9 月，琼斯行动了。结果就发生了"博诺姆 · 理查德"号与装备更为精良的"塞拉皮斯"号之间的那场传说中的海战。在一阵猛攻之后，当英国军舰舰长要求琼斯投降时，琼斯的回答却是（至少根据传说是如此）："我还没开始打呢！"正如琼斯在给富兰克林的对此次战斗生动、详尽的描述中所言："我以最坚决的否定回答了他。"

琼斯让"博诺姆 · 理查德"号紧紧咬住了"塞拉皮斯"号，他的手下则爬上桅杆朝敌船的军火仓投掷手榴弹。经过三个小时的激战，琼斯手下的 300 人中有一半或死或伤，但最终成功地在"博诺姆 · 理查德"号沉没之前控制了"塞拉皮斯"号。"当时的场景无法用语言来形容，"他在给富兰克林的信中写道，"仁慈不得不被放在一旁，我们只能感慨为什么战争会产生如此致命的后果。"

富兰克林对琼斯的成功深感自豪，甚至和他成了密友。"巴黎和凡尔赛几乎都在谈论你在可怕的战斗中那冷静的指挥，以及你表现出来的勇敢。"富兰克林回信道。他还帮助急于获得社会认同的琼斯加入共济会的"九姐妹会所"，并陪伴他以胜利者的身份去凡尔赛觐见了法国国王。富兰克林也陷入琼斯与叛逆的下属皮埃尔 · 朗代之间旷日持久、言语尖刻的争论中。皮埃尔 · 朗代是"联盟"号的舰长，本应是琼斯舰队的一员。但在与“塞拉皮斯”号的海战中，“联盟”号不仅没有施以援手，反而对“博诺姆·理查德”号开炮。在接下来的两年中，富兰克林与琼斯一直与阿瑟·李支持下的朗代就“联盟”号的舰长之职展开争夺。当朗代最终霸占了“联盟”号并离去之后，身处重围之中的富兰克林决定最好让别人来处理此事，而他自己在法国还有其他事要做。

宫廷之友

约翰·亚当斯离开巴黎，对富兰克林和法国王室来说都是一件令人愉快的事，只可惜好景不长。当富兰克林被任命为美国唯一的驻法公使时，亚当斯带着更为尖酸刻薄的心情离开了法国，但他在美国只待了几个月，国会就决定将其派回法国。亚当斯的这次使命是待时机成熟之时，与英国进行和谈。但实际上当时和谈的时机尚未成熟，因此亚当斯便插手富兰克林负责的相关事务。

这彻底惹恼了法国外长韦尔热纳。当亚当斯于 1780 年 2 月抵达巴黎时，就建议将其与英国人进行会谈的权力公之于众，韦尔热纳则援引美国答应过法国不单独行动的承诺否决了亚当斯的建议。韦尔热纳认为亚当斯待在法国无所事事，并严厉地教导他说：“首要的是采取必要的保密措施，防止你出使的目标为英国王室所得知。”

富兰克林也十分恼火。亚当斯的归来不仅打乱了他精心维护的与法国王室的关系，还令其想起了长久以来亚当斯和李等人在国会对其名誉进行的攻击。以沉思的笔触，富兰克林给华盛顿写了一封信，表面上是对华盛顿的声望予以肯定，实则清楚地反映出他对自己声望的担忧。“我肯定很快就下台（去世）了。”富兰克林以一种难得的自省写道。富兰克林这样说并不是指其在法国的职位，而是指他的生命。富兰克林在信中写道，华盛顿在法国极大的声望，“并没有被其同胞和同代人的羡慕和妒忌遮蔽了光辉”。实际上他所试图安慰的并不仅仅是华盛顿，也包括他自己——历史总是忽略“这些卑躬屈膝之徒所发出的微弱之声”。

更具体的是，富兰克林试图向他自己和他的朋友们（以及向历史）解释，为什么是亚当斯而不是他自己将肩负与英国进行和谈的重任。就在亚当斯刚到法国的时候，富兰克林就给自己的老友，英国国会议员戴维·哈特利写了一封信。他之前曾与哈特利讨论过交换战俘和进行试探性和谈的问题。哈特利提出英国与美国之间休战10年。富兰克林则回答说，他“个人认为”休战也许有用，但“我和你目前都没有被授权”就此类事项进行协商。而现在亚当斯被授予了这样的权限，富兰克林对国会的选择则有自己的解释：“一旦开始和谈，如果国会委托他人而不是我来进行此事，正如传闻一样，这可能是因为他们听说了我认为‘战争无益处，和平总无害’的观点，从而以为我会为了获取和平而轻易地被对方误导并做出对美国不利的妥协。”

富兰克林的确经常表达“战争无益处，和平总无害”的观点，甚至在美国革命结束之后，还经常向很多朋友念叨。这一句话有时被视作一个反战口号，并被用以证明富兰克林是一个著名的和平主义者。但实际上这是一种误解。在富兰克林的一生中，当他认为战争是合理选择时，便会对其表示支持。富兰克林曾帮助建立了费城民团，为与法国和印第安人的战争募集供给而奔波。尽管最初曾试图避免美国革命的爆发，但当他最终意识到独立不可避免时，便成了其坚定的支持者。富兰克林信中的观点是写给哈特利的，也是写给历史的。他试图解释为什么自己没有被国会选作和谈代表。而也许更有趣的是，富兰克林想让他在英国的朋友知道，一旦和谈开始，他将发挥比亚当斯更好的作用。

与此同时，富兰克林比他大部分的美国同僚更狂热地致力于美法同盟。这导致了当亚当斯在1780年年初回到法国之后，富兰克林与其产生了公开分歧。之前，两人的分歧主要是关于个性和工作风格的，但现在却是关于政策的：美国是否应该对法国表示感激、拥护和忠诚?

在美国革命初期，富兰克林和亚当斯在某种程度上都持有一种孤立主义或例外主义的观点，这也是贯穿美国历史的主线之一：美国不应该乞求从其他国家获得援助，而当其与他国结盟时，则应该含糊其辞、小心谨慎。甚至在1777年与其所热爱的法国开始接触之后，富兰克林仍重申了这一原则。“我从未改变过我曾在国会上表达的观点，一个新的国家必须要保持纯洁的品格，而不应该追求联盟。”他向阿瑟·李保证道。在与法国商谈美法联盟的过程中，富兰克林成功地坚持拒绝做出任何让步，不肯赋予法国对美国的贸易垄断地位。

然而当1778年年初签定条约之后，富兰克林却变成了一个信仰感激和忠诚的人。正如外交史专家杰拉尔德·施图尔茨所言，富兰克林“赞美法国在谈判中显示出的雅量和慷慨的举动，甚至有点儿可笑”。在富兰克林看来，美国对法国的忠诚是建立在理想主义和现实主义之上的。他不仅仅是从商业利益和欧洲均势的冷酷算计出发，而是从道德层面对其进行解释。“这是一个慷慨的国家，喜欢荣耀，尤其喜欢保护受压迫者，”富兰克林在给国会的一封信中这样描述法国，“告诉他们如果我们获得成功，他们的商业将会占据有利位置，那就是他们帮助我们的好处，就好像说‘帮助我们吧，我们不欠你们的’一样。这样不谨慎、不合适的语言实际上有时正出自我们在法国的某些人之口，那不会产生任何好效果。”

而相比之下，亚当斯则更像是一个冷酷的现实主义者。他认为法国支持美国是其国家利益使然——削弱英国，并在与美国的贸易中获取更有利的位置，条约的任何一方都不必因此感到亏欠。亚当斯还颇有远见地预测，法国对美国的帮助是有限度的：它希望这个新生的国家能够与英国决裂，但又不能强大到不需要法国支持的地步。亚当斯认为富兰克林对法国王室过于顺从了。在其1780年回到美国之后，曾强烈地提出这一个观点。亚当斯在当年4月给国会的信中写道："在表达我们的观点，以及对任何国家的慷慨和雅量的感谢时，我们应谨慎地把握其中的分寸。"

不出意料，韦尔热纳热切地希望只和富兰克林打交道。到1780年7月末，韦尔热纳已经同亚当斯通了很多气氛紧张的信，他已经受够了，无论话题是关于美国货币改革还是法国海军的部署。他认为有必要给亚当斯写一封言辞激烈的信，无论是从正式的外交角度还是非外交角度出发。韦尔热纳代表路易十六宣布："法国国王陛下无须你帮助他注意美国的利益所在。"换句话说，法国不会再和亚当斯打交道了。

韦尔热纳向富兰克林通知了这一决定，并给他发去其与亚当斯之间所有信件的副本，请求富兰克林"将其完整地呈给国会"。在回信中，富兰克林对韦尔热纳直言不讳，表达了自己对亚当斯的不满，但实际上此举非常危险。"造成这样的不快完全是因为其个人的轻率之举，并非是任何指令使然，"富兰克林接下来还明确地撇清了自己与亚当斯之间的关系，"他从不和我多说关于其在欧洲的事务，我从他那儿了解的和从报纸上了解的一样多。"最后，富兰克林承诺将把韦尔热纳所提供的亚当斯那些冒犯的信件呈给国会。

尽管富兰克林可以，或本应将这些信寄回国，不必加上任何评论，但他却抓住这个机会给国会写了一封信，（"不情愿地"）详细地描述了自己与亚当斯之间的分歧。他们之间的分歧在某种程度上可以归咎于风格的不同。亚当斯直言不讳地维护美国的利益，而富兰克林的方式则更为委婉，更富外交魅力。但他们之间的分歧还在于两人的哲学思想南辕北辙。亚当斯认为美国的外交政策必须建立在现实主义之上，而富兰克林则认为还需要包括理想主义的元素，既要有道德的责任也要有国际利益。正如富兰克林在信中所言：

> 亚当斯先生……认为，正如其亲口对我说过，美国对法国的感谢表示得太过随意了。法国欠我们的远比我们欠他们的多。我们在向其提出申请时，一定要展示我们的精神。我认为他错了，必须要体面、得体地对待法国王室。我认为，法国这位年轻有德的君主乐于回忆其援助一个受压迫民族所展示出的慷慨仁慈，认为此举是其统治下的荣耀之一。我认为我们应该通过致谢增加他的快乐，表达对他的感激并不仅仅是我们的责任，更是我们的利益所在。

英国人还没准备好和他接触，法国人又不愿意和他打交道，亚当斯只好愤恨地再次离开巴黎。富兰克林也再一次试图不让他们之间的分歧变成私人恩怨。随后，亚当斯远赴荷兰，试图劝说荷兰向美国提供一笔贷款。富兰克林则给亚当斯写了一封信，对此项工作的困难表示同情。富兰克林说道："在从宫廷到另一个宫廷祈求金钱和友谊的过程中，我曾一次次被羞辱。"而在随后的一封抱怨法国对其的要求迟迟没有回复的信中，富兰克林嘲讽地写道："然而，我有上帝赐予的两个美德——信仰与希望。但我的信仰正如耶稣的门徒所言，没有任何实证。"富兰克林还说，如果他们共同的努力都失败了，"我已经做好了中止、逃跑或和你一起进监狱的准备，只要能令上帝高兴"。

1780年年末，美国需要更多财政援助的愿望变得格外强烈。年初，英军指挥官亨利·克林顿在康沃利斯将军的协助下从纽约顺流南下，对南卡罗来纳州的查尔斯顿发动了进攻。克林顿返回纽约后，康沃利斯在此建立起一个英军指挥部。同样是该年夏天，忧心忡忡的美军将领贝内迪克特·阿诺德向英军投降，成了臭名昭著的叛徒。同年10月，华盛顿在给富兰克林的信中写道："我们现在的情况使我们只有两条路可走：要么讲和，要么从我们的盟友那儿获得更多的援助，特别是金钱。"

因此，富兰克林于1781年2月向韦尔热纳提交的申请可谓是竭尽全力，从私人感情谈到理想主义，再到国家利益。"我已经71岁了，"富兰克林写道，并表示自己的身体状况很差，可能很快就要退休了，"当前的事态至关重要。"如果不能得到更多的援助，国会就会失去其影响力，新政府就会流产，英国就将恢复对美国的统治。富兰克林警告说，这将打破权力的制衡，"使英国变成欧洲的噩梦，英国人将自然而然地显示出其天生的傲慢"。

富兰克林所要求的数额颇为惊人——2 500万里弗尔。最后，法国人同意提供600万里弗尔的援助，这对富兰克林来说已经是极大的胜利，也足以保留美国希望的火种。

然而，富兰克林却十分伤心。在国内，他的敌人们一如既往地心怀恶意。"只有召回富兰克林博士才能从政治上拯救美国。"拉尔夫·伊泽德在给理查德·李的信中写道。甚至连韦尔热纳也通过自己的渠道向国会表达了自己的一些疑问。"尽管我十分尊敬富兰克林先生，"韦尔热纳在给费城的法国公使的信中写道，"我仍然不得不承认，他的年龄和对和平的热爱可能会产生一种与其负责的事务不相容的冷漠。"伊泽德甚至在李兄弟一方的支持下发起了一次关于召回富兰克林的表决。尽管富兰克林轻松胜出，但国会仍决定派出一名特使负责处理未来的财政支付事宜。

因此，在1781年3月，当富兰克林得知法国将提供新贷款的消息之后，他告诉国会自己已经做好了辞职的准备。“我已经75岁了，”富兰克林写道，并表示自己深受痛风的折磨，身体也越发虚弱，“我不知道我的脑力是否已经衰退了，可能我是最后一个注意到这一点之人。”在致力于公益50年之后，富兰克林已经获得了“足够的荣誉，以满足于任何恰当的雄心壮志。我别无所求，只想好好地休息，希望国会能答应这个要求”。

富兰克林还提出了一个私人请求：希望代表们能够给他的孙子坦普尔提供一份工作，因为他放弃了学习法律的机会而在巴黎为国尽忠：“如果他们认为坦普尔可以担任一个驻欧洲王室的公使助理之职，我认为他们将会为其工作表现感到满意，而我本人也将对此深感谢意，并将其视为对我本人的关切。”

和平代表

国会拒绝了富兰克林辞职的要求。此外，还传来了一个喜讯。富兰克林不仅继续担任驻法公使之职，还被委任了另一项职务：一旦战争趋于尾声，他将作为5名代表之一与英国进行和谈。其余4人是约翰·亚当斯（最初被选为唯一的谈判代表，当时仍在荷兰）、托马斯·杰斐逊（再次因个人原因辞去职务）、南卡罗来纳州的种植园主兼商人亨利·劳伦斯（在海上被英军俘获，被囚禁于伦敦塔中）和纽约的商人约翰·杰伊。

富兰克林的当选充满了争议，一定程度上是韦尔热纳施压的结果。

尽管对富兰克林的精力持怀疑态度，但法国外交大臣仍指示其在费城的公使以他的名义进行游说，并告诉国会富兰克林的行为举止“既热心爱国又明智谨慎”。富兰克林还要求国会规定新的代表团未经法国同意不得采取任何行动。国会满足了他的这个要求，明确指示相关代表“就所有议题与我们慷慨的盟友、法国国王陛下的大臣们进行最推心置腹的交流，未经他们的同意，不得在和平或停战谈判中采取任何行动”。

亚当斯对如此遵从法国的意愿十分震惊，称国会的指示是“可耻的”。杰伊对其表示赞同，宣称美国“投入法国国王的怀抱”，“既不会有益于声望也不会获得利益”。然而，富兰克林却对要求服从法国的指示十分高兴。他在给国会的信中写道：“我多次感受到法国国王陛下对我们的善意和那位正直能干的大臣（韦尔热纳）的真诚，我对此很有信心，它必将产生令人满意的结果。”

令其富兰克林振奋的还有一个个人的胜利。尽管很多朋友（甚至包括赛拉斯·迪恩）反对，富兰克林仍成功地使坦普尔担任了新任代表团秘书一职。坦普尔的新职务以及他本人辞职的请求被驳回，使其又恢复了活力。“我将此次留任看作一个荣誉，”富兰克林在给一位朋友的信中写道，“我甚至认为它比我第一个职务还重要，鉴于我对手们的所有利益……都不足以阻碍它的达成。”

富兰克林甚至给那位对英和谈大权被新任使团削弱的亚当斯写了一封友善的信。他告诉亚当斯，他们的任命是一种莫大的荣誉，随后又嘲讽地抱怨，无论他们取得怎样的成就都会为人所诟病。“我从未听说任何一个和平协议，即使是最占优势的和平协议，没有被人质疑过不够好，”富兰克林说道，“我希望上帝保佑这些调解人能在另一个世界为人所理解，因为在现在这个世界，他们经常被诅咒。”

作为实力与外交关系方面的大师，富兰克林深知如果不能在战场上取得优势，就不会在谈判桌上有主动权。只有在1777年美国赢得了萨拉托加大捷之后，富兰克林才能与法国讨论法美联盟的问题。而也只有美国及其法国盟友赢得一个更为决定性的胜利之后，富兰克林才能与英国人探讨一个恰当的和平方案。

1781年10月，这个问题解决了。英国将军康沃利斯伯爵从查尔斯顿向北出发，希望与华盛顿将军决战，并占领弗吉尼亚的约克城。法国的支持发挥了关键性的作用：拉法耶特迂回到康沃利斯南侧，切断了英军退路。一支法国舰队封锁了切萨皮克港，阻止其从海上逃窜。法国大炮也从罗得岛运抵战场。9 000名法国士兵与11 000名美国士兵会和，统一接受华盛顿将军的号令。由美军和法军分别组成的两支400人的部队，对英军展开夜以继日的协同进攻与轰炸。甚至当10月17日康沃利斯派出一名鼓手来表示其投降的诚意时，美军和法军过了好一阵子才注意到他。此时距萨拉托加之战已经过去了4年多，距列克星顿和康科德之战也已是6年半之久。11月19日，韦尔热纳得知美法联盟胜利的消息后将其转告给富兰克林，富兰克林则命自己位于帕西的印刷所立即开印，第二天一早便四处发放。

尽管战争看起来似乎已经结束，富兰克林仍十分谨慎。除非现任大臣辞职，英国仍有可能重燃战火。“我记得当我还是个拳击少年时，即使对手表示认输后，当时的规则仍允许给其一记上勾拳，”富兰克林在给美国财政部长罗伯特·莫里斯的信中写道，“让我们拭目以待吧。”

1782年3月，诺斯勋爵的内阁最终垮台，罗金厄姆勋爵上台执政。美国与英国之间的和谈可以开始了。当时，富兰克林是5个美国代表中唯一身在巴黎的。因此，在接下来的几个月中，富兰克林实际上是独自处理相关和谈事务，直至后来杰伊和亚当斯先后抵达巴黎。当时，富兰克林面临两个复杂的问题：

美国已经承诺与法国及其盟友在外交上协调行事，而不是单独与伦敦方面进行谈判。但英国希望与美国直接谈判，达成一个双边的和解。富兰克林一开始将在表面上坚持与法国协调的原则，但实际上他还要安排与英国进行私人的直接和谈。

罗金厄姆内阁中有两个对立的大臣——外务大臣查尔斯·福克斯和殖民地事务大臣谢尔本伯爵，他们都派出了自己的代表到巴黎进行和谈。富兰克林必须设法确保他更青睐的且更容易受其影响的谢尔本的代表得到与美国进行谈判的授权。

谈判伊始：权力制衡的狡猾游戏

“大事有时出现在小环境中。”当1782年和谈开始后，富兰克林在日记中写道。借此，富兰克林就有机会和他老情人布里永夫人以及一个名叫乔姆利的英国勋爵会面了。乔姆利是谢尔本的朋友，布里永夫人派他到帕西拜访富兰克林。而富兰克林则通过他表示了对新任殖民地事务大臣的问候。早在1766年，富兰克林就与谢尔本相识，并对他很有好感。当时，富兰克林正为自己在美国西部获得一大片土地而进行游说，并时不时地去拜访谢尔本位于威尔特郡的庄园。爱尔维修夫人也在其中起到了一点儿作用：谢尔本刚给她送来一些醋栗树，富兰克林则在给谢尔本的信中礼貌地提到这些灌木被“非常有序”地运到了目的地。

谢尔本的回应则是委派理查德·奥斯瓦德与富兰克林开始进行协商。奥斯瓦德以前是伦敦的一名商人，还贩卖过奴隶，曾经在美国待过一段时间，他有一只眼睛失明了。4月15日，奥斯瓦德抵达法国，之后就马上开始劝说富兰克林，如果美国甩开法国单独与英国谈判，进展将会更快，结果也将会更好。然而富兰克林不为所动，他在信中写道："我告诉他，美国不会背叛法国，而将与其协调行动。"第二天富兰克林还带着奥斯瓦德去凡尔赛与韦尔热纳进行了会面。韦尔热纳提议相关各方在巴黎举行一个总体的和平会议，就相关事项进行协商。

在从凡尔赛回来的路上，奥斯瓦德再次提议美英单独媾和。他表示，一旦通过协商解决了美国独立的问题，那么仅剩的英国与法国和西班牙之间的争端（包括直布罗陀的归属问题）对美国来说也就无所谓了。奥斯瓦德还暗示：一旦法国参与和谈并提出过多的要求，英国将不惜停止偿还国债以继续进行战争。

富兰克林则尖锐地回应道，美国独立的问题在1776年就早有定论。英国必须无条件承认，而不是所谓的再就其进行协商。至于不惜违约停止偿还国债而继续进行战争，富兰克林则没有答复。"我并不打算劝阻他们不要停止偿还国债，但如果他们这么做，无疑是在自杀，"富兰克林在日记中写道，"这样的威胁对我而言实则是极大的鼓励，令我想起了那句俗语——色厉内荏。"

富兰克林则建议英国应该考虑对美国进行赔偿的问题，特别是对那些因英国招募印第安人对美作战而"遭受投机和战争损失之人"。"没什么能比这更容易促使协议的达成了。"富兰克林说道，而且这将会使英国所需要和所希望的商业得以复兴。

富兰克林甚至还提出了一个具体的赔偿计划：英国应该放弃对加拿大的控制。英国从与加拿大进行皮毛贸易中获得的利润，与其在加拿大的防务费用相比少得可怜。而如果英美达成和解，其和英国恢复与美国贸易的获利相比，更是九牛一毛。此外，出售加拿大部分土地所获得的钱，还可以用来补偿那些房屋被英军烧毁的爱国者和那些财产被美国人没收的保皇党人。

富兰克林正躲在法国人的背后，玩一个狡猾的权力制衡游戏。他深知法国人虽然对英国怀有敌意，但并不希望英国将加拿大拱手让给美国。那样会使美国的边界更为安全，并缓解美英两国之间的紧张关系，而与法国保持友好关系的必要性也就降低了。而如果英国继续占领加拿大，富兰克林向奥斯瓦德解释道，将“迫使我们发展并加强与法国的联盟”。在其给韦尔热纳的关于与奥斯瓦德会谈的报告中，富兰克林对自己建议英国放弃加拿大只字未提。尽管富兰克林仍将与法国亲密合作，但这却显示出一旦时机成熟，富兰克林将愿意抛开法国单独行事。

与以往一样，富兰克林宣读了其事先准备的要点，奥斯瓦德则“恳求”富兰克林能让他将其带回，供谢尔本过目。犹豫再三之后，富兰克林同意了。对于富兰克林的信任，奥斯瓦德十分高兴。富兰克林则认为奥斯瓦德十分理智、真诚。“当分开的时候，我们的关系已经比好朋友还要密切。”富兰克林写道。

对于将谈话内容给了奥斯瓦德，富兰克林略显担心：其中提到要补偿那些被没收了财产的保皇党人。于是他就在帕西的私人印刷所印了一份所谓的波士顿的报纸，在其中详细描写了英国对那些无辜的美国人所犯下的暴行，并将其送给亚当斯和其他人传阅。富兰克林此举的目的是强调其并不对保皇党人表示同情，应该得到赔偿的是美国人。这份假报纸做得十分聪明、可信，描述塞尼卡印第安人把几箱美国人的头皮送给了英国，还伪造了一封约翰·保罗·琼斯的来信。为了让其更加可信，富兰克林还在上面编了几则小广告，说南波士顿有一幢新砖房出售，以及在塞伦有一匹母马走失。

对于韦尔热纳提议的召开由各方参与的和平会议，英国政府表示同意。但这就意味着英国要派出一名新的代表，这个人代表的是英国外国大臣查尔斯·福克斯而不是殖民地事务大臣谢尔本。这个新代表的名字并不吉利——托马斯·格仑维尔，他是对北美殖民地持敌视态度，在1765年推行《印花税法案》的格仑维尔之子。但一直以来对美国持同情态度的福克斯则向富兰克林保证，年仅27岁的小格仑维尔值得信任。“我知道你心胸开阔，所以并不担心你会对格仑维尔这个名字有偏见，从而使你对其品德和思想的种种优点视而不见，或对其渴望和平的真诚持怀疑态度。”

当格仑维尔在5月初抵法国时，富兰克林马上带着他去了凡尔赛。在凡尔赛，格仑维尔犯了一个错误。他向韦尔热纳建议，如果“英国让美国独立”，法国应该向英国归还其所占领的加勒比地区的岛屿，这样，和平很快就能达成了。

韦尔热纳意味深长地一笑，对这个外交新手发起了反击，并对其提出的所谓让美国独立的条件嗤之以鼻。他说：“美国并不是向你们请求独立。富兰克林先生就在那儿，他将回答你这个问题。”

富兰克林则说道：“很明显，我们并不认为有必要就这样一个我们已有的，而且是用很多鲜血和财产换来的东西和你们进行谈判。”

同奥斯瓦德一样，格仑维尔希望劝说富兰克林与英国进行单独的和谈，而不是将法国也牵涉其中。为此，几天后，格仑维尔去帕西拜访了富兰克林，并警告说法国“可能会坚持”那些与美法联盟条约无关的条件。如果那样的话，美国就没有必要坚持条约，“为他人做嫁衣，继续这场战争了。”

富兰克林的回应也和对奥瓦尔德的一样，拒绝让步。富兰克林写道：“我更愿意谈论受益、责任与感激这样的话题。”那些希望摆脱义务的人经常“巧妙地寻找一些理由和借口”，但美国不会如此。如果一个人从另一个人处借了钱，即使还清了，他仍然欠另外一个人的人情："他只是还清了金钱上的债，但人情债还在。"

格仑维尔则认为这夸大了"感激"的定义，因为法国实际上才是美国从英国独立出来获利的一方。富兰克林则坚持认为他能够强烈地感到法国对美国"慷慨、高尚"的支持，因此"我不能允许自己考虑减少对法国义务的建议"。

格仑维尔还试图隐瞒他只得到了与法国谈判而非与美国直接谈判这一授权的真相，这就意味着英国尚未承认美国是一个独立的国家，从而令富兰克林更为恼火。在6月初，富兰克林直接就这点与格仑维尔进行了对质。为什么委托书中没有授权与美国直接谈判？富兰克林诘问道。如富兰克林第二天报告给亚当斯的："他的解释无法令我满意，只说他认为可能是照搬了上次的委托书，所以将此点忽略了。"富兰克林坚持格仑维尔要拿到新的委托书，他们才能开始谈判。富兰克林深知，这不仅仅是条文表述上的细小差别。他坚持要将英国接受美国独立作为谈判的先决条件。富兰克林在给亚当斯的信中写道："我认为英国国王不愿意走出这一步，因为授予这样的委托书就意味着在某种程度上承认我们的独立。"

富兰克林的确愿意与法国协调行事，却并不赞同英国坚持让法国来代表美国进行谈判的观点。对此，韦尔热纳表示赞同："他们试图将我们视为你们的代表，但法国国王陛下不会赞同这一点。他认为这样有损美国的尊严。只有你们才能代表你们自己。"他还补充道，法国唯一的要求就是"所有条约必须同时进行，并在同一天签署"。

韦尔热纳在有意无意之间默许了富兰克林可以与英国单独进行谈判。由于英国非常渴望与美国单独谈判，且当时有两名英国特使在法国，富兰克林就拥有了更多的筹码。因此，当6月初格仑维尔再次来到帕西要求与美国直接谈判时，富兰克林决定"回避这一话题"，而不是直接表示拒绝。

格仑维尔问道："如果西班牙、荷兰甚至法国都坚持不合理的条款，美国难道还有必要陷入一场只对其他国家有利的战争中吗？"

富兰克林的回答是："现在还没有必要探讨这样的情况。""如果其他任何一个国家提出了非分的要求，"富兰克林暗示道，"到时再考虑我们的义务也不迟。"

格仑维尔非常急于同美国直接开始和谈，因此自信地告诉富兰克林，他已经"被告知承认美国的独立，以作为谈判的先决条件"。奥斯瓦德也希望可以马上开始同英国进行直接谈判，两天之后，他来到帕西向富兰克林暗示，如果富兰克林愿意，他可以担任英国政府的谈判代表。奥斯瓦德有点儿避重就轻，他坚持自己并不是想取代格仑维尔，因为自己已经老了，不再需要名誉那些身外之物。但对于富兰克林来说，倒是乐于看到这样的状况，因为可以在两个急于实现目标的人之间左右逢源。

奥斯瓦德要比格仑维尔更老于世故，也表现得更渴望和更具威胁性。他坦承英国现在"十分需要"和平："我们的敌人现在可能正在对我们做他们乐于做的事，球在他们的脚底下。"另一方面，英国国内有一部分人对近来英国在西印度群岛对法国海军所取得的一场大胜"有点儿过于乐观"。如果他和富兰克林不能及时开始和谈的话，可能主战派就要占据上风。奥斯瓦德警告说，他们甚至已经开始认真探讨停止偿还 1 000 英磅以上面额的国债以为战争提供资金的可能性，因为这样不会激起太多的民愤。

富兰克林写道，他将这视为"一种威胁"。然而奥斯瓦德却懂得如何通过恭维安抚富兰克林。"他不断地表达英国大臣们对我极大的尊重，"富兰克林写道，"他们指望我把这个国家从现在的困境中解脱出来。也许他手中没有比我更适合的人选了。”

奥斯瓦德甚至还表面上对富兰克林所提出的条约内容表示支持，以讨得富兰克林的欢心。富兰克林反对补偿在战争中资产被充公的保皇党人，因为他担心这可能会诱使美国要求英国对所有被其焚毁的美国城镇进行补偿。对此，奥斯瓦德表示他个人也是这样认为的，并赞同富兰克林希望英国将加拿大割让给美国的观点。这看起来就好像他正在与格仑维尔竞争担任英国和谈代表，希望得到富兰克林的推荐一样。

事实也的确如此。他给富兰克林展示了谢尔本所写的一本记事簿，其中表示如果富兰克林愿意，谢尔本愿意授权奥斯瓦德作为与美国谈判的特别谈判代表。谢尔本写道，他愿意赋予奥斯瓦德任何权力，“只要富兰克林博士和奥斯瓦德认为有助于美国和英国之间问题的最终解决。”谢尔本的记事簿里还写道，美国与英国和解的方式“将与一直互相为敌的大不列颠和法国和解的方式截然不同”。

奥斯瓦德含含糊糊地表示格仑维尔是“一位非常理智的年轻绅士”，他非常愿意让其进行与法美之间的和谈。但是，如果富兰克林认为奥斯瓦德直接与美国人进行谈判“有用”的话，他“非常乐于贡献自己的时间和精力”。

富兰克林愉快地接受了。他写道，奥斯瓦德“对美国的了解”，意味着他可以比格仑维尔更好地“劝说那些大臣接受美国的条件”。富兰克林问奥斯瓦德，他是比较喜欢和包括法国在内的所有国家协商，还是单独和美国进行谈判。毫无疑问，奥斯瓦德的答案是后者。富兰克林写道：“他说他不愿牵涉其他国家。如果他接受了什么任命，那肯定是和美国进行谈判。”富兰克林便同意秘密致信给谢尔本，推荐奥斯瓦德作为与美国单独和谈的代表。

富兰克林之所以做出这样的决定，某种程度上是出于对奥斯瓦德的好感——奥斯瓦德年纪和他相仿，更年轻的格仑维尔则不太能引起他的兴趣。格仑维尔曾向伦敦《晚邮报》透露其与富兰克林一次会面的内容，而且没有实话实说，这令富兰克林十分恼火。“奥斯瓦德先生是一位长者，看起来似乎现在已别无所求，只是想做点好事，”富兰克林写道，“格仑维尔先生比较年轻，因此很自然地希望获得声望，成了一名能干的谈判代表。”富兰克林自己在 76 岁仍然雄心不已，当时他认为年纪能使人平和。

尽管富兰克林做足了坚持法国必须参加所有谈判的姿态，但他已经开始认为通过单独、隐秘的渠道与英国进行谈判更符合美国的利益。因此，6 月中旬，就在其与奥斯瓦德进行具有重要意义的会面一周后，当富兰克林到凡尔赛的时候，他并没有像往常一样和韦尔热纳坦诚交流。“我们谈到英国所有意欲分离我们的企图，以及应该有远见卓识，团结在一起，协调应对。”富兰克林写道。但这次，富兰克林隐瞒了一些信息。他并没有告诉韦尔热纳关于奥斯瓦德与其单独谈判的提议，也没有提及他建议英国将加拿大割让给美国。

即使对国会，富兰克林也没有实话实说。国会曾在征得富兰克林的同意后，要求所有和谈代表在没有知会法国或得到法国支持的情况下，不得采取任何行动。在 6 月下旬给新任国务卿罗伯特 · 利文斯顿的信中，富兰克林报告说英国派出了两个使节——奥斯瓦德和格仑维尔。他声称自己拒绝了他们分离美国和法国的企图：“他们最初希望能够与交战方一个接一个地分别谈判。但几经交涉之后，他们发现这一想法是不切实际的，并得出这样一个结论，应该和所有交战方统一谈判，以实现全面和平。”然而第二天，富兰克林就在一封表面上是写给奥斯瓦德，实则意在让谢尔本了解自己立场的信中，重申了自己希望单独与英国进行谈判的立场：“我只希望你被授权与美国就条约进行协商。”

英国同样也在密谋。除了与法国进行正式的谈判外，它还秘密地向美国国会派出特使，希望劝说会议代表接受美国作为英国的一个自治地，即美国可以拥有自己的议会，但必须要忠于英国国王。富兰克林得知此事之后，给利文斯顿写了另外一封信，要求他们坚决抵制。“英国国王最害怕我们团结一致。”富兰克林说。如果英国国王被允许对美国“拥有丝毫的权力或进行任何的统治，他很快就会通过腐败、阴谋和武力将其拓展开来，直到我们完全沦为他的子民”。

富兰克林的和平计划：独立战争结束

7 月初，罗金厄姆勋爵去世，使谈判的局势变得越发简单。谢尔本接任首相，福克斯辞去外务大臣之职，格仑维尔被召回。对于富兰克林来说，时机已经成熟，因此他向奥斯瓦德提交了一份在 7 月 10 日写成的非正式但很严谨的和平建议。

富兰克林的建议可以分为两个部分，“必要”条款和“建议”条款。“必要”条款包括 4 项：美国的独立是“充分、完全的”，英国从美国撤出所有军队，确认边界以及拥有在加拿大沿海的捕鱼权。“建议”条款也包括 4 项：对美国在战争中遭受的破坏赔偿，承认英国有罪，签署一个自由贸易协定，以及将加拿大割让给美国。

奥斯瓦德马上将所有细节报告给谢尔本，但富兰克林则对这些建议保密，没有将其记录下来。他也没有就其向奥斯瓦德提交的建议与韦尔热纳进行协商，甚至没有让其知晓此事。

这样，富兰克林以明晰的远见卓识和些许阴谋诡计，为结束美国独立战争的最后和谈搭起了舞台。谢尔本收到报告之后，马上告诉奥斯瓦德这个建议是“富兰克林博士诚意的明证”。谢尔本表示，英国愿意确认美国的独立作为谈判的先决条件，而此点“明确无疑，因此可以避免未来英美对抗的危险”。他还认为如果美国放弃“建议”条款，“只保留所谓的‘必要’条款作为谈判的基础”，他便确信合约“可以很快达成”。尽管最终协议的达成还要耗时几个月，但发生的这些事都是很重要的。

然而，富兰克林那“残忍的痛风”和肾结石发作，使其在 8 月和 9 月的大部分时间里都不能正常活动，因此谈判被搁置。历尽千辛万苦最终抵达巴黎的约翰 · 杰伊取代富兰克林担任了首席谈判代表。这个强硬的纽约人对委任奥斯瓦德的表述持有异议，英国只授权奥斯瓦德与“所谓的殖民地”进行谈判，这并不比格仑维尔的授权强多少。因此，他要求奥斯瓦德首先要得到一份明确的授权，承认在与一个独立的国家打交道，然后才能谈判。

当杰伊和富兰克林一道拜访韦尔热纳时，这位法国外务大臣建议不必坚持奥斯瓦德的委托书中必须明确美国的主权。富兰克林同样也认为奥斯瓦德的委托书中只是“最好”包括这样的内容。他对韦尔热纳默许英国与美国之间单独进行和谈兴奋不已，并将其视为显示法国“仁慈好意”的宽宏大量、支持的表示。

但杰伊却认为这是阴险之举，实际上这样的理解更加正确。他认为韦尔热纳不希望英国在没有与包括法国、西班牙在内的各方达成一个总体和平协议之前就承认美国的独立地位。杰伊向国会报告，“法国王室选择拖延英国承认我们独立的进程，以确保我们一直在他们的控制之下”，直至法国和西班牙的所有要求都得到满足。“我必须报告，富兰克林博士对此与我观点各异。”

在当天晚上从凡尔赛返回帕西的路上，杰伊对法国动机的怀疑导致其与富兰克林发生了激烈的争执。杰伊告诉富兰克林，他对于韦尔热纳居然提出西班牙希望获得阿勒格尼山脉和密西西比河之间的某些土地感到非常气愤。富兰克林完全赞同不应允许西班牙“把我们关在笼子里”，却给杰伊和风细雨地上了一课，告诉他在没有确凿的证据之前，不应该质疑像法国这样一个朋友的动机。富兰克林争辩说，法国并非如杰伊气愤地坚持所认为的那样试图延缓谈判的进程，相反，韦尔热纳对奥斯瓦德的委托书提出异议，是显示出他希望促进谈判的意愿。

而当杰伊得知韦尔热纳派出一个副手前往伦敦执行一项秘密使命时，他的怀疑更加坚定了。他既不信任法国人也不信任富兰克林，因此也加入这场秘密的闹剧中，自己派了一名特使到伦敦。有趣的是，他所派出的那个人名叫本杰明·沃恩，是富兰克林的老朋友和出版商。当时沃恩前往巴黎拜访富兰克林，希望为促成和平尽一份力。

杰伊要求沃恩告诉谢尔本伯爵，奥斯瓦德的委托书中必须明确其将与“合众国”进行谈判。杰伊保证，一开始就明确承认美国的独立，会有助于“割掉”将美国捆绑在法国身上的“绳索”。谢尔本急于在其内阁垮台之前就达成和解，因此愿意大幅让步以满足杰伊的要求。9月中旬，谢尔本的内阁授予奥斯瓦德一个新的委托书，委托其与“13个联合州名义下的殖民地所委派的代表进行谈判”，并再次确认以美国独立作为未来谈判的先决条件。

因此，在杰伊和富兰克林的要求都得到了满足并重修于好之后，就在10月5日，美英之间的正式谈判开始了。奥斯瓦德提交了其正式的新委托书，杰伊则提交了美方的条约草案，此草案与富兰克林在7月非正式提交的那份十分相像。唯一的区别就是在富兰克林的4点“必要”条款之上，又加上了一条令英国而非法国和西班牙高兴的条款：英国和美国将拥有密西西比河的自由航行权。

然而，在英国成功地挫败了法国和西班牙对直布罗陀的联合进攻之后，英国大臣们信心大振，因此谈判被暂时搁置了几个星期。为了表示对奥斯瓦德的支持，谢尔本派出了亨利·斯特雷奇前往协助。斯特雷奇是一名内阁官员，曾担任豪将军的秘书。而在斯特雷奇抵达法国的同时，约翰·亚当斯也再次抵达了法国，履行其作为美国代表之一的责任。

亚当斯还是一如既往的耿直，并质疑每个人的品德，除了他自己。甚至连已成为富兰克林挚友的拉法耶特都马上被其抨击为“野心无限”、“渴望荣誉”的“杂种”。亚当斯甚至公开地、不顾及外交策略地表示出其对韦尔热纳的不信任，到法国三周都没有去拜访这位法国外务大臣，直至韦尔热纳“提醒他要注意履行自己的职责”。（韦尔热纳的圆滑程度就像亚当斯的固执程度一样，他盛宴款待亚当斯，还经常给其提供上好的红酒和马德拉酒，这令生性古怪的亚当斯困惑不已。）

同样，亚当斯最初对是否应该礼节性地去拜访富兰克林也犹豫不决，尽管亚当斯在荷兰执行任务时，他们还经常通信。富兰克林当时因痛风和肾结石发作，大部分时间只能待在帕西。“他（亚当斯）都不愿走近他（富兰克林）。”马修·里德利在日记中写道。里德利是生活在巴黎的一名美国商人，是两人共同的朋友，最终劝说亚当斯认识到，拜访富兰克林是十分必要的。

亚当斯刚刚得知正是富兰克林在韦尔热纳的授意下，给国会写的那封信才使他之前被召回，因此十分愤怒。亚当斯告诉朋友说，富兰克林是“基于猜疑”和“卑鄙的妒忌”才有此卑劣之举。这完全误解了富兰克林——他这么做只是出于对其的讨厌，而并非嫉妒。富兰克林偶有缺点，但绝不包括无止境的妒忌。

不管是什么原因，亚当斯回到巴黎时早已怒气冲冲。“我承认我与富兰克林之间没有友谊可言，”亚当斯写道，“我也绝不可能与那样一个道德低下的人为伍。”亚当斯甚至在日记中写道：“富兰克林狡猾的目的是想分裂我们。为了实现这一目标，他会激怒我们、玩弄手段、搞阴谋诡计、耍花招，无所不用其极。”

但一旦富兰克林和亚当斯专心于工作时，正如事实所表明的，他和亚当斯又相处得很好，而这也是对富兰克林魅力的有力证明。亚当斯最后还是去了帕西，当他直言不讳地告诉富兰克林自己赞同杰伊对法国的强硬态度时，“博士只是耐心地倾听，但一句话也没说。”

富兰克林希望不与法国协商而直接和英国谈判的打算并不新鲜，在杰伊和亚当斯抵达巴黎之前，他就已经这么想了。但富兰克林却使自己看上去是为了和他的两个同僚保持一致，以缓和亚当斯的态度。富兰克林“开始和我们相处得十分融洽，意见也十分一致，”亚当斯在日记中高兴地写道，“他精明而又极富声望，因此在整个谈判中一直非常能干，也发挥了很大作用。”

对于富兰克林而言，他却一如既往地对亚当斯又敬又恼。正如其在几个月之后谈判结束时对利文斯顿所说的：“他一心为国，一向很诚实，也总是很精明，但有时在某些事情上却完全失去了理智。”

10月30日，就在亚当斯47岁生日那天，美国和英国的代表开始了为期一周的紧张谈判。每天从早上11点开始，直至晚饭结束。英国代表早有准备地接受了富兰克林7月就提出的4个“必要”条款，但对于“建议”条款却持有异议，如割让加拿大。当时，英法之间的主要分歧在于：

纽芬兰岛捕鱼权的问题：正如戴维·麦卡洛所言，亚当斯认为这是个大问题。他对“新英格兰对稀有的鳕鱼自古以来就享有权利”一事进行了滔滔不绝的陈述。富兰克林同样也坚持如此，但他则从经济的角度进行了解释：一旦英美两国重修于好，美国从捕鱼业所获得的利润将被用来购买英国的产品。“你是担心鱼不够，还是担心我们捕得太多了？”富兰克林问道。法国人本想为自己争取在此海域的特别捕鱼权，但令他们惊愕的是，英国人竟对此做出了让步。（当美国国内有人质疑富兰克林支持法国的观点，会反对美国主张获得捕鱼权时，富兰克林给杰伊和亚当斯写信，请求他们为其坚定的立场作证。杰伊欣然同意，亚当斯却显得十分勉强。）

战前，美国人欠英国商人的债务问题：富兰克林和杰伊都认为英国应放弃这些债务，因为英国在战争中已经夺取或毁掉了太多美国人的财产。然而亚当斯却认为必须要尊重这些债务，最后他的观点占了上风。

西部边界问题：富兰克林一直都坚持美国应该向西部扩展的观点，因此坚持其他国家无权占有阿勒格尼山脉和密西西比河之间的土地。正如杰伊所记录的：“他一直坚持认为我们的西部应以密西西比河为界。”当然，这在所有交战方都参加的会谈上肯定也不会得到法国或西班牙的支持。但英国在获得与美国一样的密西西比河自由航行权之后，便十分高兴地接受了这一主张。

关于对在美国的、财产被没收的英国保皇党人的赔偿问题：这是分歧最大的一个问题，富兰克林对其更是火上浇油。他从道德的角度为其观点进行了辩护。富兰克林认为这些保皇党人是战争爆发的原因之一，而他们的损失与战争中美国爱国者所受的损失相比只是九牛一毛。但他的固执实际上也掺杂着个人因素——他曾经的朋友约瑟夫·加洛维以及与其关系疏远的儿子威廉都是著名的保皇党人。对儿子的怨气以及希望将其公之于众的打算，对富兰克林关于此问题的观点都产生了重要影响。而这在最后几周的谈判中，又给富兰克林凭添了一些辛酸。

1778年9月，英美双方进行了一次战俘交换，威廉得以从康涅狄格州释放，此后一直住在英国控制的纽约，担任保皇党人联合会主席之职。在任职期间，他鼓动对美军发动了一系列小规模却十分残忍的袭击。一次，他们用私刑处死了一位美军上尉。华盛顿则威胁如果不能将罪犯绳之以法的话，就要绞死一个英国战俘。这个战俘是一个出身名门的年轻军官，名叫查尔斯·埃斯基尔。

埃斯基尔的朋友和家人使尽浑身解数，试图营救他。谢尔本则以个人的名义向富兰克林请求从中调停，但被其断然拒绝。他在回信中说，华盛顿的目的是“为了让一个故意杀人的凶手伏法”，“如果英国拒绝交出或惩罚凶手，就表明他们宁愿保全凶手而不是埃斯基尔上尉。因此在我看来，应该向英国大臣去提出申请”。

而当英国的军事法庭宣告被指控的英国士兵无罪，因为他只是奉命行事后，这件事就将富兰克林本人牵扯了进来。愤怒的美国人要求逮捕下这个命令的人：威廉·富兰克林。因此，1782年8月，在其以新泽西总督的身份来到美国20年之后，威廉谨慎地逃回了伦敦。待他回到伦敦时，已经是9月下旬，而那时他的父亲与奥斯瓦德的最后一轮和谈刚刚开始。

爱管闲事的沃恩使事态进一步复杂化，他请求谢尔本给予威廉一些照顾。沃恩告诉谢尔本说，当其与坦普尔在帕西谈及此事时，坦普尔“暗示希望能为他的父亲做些事”。沃恩还表达了自己的观点，非常错误的观点，即如果对威廉加以照顾，便可能会对富兰克林对英国的立场产生“合理的影响”。因此谢尔本与威廉会面，并向其承诺将尽自己所能地帮助他和所有保皇主义者。富兰克林得知此事后十分恼怒，特别是他得知沃恩的错误干预是按照年轻的坦普尔的吩咐行事，更是怒不可遏——这小子居然未经祖父的同意就给他的父亲说情！

如往常一样，富兰克林用一则小寓言表达了自己的看法。他写道，很久以前，有一个伟大的狮子是森林之王，“它的子民中有一群忠诚的狗”，但狮子却在“邪恶顾问的误导下”对狗发动了战争。“一小撮由狼和狐狸杂交出来的杂种狗背叛了那些诚实的狗，加入敌人的行列中。”当狗最终取得胜利，获得自由，狮子所属议会中的狼和狐狸聚在一起，讨论如何给那些仍然忠诚的杂种狗进行补偿的问题。这时，一匹马却提出，“那些勇敢和自由的狗现在已成了上等狗”，但对那些自相残杀的行为进行表彰是不公平的，并且只会导致更多的战争。所以富兰克林得出了这样一个结论：“议会决定拒绝这一要求，是相当明智的。”

在谈判的最后几天中，富兰克林对关于保皇党人的赔偿问题变得越发强硬。甚至当杰伊和亚当斯在某种程度上表示愿意就此妥协时，富兰克林仍不为所动。过去，亚当斯一直指责富兰克林不值得信任，因为他认为富兰克林可能会同情自己身为保皇党人的儿子，但现在他却对富兰克林如此坚持相反立场感到困惑。“富兰克林博士对托利党人十分反感，”他在日记中写道，“在这一点上，比杰伊先生和我更为坚决。”

鉴于当时寄居英国的美国保皇党人的巨大影响，谢尔本深知如果自己不能做点什么满足他们的要求，自己的内阁就可能会垮台。因此，直至最后一天，他的谈判代表还在坚持，但富兰克林却在威胁，如果在此点上过多纠缠，就很可能将整个条约毁于一旦。他从自己的口袋拿出一张纸，并重申了自己的立场：如果英国希望美国对保皇党人的财产进行赔偿，那么英国政府就必须要对所有被毁的美国城镇、被拿走的物品、被掠夺的货物、被烧毁的村庄，甚至被抢掠一空的他本人建立的费城图书馆进行赔偿。

英国人的态度被迫有所缓和。在听完富兰克林的犀利之词后，英国代表退到旁边的一个房间，商议一番之后，又回到了谈判现场。英国代表建议美方做出一个在某种程度上毫无意义的承诺，即由国会向各州“诚挚地建议”，由各州视情况对本州被没收财产的保皇党人进行赔偿。美国人深知各州不会采取实质性的行动，于是便答应了这一请求。但即便如此，富兰克林仍然坚持附上一条针对威廉的限制性条款：该建议不适用于“以武力反对合众国”的保皇党人。

第二天一早，也就是1782年11月30日，美国代表及其秘书坦普尔与英国代表在奥斯瓦德所下榻的莫斯科大酒店的房间内签署了临时条约，从而结束了美国独立战争。出于对美法协同行事的尊重，双方约定只有“英法达成和平协定”之后，条约才正式生效。因此，条约正式生效是9个月之后的事了。但条约却具有一项立竿见影的决定性意义，即在行文中明确宣布合众国“自由、独立，享有主权”。

当天下午，所有美国代表都前往帕西，富兰克林在那儿举行了一个盛大的庆祝宴会。甚至连约翰·亚当斯都变得柔和了，起码暂时如此。他不得不向自己的朋友马修·里德利承认，富兰克林“表现良好，并且举止高尚”。

安抚法国：迈向和平

对于富兰克林来说，向韦尔热纳解释为什么美国违反其对法国的义务，未经法国允许就通过国会与英国签署条约绝非一件易事。富兰克林首先给韦尔热纳送去了条约的一份副本，并强调这只是一份草案。随后，又在接下来的一周亲自去凡尔赛拜访了法国外务大臣。韦尔热纳冷酷而礼貌地评论道，“协议的突然签署”，“对于法国国王来说并不能欣然接受”，美国人“没有显示出自己的教养”。尽管如此，韦尔热纳也承认美国人做得不错，并评论说：“我们的谈话气氛很友好。”

当富兰克林随后鲁莽地提出希望再次获得法国贷款，并告知其将把和约寄给国会时，韦尔热纳才利用这个机会正式地表示抗议。韦尔热纳在给富兰克林的信中写道，对他来说，“(美方)在没有与我方沟通的情况下就与英国秘密进行和谈”，很是失礼。在法国未与英国签署和约之前，美国有责任不与英国单方面媾和。“你一生都在履行自己的职责，”韦尔热纳写道，“我希望你能够想一下自己是如何履行对法国国王的职责的。”

富兰克林的回信堪称“外交史上的杰作”，被誉为“世界上最著名的外交信函之一”。在信中，富兰克林在不卑不亢地略表悔意的同时，对法国晓之以理：“谈判伊始，我们就从未同意过任何有损法国利益之事。”虽然这并不与事实完全相符，“我们与英国之间不会有和平，除非里面包括了你们法国的和平。”在信里，富兰克林用了一个法语词，大体上可以翻译为“得体”，希望可以轻描淡写美国违背约定的行为。

> 在条约签署之前没有和你进行协商，可以说我们违背了“得体”(bienséance)的原则，这点上我们的确有过错。但这并非出于对法国国王的不敬，我们对法国国王陛下是满怀深情和敬意的。我们希望贵方能原谅我们的过错，也希望到目前为止我们愉快进行的、几近圆满的、令法国国王陛下的统治万分荣耀的伟大工作，不会因我们的一个轻率之举就毁于一旦。

紧接着，富兰克林又大胆地再次提出希望法国能够继续给予贷款的请求：“如果你拒绝继续给予我们那个数额的援助，目前所取得的成就毫无疑问地将灰飞烟灭。”除此之外，富兰克林还提出了一个暗含威胁的请求。他警告说，如果将美国违约之事公之于众，对双方的利益都是一种损害：“我刚刚听说，英国正暗自欢喜成功地离间了我们。我希望我们能够对这个小误会保密，这样他们就会发现自己大错特错了。”

韦尔热纳对富兰克林的信十分震惊，他给其驻费城的大使发去了一份副本：“我认为应该让国会中那些最具影响力的代表们了解美国使节对我们所做的不合时宜之举。”韦尔热纳并没有指责富兰克林本人，只是表示“他太容易向同僚们的偏见屈服了”。韦尔热纳还抱怨美国并没有受所谓同盟条约的束缚，这一点无疑是正确的：“我们竭尽全力地帮助美国，维护其作为一个国家的安全，却得不到什么回报。”

韦尔热纳几乎是束手无策。正如富兰克林暗示的，如果法国与美国摊牌，将会使美国更快与英国形成更紧密的同盟。因此，他只好不情愿地将其搁置起来，指示他的代表不要向国会提出官方抗议，甚至还同意再提供一笔贷款。

“两个伟大的外交官终于正式交手了，”卡尔·范·杜伦写道，“哲学家最终巧妙地使大臣束手就擒。”这个比喻不错，但用富兰克林最喜欢的国际象棋来比喻可能更为恰当。富兰克林同时和两个进攻型的棋手下棋，一开局他就打算通过与法国结盟而最终实现与英国的和解，但同时又希望保持与法国的盟友状态。当局势并不乐观时，富兰克林展示了极大的耐心，而一旦机会出现，他又谨慎地把握住机会，最终得偿所愿。

在独立战争期间，富兰克林对三份伟大文件的最终形成起到了重要的作用，分别是《独立宣言》《美法同盟条约》和《英美和平条约》。现在，他的思想开始向和平转向。“所有的战争都是罪恶的，靡费万金，伤害巨大，”富兰克林在给波莉·史蒂文森的信中写道，“什么时候人类才能认识到这一点，并同意诉诸仲裁来解决他们的纠纷呢？如果人们能这样做，即使以死亡为代价，也好过进行战争相互摧毁。”在给英国朋友约瑟夫·班克斯的信中，富兰克林再次重复了他那句著名的，但又有些容易令人误解的名言：“战争无益处，和平总无害。”

“富兰克林”姓氏的消失

富兰克林没有马上返回美国，而是决定在帕西的田园生活中，好好利用其新得到的和平与闲暇，享受朋友、家庭、知识的乐趣。他的外孙本尼一直在日内瓦的学校中备受折磨，而日内瓦当时正因普选权而陷入政治漩涡。现在富兰克林的外交使命暂时告一段落，他便决定让本尼在1783年夏天回到帕西度暑假。这距离其离开法国求学已经过去了4年。

终于能够和他希望赢得尊敬的外祖父相聚，本尼十分高兴。他告诉一个访客说，富兰克林“和其他老人截然不同”，“老人一般都烦躁不安、喜欢抱怨、不会轻易满足，但我的外祖父却一直在笑，十分快乐，就像个年轻人一样”。他们的这次相聚也温暖了富兰克林。在给本尼父母的信中，富兰克林写道，“他成长得很好”，“他的学习和举止就是明证”。而在给波莉·史蒂文森的信中，富兰克林说：“我越来越喜爱他了。”

那年夏天，本尼14岁，他的外祖父带着他去塞纳河学游泳，而他的表兄坦普尔则教他击剑和跳舞。本尼也对坦普尔印象深刻。坦普尔用氯气熏晕一只老鼠，然后又将其弄醒，人道地用富兰克林的电池电死了它。“我敢保证，我的表兄在美国肯定会被误认为是一名魔术师。”本尼在给其父母的信中写道。

富兰克林知道本尼在校期间身体一直不好，心情也很抑郁，而当时日内瓦的政治情况也不太稳定。因此，他决定不让本尼回去，尽管本尼的书和衣物还在学校。之前富兰克林曾考虑把本尼送到英国求学，并让波莉·史蒂文森照顾他。波莉对这个提议十分兴奋。而现在，由于担心本尼的英语会退化，富兰克林便再一次更加正式地向波莉提出了请求。“不知你现在仍否方便？”富兰克林问道，“他很听话，很有礼貌，容易接受并听取好的建议，不会给你的孩子树立一个坏榜样。”波莉很谨慎，但又愿意接受富兰克林的请求。“我担心他会觉得我们粗鲁而不能忍受，”波莉回信说，“但如果英国式的热情能够补偿法国式的高雅，我们就有可能让他快乐。”

但富兰克林越来越喜欢本尼，最终决定把他留在帕西。“他显得不愿离开，坦普尔也希望留下他，因此我就决定把他留在自己身边，”富兰克林在1783年年末给波莉的信中解释道，“他表现得非常好，我们都很喜欢他。”

富兰克林认为本尼的语言功底很好，也许会因此成为一名外交官。这就意味着要使其获得一个公职，而对于坦普尔来说，这可并非一件易事。富兰克林曾告诉理查德·贝奇，正如曾告诉他的儿子威廉和其他很多人一样，依赖政府公职可能会使其处于附庸地位。现在，他又向理查德表示了同样的看法，这次则是在一封关于贝奇之子本尼的信中：“我已经决定让他学一门可以依赖的手艺，这样就不需要有求于人。”

富兰克林所选择的手艺不难猜测。那年秋天，富兰克林在帕西的私人印刷所因印刷其写的文章而忙得不可开交。当看到本尼热切地在那儿开始工作时，富兰克林十分高兴。富兰克林雇了一个铸造大师教本尼如何造铅字。第二年春天，富兰克林成功地说服了法国最伟大、最有艺术创造力的印刷大师弗朗索瓦·迪多收本尼为徒。本尼就这样注定了跟随富兰克林的脚步——当然不仅仅成为一名印刷工，最后成了一名报纸编辑。

至于坦普尔，富兰克林就只能去求人了。1783年夏，富兰克林一边享受甜蜜的生活，一边给当时的国务卿利文斯顿写了一封信，为可怜的坦普尔提出了又一个哀怨的请求：

> 他已经在代表团里实习近9年了，具备了工作要求的所有知识、热忱、活力、语言和演讲技能，因此能够在此方面为国效力……但为自己或自己的亲戚求职并不是我的习惯，此次我也不会如此。我只是希望，如果您不打算再继续雇用他，请尽快告知，趁我现在还能接受。过几天我可能会陪他去意大利，回来的时候顺便去趟德国。我认为我们结伴同行比他一人更合适。这也是我应允他很久的事了，作为他忠诚的服务和对我孝顺的奖赏。

但坦普尔并没有因此获得一个外交职位，他的祖父也没有带他去旅游散心。相反，与本尼相比，他效仿其祖父（及其父亲）的方式令人难以启齿。在没能和布里永家的女儿成婚之后，坦普尔和住在帕西附近的一位已婚妇人布兰切特·卡约有染，其丈夫是一位成功的演员。坦普尔和她有一个私生子，名叫西奥多。具有讽刺意味的是，这个孩子不幸死于天花。而这个私生子是富兰克林家族第三代中唯一一个得天花的孩子。

西奥多·富兰克林，这个本杰明·富兰克林自己的私生子的私生

子的私生子，尽管在这个世界上的时日不多，却是本杰明 · 富兰克林的最后一个父系后裔。在他夭折之后，富兰克林家族中就再也没有使用“富兰克林”这个姓氏的子孙了。

热气球的痴迷者

1783 年夏秋，本尼和其外祖父的众多娱乐之一，就是见证了人类历史上最早的热气球飞行。当年 6 月，约瑟夫 · 蒙戈尔菲耶和艾蒂安 · 蒙戈尔菲耶两兄弟在里昂附近成功地放飞了一只无人操纵的热气球，并升到了 6 000 英尺（约 1828 米）之高。这也标志着空中旅行时代的来临。当时富兰克林等人并未在场，但他们却见证了 8 月末第一只无人操纵的氢气球升空。一位名叫雅克 · 查尔斯的科学家放飞了一个直径为 12 英尺（约 3.7 米）的、丝绸制的氢气球。其所使用的氢气是将硫酸盐倒在燃烧的铁屑上产生的。当时，盛况空前，这只氢气球在 5 万名观众面前升空并在空中飞行了 45 分钟，最后在 15 英里（约 24 公里）之外的地方坠落了。“目睹气球落地的乡下人都惊呆了，”富兰克林在给皇家学会主席约瑟夫 · 班克斯的信中写道，“那些人拿石头和刀去攻击它，最后导致其严重损坏。”

当时，人们为造出第一只载人热气球展开了激烈的竞赛。11 月 21 日，蒙戈尔菲耶兄弟成功地获得了这一殊荣。当时，他们所发明的热气球载着两个拿着香槟酒的贵族升空。一大堆在场的观众欢呼雀跃，数不清的女士激动得昏倒了。一开始热气球还被树枝勾住。“当时我十分担心气球上的人，怕他们被甩出来或被烧伤。”富兰克林写道。但很快他们就摆脱了树枝，越过了塞纳河，20 分钟之后，他们在河对岸降落了，兴奋地打开了香槟作为庆祝。第二天晚上，很多著名科学家为这一历史性的飞行签署官方证明，富兰克林也是其中之一。而当时蒙戈尔菲耶兄弟正在帕西拜访他。

蒙戈尔菲耶兄弟认为热气球之所以能升空不仅仅是因为热空气，也是因为烟雾。因此他们让他们的“航天员”往火上放湿稻草和羊毛。然而富兰克林却更偏好查尔斯所发明的使用氢气的热气球，并为氢气球的第一次载人飞行提供了资金支持。这是10天之后的事情。查尔斯和他的伙伴在空中飞行了两个多小时，最后在27英里（约43公里）之外安全着陆。而富兰克林则在停在杜伊勒里公园附近的马车中注视这一过程（他当时身患痛风，因此不能和人们一起在潮湿的草地上见证这一切）。富兰克林再一次向皇家学会提供了报告：“我戴着一副眼镜，一直看着那只氢气球，直到看不见了为止。首先是看不清人，然后是吊舱，直到最后气球看起来就像只橘子那么大。”

从进行电学实验开始，富兰克林就认为科学研究最初可能只是出于纯粹的兴趣或好奇，但一旦有了发明发现之后，肯定要付诸实际应用。最初，他不愿意猜测气球的具体用途，但正如他对班克斯所言，他认为这种实验终将为“我们现在一无所知的某种自然哲学的发现铺平道路”。他在另一封信中则指出，这一发明可能会产生“无法预料的重要影响”。当一个旁观者问他气球能有什么用时，富兰克林做出了简练而相似的回答：“一个初生的婴儿，能有什么用呢？”而这一回答很快就为人所熟知。

当时英国人并不认为气球有什么实用性，而他们的傲慢又使其耻于效仿法国，因此他们并没有进行类似的实验。“我注意到皇家学会中那些著名的会员有这样一种倾向，他们对气球持抵触态度，除非能证明其具有科学或社会价值。”班克斯写道。富兰克林则对这一倾向嗤之以鼻。“对我来说，如果因为没有亲眼见证这种力量得以实际应用，就否认一项能够增强人类对自然掌握能力的新发明，并不是明智之举，”富兰克林回信说，“一旦我们学会如何掌控它，便迟早会知道如何运用它。就像磁和电一样，人们刚开始对其进行实验只是为了娱乐。”而第二年年初，富兰克林就提出了一种实际应用的可能性：气球可以用来作战，或更为乐观，可以用作维护和平的方式。“其作用之一就是让统治者相信战争是多么的愚蠢。即使是最有才干的统治者，面对气球时，自己的领地也变得防不胜防。”富兰克林在给自己的朋友，荷兰科学家和物理学家扬 · 英根豪斯的信中写道。

然而，富兰克林主要沉浸在享受这一时尚和所有与热气球相关的娱乐中。当时，新奇的热气球飞行表演、对气球进行各种各样的装饰以及乘坐热气球进行各类飞行活动在巴黎风靡一时，甚至影响了帽子的设计、发型、时尚和舞蹈。坦普尔和本尼也做出了自己的热气球。富兰克林借一位虚构的、匿名的女性之口，写了一篇讽刺作品，就像其很多早期的同类作品一样。“如果你想给你的热气球充上比热空气还轻 10 倍的东西，”那位“女士”给一家报纸写道，“你可以在爱人和追求者的承诺中轻而易举地找到一大堆。”

无冕之王

早在法国大革命之前，富兰克林沉湎于巴黎的声色犬马之中时，他的很多文章就已经将重点放在宣传平等主义和平民主义的观点上了。富兰克林认为这些是建立在中产阶级价值观之上的新型美国社会的基础。他的女儿萨莉曾给他寄来了关于倡导建立“辛辛那提协会”的剪报。所谓的“辛辛那提协会”，提倡的是一种世袭制的价值观，协会的领导者是华盛顿将军，向美军所有的高级军官开放，协会中所有的会员都可以将会员资格传给长子。富兰克林于1784年年初回信，对此进行了嘲讽。他表示，中国人尊重那些德高望重的祖先毫无疑问是正确的，但对其毫无作为的子孙后代也表示尊重，“不仅毫无根据、十分荒唐，还经常会对这些子孙造成伤害。”富兰克林声称，任何形式的世袭精英制或贵族制都是对“经庄严宣布的美国理性的直接反对”。

在信中，富兰克林对辛辛那提协会的象征、后来被选为美国国徽的“白头鹰”大加调侃。因此就产生了富兰克林最为著名的关于美国价值观和所谓国鸟问题的名句：

> 我不希望白头鹰被选作我们国家的代表。它是一种道德败坏的鸟，谋生的方式并不诚实。你经常看到这种鸟栖息在河边的枯树上，甚至都懒得自己去捕鱼，只是看着鱼鹰们劳作……相比之下，火鸡更值得尊敬，也是一种真正美国本土的鸟类……它是一种勇敢的鸟（尽管有些自负、愚蠢，但不比白头鹰更差），会毫不犹豫地对英国士兵发起攻击。

富兰克林经常听到有人说打算移民美国，因此1784年年初，他用法语和英语印了一本小册子，希望既可以鼓励勤劳工作者，又能打消那些准备在美国过上流阶层生活之人的念头。这篇文章名为《美国移民指南》，清楚地表达了他认为美国社会应建立在中产（富兰克林有时也称其为“值得赞赏的”）阶级价值观之上的看法。富兰克林也认为自己是中产阶级的一员。

富兰克林说，美国并不像欧洲有那么多的穷人或富人，“大部分都是快乐的中产阶级。”大部分人都不是富有的业主或苦苦挣扎的佃户，而是“耕种自己的土地”或靠手艺、做买卖为生。富兰克林还严厉地批评了那些拥有世袭特权或“除了出身良好一无所长”的人。富兰克林表示，在美国，“当人们谈到一个陌生人时，并不是问他是谁，而是他能干什么。”富兰克林表示一个真正的美国人，“更希望自己10辈之内的祖先和亲戚都是农夫、铁匠、木匠、车工、裁缝、制革工或鞋匠等对社会有用之人，而不是那些不创造价值、只能愚蠢地靠他人劳动为生的绅士。”这一点也反映出他对自己出身于劳动世家而不是贵族家庭的自豪。

富兰克林声称，美国正在建立这样一个社会，在那里，“素质良好的人”不希望工作被视为“低人一等”，任何有一技之长的人都会受到尊重。所有的一切只是为了营造一种更好的道德风气。“那里的财富遍地都是，因此人们从事某种劳动就可以维持自己的生活，而因懒惰而产生的不道德的行为，大部分都被制止了，”富兰克林总结道，“勤奋和不断的工作是道德和品行最好的防腐剂。”富兰克林不仅是在描述现实中的美国，更是在巧妙地描述他理想中的美国。总体而言，此篇文章是富兰克林所代表的、试图将其注入新国家特点之中的中产阶级价值观的最佳礼赞。

富兰克林对中产阶级及努力工作、节俭等中产阶级价值观的喜爱，意味着其社会理论倾向于一种保守主义（正如我们所见，其对容易使穷人产生依赖的福利保障法表示质疑）和平民主义（其反对世袭特权和依靠大庄园不劳而获）。1784年，富兰克林通过对过度追求个人奢侈的道德观的质疑，进一步阐释了他的相关观点。

富兰克林向本杰明·沃恩抱怨道：“我还没有想出根治奢侈的良策。”一方面，对奢侈的追求可以刺激人们努力工作。富兰克林回忆起有一次他的妻子送给一个乡下姑娘一顶时髦的帽子，结果不久之后，村子里的其他姑娘都拼命地织手套，希望能攒够钱买那种帽子。对于这一点，持实用主义立场的富兰克林表示了赞同：“不仅是那些姑娘因那些时髦的帽子而欣喜若狂，费城人也因此获得了暖和的棉手套。”然而，过度追求奢侈就是浪费，甚至是“一种公害”。因此，富兰克林建议美国应该对各种饰品的进口课以重税。

富兰克林对剩余财富十分反感，他甚至主张（特别是对奢侈品）征收高额税款。富兰克林在给财政部长罗伯特·莫里斯的信中写道，人们对维持自己和家庭生活而赚来的钱享有“天赋权利”，“但超出此目的之外的财富则属于公共财产”。同样，富兰克林在给沃恩的信中表示，正是那些希望保护自己剩余财富的人才会创造出严苛的刑法。“剩余财富是社会的产物，”富兰克林说道，“如果只是保护每个人生活必需的财富，简单、温和的法律就足够了。”

对于很多与其生活在同一时代的人来说，无论是穷人还是富人，富兰克林的社会哲学就像是一种保守主义和激进主义的奇怪混合体。然而，实际上富兰克林的社会哲学最终形成了一种连贯的中产阶级的价值观。和很多后来发生的革命不同，美国革命并不是由受压迫的无产阶级领导的暴力革命。相反，美国革命的领导者大部分都是有资产的公民，其战斗口号更带有资产阶级色彩——“没有代表权，就不得征税。”富兰克林这种混合的价值观后来成了美国中产阶级价值观的一部分：信仰努力工作和勤奋，信仰帮助他人的自治组织的慈善观，反对将会导致懒惰和依赖的施舍，以及对不必要的奢侈、世袭特权及懒散的地主阶级等略显矛盾的憎恨。

随着战争的结束，富兰克林终于恢复和英国那些老友亲密的通信了。其中最引人注目的就是他的合伙人威廉·斯特拉恩。9年前，富兰克林曾给他写了那封著名的、却从未发出的信，宣称“你现在是我的敌人了”。1780年，富兰克林足够老练地给其写了一封信，并署名为“你的前挚友”，后来信中的署名又变为“一直热爱你的、谦卑的仆人”。1784 年，富兰克林的署名又变成了“最爱你的人”。

他们就富兰克林关于高级政府官员不应该领取薪酬，以及英国社会与政府天生就容易滋生腐败的观点进行了争论。然而，这次富兰克林的论调则更为诙谐。富兰克林建议那些“仍对英国怀有一丝感情”的美国人施以援手，对英国进行统治。“如果你们因缺乏理智和道德而无法自我管理，”富兰克林写道，“就撤销你们现有的、过时而古怪的宪法，我们会派人到你们的议会中去。”富兰克林担心斯特拉恩没能意识到他在开玩笑，接着说道：“你也许会说我的建议就像是醉话，我想你是对的。这封愚蠢的信实际上就像你我微醺之后的聊天一样。”

富兰克林还在 1784 年初夏继续撰写自己的回忆录。1771 年在特怀福德希普利主教的家中，他已经完成了后来著名的《富兰克林自传》的 40%。接着，富兰克林应沃恩的请求，在帕西的寓所又写了 10%。沃恩认为富兰克林的故事将有助于解释“人是如何成长”的。当时富兰克林认为应该帮助美国建立自己的特征，因此在这一时期撰写的自传中，其道德修养计划占了绝大部分篇幅。

当听说富兰克林用石板记录自己培养美德过程的故事时，他在帕西的那些朋友激动不已。而当时仍然没有完全学会谦卑的富兰克林骄傲地向卡巴尼斯展示了那些板子。卡巴尼斯是一位年轻的医生，和爱尔维修夫人住在一起。“我们居然亲手摸了这块珍贵的板子，”卡巴尼斯在日记中惊叹地写道，“我们把它捧在手里。就某种意义而言，这就是富兰克林灵魂的记载！”

闲暇之余，富兰克林还对其最著名、最实用的发明之一——双焦眼镜进行了完善。在 1784 年 8 月写给朋友的信中，富兰克林说：“我为双焦眼镜的发明感到十分高兴。这种眼镜既适用于较远的物体，也适用于较近的物体。在其帮助之下，我的视力又恢复正常了。”几个月之后，应某人希望富兰克林就“自己的发明”提供更多信息的要求，富兰克林对其进行了详细的描述：

> 对一个人来说，适合阅读的单焦眼镜并不一定适合看更远的事物。因此，以前我出去旅行总随身携带两副眼镜，一副用来阅读，另一副用来看远处的景物，换来换去很是麻烦。但有了双焦眼镜，无论是想看远处还是近处，只需要上下移动我的眼睛即可。一副眼镜就解决了所有的问题。

查尔斯·威尔逊·皮尔曾在1785年为富兰克林画了一幅肖像，画中的富兰克林就是戴着这种眼镜。

作为著名的科学家和理性主义者，富兰克林于1784年被法国国王任命为一个委员会的成员，负责对弗里德里克·安东·梅斯梅尔的理论进行调查。梅斯梅尔当时鼓吹一种新的治疗方法，从而产生了以其名字命名的一个新词——“催眠术”。（富兰克林所在的委员会中还有一人——约瑟夫–伊格纳茨·吉约坦博士，在日后的法国大革命中也产生了一个以他的名字命名的新词——“断头台”。）梅斯梅尔是一名来自维也纳的医师，喜欢夸夸其谈。他认为疾病是由于人为干扰行星所引发的宇宙流动引起的，可以用他发明的动物磁力技术来治疗。他的治疗方法是让病人围坐在装满玻璃和铁屑的橡木桶周围，治疗者拿着铁棒，对其进行磁化和催眠。催眠术在巴黎风靡一时，取代了热气球成为当时最时髦的话题，甚至连拉法耶特、坦普尔和王后玛丽–安托瓦内特也都对此痴迷。这也反映出了启蒙运动正日渐式微。

委员会的大部分会议都在帕西举行。而也正是在帕西，富兰克林自己以科学的名义亲身体验了所谓的治疗。当时年仅14岁的本尼在日记中记下了一次梅斯梅尔的信徒们聚会的场景：“在给很多病人进行磁疗之后……他们又走进了花园，给树进行磁化。”想象的力量的确能产生一些奇怪的效果。然而，委员会的成员们认为“我们的作用是保持冷静、理性和开放的头脑”。因此，他们蒙上了病人的双眼，不让他们知道给自己治疗的人到底是谁。“我们发现我们自己也可以对他们产生同样的影响，因此无论他们是否被磁化，他们的答案都是一样的。”委员会得出结论，认为梅斯梅尔就是一个骗子，而在其提交的报告中指出，真正起作用的是“想象的力量”。该篇报告中还有一份未发表的附件，附件中称这种所谓的治疗方法在刺激年轻女性的性欲方面十分有效。

于是，富兰克林就给坦普尔写了一封信——坦普尔当时已经不再相信梅斯梅尔的相关理论，告诉他委员会的调查报告彻底拆穿了梅斯梅尔的把戏。富兰克林写道：“有人认为这可能是催眠术的终结。但在这个世界上有太多的轻信，因此即使是再荒唐的欺骗，多年之后也仍会有人相信。”

最后的乐章

令富兰克林感到绝望的原因之一就是他不得不再次与亚当斯共事，代表美国与其他国家进行谈判。他告诉一个朋友说，他十分担心“自己的无知和他的自信一旦结合起来，将会产生怎样的后果”。实际上，亚当斯的成熟并未持续多久，也就是英美签署临时合约之后几个月的时间。很快，他又恢复了常态，继续对人诽谤中伤。在给罗伯特·利文斯顿的信中，亚当斯报告说富兰克林是一个“不可理喻的政治家”。“如果这位先生和凡尔赛花园中的神像都被提名担任大使，我肯定会毫不犹豫地投雕像一票，起码它不会对国家造成伤害。”

因此，当得知已经两次拒绝国会任命的托马斯·杰斐逊终于转圜，愿意与富兰克林和亚当斯一道担任美国代表，并于1784年8月抵达巴黎之后，富兰克林十分激动。杰斐逊与亚当斯截然不同，他善于外交、极富魅力、对法国态度友好、谨慎却不嫉妒，没有清教徒的过分拘谨，喜欢女性和社交。他同时也是个哲学家、发明家和科学家，和富兰克林一样都对启蒙运动很感兴趣。

更有利的是，杰斐逊对亚当斯的缺陷十分清楚。詹姆斯·麦迪逊曾写信抱怨亚当斯的信“充分展示了他的自负、对法国的偏见和对富兰克林博士的敌意”。杰斐逊回信说：“亚当斯讨厌富兰克林，他讨厌杰伊，他讨厌法国人，他讨厌英国人，他会依附谁？”

杰斐逊赞同富兰克林的观点，认为外交政策必须是现实主义和理想主义兼而有之。“和人一样，国家最佳的利益就是遵循良知的指引。”杰斐逊说道。与亚当斯不同，杰斐逊十分尊敬富兰克林。“在法国，富兰克林博士的品德最受崇敬和尊重。任何一个人，无论是法国人还是外国人，都无法与其相比。”杰斐逊写道。他还称富兰克林是“最伟大的人，是时代的明珠”。几个月之后，当杰斐逊被选为富兰克林继任者的消息传开之后，杰斐逊做出了经典的回答：“没有人能代替他，先生们，我只是他的继任者。”

杰斐逊经常同富兰克林一起吃饭和下棋，还倾听富兰克林关于美国应对法国保持忠诚的长篇大论。他冷静的态度甚至还会使富兰克林和亚当斯的关系有所缓和。1784年9月的大部分时间里，当初为《独立宣言》并肩作战的三个人相聚在帕西，再次为美国和欧洲其他国家的条约和贸易协定的签署共同努力。实际上，这三个爱国者还是有很多共识的。他们都主张自由贸易、开放性条约以及终结那些建立在不平等的商业安排和权力影响之上的商业体系。正如亚当斯以少见的大度所言："我们相处融洽，彼此开着玩笑，意见也很一致。"

无论是国家还是个人，和解都很重要。既然富兰克林与亚当斯的关系都能有所缓和，他也能和自己的儿子重归于好。1784 年夏天，威廉从英国给富兰克林寄来了一封信："亲爱、尊敬的父亲，自从大英帝国和美国之间令人不快的争斗结束之后，我一直渴望给你写信，渴望能够尽力恢复你我之间充满深情的交流与联系。直至那些不快发生之前，它们一直是我一生的骄傲和幸福。"

对于一个从未对自己疏远的父亲说过一句坏话，也从未停止过对他的爱的儿子来说，这无疑是一个高尚、优雅而又可怜的姿态。但威廉毕竟是富兰克林家的子孙，他不可能认错或道歉："如果我真的错了，对此我也无能为力。这是一个经过深思熟虑之后仍然出现的判断错误，我无法避免。我十分确信如果明天出现同样的情况，我还会做出同样的选择。"威廉提议，如果父亲不愿意到英国的话，他可以去法国，这样就可以通过"私人对话"解决他们之间的问题。

富兰克林的回信流露出自己的痛苦，也显露出些许希望。富兰克林在信的开头就写道，他"很高兴看到你希望恢复深情的交流"，他甚至还说，"对我来说，这真是太好了。"然而，富兰克林很快就话锋一转，由深爱变成了气愤：

> 的确，对我的伤害和感情有如此之深的影响，莫过于发现自己在年老时被自己唯一的儿子抛弃，不但是抛弃，而且发现他拿起武器反对我，反对我所从事的事业，而我的好名声、财产和生命都危在旦夕。我本不该因你我政见的不同而责备你。我们是人，都可能犯错。我们的观点是不由我们自己所掌控的，而是由环境形成并受其影响的，环境无法抗拒，也很难解释。你的情况就是

如此，以至于很少有人能指责你的保持中立，**尽管有很多自然义务远比政治义务重要。**（此处重点由富兰克林所加，信件原文即是如此。）

突然之间，富兰克林发现有些不妥，就换了另一个话题。“这个话题不太好，”他写道，“先把它放到一边。”富兰克林表示“现在让你来这儿”不大方便，而坦普尔将去伦敦充当一个中间人的角色：“你大可以把打算告诉我的那些家事告诉他。”随后，富兰克林又略显高傲地表示：“我相信你应该会谨慎行事，不会让他认识那些不该认识的人。”虽然坦普尔是威廉的儿子，但富兰克林却清楚地表明了谁说了算。

虽然已经24岁，但坦普尔对自己祖父的想法却知之甚少，而对于维系家庭（即使是略显奇怪的家庭）怀有天生的感情。在给伦敦一位朋友的信中，坦普尔表示自己一直希望能够回到那儿“拥抱自己的父亲”。在英国期间，坦普尔仍小心翼翼地表示自己对祖父的忠诚，甚至在陪自己的父亲去海边旅行之前也要征求富兰克林的意见。

但几周之后，富兰克林就开始担心坦普尔可能会为了他的父亲而抛弃自己。富兰克林开始指责坦普尔给自己写信不够频繁：“我一直在急切地等待你的来信，可惜连一个字都没有。”富兰克林还抱怨说，有些人一直在问他是否收到了坦普尔的信，这令其十分窘迫：“请你考虑一下我的感受，再想想别人可能说什么，告诉我应该对此作何感想。”在富兰克林家的所有成员中，只有坦普尔能让富兰克林如此的嫉妒，激发他如此强的占有欲。

然而坦普尔在英国却过得十分愉快。他所受到了像名流贵族一样的礼遇：英国皇家学会出面宴请，梅厄勋爵和各种各样的女士请他喝茶。他请吉尔伯特·斯图尔特为自己画了像。一个朋友则给他列出了当时伦敦最好的鞋匠和裁缝，还告诉他说："有想法的时候，就去找下面这些安全的女孩，我觉得她们都很不错。"

坦普尔并没能解决横亘于他父亲和祖父之间的难题，却成功地完成了另一项使命：怂恿波莉·史蒂文森去帕西。波莉当时45岁，已经守寡了10余年。波莉的母亲，也是富兰克林很长一段时间的房东和伙伴，在一年前便去世了。（当波莉写信给富兰克林告诉他这个悲伤的消息时，这样写道，她"以最热烈的感情爱着你"。）富兰克林曾写信告诉波莉说，她应该尽快来看他，因为他现在就像一幢急需"大修"的房子一样，"过不了多久主人就会发现把它推倒重建反而更便宜一些"。到1784年夏末，富兰克林的信变得更加哀怨："来吧，我亲爱的朋友，趁我还在这儿的时候和我住在一起，如果我离开，就和我一起回美国。"

1784年的冬天是富兰克林在法国度过的最后一个冬天。12月初，很多人齐聚在帕西，为富兰克林组建了一个更令其满意的"混合"家座。无论是真正的家人，还是被接受为家庭成员的外人，都是富兰克林深爱的、希望留在自己身边的人。当时陪在其左右的有坦普尔、本尼、波莉·史蒂文森和她的三个孩子、托马斯·杰斐逊以及其他伟大的思想家，还有布里永夫人、爱尔维修夫人以及她们身边的人。克劳德–安妮·洛佩斯和尤金妮亚·赫伯特写道："一度，富兰克林各式各样的'家庭'相处得几乎极为融洽，在一个以富兰克林为中心的善意的网络中越走越近。"

当10年之后再次见到坦普尔时，波莉十分高兴。她甚至和富兰克林打趣当初他是如何试图保守那个男孩身世的秘密的："我们看到他和你长得极像，我们真的看到了这一点，但当时我们知道自己不能说。我们装作自己一无所知，就像你希望的那样，或者说我们做出了应该的选择。"而这也给了波莉一个机会对他们稍加苛责："我认为你可能比你的孙子要英俊一些，但当时你却不像现在这样温文尔雅。”

但一个对坦普尔十分了解的人并不一定会喜欢上这个年轻人，当然他的祖父除外。当他们抵达帕西之后，波莉对坦普尔便不抱什么幻想了。“他如此地喜欢打扮自己，”波莉在给亲戚的信中写道，“如此地沉浸在妄自尊大中，如此地喜欢享乐。他的性格并不和蔼，也不值得尊重。”

另一方面，在日内瓦接受的良好教育以及希望取悦他人的天性使本尼给波莉留下了深刻的印象。波莉认为他“举止明智，很有男子气概，却没有一丝一毫的纨绔气息”。他的发型就像是一个英国青年，而不是一个法国的花花公子，而且“衣着简朴，仍然保持了一个可爱、简单的性格”。坦普尔可能长得更像富兰克林，但本尼，那个在塞纳河游泳、充满激情地放风筝、带波莉在巴黎游览，甚至勤奋地从事印刷工作的男孩，则传承了富兰克林更多的“思想和精神”。

告别：返回美国

富兰克林曾多次流露出不愿破坏这天堂般的生活，希望留在法国，在那些他所深爱和深爱着他的人的围绕下离开人世。痛风和肾结石使得他下一次越洋之旅看起来非常可怕，而他对巴黎的那些女士们仍余情未了，他依然乐在其中。1785 年 5 月，他给朋友写了一封信，回忆起了他最喜欢的祝酒歌之一：

愿我能完全控制我的激情，
当我的力量渐衰，智慧与善行却与日俱增。
没有痛风和结石，就让我优雅地老去。

“但我们的愿望又有什么意义？”富兰克林问道，“当我年轻时，曾反复吟唱这首歌不下千遍，而现在，我已经80岁高龄，发现三个与我愿望相反的事物降临到了我的头上——我不仅患上了痛风和结石，甚至还不能控制我的激情。”

然而，当得知国会最终接受了他的辞呈，以及坦普尔并未得到一份外交工作之后，富兰克林决定回家了。当时身在帕西的他给已经返回英国的波莉写信，恳求她能够陪他一道回去。当时他已经擅自做主给波莉全家订了一个大客舱：“你也许再也不会有这样好的机会了。”但起码到那时为止，波莉仍然决定待在英格兰。

他还把自己的旅行计划告诉了自己的妹妹简，并解释说：“我每天都工作到很晚，这次我应该回家了，应该休息了。”而这样的比喻也在他的写作中悄然出现，富兰克林就此向在很多次谈判中曾帮助过自己的朋友戴维·哈特利解释，“我们曾在那些杰出的和谈工作中并肩战斗，”富兰克林写道，“我把你留在这儿，我已经结束了我的工作，我要回家睡觉了！祝我晚上睡个好觉吧，就像我祝你晚安。再见！”

在帕西的告别既令人激动，又让人痛苦。“我一生都将记得一位伟人、一位圣人，希望成为我的朋友，”布里永夫人在最后一次与富兰克林会面后写道，“如果想起一个最爱你的女人能令你感到高兴，就想想我吧！”

爱尔维修夫人也好不到哪儿去。“回来吧，我亲爱的朋友，回到我们身边。”她在一封信中写道。就在富兰克林登船的那一刻，这封信终于送到了他的身边。富兰克林给每位朋友都送了一件礼物作为纪念：卡巴尼斯收到的是富兰克林用来表演让水平静下来的拐杖，莫雷莱神甫收到的是工具箱和扶手椅，他的房东肖蒙收到的是能够升降的桌子。

（富兰克林还给肖蒙列出了一张能帮助改进其公寓的单子，包括安装一个避雷针和修理烟囱，不再呼吸“令人无法忍受的烟雾”。）

为了使其到勒阿弗尔的旅途舒适一些，玛丽-安托瓦内特皇后给富兰克林送来了自己的车。车厢是密封的，拉车的则是从西班牙进口的步伐稳健的骡子。法国国王路易十六送给富兰克林一幅自己的肖像，像框上镶有408粒小钻石。富兰克林还和韦尔热纳互换了礼物。韦尔热纳曾对他的一位副手评论道：“美国不会再有比富兰克林先生更热心、更有用的雇员了。”

在7月12日富兰克林离开帕西的那一天，本尼在自己的日志中写道：“他的身边是悲伤的沉寂，不时被几声抽泣打断。”杰斐逊前来送行，后来他回忆道：“女士们和他一一拥抱，几乎使其透不上气来。当他介绍我是他的继任者时，我告诉他，我希望他能够把这些特权也留给我。但他的回答却是：‘作为一个男人，你还太年轻了。’”

富兰克林的计划是先横渡英吉利海峡，然后再决定自己是否能够承受越洋旅行的劳苦。如果不能，他就会坐船回到勒阿弗尔，等候在那里的王后的骡车将把他送回帕西。

然而与以往一样，对于富兰克林来说，旅行不是一种痛苦，而是一针兴奋剂。在这次横渡海峡之旅中，富兰克林是唯一一个没有生病的人。抵达南安普敦之后，富兰克林一行人去了一处盐水温泉。富兰克林在日记中写道，自己在泉水里洗澡，“随后，仰躺在水里睡着了，按我的表看，几乎睡了一个小时，没沉下去也没翻身”。

在富兰克林第8次，也是最后一次越过大西洋之前，还有一幕最具戏剧性的场景等待上演，那也是最后一个感人的时刻。富兰克林在南安普敦的星辰旅店待了4天，因此能够与一些英国老友见面，和他们进行最后的道别。希普利主教来了，带着自己的女儿凯蒂。本杰明·沃恩也来了，富兰克林已经原谅他为杰伊和坦普尔充当密使之事，当时他正准备出版新版的富兰克林文集。每天都是盛大的宴会和欢迎仪式，富兰克林将此次旅行形容为“充满深情”。

但是在富兰克林的日记中，关于他最重要的一个来访者，却只有无礼的寥寥几笔。“见到了我的儿子，他从伦敦赶来，昨天晚上到达这里。”没有和好，也没有泪水或感动被记录下来，只有关于债务和财产问题的冷酷协商。

富兰克林当时已经重新获得了对坦普尔的完全控制，并代表他的孙子和自己的儿子讨价还价。富兰克林坚持威廉把其在新泽西州的农场以低于原价的价格卖给坦普尔。他还列出了多年来仔细记下的、威廉仍欠他的钱，并声称威廉在纽约所有的土地现在应属于自己。在从威廉身边夺走他的儿子之后，富兰克林现在又榨取威廉的财富，断绝其与美国的联系。

富兰克林家族三代人的重新聚首充满了紧张的不快，最后冷酷地结束了，甚至都没有人愿意提起。富兰克林的日记没有谈到任何细节，他也从未谈过或写过关于此事的内容。从此，富兰克林和自己的儿子就再没有通过信。4天之后，威廉给自己的“半个妹妹”萨莉写了一封信。令人惊讶的是，他在信中东拉西扯，谈到了波莉的孩子，以及自己准备送给她的一幅肖像，却没客套地聊聊天气。这封信很长，越到最后，威廉就越变得牢骚满腹。威廉说很快所有人都会在费城相聚，但“我的命运却是待在地球的另一端”。而即使多年之后，当自己的父亲和祖父都已经离开了人世，坦普尔开始收集其祖父的生平和著作之时，对南安普敦这次会面也只是顾左右而言他地稍有提及，并没有吐露任何实质性内容，只说富兰克林“见到自己的儿子——新泽西的前总督，十分满意”。

7 月 27 日，威廉并没有被邀请出席其父亲所乘坐的船上举行的告别晚会。旅行使富兰克林重新获得了活力，他也并没有显示出任何对与儿子冷酷分别的悔意。富兰克林和朋友们一直待到第二天早上 4 点。当他一觉醒来，所有的朋友已经离开了，两个孙子陪在身边，而他的船已经启程，驶向美国。

Benjamin Franklin

An American Life

第十六章

圣人（费城，1785~1790年）

1785~1790

终于回家了：盖房子、当主席

在这次（也是最后一次）横渡大西洋的旅途中，富兰克林觉得没有必要研究油对湍急水面的平复作用了，甚至觉得都没有必要提。他也没有继续写自传，就是那份以给自己“亲爱的”、但又在不久前决裂的儿子的一封信作为开头的自传，尽管他答应了很多朋友要完成它。

相反，他任凭自己沉浸在令其思想放松而又充满生气的激情中：从实际应用出发，以实验的方式详细地对海洋进行了研究。研究结果洋洋洒洒地写了40页之多，其中既有理论，也有观察的结果，还有插图和数据表，涵盖了很多海洋方面的话题。中间他曾一度话锋一转，承认“自己现在也有普通老人爱唠叨的毛病”，但随后又表示将继续自己的研究：“我想我应该像现在这样，一劳永逸地把我所有感兴趣的海洋话题都弄清楚。”

富兰克林感兴趣的话题还真不少，可以说是十分全面：有关于如何设计船体使其承受的风和水的阻力最小的理论，还配图做了详细解释；有实验描述是关于其之前所做的气流对不同形状的物体的影响，还提出了一些新的建议；有如何使用扑克牌测量风速的建议；有如何利用船帆和风声来判断风速的方法；有利用滑轮防止锚索断裂的方法；有对船体出现裂缝之后渗水状况的分析；有借鉴中国的造船法将船体分成多个舱体的建议；有历史上那些使船沉没或在危急时使船得以幸存的故事，以及对其原因的推测；有对爱斯基摩人的单人划子、中国的划艇、印度的独木舟、百慕大的单桅帆船和太平洋群岛的快速帆船所做的博学的对比；有如何使用水力驱动和风力驱动的建议……诸如此类，一页接着一页，一个图表接着一个图表。

富兰克林对湾流再次进行了研究，这次是通过实验来证明其到底是能够延伸到海水深处，还是仅仅像一股热流一样浮在海水表面。他们把一个瓶口塞着软木塞的空瓶子放到了 35 英寻（约 64 米）的深水处，海水的压力将软木塞塞进瓶子中，这样瓶子就可以装满水了。结果发现，从那个深度所采集的海水温度要比海面的温度低 6 度。还有一个类似的实验，这次用的是一个带有两个阀门的小桶。实验结果表明，下面的海水，即使只有 18 英寻（约 33 米）的深度，其温度也比表面海水的温度低 12 度左右。富兰克林将温度数据和图表详细地记录起来，并建议说“温度计对海员来讲可能是个有用的工具”，能够帮助船长有效地利用湾流确定自己的航线，这样就能节省一周甚至更多的时间。

此外，富兰克林还写文章阐述了如何使烟囱少冒烟以及如何造更好的火炉。文章同样也很长，包括很多实验的结果。从现代的角度出发，这些可能过于讲究细枝末节了，但在当时却解决了一个最为重要的问题：困扰大多数家庭和城市的煤烟问题。此次航行中进行的研究可以算是自 1752 年的电学实验以来，成果最为丰富的一次。而与其之前的研究一样，此次研究也显示出了富兰克林（这个勤劳而并非天才之人）对将科学理论、技术发明、巧妙的实验和实际应用结合在一起的独特喜好。

1785 年 9 月，当富兰克林和他的两个孙子终于抵达费城的码头时，“我们受到了一大堆人的欢迎，他们欢呼雀跃、高声喝彩，几乎排到了我家门口”。这距离当初那个 17 岁离家出走的男孩第一次抵达费城，已有 62 年之久了。礼炮鸣放，钟声敲响，萨莉热情拥抱，坦普尔泪流满面。富兰克林一直以来都很担心李和亚当斯等人会给自己的名誉造成严重的损害，但现在却释然多了。“我的同胞对我热情的欢迎远超过了我的想象。”富兰克林骄傲地向约翰 · 杰伊写道。

聚在其位于市场街家中的“家庭成员”（无论是真正的还是富兰克林将其视为的）甚至比在帕西的时候还要多。其中包括对他一直孝顺的女儿萨莉，现在扮演起了女主人的角色；萨莉的丈夫理查德 · 贝奇，虽然事业从未大获成功，却总是很随和。除了本尼和坦普尔之外，还有贝奇另外的 4 个孩子以及一个将要降临人世的宝宝：“4 个小孩抱着他们外祖父的腿，给我带来了极大的乐趣。”不到一年，波莉 · 史蒂文森就兑现了自己的承诺，带着自己的三个孩子也来到了美国。富兰克林在给希普利主教的信中写道：“至于我的家庭成员，他们现在就像我希望的一样快乐。我被儿孙环绕，一个恭敬顺从、深爱着我的女儿和我住在一起，还有 6 个孙儿。”

本尼在其祖父创建的费城学院上学（当时已经改名为宾夕法尼亚州立大学），1787 年毕业之后，他成为一名全职的印刷工。富兰克林十分高兴，甚至都有点儿过了头。他帮本尼开了一家店，帮他选择、铸造印刷所用的铅字，还就应该出版的书给他提供建议。但是，他没有告诉本尼如何才能做出像《穷理查年鉴》那种畅销书的诀窍，而是告诉本尼应该多出一些具有启发和教育意义的名著。后来本尼终于开始因为富兰克林的插手而感到有些局促不安了，虽然只是一点儿。但是他依然尽职尽责地担任富兰克林的秘书和文书。

坦普尔试图转型做一个上等的农场主。当时他刚刚从他父亲那儿得到一个新泽西州的庄园。但坦普尔从性格上就根本不适合操心那些庄稼和牲畜。他试图按照法国庄园的模式对其进行改造，但这个设想从根本上就不太可行。坦普尔让他的法国朋友给他寄来了种鹿（他声称美国的鹿太没品位了）、猎犬以及工人的服装。在那些法国鹿陆续死掉之后，坦普尔又恢复了大城市花花公子的样子，把大部分时间都花在费城的舞会上。而与此同时，他那可怜的祖父，也是唯一宠爱他的人，仍然徒劳地试图帮其谋得一个政府的职务。

尽管与以前相比行动有所不便，富兰克林仍然像当初那个年轻的商人一样善于交际。当初他建立的那些社团中，仍然在世的成员经常在他的家里聚会。虽然富兰克林于1736年建立的自愿消防队中仅有4位成员在世，他仍然翻箱倒柜地找出了自己的水桶，把他们召集在一起聚了一次。1786年，仍时不时地在富兰克林家的餐厅里开会的北美殖民地哲学会选举坦普尔为其会员。和他一道当选的还有过去几年来富兰克林在欧洲结识的很多精英，也是富兰克林的朋友，其中包括：勒·维拉尔、拉罗什富科、孔多塞、英根豪斯和卡巴尼斯。为了将真挚的好奇也运用在“艰巨而又复杂的公共治理研究上”，正如北美殖民地哲学会之于自然科学研究一样，富兰克林建立了一个类似的团体——政治研究会，成员包括他那些年轻的从事政治活动的朋友，如托马斯·潘恩。

富兰克林当时年事已高，因此即使把时间花在休闲上也无须顾忌太多。他曾在给波莉的信中写道，他和朋友玩纸牌，一玩就是几个小时，这使自己产生了负罪感。“但另一个念头又冒了出来宽慰我，对我耳语道：‘你知道灵魂是不朽的，既然知道自己可以永生，又何苦因这么一点儿时间而纠结？’我也是一个理性的生物，因此当自己希望做一件事的时候，也很容易找一个小理由轻易地说服自己，令自己满足，于是我就拿起了牌，开始了新一局游戏。”

当时市场街的农贸市场上，各种农产品的供应都很丰富，市场的规模已经扩展到富兰克林所居住的第三街区了。当富兰克林发现与自己种植相比，从市场买更方便之后，就把屋前屋后的小菜园按照帕西的样子打造成了一个小花园，有砾石铺成的小路、灌木，还有一棵枝繁叶茂可用来遮阴的桑树。有一名访客曾记下了富兰克林家的场景：“我们发现他坐在花园中一棵大桑树下的草地上，身边是几位男士及两三位夫人……茶桌就摆在桑树下，博士唯一的女儿，和他住在一起的贝奇太太则为大家奉茶。在她的周围是她的三个孩子，他们看起来极其喜欢自己的外祖父。”

这样的一种生活方式使富兰克林的痛风不再复发，结石也不再恶化，起码暂且如此。富兰克林在给韦亚尔的信中写道，他只有在走路或小便的时候才感到疼痛。“我现在生活的很有节制，不喝酒，每天都用哑铃做练习，我很高兴结石没有像预想中发展得那么快，还是能够忍受的。那些长寿的人，生命即将走向尽头的人，一定要做好忍受一些常见病痛的心理准备。”

22年之前，富兰克林自己亲自监督了其位于市场街上的新房子建造过程中的每个细节，即使远在英国，仍指导德博拉如何装饰和布置。但他那时只是在回国的短暂时间里，才有机会居住。现在，他发现这个房子太小了，根本不适合他那个大家庭居住、社团聚会以及娱乐消遣。因此他决定是时候开始一个新的建筑“狂欢节”了。

尽管年事已高，但富兰克林仍然觉得这一计划很有吸引力。他沉浸在房屋设计和建造技巧中自得其乐，并且极富激情，希望进行现代化的改进和发明创造，他享受着建造房屋的兴奋。正如在给韦亚尔的信中写道的，他监督那些“瓦匠、木匠、石匠、油漆匠和玻璃工”工作，感到十分快乐。当初他在波士顿还是一个小孩子时，便对这些手艺十分憧憬。此外，他也深知房地产是极好的投资项目：房产增值得很快，而租金上涨的幅度也很大。

富兰克林的计划是把自己在市场街上的三所老宅拆除，然后再建两座大房子。其中的一所老宅正是当初他向德博拉求婚的地方，而另一幢则是他当初开印刷厂的旧址，但富兰克林却并没有恋旧。而富兰克林被迫改变自己的计划，是因为有人对他这几所房子的宅基地界限提出了质疑。“我的邻居和我因为宅基地的面积而产生了争执，我不得不推迟我的计划，直到通过法律得以解决，”他在给自己的妹妹简的信中写道，“与此同时，所有的建筑材料和工人都已经准备就绪，我让他们对我现在所住的房子进行了扩建。这幢房子对我们日益扩大的家庭来说太小了。”

新修的侧楼有三层，根据计划将会和现有的主房完美地连成一体——长 33 英尺（约 10.1 米），宽 16 英尺（约 4.9 米），将会使原有的面积扩大 1/3。第一层是一个可以容纳 24 人的大餐厅，第三层是新的卧室。而侧楼最具特色的就是二层。整个二层是个大图书馆，通过走廊和“我（富兰克林）极好的旧卧室”相连。图书馆里塞满了和屋子一样高的书架，共藏书 4 276 卷。甚至有人惊呼（当然有些夸张）这是“美国最大也是目前为止最好的私人图书馆”。富兰克林曾向简坦诚：“我不知道对于在我这种年纪，建造一个很快就不属于我的图书馆应如何评价。我们常常忘记自己已经老了，但建图书馆的过程也的确是一种消遣。”

渐渐地，富兰克林终于建起了其计划的两幢新房子，其中一幢后来成了本尼的印刷店，富兰克林设计了一个拱形的走廊把这两幢房子连起来，而走廊的另一端则位于其翻修后的老宅院子里。翻修之后，富兰克林的宅院从紧邻市场街的街边向后移了一段距离。这些新建筑为富兰克林提供了一个平台，能够将其过去数年中一直提倡的各种防火措施付诸实践。每个房屋的木梁都没有直接相连，地板和楼梯都抹上了一层结实的灰泥，屋顶还留了一个活动门，因此“一旦附近着火就可以爬出去弄湿木瓦（以免火烧到这里）”。当整修旧宅的时候，富兰克林惊喜地发现其先前安装的避雷针顶端在他旅法期间已经烧熔了，但房子却安然无恙，“因此，这么久之后这个发明终于对发明者有点儿用了。”

除了其收藏的所有书籍之外，富兰克林的图书馆还拥有各种各样的科学实验用品，其中包括他的电学实验器材和一台展示人体血液流动的玻璃机器。为了方便阅读，富兰克林还做了一张宽大的摇椅，头顶装有一个靠脚踏板驱动的风扇。此外还有不少乐器，包括一台玻璃口琴、一台大键琴、一台与玻璃口琴类似的“玻璃弦琴”、一把中提琴，以及不少的钟。

富兰克林还从伯明翰大名鼎鼎的蒸汽机发明家詹姆斯·瓦特处进口了一台世界上最早的印刷机雏形，并对其做了一些改进。首先将需要复印的内容用一种慢干的阿拉伯树胶做成的墨水写在纸上，然后再用潮湿的薄纸压在上面，内容就被拓了下来。只要墨水不干，就可以一直复印下去，而通常这种特殊的墨水变干需要一天的时间。富兰克林在帕西时就使用过这种机器，对其爱不释手，因此还订了一台送给杰斐逊。

富兰克林还发明了一种十分便捷的工具，并对此尤其自豪。他发明的是一个机械手臂，可以从书架顶端方便地取出所需要的书，或将书放回原处。富兰克林曾写了一个关于此项发明的详细描述，其中有大量的图纸、注解和使用指南，其详细程度可与其在跨洋旅行时写下的科学笔记相媲美。这个一个典型的富兰克林式的文章。富兰克林一生都醉心于各种细枝末节，而这在今天看来似乎会令人生厌。他一丝不苟地描述了其发明创造的每一个细节，无论是机械手臂还是火炉、指南针，皆是如此。而在他的文章中，无论是对世袭特权的反对还是关于贸易问题的探讨，富兰克林也都提供了详细的计算和丰富的历史事例作为注解。即使在那些最具戏谑色彩的文章中，如关于对屁的研究和建议，富兰克林也使用了貌似严谨的事实、各种细节、计算并引用先哲话语，使文章显得极其巧妙。

富兰克林的这一爱好在其写给忘年之交凯蒂·希普利（希普利主教的女儿）的一封关于如何做美梦的长信中展现得淋漓尽致且引人入胜。信中阐述了富兰克林关于营养、锻炼、新鲜空气和健康的所有理论，有些比较出名，有些则相对鲜为人知。富兰克林建议，锻炼必须在饭前进行，而不是饭后。卧室必须要经常通风，以保证充足的新鲜空气。富兰克林还回忆说，玛士撒拉（《圣经》中的长寿老人，据说活了 969 岁）就经常睡在户外。富兰克林提出了一个详细的理论，阐释了封闭空间中的饱和空气如何致使人的毛孔无法排出“有害的颗粒”。当然，这一理论的科学依据略显不足。在对科学和伪科学进行了长篇大论之后，富兰克林提出了避免做噩梦的三点建议：

> 第一，节制饮食，这样可以少出汗，床上用品被汗水浸透所需要的时间就比较长，因此我们睡眠的时间也就更长，直至其被完全浸透令我们感觉不适。
>
> 第二，床上用品要使用那些更厚、更透气的材质，这样我们的汗水就更容易排出，减少不适的感觉，能忍受的时间也会更长。
>
> 第三，当你因不适被弄醒，发现自己难以入睡后，可以起床

> 拍打自己的枕头，然后将它翻过来。还要抖抖你的床单、被褥，至少要抖20下，然后摊开平铺在床上，使其降温。同时，不要穿衣服，在你的卧室里面走走，直到你的皮肤完全排泄出所有的负担。在周围空气保持凉爽的条件下，这一过程会很快。而冷空气开始令你感觉不适的时候，就可以回到床上。你很快就能睡着了，而且睡眠的质量还会很高……如果你碰巧不愿意起身，可以用一只胳膊和一条腿把自己的被子掀起来一下，这样在其重新落在床上之前就会进来一些新鲜的空气。重复20次，可以排出一部分汗液，这样也就能再睡一会儿好觉了。但第二种方法在效果上不能和第一种相提并论。那些觉得麻烦的人，如果有条件的话可以放两张床。这样当他们在一张床上热醒后，就可以到另一张床上继续睡觉了。

最后，富兰克林还提出了一个贴心的建议："当然，如果以上建议都没有什么效果，还有一种方法。而我本可以不告诉你，我亲爱的朋友，但不这么做的话会使我的论述不够完美。这个方法就是，如果你希望睡个好觉但又不愿麻烦，那么最重要的就是要品行端正。"

当时，宾夕法尼亚州发展得很快。富兰克林在给朋友的信中写道："庄稼丰收，工人们则有很多的工作机会。"而与往常一样，宾夕法尼亚州的政客们分成了两派。一派是平民主义者，主要是当地的店主和郊区的农场主，拥护宾夕法尼亚州的民主宪法（宪法是在富兰克林的帮助下起草的）以及直选的一院制议会。另一派则是对平民统治持抵触态度的中上层财富拥有者。双方都需要富兰克林的支持，他则左右逢源，对双方也都表示赞同。因此，双方提名其担任州行政会议委员和主席。州行政会议主席相当于州长，富兰克林几乎是全票当选。

当富兰克林发现自己仍然很受欢迎时十分高兴，对其当选为行政会议主席也颇为自豪。富兰克林曾告诉自己的侄子：“即使我这么老了，我还是很在意自己的名声。”他也向希普利主教坦诚他仍痴迷于“我剩余的雄心壮志（我认为我有权拥有）”。

富兰克林也很享受这样一个事实，尽管长期以来一直有人对其进行攻击，但他的声望仍然丝毫未减。在与富兰克林共进晚宴之后，本杰明·拉什这样写道：“他已经弥合了本州不同的政治分野，或者借用他的一个发现来比喻，他的存在和建议就像漂在波涛汹涌的水面上的油一样，能使不同派别的乱流都平静下来。”而这一天赋不久之后也使他和整个美国都受益良多。

不妥协：1787年制宪会议

早在1781年《邦联条例》批准之后的几个月，就有仁人志士意识到执行一个新的联邦宪法迫在眉睫。当时一个信使给国会带来了美军在约克城取得大捷的好消息，但国库居然连支付信使费用的钱都没有，因此代表们只好自己凑钱。根据《邦联条例》，国会无权征税，甚至很多其他权力也受到限制。而当国会希望从各州筹款时——正如当初的殖民地领导者希望英国国王做的一样，也正如英国国王及其大臣所担心的，各州常常对此置之不理。

1786年，情况更为恶化了。曾在独立战争中担任美军军官的丹尼尔·谢斯领导穷苦的农民在马萨诸塞州西部发动起义，反对征税和逼债，人们担心从此无政府主义会大行其道。而当时在纽约的国会（国会的召开一直没有固定地点）常常拿不出钱支付所需的费用，甚至有时连开会的法定人数都凑不齐。殖民地的13个州不仅是从英国获得了独立，彼此之间的关系也十分疏远。纽约对来自新泽西州的所有交通工具都收税，而新泽西州则在桑迪胡克设置了一个灯塔向纽约收税。而其他州（其中包括富兰克林州，后改名为田纳西州）也在试图艰难地厘清其与现有的13个州之间的关系。当时那些希望建立富兰克林州的殖民者就如何解决其他州关于北卡罗来纳州的领土要求咨询富兰克林的建议，富兰克林告诉他们把所有争端提交给国会，虽然每个人都知道它几乎毫无作为。

当时马里兰和弗吉尼亚两个州的领土和航行权之争迟迟未能解决，因此国会就在安纳波利斯召开会议，试图解决相关争议及各州贸易和合作等更为重要的事项。但只有5个州参加了此次会议，而且成果寥寥。但詹姆斯·麦迪逊和亚历山大·汉密尔顿以及其他与会者认为必须要建立一个强力的国家政府，并借机提出召开一次邦联大会，当然其初衷只是希望对邦联条例进行一些修订。此次会议被安排于1787年5月在费城举行。

此次会议的风险很高。富兰克林被选为宾夕法尼亚州的代表。正如其在给远在巴黎的杰斐逊的信中所言："人们通常认为我们的邦联宪法是有缺陷的，根据弗吉尼亚州的建议，国会建议于下个月在此召开会议对其进行修订……而如果我们未能显示出足以进行自我治理的智慧，且不能起到理想中的效果，这将会造成极大的伤害。"

因此，在1787年这个气温极高、空气极为潮湿的夏天，来自各州的精英们云集费城秘密召开会议，拟定一部新的美国宪法。而这也将是人类有史以来最为成功的宪法之一。正如杰斐逊之后那句著名的评价所言，"这是一次圣人的集会"。如果此言不虚，那么这些圣人大部分的年纪都不大，汉密尔顿和查尔斯·平克尼都只有29岁。（平克尼的年纪就像他到底有多少钱一样神秘，当时他称自己只有24岁，这样就可以成为最年轻的参会代表。但实际上最年轻的代表是来自新泽西州的乔纳森·戴顿，只有26岁。）富兰克林时年81岁，比第二年长的代表大15岁，是其余代表平均年龄的两倍。

当华盛顿于5月13日抵达费城之后，第一件事就是拜访富兰克林。富兰克林则在自己新建的餐厅中招待了他，还奉上了一桶啤酒。这位费城著名的先贤在会议上发挥了很多作用，其中之一就是他标志性的好客。他的花园和那棵大桑树，距会场只有几百英尺，成为了会议辩论之外难得的一个乐园。代表们可以在此一边喝茶一边聊天，听富兰克林讲自己的故事，让自己的情绪平复下来，从而有助于达成妥协。在美国国会大厦会议大厅的四周悬挂着16幅巨型油画，重现了从五月花运动到女权运动游行等具有重大历史意义的场景。其中一幅的场景就是汉密尔顿、麦迪逊和詹姆斯·威尔逊在富兰克林家的大桑树下交谈的场景。

如果健康状况允许、志愿强烈的话，富兰克林——而不是华盛顿，将是担任大会主席的唯一人选。但他却选择提名华盛顿担任主席一职。不幸的是，一场暴雨以及肾结石复发使其没有参加5月25日的开幕仪式，因此他请另一名宾夕法尼亚州代表提名华盛顿担任主席。麦迪逊在其关于制宪会议的日记中写道："当富兰克林博士被视为唯一一个有力的竞争者时，宾夕法尼亚州却极富风度地提名华盛顿担任此职。"

5月28日星期一，富兰克林终于来到了会场东厅，在14张圆桌之中自己的位置上坐下——他曾经在此度过了很多时光。根据一些人后来的回忆，富兰克林的到来是一场极为盛大的入场仪式：为了减轻疼痛，据说他坐着一顶从法国带回的、密闭的轿子从其所住的街区来到了会场。抬轿子的是来自沃尔纳特街监狱的4个囚犯。他们用有弹性的杆子将轿子抬过头顶，缓步慢行，生怕走得太快、太急会让富兰克林感到痛苦。

富兰克林每天早上来到会场时那温和的表情和令人尊敬的优雅，以及（相较于那些好争辩之人的）亦正亦谑的讲话方式，为会场平添了一份安宁。“他每天都准时参会，展示了其卓越的善意。”本杰明·拉什说道。拉什还说富兰克林曾表示此次会议“是其参加过的最令人敬畏、最值得尊敬的会议”。

富兰克林有时显得老态龙钟，发言有时也有点儿不知所云，而他的建议有时也令人困惑。然而，代表们一般都很尊敬他和包容他。来自佐治亚州的代表威廉·皮尔斯就曾记下了代表们对富兰克林这种复杂的感情：

> 富兰克林博士作为当代最伟大的哲学家而广为人知，他似乎了解自然界的一切，甚至上天也服从他的旨意，乌云也将闪电拱手相让给其发明的避雷针。但至于他是不是一个政治家，就留给子孙后代来评说吧。但可以肯定的是，他在制宪会议上的表现并不那么耀眼。然而，他仍是一个非常优秀的人。对我来说，他的讲话方式具有前所未有的吸引力。

在接下来的4个月中，富兰克林的很多建议，如一院制立法机构、祈祷、一个代替总统治理国家的执行委员会以及高级官员应无偿为国服务等，都得到了礼貌的倾听，尽管有时人们会有点儿不情愿，它们也都被列入了议事日程。而他给会议带来的三种独特又至关重要的力量，使其在拯救美国的历史性妥协中发挥了必不可少的作用。

首先，富兰克林比大多数代表更倾向于民主。当时大多数代表都认为民主这个词或这个概念十分危险，并不理想。马萨诸塞州的埃尔

布里奇 · 格里表示："我们都体验过过分民主的恶魔。"康涅狄格州的罗杰 · 谢尔曼则对此表示赞同，因为人民的"作用根本无法与政府相比"。然而富兰克林却对此并不赞同。尽管他也反对暴民统治，但富兰克林却主张直接选举，信任普通民众，反对任何形式的精英主义。富兰克林为宾夕法尼亚州起草的宪法与宾夕法尼亚州由普选产生的一院制立法机构一道，堪称是所有州之中最为民主的。

其次，富兰克林是所有代表中游历最广的，不仅了解欧洲国家，对 13 个州也了如指掌，清楚地知道它们的异同。在担任邮政总长期间，富兰克林曾用邮政网络密切了美国各州的联系。他是少数几个对卡罗来纳州和康涅狄格州都十分熟悉的人之一，富兰克林曾在两地开设了印刷分厂，他既可以与来自弗吉尼亚州的农场主讨论木兰的种植方法，也能够和马萨诸塞州的商人精明地进行贸易。

最后，也是最为重要的一点是，富兰克林拥有一种启蒙主义的包容和实用主义的妥协相结合的精神。富兰克林曾表示"双方都应该放弃自己的部分要求作为妥协"，后来这也成为其反复陈述的观点之一。富兰克林还表示"我们到这儿是为了讨论，而不是吵架的"。"在他极富魅力的坦诚背后有一个极其复杂的性格，"宪法历史学家理查德 · 莫里斯曾这样写道，"但他随和的本质又不断地对各方互相抵触的利益进行协调。"

在处理大会所面临的核心问题时，这三种品质发挥了极为重要的作用。制宪会统一时议当所面临的最重要的问题就是美国是应该保留 13 个独立的州，还是形成一个统一的独立国家，抑或如富兰克林于 1754 年在奥尔巴尼联盟计划中首次提出的那样，将两者以某种程度神奇地结合在一起。这一核心问题在很多具体方面显露无疑：国会应该由人民普选产生，还是应该由各州的立法机构指定？代表的名额是应该由人口比例而定，还是每州人数相等？国家政府和各州政府谁应该拥有主权？

对于这一系列的问题，各州的分歧十分明显。一些代表倾向于建立一个超级国家政府，各州处于从属地位。一开始，富兰克林的观点也是如此。而另外一些人则强烈反对对《邦联条例》明确规定的各州主权进行让步。当初召开此次会议的初衷就是对《邦联条例》进行修改，而非将其废止。那些最激进的州权拥护者甚至拒绝参会。帕特里克·亨利公然宣布："我感到大事不妙。"塞缪尔·亚当斯则为自己的缺席找借口说："一开始我就被绊了一下，他们提倡一个国家政府而不是由各州主权所组成的联盟。"

由麦迪逊和埃德蒙·兰道夫率领的弗吉尼亚州代表团很早就到了费城，其主张令那些赞同州权的人十分惶恐：他们提议完全废除《邦联条例》，并创立一个主张强力国家政府的新宪法。政府对一个由人民直接选举产生的强有力的议会负责，议会代表的名额按照各州人口比例进行分配。上议院、总统和大法官则由议会选举产生。

富兰克林一直以来都倾向于由人民直接选举产生的一院制议会，他认为不应该阻碍民众的民主意愿。他在宾夕法尼亚州就设计了这样一种体系。但实际上，在会议的第一周，就有一半的人认为这一设想过于民主。麦迪逊写道："与会各州都认为国家立法机构应该由两院组成，只有宾夕法尼亚州对此持有异议。宾夕法尼亚州代表团此举可能是为了讨好富兰克林博士，因为他被认为倾向于一院制的立法机构。"因此，会议对弗吉尼亚州的方案进行了修改。为了确保各州政府在新国会中的利益，与会代表最终决定上议院（当时按照古罗马的先例称其为参议院）的代表由各州议会制定，而不是由众议院任命（这一规定一直持续到1913年）。

但是，制宪会议所面临的核心问题仍未解决。国会两院中的表决权是由各州人口比例确定，还是像《邦联条例》所规定的那样，各州一律相等？这一争论不仅仅是主张一个强力国家政府和倾向于保护州权的代表之间的哲学问题。其实质上是权力之争：特拉华和新泽西等较小的州担心自己可能会被弗吉尼亚和纽约等大州压制。

关于此问题的争论愈演愈烈，甚至极有可能造成会议中止。6月11日，富兰克林认为应该是时候恢复会议协商、妥协的主旨了。因为健康问题，富兰克林事先将自己的演讲写了下来，委托给另外一位代表大声宣读。演讲一开始就说道："直至关于代表比例的问题出现之前，代表们一直在以极大的冷静和极佳的情绪推动相关事务向前发展。"富兰克林期望各位代表就事论事，找到一个解决的办法，而不是彼此对抗。之后，富兰克林表达了其多年以来一直坚持的一个观点，即早在60年前为共读社制定章程时就表达过的——争论时不要过于武断。"对于固有观点或已决定的解决方法的断言，既不能给我们启发，也不可信。""只要积极、热情，别人自然而然地会对你产生好感。"富兰克林表示，他本人愿意对自己的某些观点进行修正，例如其所青睐的一院制议会。现在，所有代表都应该妥协。

接下来，富兰克林还提出了一些建议，有些很明智，有些则相当奇怪。富兰克林援引了苏格兰的例子，为根据人口比例确定代表权的主张进行了辩护。尽管苏格兰人口较少，在英国议会中的议席也不多，却成功地避免了被英格兰压制。随后，出于对细节的爱好，富兰克林还提供了一个详细的计算，显示较小的州如何能获得足够多的选票与较大州的势力相抗衡。富兰克林还提出了其他的解决办法，如那些较大的州也许可以将一些土地转让给较小的州。"如果有必要缩小宾夕法尼亚州的领土规模，我不会反对将其部分领土分别转让给新泽西州和特拉华州”。如果这样还不可行，富兰克林提出了一个更复杂的方法：为各州设置相等的税收起征点，在表决如何使用税款时，各州在国会中将具有同样的投票权。而如果较大的州缴纳更多的税款，那么关于额外税款的使用问题，各州将根据缴纳税款的比例确定投票权。

富兰克林的演讲漫长而又复杂，有的地方甚至令人困惑。他的提议都是认真的探讨，抑或其中一些只是理论的阐述？代表们不得而知。富兰克林并没有提议对其关于调整边界或创建不同的财政基金的建议进行表决，其他代表也没有表示。与那些具体的观点相比，更为重要的是富兰克林平和、调解的态度。他的演讲很有开放性，乐于倾听不同的观点，并没有鼓吹某一特定的主张，从而为代表们提供了冷静下来的时间。而他号召创造性妥协的建议，最终也取得了效果。

几分钟之后，来自康涅狄格州的罗杰 · 谢尔曼站起来，提出了另一个建议：众议院根据人口比例分配议席，而各州在参议院中将拥有同样的代表权。同样来自康涅狄格州的塞缪尔 · 约翰逊则解释了后来被称为“康涅狄格妥协”的这一建议。在某些方面，这个新国家可以被视为“一个政治协会”，但另一方面，它又是由不同的州组成的邦联。这两者并不冲突，它们是“一个整体的两个方面”。然而，与会者并未对此提议进行认真的讨论。最后这一提议以 6 票反对，5 票赞成被否决了。当时，支持在两院中以人口比例分配议席的人仍占据了上风。

随着天气越来越热，关于代表权的争论也日渐升温。新泽西州的威廉 · 佩特森提出了一个建立在对《邦联条例》的修改，而非完全推翻之上的替补方案，即建立一院制的议会，每个州无论大小都在议会中享有一票。那些较大的州当然对此表示反对。当时的争论如此激烈，以至于一位特拉华州代表甚至表示，如果较大的州坚持要建立一个全国政府，“较小的州将会寻求那些更值得尊敬和拥有良好信仰的外国盟友的帮助，那些外国盟友将会与其携手，还他们一个公道。”

因此，又到了富兰克林出面使会议恢复冷静的时候了，而这次富兰克林采用了一种出其不意的方式。在6月28日发表的演讲中，富兰克林提议以后每次会议都以一个祈祷开始。会议正在“摸索前行，就像在黑暗中寻找政治的真理一样，”富兰克林表示，“我们到现在都没有想过谦卑地向上帝祈祷，若不祈求给我们启示，我们如何能获得成功呢？”随后，他还表示“我活得越久，便越相信一个真理——上帝是人类事务的主宰。如同麻雀没有得到他的允许就绝对不会落地一样，没有上帝的帮助，国家如何能够兴旺？”

随着年龄的增长，富兰克林越来越相信“一般的福佑”，尽管有时仍然模糊，但他越来越相信上帝对世间之事怀有仁慈之心。可他却不相信上帝将会根据每个人的祈祷，直接干预事物发展的“特殊的福佑”。因此，问题就出现了：富兰克林提出祈祷的建议到底是出于对上帝的信仰，还是出于认为其有助于鼓励与会者在深思熟虑中冷静行事的实用主义观点呢？

正如往常一样，富兰克林应该二者兼而有之，当然也许实用主义的考量会多一些。富兰克林从不在公共场所祈祷，也很少去教堂。然而富兰克林却认为有必要提醒参会的圣人们，上帝正在远处观察他们的所作所为，历史也在注视着他们。而为了取得预期的成果，代表们就必须对他们的工作充满敬意，必须要谦卑，而不能武断。“否则，”富兰克林总结道，“我们就会被自己渺小、偏颇、地方性的利益所分裂，我们的事业就无法完成，我们就会为后人所指责，成为后人的笑柄。”

汉密尔顿担心突然间雇用一个牧师会使公众担心“会议内部的难堪和争吵迫使其采取了这一举措”。富兰克林则回应说来自外部的恐慌将对会议极有帮助，而不会影响会议内部的考虑。然后，代表们又提出了一个反对意见：会议没有钱来雇牧师。因此，这一建议就被静悄悄地束之高阁。在其演讲手稿的底部，富兰克林写了一段表示惊奇的话："除了三四个人，参会者都认为祈祷是没有必要的。"

因此，富兰克林是时候提出一些更为世俗、实际的观点了。就在其发表了关于祈祷的演讲的两天之后，在6月30号的那个星期六，富兰克林帮助启动了将会打破僵局并在很大程度上塑造这个新国家的进程。当时，很多人都讨论了妥协的可能性，现在是时候坚持某一个方案，并推动其实现了。

富兰克林首先简明地陈述了问题所在："分歧主要有两个点。如果采取按人口比例分配代表权的方案，较小的州担心他们的自由会受到威胁。而如果采取等额投票权，较大的州则表示他们的财产可能将处于危险之中。"

富兰克林又以一个朴素的比喻温和地强调了妥协的重要性，这一比喻也反映出了他对手艺人和造房子的喜爱："木匠正准备做一张圆桌，突然发现木材的边缘薄厚不一。他就把两边各削去了一点儿，然后很好地将它们接在了一起。现在我们要采用同样的方式，即双方都必须放弃自己的某些主张。"

富兰克林提出了一个极具可行性的妥协方案。下议院（众议院）的代表将根据人口比例选举产生，而参议院由"各州的议会将指定并派出数额相等的代表"。众议院负责税收和公共支出，参议院则负责批准高级政府官员的任命以及国家主权的有关事项。

7月16日，制宪会议指定了一个委员会负责起草这一妥协方案的细节，富兰克林也身在其中。会议以微弱的优势通过了相关方案。会议最终通过的方案与富兰克林之前提出的建议有很多相似之处。

范·杜伦称："这是富兰克林在制宪会议上取得的伟大胜利"，"他正是将代表们拢在一起的妥协方案的作者。"

这一说法有些言过其实了。富兰克林并不是这一创意的作者，甚至也不是第一个提出来的人。这一设想源自康涅狄格州的谢尔曼和其他人。但富兰克林的作用至关重要。他接受了这一个观点，并将其具体化，然后向会议提出了妥协的号召。他的声望、中立以及显赫的地位使这一建议容易为所有人接受。这个工匠从各角度都削去了一点儿东西，然后将其完美地连接在一起，从而将这个国家紧密地联系在一起达数个世纪之久。

就在其提出妥协方案的几天之后，富兰克林在自己的花园举办茶会招待一些代表，其中就有来自马萨诸塞州的埃尔布里奇·格里。格里是大众民主最主要的反对者之一。但富兰克林阴凉的花园的确是一块能够使争议冷静下来的宝地。格里还邀请了马萨诸塞州的一个牧师，名叫玛拿西·卡特勒。卡特勒是一个和富兰克林志趣相投的胖子，曾在自己所在的城镇中推广其所帮助成立的俄亥俄公司的领土计划。在其日记中，卡特勒写道，一想到将要亲眼目睹那位声望极高的圣人的风采，"我的双腿都在发抖"，但富兰克林谦和的姿态很快使其放松下来。"尽管年事已高，但他似乎对所有问题都有很深的了解，记忆力也很好，思路清晰、生动，这令我十分欣喜，"卡特勒写道，"他十分放松，一举一动都显示出不受约束的自由和快乐。他一直都很幽默，而且伴随着不同寻常的活泼，而这一切对他来说就像呼吸一样自然、不做作。"

当发现卡特勒是一名狂热的植物学家之后，富兰克林对其刚刚收到的、装在瓶子里的一条 10 英寸（约 25.4 厘米）长的双头蛇产生了强烈的好奇。富兰克林饶有兴趣地推测，如果蛇的一个头想要从树枝的左边绕过去，而另一个头则打算从右边绕过去，如此无法达成一致会发生什么。富兰克林本打算将这一情况与当时会议上刚刚讨论过的一项事务进行对比，但旁边有几个代表阻止了他。“他好像忘了会议中的所有事情都要保密，”卡特勒写道，“但是他突然想起了要对会议的事项保密，便停了下来，我也就无福消受他要讲的那个故事了。”

毫无疑问，富兰克林所要讲的事就是其曾在1776年宾夕法尼亚州议会上讲过的故事。当时，他对两院制议会的提议表示反对，因为他认为这样的议会就像一条双头蛇，注定要失败。富兰克林做了这样一个比喻，蛇的两个头因为无法就该从哪边绕过树枝达成一致而最终被渴死。实际上，在其1789年所写的一篇赞美宾夕法尼亚州一院制议会的文章中，富兰克林使用了“双头蛇这一著名的政治寓言”。然而，为了达成建立全国性议会所必需的妥协，富兰克林开始接受了两个头要比一个头好的观点。

而在其他议题上，富兰克林则通常属于赞成直接民主的少数派之一。例如，富兰克林反对给予总统对议会法案的否决权，因为他认为议会的法案是人民意志的体现。他提醒各位代表，在殖民地时期，当议会希望通过某项措施之时，总督就会使用相似的权力勒索更大的权力和更多的金钱。当汉密尔顿提出总统可以像君主一样连任终身时，富兰克林则评论道，尽管有人寿命很长，但智力和体力会有鼎盛期，他自己就是活生生的证据。相反，如果总统任期一过就再次成为平民，会显得更加民主。富兰克林还表示，关于“重新成为占大多数的平民是一种贬职”的观点“与共和的原则相抵触。在自由政府中，所有的统治者都是仆人，而人民才是他们的主人和国王。因此，统治者重新回到人民当中并非是一种贬职，而是一种擢升”。

此外，富兰克林还主张国会必须有权对总统进行弹劾。过去，在无法进行弹劾之时，公众推翻一个腐败的统治者的唯一方法就是暗杀，“这不仅剥夺了他的生命，更剥夺了他改过自新的机会。”富兰克林还认为如果将行政权赋予一个小型委员会而非一个人的话会更加民主，就像宾夕法尼亚州一样。当时任命华盛顿担任会议主席时产生了激烈的争论，很多人都认为他是第一任总统的不二人选。因此，富兰克林颇具外交手腕地提出第一个担任总统的人是仁慈之人，而第二个担任总统职务的人（也许他认为约翰·亚当斯可能会成为第二任总统）则应该更具有专制的领导作风。关于这个问题富兰克林没有太在意，但制宪会议则决定将内阁的作用机制化。

富兰克林还提出联邦法官应该由民众直接选举，而不是由总统或国会任命。当然，他最后没有获得成功。与往常一样，富兰克林是以讲故事的方式提出自己的观点的。在苏格兰，法官通常是由律师提名担任。而律师们通常会选择其中最能干的人，这样就可以使其不再与自己竞争，并瓜分自己的生意。而在美国，由选民“做出最好的选择”才最可能、也最应该符合他们的利益。

当时很多代表都坚信只有那些富有的人才有资格担任政府公职，除了宾夕法尼亚州之外，其他州都是如此。南卡罗来纳州的扬·查尔斯·平克尼甚至提议总统需要具备10万美元的个人资产，直到有人指出这一要求可能会将华盛顿排除在外。这个时候，拿麦迪逊的话说，富兰克林站了出来，“表达了他对所有贬低普通民众精神的反对”。任何建议国会“应该对富人有特殊偏袒”的提议都是对富兰克林民主精神的冒犯。相反，富兰克林表示“我所认识的一些罪大恶极的坏人都十分富有”。此外，富兰克林还反对任何对投票权的财产限制：“我们不应该压制普通民众的道德和公共精神。”关于这些问题，富兰克林成功了。

只有在一个问题上富兰克林的态度被视为不那么民主，尽管他自己没有认识到。富兰克林认为联邦官员应该无偿服务。在其所著的《美国革命的激进主义》一书中，历史学家戈登·伍德认为富兰克林的建议反映了“精英统治的经典观点”。甚至连通常不甚民主的约翰·亚当斯也从伦敦写信表示，在这样的政策下，“所有的职位都可能为富人所独占，穷人和中产阶级则可能被排除在外，从而产生贵族专制。”

我个人认为富兰克林的本意并非是出于精英统治或排外主义，而是希望限制腐败的影响。在其关于此话题的很多信件中，富兰克林从未考虑到他的计划可能会使那些无法承受免费工作的人被排除在外，尽管他应该认识到这一点。实际上，他看上去对这一质疑十分了解。富兰克林的立场是建立在其对公民志愿者的信赖，以及他长期以来认为对利益的追逐是导致英国政府腐败的原因所在等观点之上的。早在三年前，在其写给威廉·斯特拉恩的信中，富兰克林就表达过类似的观点，而在制宪会议的会场，富兰克林的言语几乎如出一辙。

> 有两种激情会对人间的事情有着强有力的影响，那就是野心和贪婪，也就是对权力的追逐和对金钱的热爱。如果把它们拆开，那么任何一个都将会成为激励人奋进的强大动力。如果看到一个位置既能带来权力又能带来金钱，那么很多人就会不顾一切地去谋取这个位置……那么哪些人将会通过阴谋诡计、百般争夺、结党营私、不顾廉耻来谋得这种名利双收的位置呢？他们不会是明智、谦和的人，不会是爱好和平、安定的人，也不是那些值得信任的人。他们是胆大、狂暴的人，是一心求成、为一己私利而不惜一切代价的人。

但在这一问题上，富兰克林发现几乎没有人支持他，他的观点也被毫无争议地搁置起来。麦迪逊记录道："人们对这一观点很是尊重，但除了作者之外没有人认为它实用。"

在那个漫长而又炎热的夏季，还是有很多幽默时刻的。来自宾夕法尼亚州的古弗尼尔·莫里斯，其文章结构紧凑，极为严肃，却经常充当制宪会议中开心果的角色。有一次，汉密尔顿和他打赌，让他去拍刻板、威严的华盛顿的肩膀，然后说"我亲爱的将军，看到你气色如此之好，我真的太高兴了"，赌注则是一顿饭。莫里斯照做了，但是当他看到华盛顿的表情之后，即使请他吃 1 000 顿饭，也不敢再和华盛顿开玩笑了。埃尔布里奇·格里则在对维持一个庞大的常备军表示质疑时，猥亵地将其与一个勃起的生殖器相比："这的确是国内安全（家庭和谐）的一个极佳保障，但也是对国外冒险（婚外情）的极大诱惑。"

当尘埃落定之时，会议达成了很多妥协，其中甚至还包括奴隶制这一问题。但很多人都不满意，有些代表认为最后的结果篡取了各州太多的主权，还有些代表认为并没有建立一个足够强大的国家政府。来自马里兰州的代表，脾气暴躁的路德·马丁嘲讽会议是在调制一个"完美的杂烩"，甚至没参加最后的投票就离开了。

马丁说得没错，但他的嘲讽有失偏颇。这个"杂烩"几乎和人力的极限一样完美。从开头那句著名的"我们美利坚人民"，到之后通过精妙调试达成的妥协和制衡，宪法建立起一个设计精巧的体系，其中全国政府和各州政府的权力都直接来自全体共鸣。这就实现了根据富兰克林 1776 年的提议，后刻在美国国徽上的那句格言——"合众为一"。

凭借棋手耐心的智慧和科学家的实用性，富兰克林清楚地意识到与会代表之所能够成功，并不是因为他们的自信，而是因为他们愿意承认自己可能会失败。“我们正在做一项政治实验。”富兰克林在给拉罗什富科的信中写道。而在给杜邦·德·内穆尔的信中，富兰克林则坦承“我们不能期望新政府的行程像高手下棋一样，毫无错误”。

富兰克林最后的成就是将这些观点以一种幽默而又极富魅力的方式，通过在制宪会议上发表一篇引人注目的闭幕演讲。这一演讲是对其思想开明的力证，也是对那些认为会议注定失败的观点的有力回击。演讲宣告了启蒙主义观点成为美国自由的核心思想这一时代的来临。这是富兰克林写过的最为雄辩的文章，可能也是关于美国体系的魅力以及创造这一体系的妥协精神最好的描述：

> 我承认，对于这部宪法，我现在还不能完全赞同。但是先生们，我并不确定我永远不会同意。活了这么大的年纪，我已经历过许多场合，由于获得了更好的信息，或经过更周密的考量，使我改变了原来的观点，哪怕是在重大问题上。我曾以为自己正确，后来却发现恰恰相反。因此，我年纪越大，越倾向于质疑自己的判断，而更尊重别人的判断。
>
> 大多数人，和宗教中的大多数教派一样，都认为他们自己拥有全部真理。但凡别人的观点与其不同，都认为是谬误。新教徒斯蒂尔在一篇献词中告诉教皇，我们都对自己的教义确信不疑，唯一的区别就是罗马天主教认为自己一贯正确，而英格兰国教则从未犯过错。虽然许多人认为自己几乎像自己所属的教派一样，觉得自己不会犯错，但很少有人像一位法国女士那样表达得那么自然。当与妹妹发生争执时，她说：“我也不明白这是怎么回事，妹妹，可是我从未遇到一个永远正确的人，除了我自己。”
>
> 就此而言，先生们，我同意这部宪法，连同它所有的瑕

疵——如果它们确是瑕疵的话。因为我认为我们需要一个全国性的政府……我也怀疑，如果再开一次制宪会议，我们能否制定一部更好的宪法。因为，当你再召集一批人来，集合他们的智慧，你也不可避免地会把他们的偏见、冲动、错误的观念、地方利益、私人之见等一道汇集起来。能指望这样的会议产生一个完美的结果吗？

令我震惊的是，先生们，现在的这套制度几近完美。我认为它也会令我们的敌人感到惊诧，他们正自信满满地等着我们的会议就像巴比伦人建造通天塔一样劳而无功的消息；等着我们各州正处于分崩离析的边缘，以后我们每次见面，只是为了掐断彼此的喉咙。先生们，因此，我赞同这部宪法，因为我不指望它还能更好，因为我也不能肯定这不是最好的。

富兰克林的演讲以恳求结束："为了我们的繁荣昌盛，让我们全心全意、全体一致地行动吧。"为此，富兰克林提议制宪会议宣称宪法已经为各州所接受，这样就可以使那些极少数持不同意见的代表也签上自己的名字。"我禁不住要表达一种愿望：制宪会议中每位对宪法或许还有异议的代表和我一起，就此机会稍微怀疑一下自己一贯的正确，表明我们的一致，在此文件上签上自己的名字。"

当富兰克林结束自己的演讲之后，绝大多数代表都响应了他的号召，以州为单位站成一排，签上这具有历史性意义的名字，即使一些代表还略带异议，也加入了其中。当他们签字时，富兰克林则将大家的注意力转移到了华盛顿座椅背后刻着的太阳上。富兰克林注意到，那些画家发现人们经常难以区分自己画的到底是旭日还是夕阳。富兰克林说："在会议的过程中，我对会议所讨论的问题时而充满希望，时而心怀忧虑。我经常凝视主席身后的这幅画，想弄清楚画中的太阳究竟是在升起还是在落下。现在我终于高兴地发现，这是一轮旭日，而不是夕阳。”

根据马里兰州的詹姆斯·麦克亨利的记录，他曾向一位焦虑的女士鲍威尔夫人简明扼要地表达了自己的观点。当时，鲍威尔夫人在会场之外走过来问，你们代表给了我们一个怎样的政府？麦克亨利的回答则是，“一个共和的政府，夫人，只要您能保持下去”。

历史学家克林顿·罗西特称富兰克林的闭幕演讲是“一段精彩人生中最为精彩的一次演出”。耶鲁学者芭芭拉·奥伯格则称其为“富兰克林作为民众的宣传家、说服者和鼓动家的一生的顶点”。富兰克林以其娴熟、自嘲的双重否定（如“我并不确定将来我永远不会同意”，“我也不能肯定它不是最好的”），强调了谦卑和承认人都可能犯错误是建立一个国家必不可少的元素。尽管反对者攻击富兰克林妥协的方式其实是没有原则，然而这正是其所要表达的观点所在。奥伯格指出：“支持妥协并不是英雄主义、道德或永久确定性的必要元素，但这是民主进程的本质。”

终其一生，富兰克林一直通过自己的思想和行动，为这部宪法所珍视的民主共和奠定坚实的基础。当他还是个年轻的商人时，就教育自己的同伴要做品行高尚、勤奋、负责任的公民。随后，富兰克林又试图让他们加入各种各样以互利和社会公益为目的的社团，如共读社、图书馆、消防队、互助巡逻队和民团等。随后，他又创建了不同的网络，从邮政服务到北美殖民地哲学会，建立各殖民地之间的联系，对一个正在兴起的国家进行整合。最后，在18世纪50年代，富兰克林又推动各殖民地通过联合而获得力量，一起为形成国家认同而努力。

从那时起，富兰克林就一直致力于新共和国法律文件的制定之中。他是唯一在4份美国建国文件中都署上了自己名字的人：《独立宣言》《美法条约》《美英合约》和《宪法》。此外，他还为美国设计出了第一个联邦计划——1754年的《奥尔巴尼联盟计划》，各州和国家政府即根据此计划分享权力。而其于1775年所提议的《邦联条例》要比1781年那份软弱无力、注定失败的备选条款，更接近美国宪法。

根据亨利·梅在其所著的《美国启蒙运动》一书中所言，美国宪法反映了“稳健的启蒙运动的所有美德，同时也显示了一个缺点，即认为所有事情都可以通过妥协来解决”。对于认同启蒙运动及其妥协精神的富兰克林来说，这算不上什么缺点。对他而言，妥协不仅是一种实用的方法，更是一种道德的实现方式。包容、谦卑、尊重他人都需要妥协。在两个多世纪以来，在几乎所有问题上，这一所谓的缺点对宪法及其所建立的国家来说都很适用。宪法的妥协只有一个问题没有解决，甚至事后仍然如此，那就是奴隶制。而实际上，这也是富兰克林在生命即将走向尽头之时，选择了不妥协立场的问题。

终局

富兰克林在费城奇迹中所发挥的作用，应该可以作为建立一个自由民主的共和国这一伟业最合适的闭幕式。对于大多数人，起码对大多数像他一样年过八旬的老人来说，这应该能够满足自己的雄心壮志。如果有这个打算的话，富兰克林现在尽可以从其被广泛尊重、并完胜任何对手的公共生活中退休。然而，就在其向宾夕法尼亚州议会提交了一份新的美国宪法的一个月之后，富兰克林第三次连任宾夕法尼亚州州长（当时州长的任期是一年）。“我本打算谢绝再担任一年的州长，因为这样我就有空在明年春天去波士顿了，”富兰克林在给自己妹妹的信中写道，“如今，我已经担任公职长达 50 余年了。”

实际上，富兰克林再也没能出游，也没能再见到自己的妹妹。富兰克林写道，自己身患肾结石以及简的身体状况使他们只能通过写信来彼此慰藉。此外，正如他所坦承的，他的骄傲仍使其十分重视公共的认可。“这对我来说可不是个小乐子，我希望在考验我这么久之后，它也能够给我的妹妹带去满足。我应该是被我的同胞们第三次选为州长，”富兰克林写道，“民众对我普遍而无限的信任极大地满足了我的虚荣心，甚至比授予我爵位更令我高兴。”

富兰克林给其妹妹的信中充满了这样坦诚的评论，尤其在其最后的岁月中更是如此。有一次，富兰克林直斥“你们的邮局管理太差”，并批评她爱与人发生小争执的缺点。因此，富兰克林写了一段有趣的排比，显示富兰克林家族“总是成为小脾气的牺牲品”。富兰克林问道：“楠塔基特的福尔杰表兄弟们怎么样了？他们极其害羞，但是我尊敬他们话语中正直的坦诚。一年前我邀请他们中的两个和我共进晚餐。他们的回答是没问题——如果他们没有更好的事可做的话。我认为他们可能找到了更好的事情，因为后来我就没有见到他们。”

在给诺亚 · 韦伯斯特（韦伯斯特是著名的词典编撰者，曾将自己的《论英语》献给富兰克林）的信中，富兰克林抱怨那些不精准的词汇新用法影响了语言，对那些用词不精准的作家大发牢骚，却忘了自己当初也曾经以发明新的英语单词为乐，甚至发明新的法语词以博巴黎那些女士们一笑，并从中获取了更多的乐趣。“我发现了名词‘注意’（notice）的一个动词用法：‘我没有注意（notice）到他不是那位绅士。’还有名词‘提倡’（advocate）的一个动词用法：‘提倡（advocate）或过去提倡（advocate）这一建议的绅士们。’此外还有名词‘前行’（progress）的动词用法，这是三个当中最笨拙、也最令人厌恶的一个：‘陪审团继续工作（progress），决定休庭……如果你对这些变化持和我一致的观点，请利用你的权威对他们进行谴责。’”

富兰克林最后还继续其自传的写作。1771年在特怀福德时，富兰克林写了87页手稿。1784年在帕西时，又写了12页。从1788年8月到1789年5月，他又连续写了119页，写到了其作为殖民地的代理人抵达伦敦的场景。“我省略了所有可能不会使年轻读者获益的事实和情况。”富兰克林在给沃恩的信中写道。富兰克林的目的仍然是通过描述“我如何从贫困走向成功”以及“我所遵守的特定行为模式的优点”，给美国雄心勃勃的中产阶级提供一份自助指南。

当时富兰克林因肾结石引起的疼痛更加严重了，于是其开始求助于鸦片酊，一种鸦片和酒精混合而成的酒。“我深为难以忍受的疼痛所困扰，因此不得不求助于鸦片，而只有在疼痛和鸦片双重作用下的间隙，我才能有一点儿时间写作。”富兰克林向沃恩抱怨道。富兰克林还担心自己写的东西不值得出版。“请给我你真诚的建议，我到底是应该出版它，还是把它藏起来，”富兰克林问道，“我现在年纪太大了，脑子和身体都不行了，因此对自己的判断丧失了自信。”富兰克林甚至开始口述，由本尼来记录，而不是自己手写，但这样也只是多写了几页而已。

朋友们为富兰克林寄来了自己家乡各式各样治疗肾结石的方法。其中沃恩的建议令富兰克林感到十分好笑——一小份由毒芹提取的毒药。有时，富兰克林会觉得种种治疗方案很有意思，然后重复他那句名言——“将杯中的水一饮而尽的人肯定要做好准备，杯底会有些沉渣。”正如其给老朋友伊丽莎白·帕特里奇的信中写的，富兰克林表示，他仍然“开玩笑、大笑、讲有趣的故事，就像你第一次见到我时那样，那时我还是50岁左右的年轻人”。

然而富兰克林越来越清楚自己时日无多了，因此他的信也呈现出一种乐观的告别语气。他曾给那个35年前虏获他的思想和心灵的姑娘凯瑟琳·雷·格林写了一封信。信中，富兰克林写道：“到目前为止，我这漫长的一生都还算快乐。如果有幸能再活一次，我不会有异议。只是希望能像那些对自己的作品再版的作者一样，纠正我的一些错误。”在华盛顿当选总统之后，富兰克林给他写了一封信，告诉他自己仍然活着，所以很高兴：“在我看来，我本该在两年前就离开人世了。尽管这两年来我生活在难以忍受的疼痛之中，但我仍然很高兴能过这样的生活，因为我可以见证我们现在发生的一切。”

富兰克林同样还对在其深爱的法国正涌现的革命充满乐观。民主思想的大爆发正产生“误导和麻烦”，富兰克林写道，但是他断定其必将会形成一个更广泛的民主和一部好宪法。因此，大部分富兰克林写给其法国朋友的信都有点儿不合时宜的轻松愉快。“你还活着吗？”1789年年末，富兰克林在给他的朋友和帕西的邻居，法国科学家让-巴蒂斯特·勒罗伊的信中写道，“巴黎的民众是否已经冲昏了那些垄断者的头脑，并就其极端的观点上街游行呢？”（也正是在此信中，富兰克林写下了那句名言：“只有两件事不可避免，就是死亡与税收。”）富兰克林还向自己在帕西时的邻居和密友路易–纪尧姆·勒·维拉尔保证，所有的一切都是出于好意：“当发酵结束，杂质渐少，美酒将会变得甘甜醇厚，令那些饮用者的心灵感到愉悦。”

然而，富兰克林对法国大革命的看法是错误的，这令人惋惜，但他没能活那么久来见证此后发生的一切。勒·维拉尔不久之后就被送上了断头台。曾与其一起对催眠术进行调查的化学家拉瓦锡也是如此。曾陪伴富兰克林与伏尔泰进行历史性会面的经济学家孔多塞则被关了起来，最终在牢房里服毒自尽。曾为富兰克林翻译宪法，并在其离开之后一直与其保持密切通信的拉罗什富科则被一伙暴民用石头砸死。

最后一项公共使命：废除奴隶制

在其生命中的最后几年中，富兰克林开始着手进行自己最后一项公共使命，这是一场道德运动，旨在改善其为自由而奋斗的一生中少有的几个污点之一。在 18 世纪的大部分时间里，很少有白人对奴隶制提出质疑。即使是在友爱的费城，拥有奴隶的情况也不断攀升。直至 1760 年，费城的人口中大约有 10% 都是奴隶。但是随后，人们的观点就有所改进，特别是意义深远的《独立宣言》发布和对宪法的妥协之后。来自弗吉尼亚州的乔治 · 梅森，尽管其本人拥有 200 名黑奴，但仍在制宪会议上称这一制度是“有害的”，并声称“每个奴隶主都是暴君，他们给这个国家带来天庭的审判”。

富兰克林的观点也是在不断进化之中。正如我们所见，他一生中也曾断断续续地有过一两个奴隶。年轻时，作为一个出版人，他还登过兜售奴隶的广告。但是富兰克林在 1729 年也刊登了美国最早的反对奴隶制的文章之一，并加入了布雷博士的社会团体，帮助其在美国建立黑人学校。德博拉曾在费城的黑人学校招募家里的仆人，而造访过之后，富兰克林表示了他“认为黑人天生的能力也不差”的观点。在其 1751 年所著的《对人类繁衍的观察》中，富兰克林强烈地抨击了奴隶制，但主要是从经济角度而非道德角度出发。富兰克林于 18 世纪 70 年代表达了对费城废奴主义者安东尼 · 贝尼泽特的同情，对其认为奴隶进口应马上停止的观点深表赞同，但富兰克林却为其对废奴主义的支持进行了修饰，称其应该“及时”采取行动。而作为佐治亚州在伦敦的代理人，富兰克林曾为该殖民地拥有奴隶的权利进行过辩护。但他也在1772年所著的《马鞍事件和奴隶贸易》和其他文章中表示将奴隶制强加给北美殖民地，是英国对其犯下的最大的罪行之一。

富兰克林的转变在1787年达到顶峰。那一年，他接受了“宾夕法尼亚州废奴促进会”主席一职。当时，该协会试图说服富兰克林在制宪会议上提交一份反对奴隶制的请愿书。但富兰克林深知南北方的妥协来之不易，因此对其保持了沉默。然而在此之后，富兰克林就公开表达了自己的观点。

反对马上废除奴隶制的理由之一，就是给数十万名成年人以自由，使其来到这个他们还未做好准备面对的社会中，既不实际也不安全（1790年，美国的400万总人口中大约有70万黑奴）。富兰克林此前也是这样认为的。因此，宾夕法尼亚州废奴协会声称自己不仅是要给予奴隶自由，还要帮助其成为好公民。“奴隶制是对人性残忍的贬低，如果不加以悉心关怀就贸然废除，可能会导致严重的问题，”富兰克林在1789年代表该协会对公众所做的一篇演讲中写道，“那些不幸福的人，长久以来一直就被当作畜生对待，太容易在人类的普通标准之下沉沦了。锁在他身上的锁链也束缚了他的智力，损害了他内心对社会的归属感。”

富兰克林还标志性地为社团起草了一份详细的“改进自由黑人状况”的宪章和程序。成立了一个由24人组成的委员会，并分为4个次级委员会：

> 监察委员会，负责对所有获得自由的黑人的道德、总体行为和日常状况进行监督，并为其提供建议和指导……
>
> 监护委员会，负责将儿童和年轻人置于合适人选的照顾之下，

这样他们就可以（通过当一段时间的学徒或仆人）学到一些手艺和其他做生意的方法……

教育委员会，负责监督学校对获得自由的黑人儿童和年轻人的教育。委员会将鼓励黑人儿童和年轻人定期参加本市已有的相关学校的教育活动，或促进建立更多的类似学校……

工作委员会，负责为具备工作能力的获得自由的黑人提供稳定的工作机会，因为缺乏工作机会将会导致贫困、懒惰和很多恶习。

富兰克林还代表该社团于1790年2月向国会递交了一份正式的废奴请愿书。“人类都是由万能的上帝所创造的，与其关怀下的万物一样，生而平等，并都可以享受幸福。”请愿书中表示。国会的责任就是“确保合众国的人民享有自由”，而这必须“不分肤色的区别”。因此，国会应该赋予“这片自由土地中沦为终身奴隶的不幸福之人以自由”。

富兰克林及其请愿书遭到那些奴隶制拥护者的广泛谴责，其中最著名的就是佐治亚州的议员詹姆斯·杰克逊。杰克逊在众议院声称，《圣经》已经对奴隶制进行了认可，而如果没有奴隶制，就没有人在种植场做那些又累又热的工作。因此，富兰克林就在其逝世之前不到一个月的时间里，写下了其最后一篇伟大的讽刺之作。

富兰克林的文学生涯始于68年前，当时他还只是个16岁的学徒，就以一个一本正经的寡妇塞伦斯·杜古德的口吻写下了一篇文章。此后，他又以同样戏谑的方式写了一系列文章，给读者以启迪，如《波莉·贝克的审判》和《普鲁士国王敕令》等。本着与《敕令》一文同样的精神，富兰克林在当地的一家报纸上发表了一篇文章，一篇几百年前阿尔及尔议会中一名议员发表的演讲。

文章是对杰克逊议员演讲的尖刻模仿。“上帝是伟大的，穆罕穆德是先知。”文章开始颇具现实主义地写道。随后，文章就对一个完全秉持伊斯兰教义的教派所提出的旨在不再捕获欧洲天主教徒并迫使其在阿尔及利亚劳役的请愿书大加讨伐：“如果我们不把他们变成奴隶，谁在酷热的天气中耕种我们的土地？谁会为我们城市和家庭工作？”终止这种“异教徒”的奴隶制将会降低土地的收益，租金也会减半。

> 谁来补偿奴隶主们的损失？国家会吗？我们国库中的钱够吗？……如果我们给奴隶们以自由，他们会怎样？一些人可能会回到自己的祖国：他们深知在这儿可能遭受的痛苦；他们不会信仰我们神圣的宗教；他们也不会接受我们的生活方式；我们也不会腐蚀他们，和他们通婚。难道我们就让他们在大街上乞讨，亦或是任由我们的财产成为他们抢掠的牺牲品？对于那些长期以来已经习惯了奴隶制的人来说，如果不受强迫，是不会为生计而工作的。
>
> 他们现在的状况中有什么值得怜悯之处吗？……他们被带到了这样一片土地之上，伊斯兰教的艳阳散发出光芒，照耀到每个角落，他们有机会了解教义的真谛，并可以借此拯救自己的灵魂……当他们为我们服务时，我们精心地为其提供所有条件，他们被人道地对待。而据我所知，他们自己国家的工人食不果腹、衣不遮体、蜗居陋室……
>
> 那些错误地希望可汗能够废除奴隶制的人是多么的可恶啊！难道戒律中没有说：“主人，要对你的奴隶和善；奴隶，要以愉悦、忠诚侍奉你的主人？”……愿我们不再听到这些可恶的提议。一旦我们采用这样的提议，解放那些天主教奴隶，我们的土地和

房屋便岌岌可危，很多好公民的财产就会受到威胁，从而引起普遍的不满，甚至会激起民变。

在其文章中，富兰克林最后写到阿尔及利亚议会否决了这一提议，而美国国会同样决定自己无权对富兰克林的废奴请愿做出裁决。

安息

在生命即将走向尽头之时，很多人都会对自己的宗教信仰进行重新审视。富兰克林从未参加过一场完整的礼拜，也从未笃信过某一特定教派的教义，他发现将注意力放在人间之事上要比放在宗教事务上更有用。1757 年，当他在英国海岸附近遭遇海难并死里逃生之后，富兰克林曾和德博拉开玩笑说："如果我是一个罗马天主教徒，或许我应该发誓为某个圣人建一座教堂，"富兰克林写道，"但我不是，如果非要发誓的话，我想我还是建个灯塔比较合适。"1785 年，马萨诸塞州有一个城镇以富兰克林的名字给此地命名，并请求富兰克林为其教堂捐建一口钟。富兰克林则告诉他们最好打消建设钟楼的想法，而是建一个图书馆，且富兰克林将为其寄去"一些书，而不是一口钟，因为知识的影响力更大"。

随着年纪的不断增长，富兰克林对仁慈上帝的那种不固定的信仰变得越发坚定。"如果不是因为我们事业的正义和福佑的不断显现，正如我们信仰的一样，我们肯定早就被毁掉了，"美国独立战争结束后，富兰克林在给斯特拉恩的信中这样写道，"如果说我以前是个无神论者的话，现在我已经完全相信了上帝和神的统治。"

富兰克林对宗教的支持是因为其认为宗教有助于提高人的修为，

而不是被神圣所激发。富兰克林曾写过一封信（大概是 1786 年写给托马斯 · 潘恩的），作为对一篇讽刺宗教信仰的文章的回应。富兰克林希望收信人不要将其异教徒式的文章发表，但他却在制宪会议讨论争执是否有害时（而不是其观点是否错误时），自己将它公之于众。“也许你会发现即使没有宗教的帮助，也可以很容易地过上一种道德高尚的生活，”富兰克林说道，“但是想一想人类中有很大一部分人是虚弱、无知的男女，还有很大一部分是未经世事、思虑不周的青少年，这些人需要宗教的帮助来使自己远离邪恶。”此外，富兰克林还表示这封信可能会给作者带来不愿见到的恶果：“他向风啐唾沫，结果却啐到了自己的脸上。”如果这封信真是写给潘恩的，那还算是有效果。潘恩当时一直在酝酿对有组织的宗教信仰进行充满敌意的攻击，也就是他日后所发表的《理性时代》。但他却并没有马上发表，而是推迟了 7 年，直至生命即将走向尽头才将其付梓。

富兰克林所发挥的最为重要的宗教作用，就是对包容的提倡（这一点对塑造被启蒙的新共和国发挥了至关重要的作用）。富兰克林为费城所有的教派及其建筑都捐了款，甚至还在 1788 年 4 月为以色列犹太教修建新的犹太教堂捐了 5 英镑。富兰克林还反对宾夕法尼亚州宪法及美国宪法中规定任何宗教宣誓或限制宗教信仰的内容。1788 年 7 月 4 日，费城为美国宪法的诞生而大肆庆祝。当时富兰克林的身体十分虚弱，已经不能起床了，但游行的队伍特意从其窗前经过。富兰克林第一次见到“基督教不同教派的牧师和犹太教的拉比们手挽着手，在大街上行走”。

富兰克林对其宗教思想的最终概括发生在其逝世的一个月之前，那是对耶鲁学院院长埃兹拉 · 斯泰尔斯所提出的问题的回应。富兰克林一开始就重申了自己基本的信条：“我的确信仰上帝，信仰造物主。

上帝通过福佑对世界进行统治。上帝也应该被崇拜。而我们回报上帝最好的方式就是对上帝的其他子民行善。”这些信仰对所有宗教来说都是最基础的观点，而其他的一切都只是锦上添花。

随后，富兰克林又提到了斯泰尔斯关于其是否信仰耶稣的问题。富兰克林表示这是他有史以来第一次被直接问到这一问题。对此，他的回答是，耶稣所提供的道德体系“是，或有可能是，世界有史以来最好的”。但关于耶稣是否是神圣的这一问题，富兰克林的回答却极为坦率并充满嘲讽。他声称：“我对其神圣性表示质疑，但我不敢武断，因为我从未研究过这一问题。我认为现在也不必研究这一问题，因为我觉得不久之后就有机会知道真相（富兰克林指的是自己死后），而且也不用这么麻烦。”

富兰克林的最后一封信写给了自己精神上的继承人托马斯 · 杰斐逊，这无疑是一个合适的选择。杰斐逊是美国最著名的启蒙主义思想家之一。杰斐逊前来看望富兰克林，并给他带来了法国朋友们的消息。杰斐逊写道：“随后富兰克林询问了所有法国朋友的情况，其语速之快和展示出的活力似乎已经超出了他的极限。”杰斐逊赞扬了富兰克林在其自传上取得的成就，认为那将具有很大的指导意义。“我不敢苟同，”富兰克林回应道，“但我会给你一个样本。”富兰克林抽出了一页，其内容是描述他在伦敦进行协商、希望避免战争爆发的最后几周的情况。富兰克林坚持将其送给杰斐逊留作纪念。

随后，杰斐逊提出了一个神秘但又亟待解决的问题：在巴黎和谈中，富兰克林到底用哪张地图来表示美国西部边界的？在杰斐逊离开之后，富兰克林仔细研究了这一问题，并写下了其人生中的最后一封信。富兰克林的思维依旧清楚，足以精确地描述代表们当时所做的决定，以及其使用的、关于流入帕萨马科迪湾的不同河流的地图。

就在其写完此信之后不久，富兰克林发起了高烧，胸痛开始恶化。他曾有连续 10 天因患重感冒、呼吸困难而不能下床。萨莉和理查德 · 贝奇陪在他的身边，坦普尔、本尼也在其左右。而波莉 · 史蒂文森也陪着他，恳求富兰克林更清楚地表明自己的宗教信仰，并且很高兴地看到他在床边放了一幅审判日的画。只有一次，在其能够短暂起身之时，富兰克林请求把自己的床铺好点，这样他就可以"体面地死去"。萨莉表示他一定会恢复，他还会多活好几年。富兰克林却冷静地回答："我希望不会。"

不久之后，富兰克林就得了肺脓肿，甚至都无法说话。本尼走到他的床边，他的祖父伸出了自己的手，把他的手握了好长时间。1790 年 4 月 17 日晚上 11 点，富兰克林离开了人世，终年 84 岁。

1728 年，当富兰克林还是个初出茅庐、十分自豪的印刷工时（他认为自豪是一个正直的人做生意时必不可少的品质），他曾为自己写了一个有趣的墓志铭（或者只是为了博人一笑），充分反映了其对自己（在人世间）的天路历程的幽默立场。

印刷工本杰明 · 富兰克林的尸体安放于此
（就像一本旧书的封面，
目录被撕去，
字母和镀金也已经脱落）
成为了虫子的食物。
但它终将（正如其所坚信的）重新面世，
以全新和更完美的版本
在作者的修订和校正下。

然而就在其去世之前不久，富兰克林指示在他和他妻子的墓地上放置一块更为简单的墓碑。富兰克林写道，他的墓碑应该是一块“6英尺长、4英尺宽的朴素的大理石，只在其顶部有一点儿小装饰，上面刻着：本杰明和德博拉·富兰克林”。

当时有两万余人聚在费城，目送富兰克林葬礼的队伍前往离富兰克林家几个街区之外的教堂墓地，这一壮观的景象前所未有。走在最前面的是费城的牧师们——所有的牧师，无论信仰。

Benjamin Franklin

An American Life

第十七章

尾声

威廉 · 富兰克林：在其遗嘱中，富兰克林没有给他唯一健在的儿子任何东西，除了一些位于加拿大的不值钱的土地，以及免除了威廉的所有债务。“他在这次战争中扮演了反对我的角色，众人皆知且声名狼藉。这也就是为什么我没有留给他任何东西（除了一个庄园外）的原因。”威廉则认为自己已经还清了所有债务，因为他将自己在新泽西拥有的所有土地都转让给了他的父亲。因此，威廉公然抱怨遗嘱“可耻的不公”。在其生命最后的 25 年中，威廉从未回到过美国。但威廉仍然尊敬父亲的荣誉，从未在公开场合说过对富兰克林的不敬之词。实际上，当他自己的儿子坦普尔就是否应该编写一版富兰克林的传记和作品犹豫不决时，威廉自己已经开始了类似的工作，他希望能通过展示“富兰克林思想的转折和知识的渊博”向父亲致敬。但事实并非如此。威廉娶了自己的爱尔兰女房东玛丽 · 德伊芙琳。而在德伊芙琳于 1811 年去世之后，他就破产了，孤独终老。三年之后，威廉离开了人世。最后，他与自己儿子的关系也破裂了，承受着“与自己本性相违背的独居之苦”。

坦普尔 · 富兰克林：继承了其祖父很大一部分遗产及其所有重要的文稿。1792 年，坦普尔回到了英国，并短暂地与父亲团圆。当时坦普尔依然很有魅力，也仍旧是个无所事事的流氓。他的父亲不断对其施压，要他结婚并整理富兰克林的文稿，坦普尔对此十分反感。坦普尔时常将富兰克林家族的社会功能提升到一个新的高度。坦普尔又有了一个私生女，名叫艾伦。艾伦的母亲是威廉新妻子的小妹妹。随后，坦普尔又愤恨地同所有人决裂，一个人跑到巴黎，把艾伦留给威廉抚养。威廉的角色很尴尬，既是艾伦的姨夫又是她的祖父。在 14 年里，坦普尔没有和他的父亲有任何联系，也没有发表其祖父的文稿。甚至当法国出现了一版未授权的《富兰克林自传》时，坦普尔似乎仍无动于衷。最后在 1812 年，他给父亲写信说准备出版富兰克林的文稿，希望能够去伦敦和他进行协商。威廉当时仍然对 28 年前的遭遇耿耿于怀，他给自己的父亲写过一封类似的信却被冷漠对待，然而他表现得十分高兴。“我见到你将会很高兴，”威廉说道，“我无法忍受当我离开人世的时候，曾与我如此亲近的人却形同陌路。”但坦普尔却根本没去英国。相反，他于 1817 年出版了《富兰克林自传》（缺少最后的部分）和一本杂乱的富兰克林选集。此后，他又和另外一位名叫汉娜 · 科利尔的英国女性，生活了 6 年。坦普尔于 1823 年逝世，他在这之前的几个月和她结了婚。坦普尔去世之后，科利尔将很多富兰克林的珍贵手稿带回了伦敦，这些手稿直至 1840 年才被重新发现。当时，它们在一个裁缝铺里被用作纸样。而坦普尔遗弃在费城的富兰克林手稿则散落在收藏者手中，直至 19 世纪 60 年代北美殖民地哲学会开始征集散落在民间的富兰克林手稿。

萨莉和理查德 · 贝奇：富兰克林的女儿和他的丈夫继承了富兰克林的大部分遗产，包括市场街的所有房屋，唯一的条件就是理查德“给他的黑奴鲍勃自由”。（理查德照做了，但鲍勃却开始酗酒，无法养活自己，于是就请求理查德，希望再给其当奴隶，贝奇一家拒绝了，却允许鲍勃住在自己家中，直到他最后去世。）萨莉还继承了那幅镶有钻石的法国国王路易十六的画像，条件是她不能将“任何钻石变成她自己或她女儿的首饰，接受或赞同这个国家中昂贵、爱慕虚荣而又没有实际意义的佩戴首饰的时尚”。萨莉把这些钻石都卖了，满足了自己长久以来希望到英国看看的愿望。在英国期间，她和自己的丈夫与威廉一起生活——萨莉和威廉的关系一直都很亲近。而当他们从英国回来之后，则在特拉华州的一个农场里定居。

本杰明·贝奇：继承了富兰克林的印刷设备和很多书籍。本杰明步富兰克林的后尘，在《新英格兰报》首发70年之后，发行了一份主张杰斐逊式改革的报纸——《美国晨曦报》。这份报纸明显地持亲法、民主的立场，甚至比富兰克林更甚，并攻击华盛顿及后来的亚当斯是在建立一种极权的总统制。《美国晨曦报》一度成为美国最受欢迎的报纸，并成为最近出版的两本书的主题。本尼的政治立场导致了其与父母的不合，并且本尼违背他们的意愿，娶了一名个性极强的女子玛格丽特·马科，这也加剧了他们之间的分歧。1798年，本尼因反动叛乱和诽谤亚当斯而被捕，但在其接受审判之前就因患黄热病而离开了人世，年仅29岁。当时本尼与父母的关系已经非常疏远，以至于在其患病期间，他们都没有设法去看望他一次。玛格丽特则在其死后不久就嫁给了本尼的手下，记者威廉·杜安，一个爱争论的爱尔兰人。他们继续经营着《美国晨曦报》。本尼的姐妹之一德博拉·贝奇后来嫁给了杜安在第一段婚姻中生下的一个儿子。

波莉·史蒂文森：波莉从自己敬爱了33年的男人那里只得到了一个银啤酒杯，她很快就对富兰克林家族的所有人和美国的一切感到失望。当她的二儿子汤姆回到英国后（当时汤姆在威利·贝奇的陪伴下回去学医），波莉给他写了很多长信，表达了自己也希望回国的愿望。但她却在1795年去世，没能实现回英国的夙愿。汤姆后来回到费城，成为了一名出色的大夫，他的兄弟威廉和姐妹伊丽莎也都在美国生活，各自有了幸福的家庭。

波士顿和费城有抱负的商人们：富兰克林遗嘱的附件中最与众不同的条款，就是其所建立的信托基金。富兰克林提到，与美国其他的建国者不同，他出身贫寒，是在别人的帮助下才最终获得了成功："如果有可能的话，我希望自己死后也能帮助、提携那些也许会有益于这个国家的年轻人。"所以富兰克林就将自己担任宾夕法尼亚州州长的薪水——2 000 英镑，一分为二（这也为其"官员不应领取薪水"的观点提供了明证），分别赠予波士顿和费城，用于发放给已完成学徒合同、希望建立自己生意的"已婚青年"作为贷款，"年息为 5%"。富兰克林以其标志性的事无巨细，精确地描述了贷款该如何发放及偿还。据他估计，在 100 年后，每笔年金将达到 131 000 英镑。到时，每个城市可以拿出 10 万英镑用于公共项目，剩余的仍作为信托基金，这样再过 100 年，其总额会达到 4 061 000 英镑。到时，这笔钱就可以交给国库了。

事情真像富兰克林所设想的那样吗？当学徒制不再流行之后，波士顿的那笔基金的运作方式被迫进行了某些调整，但并未违背富兰克林遗赠的本意。100 年后，资金总额达到了 40 万美元，略少于富兰克林的估算。而当时，政府用这笔钱的 3/4 建立了富兰克林俱乐部（即现在的本杰明 · 富兰克林理工学院）。视富兰克林为英雄的安德鲁 · 卡内基也捐赠了同样的数额。余下的 1/4 仍作为信托基金。又过了 100 年，其总额接近 500 万美元，虽然不到 400 万英镑，但仍是一笔不小的款项。按照富兰克林的意愿，这笔资金后来得到了合理支配。在经过一番辩论之后，议会通过法案，最后将这笔钱给了富兰克林理工学院。

然而，费城的那笔基金运作得不算太好。在其逝世 100 年之后，基金的总额只有 172 000 美元，仅相当于当初估算的 1/4。这笔钱的 3/4 用来创建了费城的富兰克林学会，现在仍是一家不断发展的科学博物馆。剩下的 1/4 仍作为提供给年轻商人的贷款，但相当一部分是以住房抵押的方式发放的。在 100 年之后的 1990 年，这笔资金的总额达到了 230 万美元。为什么费城的资金数额连波士顿的一半都不到？一位费城支持者指责波士顿已经将这笔钱变成了“富人的储蓄公司”，而“费城是按照富兰克林的意愿给穷人提供贷款的，因此收益不多”。

当时，费城市长威尔逊 · 古德提议富兰克林的钱应该用来举办一场有本 · 维林和艾瑞莎 · 富兰克林参加的盛大派对，当然，这仅仅是开玩笑。另外，还有人更加正式地提议用来发展旅游业。古德市长最后任命了一个由历史学家组成的小组，根据小组的建议来使用富兰克林基金。最后，受赠方包括富兰克林学会、社区图书馆、消防队以及费城学会。费城学会是一个为费城学校的假期培训项目提供奖学金的团体。当 2001 年奖学金名单公布的时候，《费城询问者报》的专栏作家指出 34 名获奖者（其中包括阿比梅尔 · 阿卡迪沃、穆罕穆德 · 霍格、萨拉克帕 · 卡波阿、戴维 · 库萨克、佩德罗 · 洛佩斯和拉尼 · 莱）在种族上的多样化，足以让其捐赠者深感欣慰。有人用此笔奖学金参加了当年的环地车赛（实验车竞赛），来自西费城一所贫民区高中的获奖者用电力之父所提供的 4 300 美元奖学金制造了一辆电力驱动汽车，赢得了比赛的梦想动力奖。富兰克林肯定会对其遗产这一微不足道却又极其妥善的使用深感骄傲。

Benjamin Franklin An American Life

结 语

历史的思考

《国家》杂志曾于 1868 年宣称“人可以分为两种”，本杰明 · 富兰克林是“天生的拥护者”和“天生的反对者”。造成这种分裂的原因之一，就是富兰克林并没有完整地体现出美国的特征（尽管有人不赞同）。相反，他体现的只是美国特征的一方面。他与乔纳森 · 爱德华兹作为两种截然不同的文化代表，分别象征着美国特征中对立的双方。

对立的一方以爱德华兹和马瑟家族为代表，坚信上帝的选择以及救赎只有获得上帝的怜悯才能实现。他们对宗教狂热，倾向于社会阶级和等级制度，相较于世俗价值更赞赏宗教价值。另一方则是以富兰克林为代表，认为救赎可以通过自我的努力工作来实现，其宗教立场较为仁慈、包容，坦然自若地奋斗，提升自己的社会地位。

这里也引发了美国特征中很多相关的分歧，而富兰克林则是其中一方的代表，如实用主义与浪漫主义之争，实用的包容与道德的改革之争等。富兰克林坚持宗教包容而不是宗教狂热，相信社会流动性而非固化的阶层，秉持中产阶级道德而非神学道德。

在富兰克林诞生后的300年中，人们对他的评价一直都在不断变化，与其说是反映了人们对其本人的看法，倒不如说是体现了人们的价值观以及对中产阶级的看法。在这样一个庄严的历史舞台上站满了令人敬畏的国父们，只有富兰克林是微笑着面对每一代人，以当时流行的语言表达自己的观点，他使某些人暴怒的同时也使另外一些人感到欣慰。对富兰克林的评价，实际上都会反映或折射出后来每个时代的价值观。

在其去世之后不久，对他的个人攻击逐渐消退，人们对富兰克林的尊敬与日俱增。即使是在议会和费城学院的董事会中，与其对立的威廉 · 史密斯也在1791年举行的追思仪式上对其大加赞赏。史密斯不再介意他们“不快的分歧与争论”，而是关注富兰克林的仁慈与科学成就。当此后史密斯的女儿怀疑史密斯自己连“你所说的关于老富兰克林的1/10”也不相信时，史密斯也只是由衷地一笑。

富兰克林另一个时断时续的对手约翰 · 亚当斯同样也成熟了起来。“在我的一生中，没有什么比我强迫自己经常与其为敌，而更令我窘迫或感到痛心的了。”1811年亚当斯曾这样十分痛苦地对自己和富兰克林重新评价道。亚当斯解释说，他早年对富兰克林刺耳的批评，在某种程度上是对富兰克林伟大人格的考验：“如果他是一个普通人，我肯定不会这么大费周章地把他那些阴谋诡计的邪恶之举都暴露出来。”亚当斯甚至还对富兰克林宗教信仰的缺乏表示了某种程度的赞许，而之前他正是因此而嘲笑富兰克林是个无神论者：“所有教派都认为他是一个十分包容的人，我认为此言不虚。”亚当斯曾指责富兰克林是个伪君子、糟糕的谈判代表、不明智的政治家。但他曾经在文章中显露出的对富兰克林的欣赏则是其同时代之人无法比拟的：

> 富兰克林有一种伟大的天赋，新颖、敏锐、有创意，不仅善于科学发明，对美术和机械也很有造诣。他的想象力极为丰富……他一直都很有才华。当其高兴时，他有种巧妙而又迷人的幽默感。同样，他的讽刺也十分尖刻。只要他愿意，就可以自由地在贺拉斯与尤维纳利斯，或斯威夫特与拉伯雷之间自如地转换。富兰克林具有讽刺和写作寓言的天赋，而他娴熟地将此天赋运用到对道德和政治真理的提升上。他就如婴儿般自然，法国人称之为天真无邪，一直都极具魅力。

当时，富兰克林认为中产阶级将在美国社会中发挥关键作用的观点赢得了广泛的认同，尽管仍有人质疑其观点代表了一种庸俗化的新倾向。“中产阶级吸纳了精英们的高雅举止和工人阶级的勤劳本质，其思想占据了美国社会的统治地位。”历史学家戈登 · 伍德这样评论道。虽然生活在 19 世纪初的伍德一直在描述当时的美国，但他同样也是在描述富兰克林个人。

当富兰克林的孙子坦普尔在 1817 年将其文章出版之后，富兰克林的名望得到了进一步的提升。亚当斯在给坦普尔的信中表示，他所出版的富兰克林文集“使我重新回到了帕西的生活”。而熟知富兰克林与亚当斯在帕西时那段不和的历史的读者，对此话的理解则见仁见智。“其笔下的每一个字句都值得我们珍藏。”弗朗西斯 · 杰弗里这样评价道。杰弗里勋爵是《爱丁堡评论》的创刊人之一，对富兰克林作品“朴素的幽默”、“劝人向善”的初衷以及强调启蒙运动人文主义价值观大加赞赏：“这个自学成才的美国人也许是最理性的哲学家。在任何推理中，他都没有忽视判断力。”

然而在 19 世纪初，强调理性的启蒙运动时代退出了历史舞台，一个重视浪漫主义的文学时代在美国出现。与这一更替同时发生的是对富兰克林评价的改变，那些感性主义者尤其如此。浪漫主义推崇情感、主观的感觉及想象，对推理和客观思维则不太感兴趣；他们推崇个人英雄主义和神秘主义，对包容和理性则嗤之以鼻。浪漫主义者傲慢的指责，使富兰克林、伏尔泰、斯威夫特等启蒙运动思想家的声望都受到了损害。

伟大的浪漫主义诗人济慈就是攻击富兰克林缺乏感性的人之一。济慈在 1818 年给他兄弟的信中写道，富兰克林“满脑子都是实用主义和节俭的教条”，“并非一个令人崇敬之人”。济慈的朋友，其早期的出版商、诗人、编辑利 · 亨特则对富兰克林“无赖的信条”十分不屑。亨特指责富兰克林是“那些认为只靠面包而活的人的代表”。他还指责富兰克林“缺乏激情，没有想象力”，鼓励人们“追求财富”而不顾“更高的追求”或“内心与灵魂”的呼唤。同样，热衷于浪漫英雄主义的苏格兰评论家托马斯 · 卡莱尔则指责富兰克林是“所有美国佬之父”。当然，这一指责可能没有卡莱尔想象的那么严重。

如同浪漫主义的诗人们一样，以梭罗和爱默生为代表的美国超验主义者也反对理性主义和物质主义。对于他们古怪的品位而言，富兰克林显得过于平淡。但那些更加世俗、具有更鲜明中产阶级特征的边民却仍然对《富兰克林自传》推崇有加，戴维 · 克罗克特在阿拉莫牺牲时，身边就带着一本《富兰克林自传》。但对于像梭罗那样优雅的边民来说，在其前往瓦尔登湖之时，身边压根没地方容得下这本破书。实际上，《瓦尔登湖》第一章关于经济的内容中就有很多表格和插图，对富兰克林曾使用过的那些进行了暗讽。埃德加 · 爱伦 · 坡在其所著的《商人》中，也通过描写反英雄主义的主人公彼得 · 普罗菲特的崛起及其方式，对富兰克林和其他“有条理”的人旁敲侧击。

富兰克林也出现在赫尔曼·梅尔维尔于1855年所著的带有历史色彩的小说《伊斯雷尔·波特》中。小说里的富兰克林就是个肤浅的、只会说格言的话痨。但梅尔维尔却直接向读者致歉，并表示富兰克林并非像书中所描述的那么乏味。“为了在文中对富兰克林进行贬低，作者对这位圣人吹毛求疵，而不是惯有的大唱赞歌。”梅尔维尔自己对富兰克林的评价则是多才多艺，不论是好是坏：“富兰克林对这个世界十分了解，因此能够扮演任何角色。”梅尔维尔列出了富兰克林曾经从事过的数十种工作，但最后以典型的浪漫主义视角评论道：“富兰克林除了当诗人，无所不能。”（对此，富兰克林本人应该也会表示赞同。他曾表示自己“赞同偶尔写诗来自娱自乐的做法，但这只是提高自己的语言能力，别无他用”。）

爱默生对富兰克林的评价也较为相似，有褒有贬。他在给自己姑姑的信中写道，“富兰克林是有史以来最明智的人之一”，甚至比苏格拉底“更实用，更有道德，更纯粹”。随后，他话锋一转，抱怨道：“富兰克林这个人是节俭、与人为善的公民，但没有一点儿英雄气概。”纳撒尼尔·霍桑认为富兰克林的格言的确有很多可圈可点之处，但“很少教人自己的责任何在”，于是借其笔下的一个年轻人之口抱怨那些格言“都是关于赚钱和省钱的”。

浪漫主义兴起的同时，人们对“资产阶级”这一称谓，以及富兰克林所深爱的城市中产阶级及其价值观变得越来越不屑。无产阶级和精英阶级，激进的产业工人与有钱有闲的地主，马克思主义者和精英主义者，知识分子和反智主义者，这些貌似南辕北辙的群体当时却有相同的看法。福楼拜就声称对资产阶级的憎恶是“所有道德的开始”，这与富兰克林的观点截然相反。

但随着作品的全面流传，富兰克林的声望有所恢复。南北战争之后，工业的发展和镀金时代的来临使宣扬富兰克林思想的时机已经成熟。在此后的30年中，富兰克林成为美国传记文学中出现得最多的人物。霍雷肖·阿尔杰所写的130部作品（销量达2 000万之多）使那些穷孩子如何通过勤奋和诚实获得财富的故事再度风靡一时。实用主义的兴起同样也极大地提升了富兰克林的声望。实用主义认为任何观点（无论是科学、道德，还是神学、社会学）的正确与否，都取决于其是否与实验结果相符以及能否产生实际的效果，这与富兰克林的主张不谋而合。

继承了富兰克林文学的衣钵，同样以朴素的幽默闻名于世的马克·吐温，则在对富兰克林善意的嘲讽中自得其乐。他曾打趣富兰克林"将所有的才智都浪费在发明那些强加给后来一代又一代孩子的格言警句上了……否则的话，孩子们本来能过得很快乐"。但实际上马克·吐温对富兰克林崇拜有加，甚至连那些大资本家对富兰克林的格言也十分推崇。

工业家托马斯·梅隆曾在自己银行的总部放了一尊富兰克林塑像。他声称自己正是在富兰克林的鼓舞下，才离开了自己位于匹兹堡附近的家，投身商界。"我认为阅读《富兰克林自传》是我人生的转折点，"梅隆写道，"富兰克林当初比我还要穷，却通过勤奋、节俭、简朴变得博学而明智，获得了财富和声望……穷理查的那些名言对我来讲很受用。我把书读了一遍又一遍，思考自己为什么不通过同样的方式沿着同样的道路做点什么。"安德鲁·卡耐基同样也是因为《富兰克林自传》而大受启发。富兰克林成功的故事不仅为其提供了生意上的指导，还激发了他从事慈善的热情，尤其是富兰克林为公共图书馆的创立所做出的努力。

富兰克林还被当时最具权威的历史学家弗雷德里克·杰克

逊 · 特纳誉为“第一位伟大的美国人”。“富兰克林的一生将美国的品质表现到了极致，”特纳在1887年写道，“无论是在商业、政治、科学，还是外交、宗教、慈善等领域。”当时最具影响力的编辑，《哈珀斯》杂志的主编威廉 · 迪恩 · 豪威尔斯也对富兰克林十分推崇。豪威尔斯曾于1888年写道：“他是一位伟人”，“他始终如一地本着对民众福祉的追求和提高知识的态度对待任何事物。”虽然富兰克林“对我们多数人视为神圣的信仰和观点表示质疑”，但他却“在促进人类的道德福祉和物质财富方面发挥了重要作用”。

20世纪20年代，随着镀金时代个人主义的失宠，对富兰克林的质疑再次兴起。马克思 · 韦伯在其所著的《新教伦理与资本主义精神》中就以一个类马克思主义的视角对美国中产阶级勤奋工作的准则进行了著名的批判。文中大量引用了富兰克林（以及穷理查）的语句作为“贪婪哲学”的例证。韦伯写道：“富兰克林所有的道德观点都带有功利主义的色彩。”韦伯还指责富兰克林只相信“赚越来越多的钱和严格限制所有参与生活的本能”。

文学评论家范 · 怀克 · 布鲁克斯将美国文化分为精英文化和大众文化两种，并认为富兰克林是美国大众文化的开山鼻祖。布鲁克斯称富兰克林将“廉价的机会主义”和“二维的智慧”发扬光大。诗人威廉 · 卡洛斯 · 威廉姆斯则称富兰克林为“狡黠善辩的预言家”。辛克莱 · 刘易斯则在其小说《巴比特》中对资产阶级价值观和民众的热心参与大加贬低。刘易斯在小说中对富兰克林的信条进行了尖刻的嘲讽：“如果你问巴比特他的信仰是什么，他就会告诉你那些民众社团组织的冠冕堂皇之词：‘我的信仰就是服务他人，将他视为我的兄弟，尽我所能地让所有人都过得幸福。’”

对富兰克林最恶毒也最有趣的（也可能是最具误导性的）的攻击

来自英国评论家兼小说家D·H·劳伦斯。1923年出版的《劳伦斯论美国名著》，对富兰克林在自传里体现出来的失之浪漫以及资产阶级本质进行了长篇累牍的鞭挞。

> 富兰克林博士。这个脸色发黄的小个子！不朽的灵魂！所谓的“不朽灵魂”，只是种廉价的保险手段。富兰克林根本不在乎什么灵魂不朽。他太忙于和世人打交道了……我不喜欢他。
>
> 我还记得小时候，父亲每年都给我买一本小历书，封面上画着太阳、月亮和星星。这本书可以预测各种天灾人祸。每一页的底部还写满了小趣事和幽默的语句，以及一条道德语录。我曾经一本正经地嘲笑过那些“蛋未孵就数鸡”的女人，也曾正经八百地相信“诚实是上策”。格言的作者是穷理查，而穷理查就是本杰明·富兰克林。他于100多年前在费城写下这些东西。这些格言现在仍使我痛苦不已，就像嫩肉中的刺儿一样。
>
> 尽管我仍然相信“诚实是上策”，但我却不喜欢任何策略。“蛋未孵就数鸡”固然不明智，但孵出小鸡之后就得意洋洋地数来数去更令人讨厌。我花了好几年的时间，绞尽脑汁才逃出了穷理查编织的道德牢笼……
>
> 让我们再回到我们的问题上，本杰明哪一点错误令我们无法忍受？……我是个道德动物，可不是一部道德机器。我不会如本杰明所愿，变成一个小机器人……至少现在我知道自己为什么无法忍受本杰明了。他试图夺走我的完整、我的不完美和我的自由。

文中，劳伦斯还对富兰克林的13项美德进行了重新定义，使其更具浪漫主义色彩。例如，劳伦斯将富兰克林对节俭的定义“所费钱财必须于人于己有利”改为“服务上帝而不是服务人类”。此外，劳伦斯还将正直（“不冤枉伤害他人”）重新定义为“唯一的正直就是遵从灵魂真诚的指引，无论是愤怒还是温柔”。

劳伦斯的文章的确令人眼前一亮。除了其对“正直”所做的古怪而又自我放纵的定义之外，我们还必须要认识到劳伦斯抨击的对象并不是现实生活中的富兰克林，而是富兰克林笔下的穷理查及其自传中的形象。此外，劳伦斯还搞错了一些事实。“诚实是上策”虽然听起来很有富兰克林的感觉，但并非出自富兰克林的笔下。这句话真正的作者是塞万提斯，正如“未孵蛋先数鸡” 实际上是出自伊索寓言一样。

无独有偶，查尔斯 · 安格夫在 1931 年出版的《美国人民文学史》中对富兰克林的资产阶级低级趣味进行了更实质性的抨击（虽然不那么令人激动）。安格夫认为卡莱尔称富兰克林是“所有美国佬之父”的描述是对一个产生过霍桑、梭罗等伟大作家的“民族的诽谤”。“称富兰克林是基瓦尼俱乐部之父则更为确切。”安格夫讥讽道。他还直言不讳地称富兰克林的思想“层次太低”：

> 富兰克林代表的是这个新世界的居民中最不值得赞赏的品质：吝啬、狂热的实用主义、缺乏对精神事物的兴趣。低级趣味在美国不是个新鲜玩意儿，但富兰克林却将其变成了一种信仰，而富兰克林取得的巨大成功使其至今仍牢固地对美国民众产生重大的影响，美国也仍深受其害……他从未提过高尚，未提过荣誉，未提过灵魂的庄严，更未提过思想的宽厚……他的灵魂廉价而又卑劣，那些最上乘的思想远非其能力所及。

20 世纪 30 年代爆发的“大萧条”使人们再次重视起勤奋、节俭、互相帮助、团结一心的美德。这些不应该被视为琐碎之物和世俗之举而被弃如敝履。富兰克林的声望也再度因此有所恢复。实用主义哲学家赫伯特·施奈德在其著作《新教思想》中明确指出，之前对富兰克林的种种攻讦大部分都是针对穷理查的说教，并非是真实生活中的富兰克林。富兰克林并不是个一心为自己追求财富的金钱奴。

施耐德在耶鲁大学的同事卡尔·范·杜伦在其1938年出版的那本杰出的富兰克林传记中充实了这一观点。“他幽默地从人世间走过，给世界留下了一个谜。”范·杜伦总结道。伟大的科学历史学家I·伯纳德·科恩则用毕生的精力来证明富兰克林在科学上所取得的成就使其可与牛顿相比肩。科恩在1941年写道，富兰克林的实验“为所有已知的电学现象的解释说明奠定了基础”。

富兰克林还成为自助运动的守护神。戴尔·卡内基在撰写《如何赢取友谊与影响他人》时曾仔细研读了《富兰克林自传》。此书在1937年出版之后掀起了成功学书籍出版的热潮，一直延续至今。美国精英社会学家E·迪格比·巴尔策尔称《富兰克林自传》是“第一本也是有史以来最伟大的野心家低级趣味指南”。

成功学宗师斯蒂芬·科维在其最畅销的著作《高效人士的7个习惯》的写作过程中也参考了富兰克林的相关理论体系，美国的一家连锁书店则专门出售富兰克林科维公司出版的相关书籍以及其他关于富兰克林思想的书籍。21世纪初，在书店中关于成功学的书架上，几乎所有书的标题都与富兰克林有关，如《本的美德书：本杰明·富兰克林成功、幸福的简单周计划》《本杰明·富兰克林的12条管理原则》《美国商业之父帮你解决难题：本杰明·富兰克林的道德艺术》以及《健康、财富与智慧：像富兰克林一样生活的成功指南》。

在学术界，随着富兰克林诞辰300周年的临近，富兰克林成为很多畅销书所青睐的话题。德州农工大学H·W·布兰兹所著的《第一个美国人》一书，满怀同情地对富兰克林性格的演进过程进行了详实、客观的描述。“在天才之上，富兰克林还加入了对美德的渴望。”布兰兹对富兰克林进行了这样的总结。2002年，已经荣休但仍广受尊敬的耶鲁大学斯特林讲座教授，历史学家埃德蒙德 · S · 摩根在对富兰克林的著作深入阅读的基础上，对其机敏的性格进行了精彩的分析。摩根指出：“我们发现其所有的观点均来自心灵的伟大。”

在人们的印象中，富兰克林逐渐变成一个有趣的形象，而不是令休谟尊敬的严肃思想家或亚当斯所憎恶的政治操纵者。在这样一个物欲横流、企业家精神兴盛的平凡时代，富兰克林被时代精神赋予了新的内涵。在《1776》等戏剧作品中，富兰克林被塑造成一个涉猎政治、快乐的登徒子形象。而在《本杰明 · 富兰克林在巴黎》中，他又成了一个精力充沛的老代言人与和蔼的圣人：他所代言的事物从饼干到共同基金，可谓包罗万象；其格言则是为了娱乐而非胁迫那些上进的年轻工人。

“今天我们对富兰克林的了解大部分都是来源于那个古老的广告：一位老人穿着短裤、长袍，戴着眼镜，半秃的头上顶着棕色的长发——一个决定在雷暴中放风筝的愚蠢的狂热之徒，”历史学家艾伦 · 泰勒写道，“他不再引发争议或令人崇敬，而只能使人发笑。对于其在19世纪和20世纪初作为美国中产阶级价值观典范的重要性，我们也只是有一个模糊的印象。”

对于社会评论家戴维 · 布鲁克斯来说，这一聊以慰藉的富兰克林形象反映了21世纪初美国的企业家精神和道德取向。布鲁克斯写道，富兰克林是美国先贤祠中唯一能够在“现代化的商业丛林中应付自如”的历史人物。

他可能会同意那些技术狂热主义者声称互联网和生物技术取得的突破将彻底改变我们生活的观点，并同样具有推动社会进步的激情。与此同时，他也可能完全精通如今所盛行的讽刺和愤世嫉俗的谈话基调……

另一方面，富兰克林会对当代美国的很多方面十分熟悉。他乐于持有中产阶级的价值观；他乐观、友好、和善，最大的缺点就是自满，而这一点已经被他自己充分证明。我们不难想到他在商场闲逛，陶醉于物质极为丰富和市场运作良好的情景，与此同时，他也欣赏年轻一代的美国人投身于民众活动的努力，认可老一代人通过以信仰为基础的社会组织使宗教为民众造福的方式。

在过去的岁月里，富兰克林一直受到浪漫主义者不公正的攻击。这些人真正的目标是资本主义和中产阶级道德，而非富兰克林本人。“现在的主要问题已经超越了富兰克林主义，而是我们需要指出如何带给今天的美国人悲观感和道德的沉重性，这是以雅痞文化为基础的美国所欠缺的。”

有缺陷的伟人

缺乏对道德的强调和思想深度是对富兰克林最为严重的指控。无论是在生活还是作品中，富兰克林的确有时会显得缺乏承诺、痛苦、诗意乃至道德。富兰克林 1771 年给自己的妹妹简写了一句话，充分地显示出这种自满以及激情的缺乏：“总的来说，我更倾向于喜欢现在我所感知的世界，不愿意有所改变。”

富兰克林的宗教信仰，特别是早期的宗教信仰，很大程度上都是出于人们相信何种信仰将更为有用的实用主义，而非发自内心的真诚。自然神论虽然很吸引人，但当他发现其并不那么有用时，便赋予其道德的光彩，而很少费力去思考那些恩惠、救赎、上帝的神佑以及其他没有实际意义的问题。相对于那些痛苦地进行自我深省的清教徒，富兰克林则处于另一个极端。他没有证据证明上帝的旨意到底何在，于是就用一个简单的信条取而代之："帮助他人就是最好的侍奉上帝。"

他的道德信仰也同样的简单、实际，强调有益于他人的实用性。他欣赏中产阶级的美德，对所谓更高级的道德宗旨毫无兴趣。他把更多的时间花在"勘误"上，而非与原罪进行斗争。

作为一名科学家，富兰克林更喜欢机械工作，对抽象理论或更为宏观的领域则兴趣索然。他是一个伟大的实验家、一个聪明的发明家，更强调有用的东西，却根本没有成为一个著名的理论家所需的气质，也没有经过此方面的训练。

就富兰克林大部分的精神和思想的努力实践而言，他的伟大更多的来源于其实用性而非深奥或诗意。在科学上，他更像是爱迪生而非牛顿；在文学上，他更像是马克 · 吐温而非莎士比亚；在哲学上，他像是约翰逊而非伯克利；而在政治上，他更像是伯克而非洛克。

富兰克林的个人生活中也同样缺乏感情上的承诺和深深的激情。他有很多朋友，知己却很少。他对旅行的热爱显示出他在精神上还是那个离家出走的小男孩，逃离了其位于波士顿的家，逃离了其第一次见面就决定与其相守一生的德博拉，逃离了自己的儿子威廉——就在威廉的婚礼之前。在他的一生中，很少有感情上的羁绊能使其对某个人、某个地方产生强烈的归属感。看起来，他是以周旋于各种关系的方式游走于世界。

富兰克林与男性的友谊很难得到善终，无论是他的哥哥詹姆斯，他的朋友约翰·克林逊和詹姆斯·拉尔夫，还是他的合作伙伴塞缪尔·凯默、休·梅雷迪思。他是一个喜欢社交的人，喜欢那些能为其提供有启发意义的交流和活动的各种社团，但富兰克林与个中成员的友谊与其说是亲密无间，不如说是彬彬有礼。富兰克林对妻子和蔼、慈爱，却不是一往情深，否则在他们婚姻的最后那些年，富兰克林就不会在大洋彼岸待了 13 年。富兰克林与她的关系完全是出于实用主义的考量，正如富兰克林与其伦敦的房东玛格丽特·史蒂文森太太之间的关系一样。富兰克林有很多的女性爱慕者，但他却更喜欢与她们打情骂俏，而不是做出正式的承诺，一旦有危险，就立刻退回到玩笑中。富兰克林与儿子威廉的关系算得上最为亲密，但很快也由热情如火变成冷若冰霜。只有对自己的孙子坦普尔，富兰克林的喜爱从未改变。

尽管富兰克林声称自己信仰真诚的美德，但人们还是认为他很擅长阴谋诡计。富兰克林在 16 岁的时候写出了第一篇恶作剧文章，直至临死之前仍笔耕不辍。当打算创办一家报纸时，他误导了自己的雇主塞缪尔·凯默。富兰克林那完美的、迂回的劝说方式，实际上也是一种语言上的欺骗。他既懂得如何使用自己的美德，也知道怎样做出具有美德的样子为自己谋利。“在赞美真诚的同时却又反其道而行，富兰克林似乎在后一方面做得更好，”泰勒评论道，“由于富兰克林圆滑的处事风格和狡猾的策略，他所招致的怀疑远比其实际应得的要多得多。”

而这所有的一切都为富兰克林引来了批评，甚至抹杀了他在公共领域因激励普通民众所取得的成就。弗农·帕林顿所写的著名的《美国思想的主流》，正是此类批评的巅峰之作：

相较于天国之中的金光大道，他更关心费城栗树街上的鹅卵石是否铺得平整。相较于从地狱之火中拯救自己的灵魂，他更关心如何通过组织一支高效的消防队保护邻居的宅院；相较于天上的闪电，他更关心街上的新路灯能否照亮晚归旅人之路。很明显，这样一个人不会懂得人类志向的本质。

帕林顿傲慢地使用了“很明显”这个词，给我们为富兰克林辩护提供了一个很好的立足点。也许对于帕林顿等缺乏辨别能力的人来说，他们对社会的贡献“很明显”无法与富兰克林帮助社会建立图书馆、大学、消防队，发明双焦眼镜、火炉、避雷针，以及起草民主宪法等世俗的贡献相提并论。他们的轻蔑在某种程度上是因为富兰克林灵魂中有时看起来欠缺对崇高理想的渴望。同时，在另一种程度上，这也是对富兰克林所欣赏的对人间之事的关切及中产阶级价值观的势利态度。

所以，我们该如何公平地看待这个问题呢？正如具有商人特质的富兰克林所希望的一样，我们不妨参考其判断是否应该行事的方法，把所有赞成的理由列在另一边，然后再看看是否如作者所愿，对其的赞许将多过反对的声音。

首先，我们需要把富兰克林从课本上那个在雷雨天放风筝以及滔滔不绝地讲述“省一分，赚一分”等朴素格言的和蔼的怪伯伯从漫画中解救出来。同样，我们还必须将富兰克林从那些将其本人与其在自传中精心刻画的自己混为一谈的批评中解救出来。

当马克思 · 韦伯声称富兰克林的道德只是建立在赚更多钱的基础之上时，当D · H · 劳伦斯将其简化为一个只会省钱、缺乏道德感的男人形象时，这些都表明了他们对富兰克林的不了解。他们并不了解这个在42岁就从自己的生意中退休的人，这个将自己的一生都献给了科学研究和社会公益的人，这个放弃了自己公职收入的人，这个从来未给自己的发明申请过专利的人，这个不断争论超额财富的聚集和愚蠢地沉迷于不必要的奢侈生活不应为社会所认可的人。富兰克林并不认为省钱本身是目的所在，而是将其视为能够使年轻商人展示出更高层次的美德、集体精神和公民权利的途径。“空口袋难直立。”富兰克林和穷理查曾这样说道。

为了对富兰克林进行正确的评估，我们必须对其做全面、深入的分析。富兰克林不是一个轻浮的人，不是一个浅薄的人，也不是一个简单的人。当富兰克林朴素地站在我们面前，没戴假发或者任何修饰，不愿矫揉造作（对历史及其本人而言都是如此）之时，我们需要对他进行由浅入深的逐步分析。

让我们首先从最浅显的层面开始。对于那些不赞同中产阶级价值观并释放出朱庇特闪电（恶毒攻击）的人来说，富兰克林就像是一个避雷针。人们经常谈论（富兰克林也经常如此）勤劳、诚实、勤奋和节制等个人美德。特别是这些美德被视为实现一个更高尚、更仁慈的目的之手段时，更是如此。

对于富兰克林所践行和提倡的公民道德来说，亦是如此。富兰克林所组建的公众提高协会以及其为公益所做出的努力，都有助于建立一个提倡公益的社会秩序。很少有人像富兰克林一样，为向其本人和社会灌输美德及良好的品质如此努力，或付出如此之多。

这些努力是否如帕林顿等人所言是世俗之举呢？从某种程度来说，的确如此。但在《富兰克林自传》中，当回忆了其为铺设费城大街的路面所做出的努力之后，富兰克林为此类质疑提供了一个雄辩的解释：

> 也许有人会认为这些微不足道的小事并不值得注意或是谈及，但如果他们认为在大风的天气里，灰尘吹进某个人的眼中或刮进

某家商店里没什么了不起。而在一个人口众多的城市里，很多人或很多家商店都受此困扰，而且这样的事情经常发生，那么这就值得我们关注和重视了，也许他们也因此不会再苛责那些对此类看似无关紧要的琐事上心的人了。人类的福祉并不是靠天上掉馅饼实现的，而是由平日里所获得的小进步日积月累而成的。

同样，尽管一种基于狂热的宗教信仰能够给人以激励，但基于谦虚和包容的宗教观点也有很多可圈可点之处。查尔斯·安格夫曾指责“富兰克林对宗教问题的主要贡献只是一种和善的宽容”。好吧，也许他说得对，但和善的宗教宽容这一个概念实际上对 18 世纪的人类文明来说是个不小的进步。这是一个源于启蒙运动的伟大贡献，与同时代任何一个伟大的神学家做出的贡献相比，更加显得弥足珍贵。

无论是在生活中，还是在其作品中，富兰克林都成为这一宽容信条的卓越支持者。他在自己所创作的寓言中以幽默的方式对其进行提倡，在其生活和信件中则以最热切的深情对其进行发扬。在当时那样一个因对宗教政权的追求而生灵涂炭的世界中（当今世界仍然如此），富兰克林帮助创立了一种力量源自宗教多元主义的新型国家。正如加里·威尔斯在其所著的《上帝之外》中所言：“正是由此，美国成了地球上的一个新事物。”

富兰克林还为宗教做出了一个更为微妙的贡献：将勤劳这一美德从清教刻板的教义中分离出来。对中产阶级价值观不屑一顾的韦伯对清教徒的道德规范也十分轻蔑。D·H·劳伦斯则认为富兰克林对勤劳去魅化的做法无法满足那些阴暗的灵魂。然而，这一道德规范在建立国家所必需的美德和品质的逐步形成的过程中，发挥了重要的作用。约翰·厄普代克（其作品正是涉猎了这一主题）写道：“他将自己由一个清教徒变成了一个热心的资产阶级分子”，“毫无疑问，这就是他塑造美国精神的主要手段——将清教徒压抑的能量注入启蒙运动之中”。正如亨利·斯蒂尔·康马杰在《美国精神》中所言：“富兰克林将清教徒的美德和启蒙运动的启发完美地结合起来，并摒弃了清教的缺陷和启蒙运动的狂热。”

那么，富兰克林是否配得上其同时代的戴维·休谟所谓的北美“第一个哲学家”的赞誉呢？从某种程度上讲，的确如此。将道德与理论相分离是启蒙运动的重大成就之一，富兰克林则是其在美国的化身。此外，通过将道德与人们的日常生活相结合，富兰克林为美国最具影响力的本土哲学——实用主义，奠定了坚实的基础。正如詹姆斯·坎贝尔所言，在当时的时代背景下，富兰克林的道德和宗教思想“成为对促进公益这一主张的宝贵的哲学辩护”。尽管他缺乏精神上的深奥，却以实用性和功能性进行了弥补。

那么对富兰克林是一个妥协者而非一个有原则、具有英雄气概之人的指责，又该做何解释呢？的确，在18世纪70年代，为了试图促成英国和美国的妥协，富兰克林一度在两边游走。的确，富兰克林在处理印花税法案时的态度有些软弱。当还是个年轻的商人时，富兰克林就教育自己避免武断的争论，而他在倾听任何人讲话时都亲切微笑的习惯，使其有时看起来表里不一、屈意逢迎。

但需要再次强调的是，这只是富兰克林的表象，只是就其实用主义和偶尔倾向于妥协的意愿而言。富兰克林坚信，要谦卑地倾听所有不同的观点。对于他来说，这不仅是一个实用的优点，也是一种道德准则。它建立在每个人都应受到尊重的原则之上，而这个原则对于大多数道德体系来说都是不可或缺的。例如，在制宪会议期间，富兰克林就愿意对自己的一些观点做出妥协，从而在最终产生了一部几近完美的宪法的过程中起到了关键性的作用。如果制宪会议中的代表都是那些死守自己立场不肯改变的斗士，会议就无法取得这样辉煌的成果。妥协也许不会造就伟大的英雄，但可以促成民主。

更为重要的是，富兰克林实际上毫不妥协地笃信一些崇高的准则（那些对塑造一个新国家来说至关重要的准则），至死不渝。富兰克林从他的哥哥处学到了对权威的抵制，此后便从未向专制的权威妥协过。而正是这一点，使其无所畏惧地反对佩恩家族试图强加给宾夕法尼亚人民的税收政策，即使自己可以从中获利，仍不改变初衷。这还意味着尽管在18世纪70年代富兰克林试图与英国达成妥协，但他仍坚持美国人民和美国立法机构享有平等地位与权力的立场。

与此相似的是，富兰克林还帮助建立了一种新的政治秩序，即权力和权利并不是基于继承而是基于品质、道德与努力工作。此后，富兰克林还成为这种秩序的化身。他树立起提高社会地位的阶梯，通过一种典型的美国方式，从一个离家出走的学徒变成了与国王共进晚宴之人。但是富兰克林在此过程之中却能够坚持自己的原则，有时甚至采取戴皮帽子的方式，拒绝那些精英主义的矫饰。

富兰克林所坚信的“服务他人就是侍奉上帝最好的方式”这一准则对某些人来说可能过于世俗，但这却正是富兰克林深信并忠实践行的、值得尊敬的信条。在此过程中，富兰克林的多才多艺令人印象深刻。他改进了立法机构和避雷针，以及彩票和图书馆。他找到了令火炉减少冒烟和政治团体减少腐败的方法。他组建了邻里间的互助会和国家联盟。他将两种焦点结合起来发明了双焦眼镜，并最终令美国达成妥协，建立起联邦立法机构两种代表权的概念。正如富兰克林的朋友、法国政治家杜尔哥所言：“从苍天处取得闪电，从暴君处夺取王权。”

以上种种使富兰克林成为其所处时代中最有成就的美国人，并深刻影响着美国社会的形成与走向。实际上，很多美国与其他国家不同的根本特质都在富兰克林身上有所体现：朴素的幽默与智慧，技术性的创造，多元化的包容，将个人主义与团体合作结合在一起的能力，实用主义哲学，对精英流动性的颂扬，外交政策中根深蒂固的理想主义，以及作为公民道德基础的起源于费城（或市场街）的品德。富兰克林所主张的平等主义后来成为美国精神的重要组成部分：富兰克林认为个人可以通过勤奋与天赋铺就通往财富之路，并反对源于出身的特权。

富兰克林的关注点在于日常事务如何影响每个人的生活，以及普通人如何建设一个更好的社会。但这并没有使其泯然众人，也并不意味其思想的浅薄。相反，富兰克林关于如何建立一个新型国家的思想极其深邃并具有革命性意义。尽管富兰克林没有践行超验或极富诗意的理念，但他却践行了那些最具实践意义和最有效果的理念。这就是富兰克林的理想，一个值得追寻的理想。

从始至终，相较于那些天生的权贵，富兰克林更相信和他一样的中产阶级民众的心灵与思想。他将中产阶级的价值观视为社会的力量之源，而非令人嘲讽之物。富兰克林的原则是“反对任何贬低普通民众的思想”。其他美国国父们则很少有人像他一样倾向民主，也没有一个能如此直观明显。

从 21 岁第一次建立共读社起，富兰克林就坚定不移地坚守一个基本的理想（有时甚至极富个人英雄主义色彩）：坚信普通公民的智慧，这一点在其对民主的欣赏和对任何形式暴政的反对中显露无疑。这是一个高尚的理想，以富兰克林自己的方式来实现内在的超验和诗意。

而正如历史所证明的，这一理想同样实用且有益。

附录 1

富兰克林时期人物表

约翰·亚当斯（1735–1826），马萨诸塞爱国者，美国第二任总统。曾与富兰克林一道对杰斐逊起草的《独立宣言》进行修改，并于 1776 年与豪勋爵进行谈判。1778 年 4 月抵达巴黎，与富兰克林同任驻法公使。1779 年 3 月离任。1780 年 2 月复任。1780 年 8 月离开法国前往荷兰。1782 年 10 月返回巴黎参与对英和谈。

威廉·艾伦（1704–1780），宾夕法尼亚商人，首席大法官，最初与富兰克林交好，后因支持领主与富兰克林决裂。

本杰明（本尼）·富兰克林·贝奇（1769–1798），萨莉·贝奇与理查德·贝奇之子，1776 年与外祖父富兰克林和表兄坦普尔一道前往巴黎，被送往日内瓦求学，后在帕西学习印刷。在富兰克林的支持下，在费城创建了自己的印刷店，并发行了反对联邦主义的《美国晨曦报》，因诽谤总统亚当斯被捕入狱，后死于黄热病，年仅 29 岁。

理查德·贝奇（1737–1811），勉强糊口的商人，1767 年娶了富兰克林之女萨莉为妻。共育有子女 7 人，即本杰明、威廉、路易斯、伊丽莎白、德博拉、萨拉及理查德。

爱德华·班克罗夫特（1745–1821），出生于马萨诸塞，医生、股票投机商，与富兰克林在伦敦结识，在美国独立战争期间担任美国驻法使团秘书，实为英国间谍。

皮埃尔–奥古斯丁·加隆·德·博马舍（1732–1799），极富戏剧性的剧作家、股票投机商、军火贩子。曾在美国革命期间协助法国向美国提供援助，后成为富兰克林在帕西的朋友之一。著有《塞维利亚理发师》（1775 年）、《费加罗的婚礼》（1784 年）。

安德鲁·布拉德福德（1686–1742），费城印刷商，《美利坚信使周报》的出版商，后成为富兰克林的竞争者之一，支持领主。

威廉·布拉德福德（1663–1752），纽约早期印刷业的代表人物，将离家出走的富兰克林介绍给他在费城的儿子。

安妮–路易·布瓦万·德哈德安科特·布里永·德·茹伊（1744–1824），富兰克林在帕西的邻居，技艺高超的大键琴演奏家，后成为富兰克林最喜欢的异性朋友之一。曾为萨拉托加大捷谱写《起义军进行曲》。

老威廉·皮特·查塔姆伯爵（1708–1778），被称为“伟大的平民”，曾在七年战争期间（1756–1763 年）担任英国首相。1766 年受封伯爵。反对托利党对殖民地的压制政策。1776 年年初与富兰克林进行谈判，曾将自己的马车停在富兰克林所赁居的史蒂文森太太的房子外。

雅克–多纳西安·勒雷·德·肖蒙（1725–1803），商人，野心勃勃的战时投机商，前奴隶贩子，富兰克林在帕西的房东。

卡德瓦拉德·科尔登（1688–1776），纽约政治家、自然学家，经常与富兰克林就实验和科学通信。

彼得·克林逊（1694–1768），伦敦商人、科学家，曾帮助富兰克林建立实验室，并为其提供电学资料和设备。

玛丽–让–安托内–尼古拉斯·卡里塔特，德·孔多塞侯爵（1743–1794），数学家，传记作者，狄德罗《百科全书》的撰稿者之一，富兰克林在巴黎的密友，在法国大革命时期服毒自尽。

塞缪尔·库珀（1725–1783），波士顿政治家、牧师·主张独立，富兰克林的知己。

托马斯·库欣（1725–1788），马萨诸塞政治家，曾任马萨诸塞议长（1766–1774），富兰克林较为亲密的笔友之一，也是“哈钦森信札”事件中富兰克林的北美殖民地收信人。

赛拉斯·迪恩（1737–1789），康涅狄格的外交官、商人，1776 年 6 月（在富兰克林之前）赴法寻求法国对美国革命的支持，后成为富兰克林的盟友之一并因此开罪阿瑟·李，阿瑟·李指责其腐败，并迫使美国将其召回。

威廉·丹尼（1709–1765），英国陆军军官，曾担任宾夕法尼亚总督（1756–1759）。

弗朗西斯·达斯伍德·勒·德斯宾塞男爵（1708–1781），英国政治家，1766–1781 年间曾任英国邮政大臣，在任期间撤销了其友富兰克林的北美殖民地邮政副总长的职务。正是在他的乡间宅院中，富兰克林高兴地见证了自己的恶作剧《普鲁士国王敕令》愚弄在场的来宾。

约翰·迪金森（1732–1808），宾夕法尼亚政治家，在富兰克林反对领主的斗争中，站到了领主一边，对美国独立持谨慎态度。曾著有《一个宾夕法尼亚农民的来信》，富兰克林（在不知道作者是谁的情况下）帮助该文在英国出版。

约翰·福瑟吉尔（1712–1780），伦敦的贵格会医生，1751 年出版了富兰克林的电学相关文章，并在富兰克林旅英期间担任其家庭医生。

富兰克林曾评价：“我想不出有比他更好的人。”

艾比亚·福尔杰·富兰克林（1667–1752），1689年与乔塞亚·富兰克林成婚，育有10个子女，富兰克林的生母。

老本杰明·富兰克林（1650–1727），富兰克林父亲乔塞亚之兄。鼓励自己的侄子从事诗歌写作和传道（但并不成功），1715年退休、鳏居之后，来到波士顿。

德博拉·里德·富兰克林（1705？–1774），富兰克林忠实的妻子（虽然两人只签署了普通法协议），据说出生在伯明翰，自小在市场街长大，终生从未离开过费城。1723年10月，在富兰克林初次来到费城之时，两人首次见面。曾与约翰·罗杰斯结婚，后被遗弃。1730年与富兰克林结为普通法伴侣，充当起了印刷店店主和经理的角色。在印花税引发骚乱期间，拿起武器保卫自己的家园。育有两名子女：弗朗西斯（弗兰奇），4岁夭折；萨拉（萨莉），和其有很多相像之处。

詹姆斯·富兰克林（1697–1735），富兰克林之兄，也是其最早的雇主之一。1721年创办《新英格兰报》，北美殖民地报业的先锋。

简·富兰克林（梅科姆）（1712–1794），富兰克林最小的、也是其最喜欢的妹妹。

约翰·富兰克林（1690–1756），富兰克林之兄，罗得岛的烛皂匠，后在富兰克林的帮助下成为波士顿的邮政局长，富兰克林曾为其制作了一根灵活的导尿管。

乔塞亚·富兰克林（1657–1745），出生在英国的埃克顿，丝绸染匠。1683年移民到北美殖民地，改行做了一名蜡烛制造商。与第一任妻子安妮·蔡尔德育有7名子女，与第二任妻子艾比亚·福尔杰·富兰克林育有10个子女（包括本杰明·富兰克林）。

萨拉（萨莉）·富兰克林【贝奇】（1743–1808），富兰克林忠实的独女，1767 年与理查德 · 贝奇成婚。在 1776 年和 1785 年富兰克林返回费城期间，扮演起了女主人和主妇的角色。与其母一样，萨拉从未和富兰克林去过欧洲，但于 1763 年与其一道前往波士顿。

【威廉】坦普尔 · 富兰克林（约 1760–1823），威廉 · 富兰克林的私生子。自幼由祖父富兰克林抚养，并负责其教育。1775 年被富兰克林带回北美殖民地，1776 年又与富兰克林一道前往巴黎，在其祖父与父亲之间的斗争中，一直对祖父保持忠诚。他也有一个私生子。曾发行了一版无序的富兰克林文集。

威廉 · 富兰克林（约 1730–1813），富兰克林的私生子，自幼由富兰克林抚养并陪伴富兰克林一道前往英国，成为一名托利党人的同情者，后被任命为新泽西皇家总督，始终效忠英国国王，后不可避免地与其父决裂。

约瑟夫 · 加洛维（约 1731–1803），费城政治家，富兰克林反对领主斗争中长期的盟友。富兰克林与儿子威廉那次紧张的会面便是在其位于特莱沃斯的家。在美国革命期间仍然效忠英国国王，并与富兰克林决裂。

戴维 · 霍尔（1714–1772），在威廉 · 斯特拉恩的推荐下，1744 年由伦敦前往费城成为了富兰克林印刷店的工头，1748 年作为管理合伙人接管了富兰克林的生意。

安德鲁 · 汉密尔顿（约 1676–1741），18 世纪 30 年代的大部分时间里担任宾夕法尼亚议会的议长，在约翰 · 彼得 · 曾格深陷诽谤案官非时为其辩护，在大多数情况下支持富兰克林。

詹姆斯 · 汉密尔顿（1710–1783），安德鲁之子，1748–1754 年和 1759–1763 年两次出任宾夕法尼亚总督。作为共济会会员、费城图书馆和费城学院的董事，詹姆斯应该是富兰克林的朋友，但两人政见却经常相左。

安妮–凯瑟琳·德·理尼卫·爱尔维修（1719–1800），富兰克林在奥图（帕西附近）的密友。1780年，富兰克林曾一本正经地向其求婚。当其夫，著名哲学家和富有的大农场主克劳德–阿德里安·爱尔维修于1771年去世后，一直孀居。

理查德·豪勋爵（1726–1799），英国海军上将，14岁就加入皇家海军，后来成为英国海军驻北美殖民地的总指挥。1775年年末，在与其妹下棋的掩护下，第一次与富兰克林进行谈判。1776年9月，与富兰克林和亚当斯在斯塔滕岛进行会谈。

威廉·豪（1729–1814），海军上将理查德·豪勋爵的幼弟，曾参加与法国人和印第安人的战争及邦克山之战。1775年，接替托马斯·盖奇出任英国陆军驻北美殖民地总司令，接受其兄统一领导。1799年被封为子爵。

戴维·休谟（1711–1776），苏格兰历史学家、哲学家，与洛克和伯克利同为英国伟大的实证主义大师。富兰克林与其在伦敦成为好友，并曾于1759年和1771年两次前往爱丁堡拜访。

托马斯·哈钦森（1711–1780），最初是富兰克林的朋友，1754年奥尔巴尼会议时富兰克林的盟友之一。1771年出任马萨诸塞皇家总督。在印花税危机期间，其宅被焚毁，富兰克林曾写信对其表示同情。但1773年，富兰克林偶然间得到了他的一些信件，并将其寄给了马萨诸塞的盟友，此事也使富兰克林被迫在著名的“斗鸡场”接受英国大臣的质询。

亨利·霍姆·卡姆斯勋爵（1696–1782），苏格兰法官、道德哲学家，爱好农业、科学和历史，1759年富兰克林前往苏格兰时与其结识。

塞缪尔·凯默（约1688–1742），伦敦的印刷工，1722年来到费城，并于次年给富兰克林提供了在费城的第一份工作，富兰克林与其时有冲突，后来成为了生意上的对手，1730 年凯默前往巴巴多斯。

威廉 · 基斯爵士（1680–1749），1717–1726 年担任宾夕法尼亚总督，1724 年曾承诺给予富兰克林赞助，但并未兑现，在没有提供自己所承诺的担保信的情况下就让富兰克林贸然前往伦敦。后因违抗领主旨意被解职。最终因负债被监禁于老贝利街（英国中央刑事法庭），死在狱中。

阿瑟 · 李（1740–1792），弗吉尼亚政客、外交官，18 世纪 60 年代后期与富兰克林同在伦敦时就开始对其心生腹诽，当 1777 年两人同在巴黎担任美国驻法代表时矛盾加剧。亚瑟和他那些有势力的兄弟——威廉 · 李、理查德 · 亨利 · 李和弗朗西斯 · 莱特福特 · 李都是富兰克林的敌人。

让–巴蒂斯特 · 勒罗伊（1720–1800），法国科学家，与富兰克林一样对电学感兴趣，后成为其在巴黎的密友。

罗伯特 · 利文斯顿（1746–1813），纽约政治家，1781–1783 年担任美国国务卿。

詹姆斯 · 洛根（1674–1751），费城著名的贵格会教徒、绅士，后为图书馆书籍的选择提供建议而成为富兰克林的朋友。

科顿 · 马瑟（1663–1728），著名的清教牧师、政治迫害者，接替其父英克里斯 · 马瑟担任波士顿老南教堂的本堂牧师，其作品对富兰克林的公益项目影响很大。

休斯 · 梅雷迪斯（约 1697– 约 1749），凯默印刷店的印刷工，后加入富兰克林的共读社，并在 1728 年成为富兰克林的第一个合作伙伴。当他重新沾染酗酒的恶习后，富兰克林于 1730 年买下其股份，后前往北卡罗来纳。

安德烈·莫雷莱神甫（1727–1819），经济学家，《百科全书》的撰稿人之一，红酒爱好者，1772 年在谢尔本伯爵家中的聚会上与富兰克林结识，当时富兰克林用自己的手杖表演了用油让水面平静的魔术。爱尔维修夫人圈子中的一员。

罗伯特·亨特·莫里斯（约 1700–1764），1754–1756 年被领主佩恩家族任命为宾夕法尼亚总督，与富兰克林就领主财产的征税问题展开了激烈的斗争，新泽西总督里维斯·莫里斯之子。

让–安托万·诺莱（1700–1770），法国科学家、电学家，嫉妒富兰克林理论的反对者。

艾萨克·诺里斯（1701–1766），费城商人，1750–1764 年间担任议会发言人，与富兰克林一道反对领主。

托马斯·潘恩（1737–1809），失败的女士胸衣裁缝，曾在伦敦担任税务书记员。深受富兰克林的喜爱，富兰克林为其给理查德·贝奇写了一封推荐信，潘恩因此在费城获得了一份记者和印刷工的工作。1776 年 1 月，撰写《常识》一文，为《独立宣言》铺平了道路。后又撰写《理性时代》，但直至 1794 年才发表，这可能与富兰克林警告说此文有异教徒之嫌有关。

詹姆斯·帕克（约 1714–1770），纽约印刷工，曾是威廉·布拉德福德的学徒，后逃走。曾担任富兰克林在纽约的印刷合伙人、当地的邮政局长以及北美殖民地邮政系统的审计官。在奥尔巴尼会议之前，富兰克林曾与其通信谈论北美殖民地联盟计划。

约翰·佩恩（1729–1785），宾夕法尼亚创始人威廉·佩恩之孙，于 1763–1776 年的大部分时间担任家族领地的总督。1754 年与富兰克林一同参加奥尔巴尼会议，在“帕克斯顿之子”暴乱期间曾向富兰克林乞援，后因领主权力和税收问题成为富兰克林的政敌。

托马斯·佩恩（1702–1775），威廉之子，约翰·佩恩之叔。1746年成为费城的大领主，与其兄弟理查德一道主要生活在伦敦。富兰克林最主要的政敌之一。

理查德·彼得斯（约1704–1776），圣公会牧师，1734年作为佩恩家族的助手来到宾夕法尼亚，后成为富兰克林的政敌之一，尽管其曾与富兰克林共同创立费城学院。

约瑟夫·普里斯特利（1733–1804），神学家，后对科学产生浓厚兴趣，1765年与富兰克林相识，曾著有《电学史》（1767），书中对富兰克林的研究成果大加褒扬，并成功地将氧气与其他气体分离。

约翰·普林格尔爵士（1707–1782），医生，后成为富兰克林的英国密友和旅伴。

凯瑟琳（凯蒂）·雷【格林】（1731–1794），富兰克林1754年去新英格兰旅行时与其相识，成为富兰克林第一个重要的、年轻的红颜知己。1758年嫁给了后成为罗得岛总督的威廉·格林，但仍是富兰克林及其家族的朋友。（凯瑟琳在给富兰克林的信中署名为“卡蒂”，但富兰克林却更愿意称其为“凯蒂”）。

路易–亚历山大，德·拉·罗什富科公爵（1743–1792），科学家、贵族，应富兰克林的请求将美国宪法翻译成法文在法国出版，在法国大革命期间被乱石砸死。

谢尔本伯爵（1737–1805），富兰克林的英国朋友，正是在其家中的聚会上富兰克林展示了用油使水面平静的把戏。后来曾出任殖民地事务大臣，在1782年富兰克林代表美国与英国进行和谈期间出任首相。

乔纳森·希普利，圣阿萨夫主教（1714–1788），圣公会主教，正是在其位于温切斯特附近特怀福德的宅院中，富兰克林开始撰写自传。

威廉 · 希普利（1694–1771），伦敦牧师，后到波士顿出任马萨诸塞总督（1741–1757），曾短暂出任驻美英军司令。1754 年奥尔巴尼会议之后，曾与富兰克林通信讨论建立北美殖民地联盟的必要性。

威廉 · 史密斯（1727–1803），英国牧师、作家。18 世纪 50 年代初被富兰克林聘为新建的费城学院院长。后成为领主的狂热支持者，并与富兰克林痛苦地决裂。

玛格丽特 · 史蒂文森（1706–1783），富兰克林在克雷文大街（距斯特兰德不不远）寓所的房东，也是富兰克林在伦敦的临时伴侣。

玛丽“波莉” · 史蒂文森【休森】（1739–1795），史蒂文森太太之女，富兰克林一生的红颜知已和智友。1770 年与医学研究者威廉 · 休森结婚。1774 年守寡。1785 年前往帕西探望富兰克林。1786 年前往费城，陪伴富兰克林走完人生的最后一程。

威廉 · 斯特拉恩（1715–1785），伦敦的印刷商，在未与富兰克林见面之前就通过通信与富兰克林成为密友。将戴维 · 霍尔推荐给富兰克林，后来成为富兰克林的伙伴。美国革命期间，富兰克林曾写了一封著名的信，称“你是我的敌人”，实际上并未发出，其与富兰克林一直是朋友。

查尔斯 · 汤姆森（1729–1824），爱尔兰出生的教师，富兰克林让其在费城学院任职，并引领其参与宾夕法尼亚的政治。在富兰克林旅英期间充当其耳目，后成为议会的秘书（1774–1789 年）。

安妮–罗伯特–雅克 · 杜尔哥（1727–1781），经济学家，曾任路易十六的财政大臣，富兰克林的朋友，偶尔也会因爱尔维修夫人与之为敌，著名的“从苍天处取得闪电，从暴君处夺取王权”就是出自他的手笔。

本杰明 · 沃恩（1751–1835），外交家，谢尔本伯爵的助手，1779

年期间对富兰克林十分配合，并帮助其与英国进行最终的和谈。

路易–纪尧姆·勒·维拉尔（1733–1794），一处著名的温泉疗养地的领主，富兰克林在帕西的邻居，在法国大革命期间被送上了断头台。

查尔斯·格拉维尔，德·韦尔热纳伯爵（1717–1787），1774–1787 年间任法国外长，与富兰克林谈判建立美法联盟。

托马斯·沃波尔（1727–1803），英国银行家、下议院议员，英国首相罗伯特·沃波尔之侄，与富兰克林共同建立大俄亥俄公司希望获取北美殖民地西部的土地，后利用爱德华·班克罗夫特的内部信息进行股票投机。

保罗·温特沃斯（约 1740–1793），英国驻法国的间谍头目，将爱德华·班克罗夫特招募为英国间谍。生于新罕布什尔，于 18 世纪 60 年代移居伦敦，在股票市场和圭亚那的土地买卖中获利颇丰，1777 年 12 月与富兰克林在巴黎结识，试图破坏美法达成同盟。

塞缪尔·沃顿（1732–1800），商人，生于费城，1769 年前往伦敦，与托马斯·沃波尔一道从事土地交易和股票投机。

乔治·怀特菲尔德（1714–1770），福音传道者，在牛津大学彭布洛克学院就读时加入卫斯理公会。曾 7 次前往北美殖民地，成为大觉醒时代最知名的巡回牧师之一，在 1739 年曾在费城受到富兰克林的支持。

附录 2

富兰克林时期年表

1706 年　1 月 17 日出生于波士顿（旧历 1705 年 1 月 6 日）

1714 年　入读波士顿拉丁文法学校

1715 年　入读布劳内尔创办的学校

1716 年　开始在其父的蜡烛店打工

1718 年　开始在其兄詹姆斯处当学徒

1722 年　撰写塞伦斯 · 杜古德系列文章

1723 年　出走至费城，给凯默打工

1724 年　前往伦敦

1725 年　撰写《论自由与必然、快乐与痛苦》

1726 年　回到费城。与德纳姆一起开店

1727 年　重新加入凯默的印刷店

1728 年　与休斯 · 梅雷迪斯合伙创办了自己的印刷店

1729 年　撰写“好事者”系列文章，买下《宾夕法尼亚报》

1730 年　与德博拉 · 里德结为普通法伴侣，威廉出生（？）

1731 年　加入共济会，创办图书馆

1732 年　弗朗西斯出生，发行《穷理查历书》

1733 年　道德修养计划

1735 年　就亨普希尔牧师与卫道士进行辩论

1736 年　担任宾夕法尼亚议会书记员，弗朗西斯夭折，创办消防队

1737 年　担任费城邮政局局长

1739 年　结识福音传教士怀特菲尔德

1741 年　发行《大众杂志》并以失败告终。发明火炉

1743 年　萨拉（萨莉）出生，建立北美殖民地哲学会

1745 年　克林逊寄来电学相关资料和玻璃管

1746 年　进行了一夏天的电学实验

1747 年　撰写《简单的真理》，组建民团

1748 年　从印刷店的生意中退休

1749 年　撰写建立费城学院（宾夕法尼亚大学）的倡议

1751 年　电学论文在伦敦发表，当选为宾夕法尼亚议会议员

1752 年　进行了著名的风筝实验

1753 年　担任北美殖民地联合邮政总长，与印第安人在卡莱尔进行会晤

1754 年　与法国和印第安人之间的战争爆发,《奥尔巴尼联盟计划》

1755 年　为布拉多克将军提供后勤支援，通过民团法案，与领主进行斗争

1756 年　夜间巡逻法案和路灯法案通过

1757 年　前往伦敦担任宾夕法尼亚代理人，撰写《致富之路》，搬到克雷文大街与史蒂文森太太同住

1758 年　与威廉一道前往埃克顿寻祖

1759 年　访问英格兰北部和苏格兰，英军和北美殖民地军队占领

魁北克

1760 年　要求英国继续占领加拿大，从枢密院处获得了与领主佩恩家族斗争的阶段性胜利，与威廉一道游历英国

1761 年　与威廉一道游历弗兰德斯和荷兰

1762 年　返回费城，威廉被任命为新泽西总督并结婚

1763 年　兴建市场街的新宅，作为邮政总长开始从弗吉尼亚到新英格兰的邮政巡察之旅，殖民地与法国及印第安人之间的战争结束

1764 年　“帕克斯顿之子”危机，在议会选举中失利，重返伦敦担任殖民地的代理人

1765 年　《印花税法案》通过

1766 年　在英国国会就《印花税法案》接受质询，《印花税法案》撤销，与戴维 · 霍尔的合作协议到期

1767 年　殖民地实施汤森税法，前往法国游历

1768 年　代表北美殖民地在伦敦进行舆论战

1769 年　第二次前往法国

1770 年　汤森税法撤销（仅保留茶叶税），被任命为马萨诸塞代理人

1771 年　与希尔斯伯勒摊牌，开始撰写自传，访问爱尔兰和苏格兰，与女婿贝奇会面

1772 年　将秘密取得的哈钦森信札寄往波士顿

1773 年　撰写《大英帝国规模变小之指南》和《普鲁士国王敕令》，“波士顿倾茶事件”发生

1774 年　在“斗鸡场”就哈钦森信札与英国国会进行斗争，被解除邮政总长之职，《强制法案》通过，与查塔姆伯爵和豪勋爵进行和谈，德博拉去世

1775 年　返回费城，列克星顿和康科德之战，被选为第二届大陆会议代表，草拟《邦联条例》

1776 年　威廉被解除英国皇家总督之职并囚禁于康涅狄格，出使加拿大，《独立宣言》，在斯塔滕岛与豪勋爵会晤，带坦普尔和本尼一道前往法国

1777 年　定居帕西，在巴黎深受欢迎

1778 年　与法国签订同盟和商业条约，威廉获释并前往保皇党人控制的纽约

1779 年　担任美国驻法的唯一代表，流连于布里永夫人和爱尔维修夫人组织的沙龙，约翰 · 保罗 · 琼斯带领“博诺姆 · 理查德”号击败“塞拉皮斯”号

1780 年　亚当斯重返法国，富兰克林助推解除其驻法代表一职，英军占领查尔斯顿

1781 年　亚当斯重返巴黎担任对英和谈代表，随后富兰克林（与杰伊等人）一道也被任命为对英和谈代表，康沃利斯在约克城投降

1782 年　同亚当斯和杰伊一道与英国就和约进行谈判，威廉返回伦敦

1783 年　热气球升空

1784 年　加入梅斯梅尔调查委员会，波莉 · 史蒂文森造访帕西

1785 年　与威廉最后一次会面，返回费城

1786 年　加建市场街住宅

1787 年　制宪会议，当选为宾夕法尼亚州废奴促进会主席

1790 年　4 月 17 日去世，终年 84 岁

致 谢

西蒙–舒斯特出版公司的爱丽丝 · 梅休女士是本人20年的雅友，也是三本拙作的编辑。她对原稿的详尽注释和宝贵的编辑是不可多得的财富。此外，梅休女士总是十分严格、缜密地致力于使我的叙述更有逻辑。对于她为此书所付出的不懈努力，我深表感激。ICM公司的阿曼达 · 厄本女士亦是我的挚友，也是我多年来的经济人。厄本女士阅读了本书的初稿并提出了很多中肯的建议，给予了我温暖的鼓励，还不时给我提供一间客房以供写作。

为尽可能确保本书的事实和引用准确无误，本人礼聘了卡罗尔 · 勒 · 费弗尔–罗切斯特女士对此书的手稿、资料来源及引注进行核实。罗切斯特女士曾供职于富兰克林所创立的北美殖民地哲学会（现为美国哲学会）24年之久，并于2001年作为该会的编辑荣休。美国哲学会在保存富兰克林手稿方面做出了杰出的努力。罗切斯特女士不仅勤奋地收集此书的相关资料，还提出了很多极富价值的建议。

写作本书的乐趣之一就是有幸与慷慨、幽默的克劳德–安妮 · 洛佩斯女士会面。洛佩斯女士长期在耶鲁担任编辑工作，一直致力于收集富兰克林的文献，并著有很多极富启发的关于富兰克林的著作和文章。洛佩斯女士欣然同意阅读本书的部分手稿，并对书中关于富兰克林在法国的三章进行了编辑。她是一位十分热心的专家。

洛佩斯女士建议我对爱德华·班克罗夫特对富兰克林的间谍活动进行更深入的了解。为此，我礼聘了苏珊·安·贝内特女士协助我的工作。贝内特女士是伦敦的一名研究学者，在担任皇家艺术学会管理员期间，曾著有《克雷文大街的本杰明·富兰克林》一文。我谨对本内特女士辛勤的工作、整理以及在大英图书馆（班克罗夫特很多秘密的报告都珍藏于此）进行的研究工作深表感激。

此外，向耶鲁出版社的编辑们致以谢意。他们一直致力于世界上最伟大的文集（我认为）的收集、出版工作。耶鲁出版社所编辑的富兰克林文集第37卷（收录了1782年8月富兰克林的相关著作），将与本书同时出版，定会使人对富兰克林产生更多的兴趣。他们还慷慨地让我阅读了第38、39和40卷的初稿，让我参考了他们关于此方面的研究成果。本人还有幸与洛佩斯女士及艾伦·科恩、朱迪思·阿特金斯、乔纳森·杜尔、卡伦·杜瓦尔和凯特·奥诺等该团队核心成员在纽黑文共进午餐。

此次午餐期间，我还有幸见到了耶鲁大学斯特林历史学讲座教授，尊敬的埃德蒙德·摩根先生。摩根教授曾撰文分析富兰克林及其著作。教授和蔼、仁慈、慷慨，对我了解富兰克林的文学风格大有裨益。他还拨冗阅读了我的部分原稿，并对本书的主旨及最后一章提出了建议和鼓励。本人试图采取一种与其截然不同的方式，撰写一本编年体的富兰克林传记。但我断不敢妄称此书在洞见上能望其项背。因此，若诸君对本书略感兴趣或不屑一顾，且尚未购买、阅读过摩根教授的相关著作的话，敬请一试。

伦敦克雷文大街富兰克林故居（很快将建立一个博物馆）委员会主任玛西娅·巴利斯卡诺以娴熟的技巧、严谨的学术态度，以及足以令富兰克林惊叹的勤奋，对此书的全部手稿进行了细致的研读，提出了极为中肯的建议。巴利斯卡诺女士在伦敦对我盛情款待，并将我本人和其他人招募到她的事业中，尽职尽责。故居委员会委员琼 · 里德夫人对富兰克林如数家珍。她自愿从事了一项极为艰苦的工作——阅读了我的书稿，并一丝不苟地对书中的事实进行了校正，不仅耗费了大量的时间与精力，还提出了很多宝贵的建议。对此，我深表谢意，并衷心希望未来她可以就富兰克林在伦敦的社交活动出版一本自己的著作。

撰写此书的又一乐趣就是与富兰克林的粉丝进行交流。“富兰克林之友”无疑是其中最为耀眼的一员。该团体总部设在费城，不仅组织聚会、举办论坛，还出版了令人愉悦的《富兰克林报》(如有兴趣，敬请访问www.benfranklin2006.org)。在此，我要感谢该会的执行秘书凯思琳 · 德卢卡，感谢她的热情款待。在 2006 年 1 月富兰克林诞辰 300 周年即将到来之际，该会与富兰克林学院、美国哲学学会、费城图书馆公司、费城艺术博物馆、宾夕法尼亚大学和皮尤慈善信托基金一道，在康诺弗 · 亨特的指导下，正在筹办一个盛大的庆祝仪式和展览。

对于斯特罗布 · 塔尔伯特，本人深感愧疚。塔尔伯特是我的老友，一直以来也是我的灵感之源。无论是 1986 年我与人合著的《智者》，还是鄙人于 1992 年出版的亨利 · 基辛格传记，塔尔伯特都参与甚多，并细心地编辑。这次，他又再次自愿阅读了我的手稿，并提供了很多极富见地的建议和评论。斯蒂芬 · 史密斯是我所知的最有经验的编辑之一，同样也阅读了本书的手稿并提出了很多极有价值的观点和意见。伊万 · 托马斯,《智者》一书的合著者，则指出了书中的一些关于约翰 · 保罗 · 琼斯的错误。托马斯曾出版过关于琼斯的伟大专著。斯蒂芬 · 魏斯曼也阅读过此书，并提出了很有见地的建议。在此，我还要向詹姆斯·凯利、理查德·斯腾格尔、普里西拉·佩因顿、蒂姆·史密斯、伊丽莎白·布米勒、安德鲁·莱克、贝琪·莱克，以及戴维·威斯丁和谢丽·威斯丁等人给予的帮助和建议一并表示感谢。

我在《时代周刊》的助手埃利奥特·拉维茨最早向我提供了富兰克林的著作，给予了我写作的灵感，随后又对书稿提出了中肯的评论，特向这位热心的同胞表示感谢。此外，我还要感谢CNN的托斯卡·拉博伊和阿什利·范·布伦，二位都是难得的好人。

我的父亲与继母欧文·艾萨克森和朱兰妮·艾萨克森，同样也阅读了手稿并对其进行了修订。他们二人以及我故去的母亲贝琪·艾萨克森，是我所知最聪明的人。

尤为一提的是，我要感谢我的妻子凯茜和我的女儿贝琪。凯茜极其仔细地阅读了书稿，帮我进一步明确了主题，并指出了其中一些问题所在。她对此书以及在生活中向我提供的帮助难以历数。至于我的小宝贝贝琪，在一点儿利诱之后，她忠实地钻研完了这本大部头。书中若干部分，她认为很有趣（作为一名12岁的孩子，她很喜欢其中关于热气球的段落）。而其他部分（如制宪会议），贝琪则认为十分无聊。为此，本人缩减了部分篇幅。正是她们的存在让一切变得皆有可能，也令我找寻到了生活的意义。

书中所有的错误或问题皆由本人一人承担。1785年5月23日，在给乔治·惠特利的信中，富兰克林曾这样描述过自己的生活："我并不反对出现一个全新的我，这样我曾犯下的所有错误就都可以得到纠正。"对于此书，我感同身受。